操盘大智慧系列丛书

伍朝辉精准系列

伏击圈

新编彩图版

伍朝辉◎著

廣東省出版集團
广东经济出版社

图书在版编目（CIP）数据

伏击圈新编彩图版 / 伍朝辉著. —广州：广东经济出版社，2012. 12
（操盘大智慧系列丛书. 伍朝辉精准系列）
ISBN 978-7-5454-1653-4

Ⅰ. ①伏… Ⅱ. ①伍… Ⅲ. ①股票交易—基本知识 Ⅳ. ①F830. 91

中国版本图书馆CIP数据核字（2012）第276728号

出版发行	广东经济出版社（广州市环市东路水荫路11号11～12楼）
经销	全国新华书店
印刷	佛山市浩文彩色印刷有限公司（南海狮山科技工业园A区）
开本	787毫米×1092毫米 1/16
印张	14 2插页
字数	161 000字
版次	2012年12月第1版
印次	2012年12月第1次
印数	1~10 000册
书号	ISBN 978-7-5454-1653-4
定价	80. 00元

如发现印装质量问题，影响阅读，请与承印厂联系调换。
发行部地址：广州市环市东路水荫路11号11楼
电话：（020）38306055 38306107 邮政编码：510075
邮购地址：广州市环市路水荫路11号11楼
电话：（020）37601950 营销网址：**http：// www. gebook. com**
广东经济出版社新浪官方微博：**http：// e. weibo. com / gebook**
广东经济出版社常年法律顾问：何剑桥律师

前言　脑袋与口袋

有一句谚语是这样说的：性格决定命运，脑袋决定口袋！以哲学思维来进行解释与定义，我们可以这样理解：命运，是指前途与未来；口袋，是指财富、名利与得失。

在股市的博弈过程中，这句谚语同样适用。很多人不相信，在近期大盘如此严峻的环境下，不可能还有人能够赚钱。赚钱，在此时听起来像一个神话！这是对凡人而言。对高手而言，市场无论如何恶劣，赚钱，只是一种很简单的指头动作而已。在电脑开关机之间，赚钱是他必然要达到的结果。这是一种境界！没有经过严酷的训练，没有正确的训练方法，你想要明白或者理解这种境界，只能是一种妄想。很幸运的是，这个赚钱的族群总是紧密围绕在我的身前身后。他们孜孜不倦，反复学习操盘技术，学习起涨点、腾飞点、伏击圈等等。这些技术帮助他们在当下不断地赢得财富，成就卓越人生。

我曾经问过一位大师，大般舟这种修行方式于我是否适用？

大师说，对任何人均适用。

我问，那么，我行大般舟可以吗？

大师说，不可以！

我说，为什么？

大师说，没有师父的加持，你独立完成不了，而且容易走火入魔。

我惊愕。大师说，如果你愿意，且有缘的话，可以先从小般舟慢慢修行。

般舟，是佛教净土宗的一种修行方法，分为大般舟与小般舟两种修行，普遍的做法是修行者在一个房间里，一边口念佛号，一边赤脚缓行，但不可坐卧不可睡觉，一直这样走下去。

这样的修行，似乎很单调，很简单。而实际上，却异常艰难！没有参与修行者，永远也无法理解体会修行者来自灵魂与身体深处那种痛苦、煎熬与挣扎。

小般舟的修行是每次三天三夜或六天六夜，而大般舟的修行每次则可达到一个月以上。在修行过程中，据说修行者可以洞察到灵魂最深处的自我。

性格决定命运，脑袋决定口袋。如果先天运数已经定型，但后天造化却可以改变这一切。

后天造化如果得来？很简单，要靠苦修行而来。炒股，是一种修行！在意志力坚强，方法得当，勤奋苦练的情况下，只有一小部分人才可能最终修炼成功。

伍朝辉

2012 年 10 月 28 日

目　录

第一章　名词解释：伏击圈和伏击圈技术 …… 1

第一节　关于伏击圈技术的基本概念 …… 3

一、伏击圈技术的基本概念 …… 3

二、伏击圈技术的形成机理 …… 3

第二节　应该怎样学习伏击圈技术 …… 5

一、关于学习伏击圈技术的几点建议 …… 5

二、胜兵先胜而后求战，炒股的道理也一样 …… 5

第二章　伏击圈在实战中的优势特点 …… 7

第一节　伏击圈技术的持仓成本比较低 …… 9

一、为什么说伏击圈技术持仓成本比较低 …… 9

二、伏击圈技术达成持仓成本比较低的主要方法 …… 12

第二节　伏击圈技术的安全边际比较高 …… 12

一、上升趋势已经确立，下跌风险比较小 …… 12

二、股价上下波动幅度比较小，出错概率比较低 …… 13

第三节　在实战中理解伏击圈技术的优势 …… 14

一、学练结合，避免和杜绝知行不合一 …… 14

二、反复读图，对伏击圈走势形成条件反射 …… 15

第三章　伏击圈的 K 线技术特征 …… 21

第一节　伏击圈技术的标准 K 线形态 …… 23

一、伏击圈技术标准 K 线结构 …… 23

二、伏击圈技术的 K 线结构与时间周期 …… 24

第二节　伏击圈技术的非标准 K 线形态 …… 26

一、非标准 K 线结构形态的特征 …… 26

二、伏击圈技术非标准 K 线形态举例 …… 27

第四章　伏击圈的量能技术特征 …… 31

第一节　伏击圈技术信号出现当天的量能特征 …… 33

一、伏击圈技术信号出现之前的量能特征 …… 33
二、伏击圈技术信号出现当天的量能特征 …… 34
第二节　伏击圈技术信号出现当天的盘口特征 …… 36
一、当天盘口走势不独立，不逆势 …… 36
二、当天盘口常见大单砸盘，随后出现吸筹波形 …… 37
第三节　伏击圈技术信号出现当天的波形特征 …… 39
一、早盘经常出现回头波 …… 39
二、盘中出现呆滞型的控盘特征 …… 41
第五章　伏击圈的均线形态修正 …… 43
第一节　伏击圈技术信号出现之前的均线形态 …… 45
一、决策线必须是低位走平向上延伸 …… 45
二、攻击线、操盘线、生命线必须是从小到大排列 …… 47
三、均线系统必须是金叉向上有序排列 …… 49
第二节　伏击圈技术信号出现当天的均线结构 …… 50
一、当天攻击线出现掉头向下的迹象 …… 50
二、当天的操盘线可能被击穿 …… 52
三、当天股价在生命线附近止跌 …… 54
四、当天生命线与决策线已经走平，向上趋势明显 …… 55
第三节　伏击圈技术信号得以成立的均线结构 …… 57
一、决策线必须是坚挺的 …… 57
二、均线系统必须是健康的 …… 59
第六章　伏击圈的操盘技术指标修正 …… 61
第一节　经典KDJ指标与伏击圈技术信号 …… 63
一、当日KDJ处于低位20以下 …… 63
二、KDJ处于0以下最标准 …… 64
第二节　经典MACD指标与伏击圈技术信号 …… 66
一、零轴上的二次金叉状态 …… 66
二、零轴上的空中加油状态 …… 67
第七章　伏击圈与大盘和板块热点 …… 69
第一节　伏击圈技术与大盘环境的关系 …… 71
一、大盘环境比较健康，趋势向上 …… 71
二、大盘环境一般，横向整理 …… 71
三、大盘环境比较恶劣，趋势向下 …… 72

第二节　伏击圈与板块热点的关系 …… 73
一、板块热点突出，则积极参与 …… 73
二、板块热点不突出，则保持观望 …… 74
第八章　伏击圈技术实战案例讲解 …… 77
第一节 一股一茶：000707 双环科技 …… 79
一、关于双环科技（000707）的读者来信 …… 79
二、关于双环科技（000707）的后续技术分析 …… 80
第二节　一股一茶：000517 荣安地产 …… 86
一、关于 000517 荣安地产的读者来信 …… 86
二、关于荣安地产（000517）的后续技术分析 …… 89
第三节　一股一茶：600072 中船股份 …… 123
一、关于 600072 中船股份的一些议论 …… 123
二、关于中船股份（600072）的后续技术分析 …… 127
第四节　一股一茶：600816 安信信托 …… 128
一、关于 600816 安信信托的一些话语 …… 128
二、关于安信信托（600816）的后续技术分析 …… 130
第五节　一股一茶：600107 美尔雅 …… 131
一、关于 600107 的一些话语 …… 131
二、关于美尔雅（600107）的后续技术分析 …… 133
第六节　一股一茶：002244 滨江集团 …… 134
一、关于 002244 滨江集团的一些话语 …… 134
二、关于滨江集团（002244）的后续技术分析 …… 135
第七节　一股一茶：600713 南京医药 …… 136
一、关于 600713 南京医药的一些话语 …… 136
二、关于南京医药（600713）的后续技术分析 …… 138
第八节　一股一茶：000338 潍柴动力 …… 138
一、关于 000338 潍柴动力的一些话语 …… 138
二、关于潍柴动力（000338）的后续技术分析 …… 141
第九章　伏击圈技术的实战应用 …… 143
第一节　顺流型伏击圈的实战应用 …… 145
一、什么是顺流型伏击圈 …… 145
二、顺流型伏击圈的实战应用 …… 146
第二节　逆流型伏击圈的实战应用 …… 152

一、什么是逆流型伏击圈 …… 152
二、逆流型伏击圈的实战应用 …… 154
第十章 伏击圈与腾飞点的连襟关系图解 …… 157
第一节 从学习腾飞点经典走势中领悟伏击圈技术 …… 159
一、按年份整理经典大牛股腾飞点走势统计表 …… 159
二、按月份整理经典大牛股腾飞点走势月线图 …… 182
第二节 从学习腾飞点实战经典走势中领悟伏击圈技术 …… 194
一、从每周的操作中学习腾飞点技术 …… 194
二、从每日的操作中学习腾飞点技术 …… 206
后记 执着 …… 216

第一章
名词解释：伏击圈和伏击圈技术

本章学习要点

一、了解伏击圈的基本含义。

二、了解伏击圈技术的原理。

三、掌握学习伏击圈技术的方法。

第一节　关于伏击圈技术的基本概念

一、伏击圈技术的基本概念

所谓伏击圈技术，就是指非主导股价定价权的一方采用伏击的方式，从主导股价定价权的一方获取利益的技术手段。适合于运用这些技术手段的区域，就称为伏击圈。也就是说，采用提前潜伏的方式狙击对手以便获得利益的区域，就是伏击圈。参见图例 001 所示。

伏击的位置如果是一个点，就叫做伏击点。如果是一个区域，就叫做伏击圈。

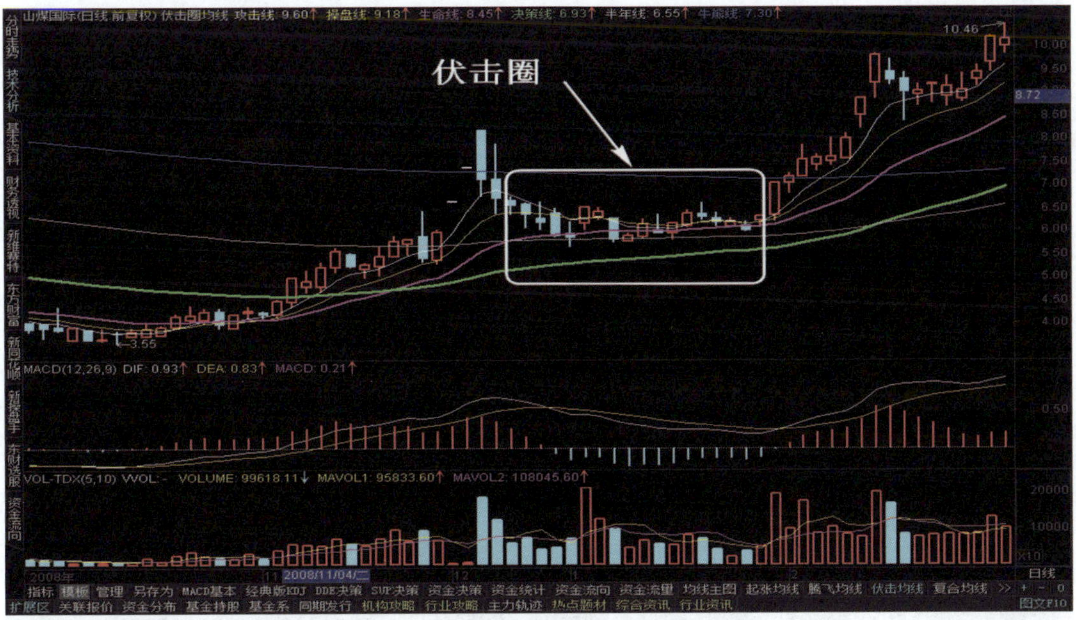

图例 001

二、伏击圈技术的形成机理

伏击圈技术是非常重要的操盘技术，伏击的前提有两个，一是要确保自己的资金安全，二是要确保能够盈利。因此，我们要深刻理解伏击圈技术的形成机理。

关于伏击圈技术的成立条件，概括地说，有三点：

第一点：股价在底部有过一次连续放量上涨过程，然后展开横盘或楔形整理，而量能从大到小持续萎缩，然后开始温和放量。这是最重要的条件。

第二点：伏击圈是主力快速拉高建仓后，进行震仓洗盘，清洗浮筹的重要区域。

第三点：伏击圈是目前处于缩量回调或强势横盘整理状态。

从上边三点可以看出，伏击圈技术属于强势回调狙击技术的范畴。严格来说，它还是处于右侧交易的种类之一，而不是左侧交易。很多人对伏击圈技术不甚了了，使用之后不但没赚到钱，反而出现亏损，就是因为对伏击圈技术的形成机理不得正解，理解上出现偏差。

在这里需要反复强调这几个关键词：

一是底部。

二是有过一次连续放量上涨。

三是整理。

四是量能从大到小。

五是再次温和放量。

注意理解这些关键词的根本含义。

如果理解出现了偏差，那么使用起来就会酿成大错。

再看图例 002，反复观察伏击圈的特点是什么。

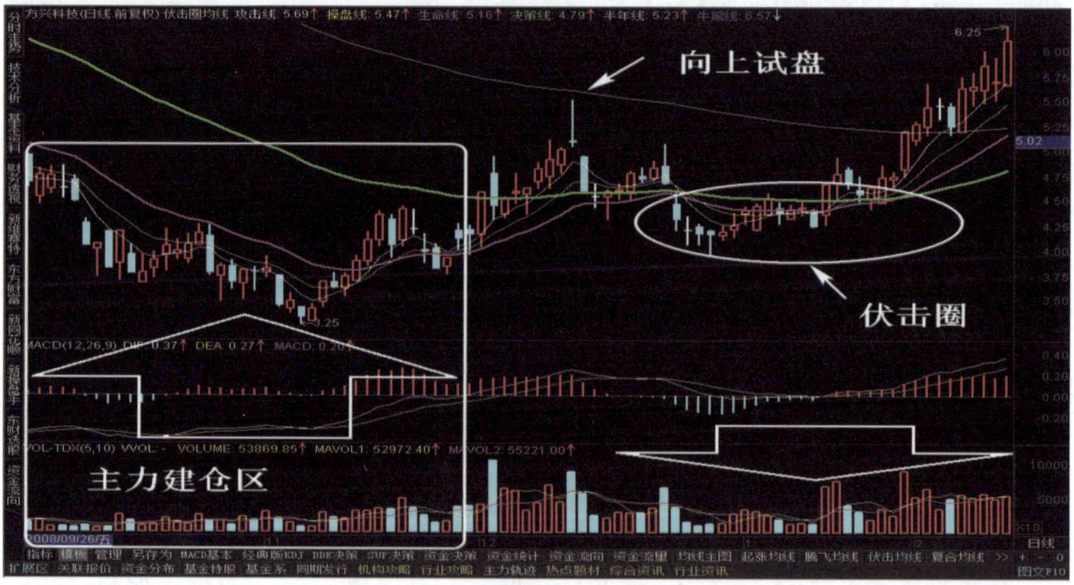

图例 002

第二节　应该怎样学习伏击圈技术

一、关于学习伏击圈技术的几点建议

伏击圈技术是非常稳健的长期盈利技术，很值得每一位投资者反复研究，深入学习。那么，应该怎样去学习呢？在这里给大家提几点建议，供大家参考。

第一点：把脑袋交给自己。脑袋决定口袋。把脑袋交给自己，自己的账户自己做主。不要到处打听消息，更不要根据消息操作。眼里只有图形，心中只有纪律。让自己称为有主见的、有个性的、有韧性的投资者，而不是没脑子的跟屁虫。

第二点：反复修炼乃至恒定。要掌握一门操盘技术，需要长时间的反复修炼，反复演练，反复磨练。没有刻苦修行，成功只是一种妄想。从现在开始，就励志苦修，如同参禅那样，每日早课晚课，坚持做好。暮鼓晨钟坚持敲，而不是三日打鱼两日晒网。

第三点：背诵经典的技术图谱。经典的技术图谱比如建仓图形、洗盘图形、拉升图形、震仓图形、盘头图形和出货图形等等，要收集整理成册，反复揣摩，背诵下来。熟记于心，方能临盘气定神闲。这一点是每一位操盘手务必做好的基础工作。

二、胜兵先胜而后求战，炒股的道理也一样

孙子说，胜兵先胜而后求战，败兵先战而后求胜。炒股的道理也一样。不管是军队作战，还是人生处世，都是一样的道理。学习操盘，学习交易，要首先做到有所准备、充分准备，立足全局、兼顾细节，精心计算，才能立于不败之地。千言万语，归根到底就是要做好一切准备，努力修炼，掌握技能，学习知识，厚德载物，自强不息。

操盘手只有这样才能在盘面机会来了的时候能够抓得住，把握住，不让机会流失掉，从而实现自己的人生理想。否则，毫无准备，仓促上阵，临盘实战，即使机会来了的时候也抓不住。人生的机遇并不多，有些机会可能失去了就再也不会光顾你了。

股市也一样。虽然说股市上天天有机会，但是真正的买点只有一次。所以苏联

科学家巴甫洛夫说过：在观察的领域里，机遇只垂青有准备的头脑。因此，让我们深刻理解孙子兵法的思想内涵，为实现自己的人生理想而努力吧！参见图例 003、004 所示。

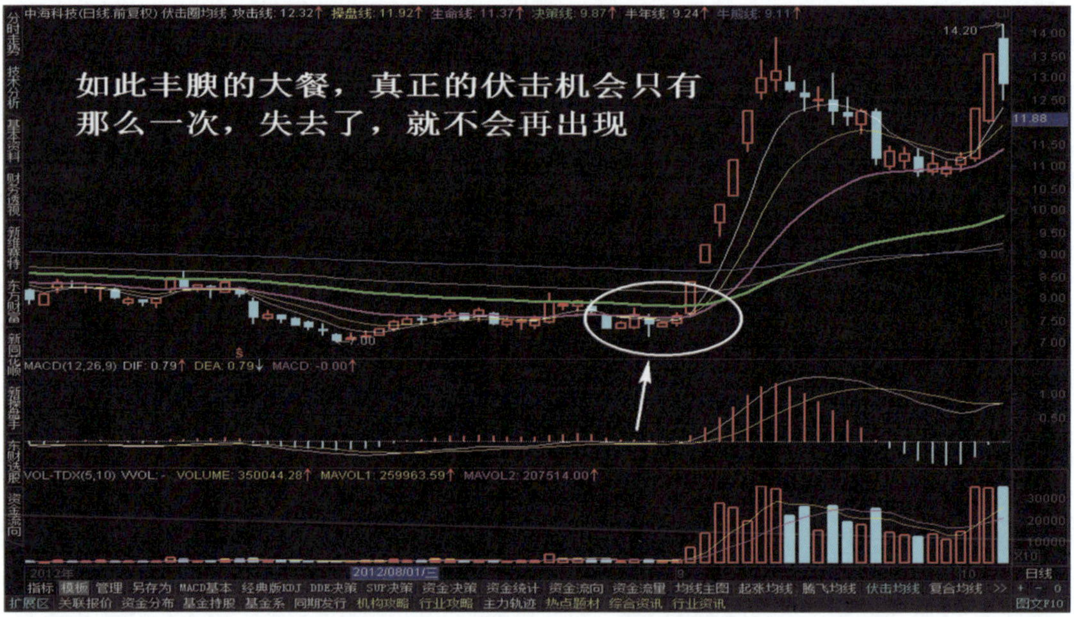

图例 003

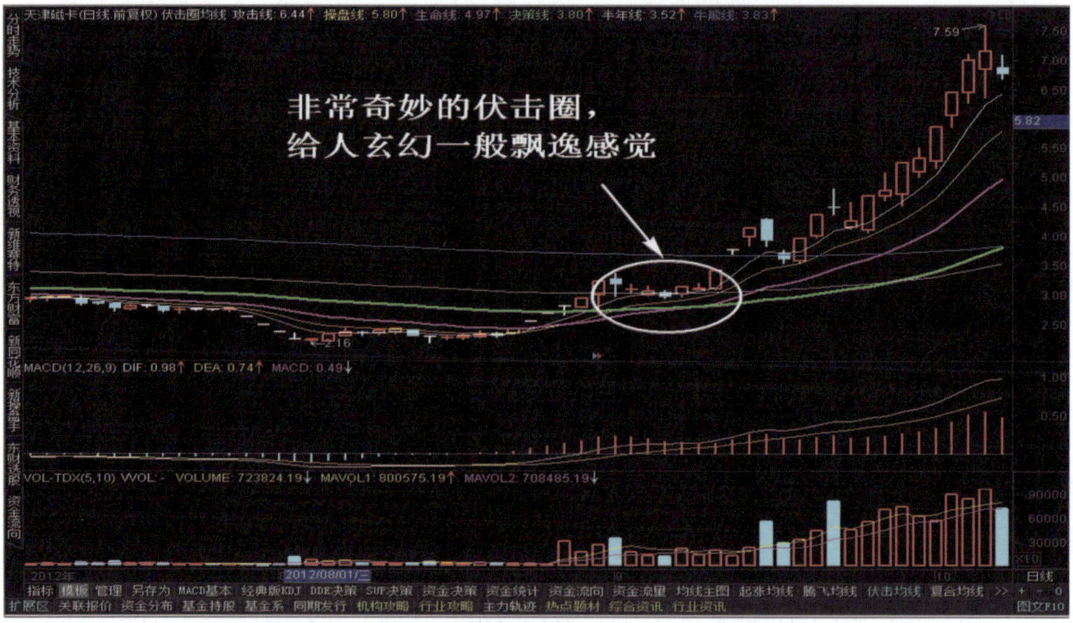

图例 004

第二章
伏击圈在实战中的优势特点

本章学习要点

一、了解伏击圈技术的优势特点。

二、了解伏击圈技术的使用法则。

三、在实战中领会伏击圈技术的特点。

第一节　伏击圈技术的持仓成本比较低

一、为什么说伏击圈技术持仓成本比较低

伏击圈技术采用的是买跌技术，而不是追涨技术，因此，在操作上具有先天性的比价优势。股价从底部放量启动后，主力震仓洗盘，积极往下打，这时候逢低介入，反复采用滚动的手法建仓，结果就是持仓成本较低。而且这时候主力已经深度介入，不可能放弃。结果是只能往上做。而散户就可以坐轿，稳赚。这就叫爽死你啦!

伏击圈技术实战案例 001　**招商地产（000024）**

这段时间股市下跌，甚至跌穿 2000 点，令很多人很受伤。但也有不受伤者。一个朋友持有招商地产（000024）在本次大跌过程中，居然毫发无损，而且在 2012 年上半年还略有小赚。奇怪吗？一点也不奇怪。先看它的周线图，参见图例 005 所示。

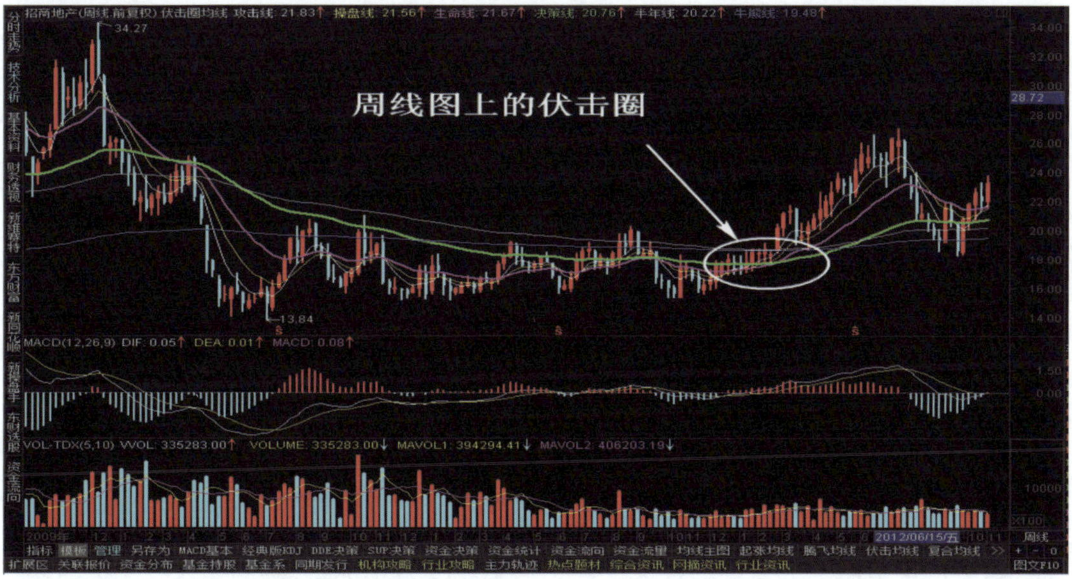

图例 005

参见图例 005 所示，仔细观察招商地产（000024）的周线走势，不难发现，从周 K 线的组合结构来看，2012 年 1 月的走势正好是伏击圈的潜伏点。当时大涨的条件还不具备，但阶段性走强已经是不争的事实。该股在 18 元一带反复筑底，60 周均线已经走平，坚挺向上，说明主力已经建仓完毕，将直接向上出击 22 元价格水平，同时突破底部盘局则是未来两个月内的主要目标。后来的走势已经证实了我在当时的判断，最高达到 27 元啦。

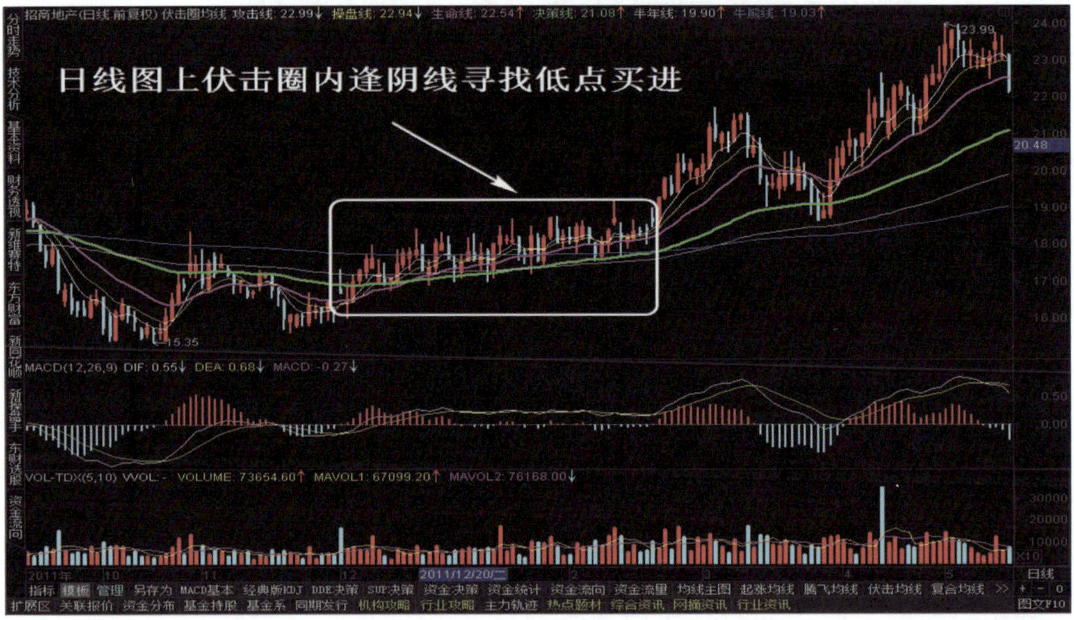

图例 006

地产四大金刚历来是基金的重仓股，也是他们的宠儿。

地产四大金刚之一招商地产（000024）的强势不倒，说明基金正在群体加仓该板块。因为，只有他们的照顾，才会导致这只股票走势的独立。既然如此，那么，下一轮行情启动的主流热点则极有可能就是由地产领军。这是我在 2012 年 1 月份的时候做出的估计。

事实上，地产股的权重很大，一旦它们走强，大盘必将被引领向上。

2012 年 10 月以来，地产板块指数已经出现了明显的转强迹象。

从图例 007 可以看到，10 月地产板块指数的短期均线系统已经出现多头趋势。攻击线、操盘线和生命线已经出现多头排列，说明大资金已经开始布局。

进入 11 月，第一天便是放量站在决策线上，这是一个明显的信号。

这个信号表明：大盘开始反攻，新一轮大行情也许即将展开。

参见图例 007 所示，这是典型的板块指数走势出现了日线伏击圈走势。

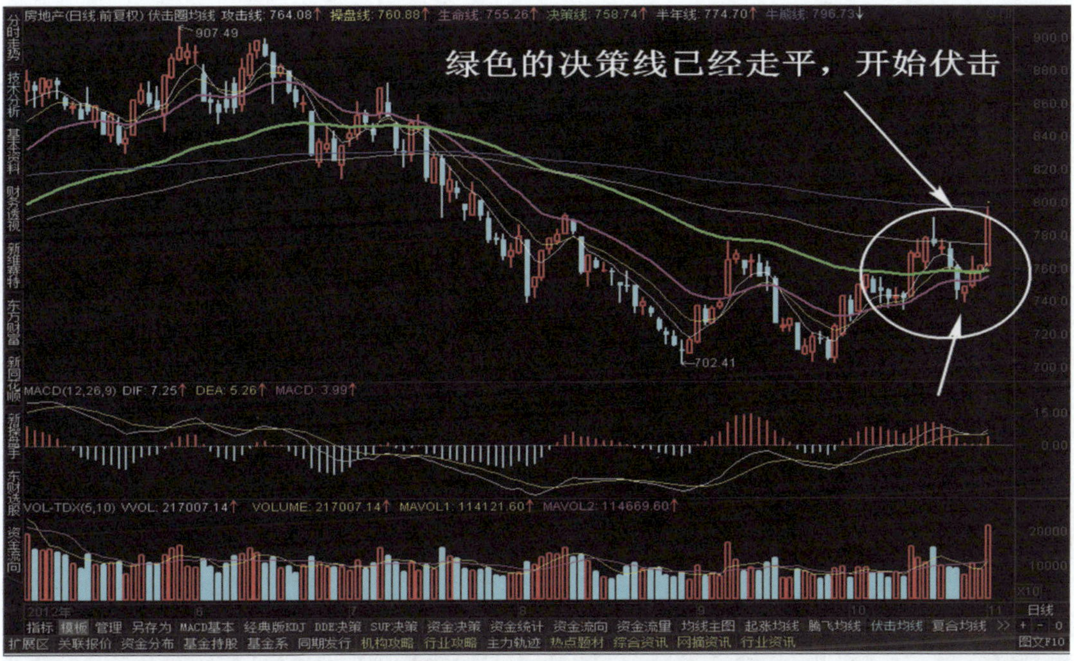
房地产(日线,前复权) 伏击圈均线 攻击线: 764.08↑ 操盘线: 760.88↑ 生命线: 755.26↑ 决策线: 758.74↑ 半年线: 774.70↑ 牛熊线: 796.73↓
绿色的决策线已经走平，开始伏击
907.49
702.41
MACD(12,26,9) DIF: 7.25↑ DEA: 5.26↑ MACD: 3.99↑
VOL-TDX(5,10) VVOL: 217007.14↑ VOLUME: 217007.14↑ MAVOL1: 114121.60↑ MAVOL2: 114669.60↑

图例 007

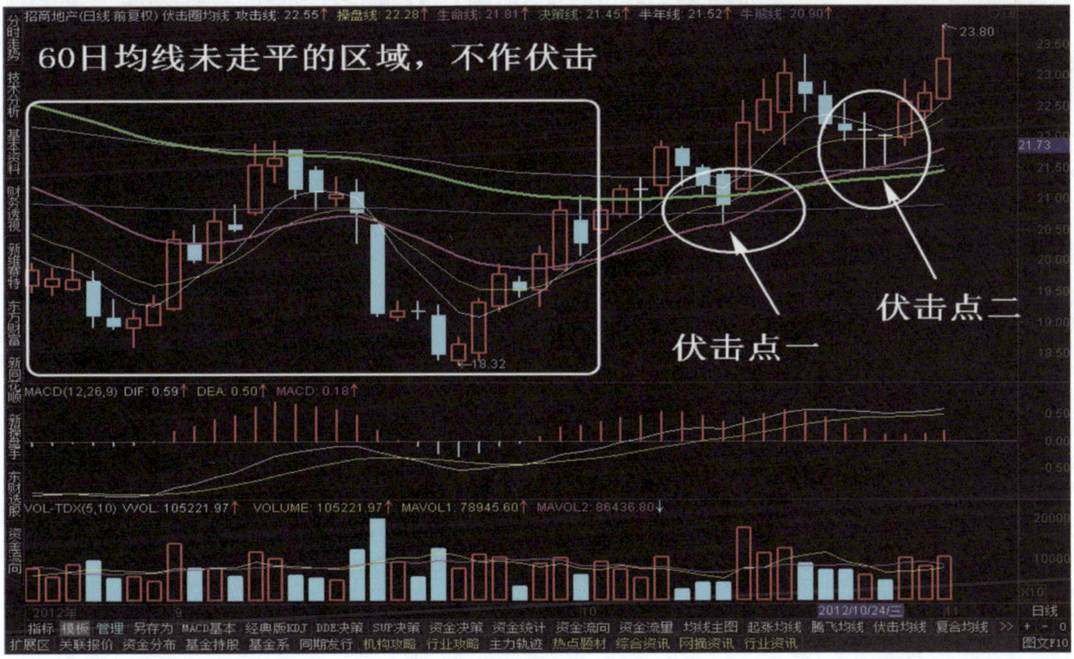
招商地产(日线,前复权) 伏击圈均线 攻击线: 22.55↑ 操盘线: 22.28↑ 生命线: 21.81↑ 决策线: 21.45↑ 半年线: 21.52↑ 牛熊线: 20.90↑
60日均线未走平的区域，不作伏击
23.80
18.32
伏击点一
伏击点二
MACD(12,26,9) DIF: 0.59↑ DEA: 0.50↑ MACD: 0.18↑
VOL-TDX(5,10) VVOL: 105221.97↑ VOLUME: 105221.97↑ MAVOL1: 78945.60↑ MAVOL2: 86436.80↓

图例 008

二、伏击圈技术达成持仓成本比较低的主要方法

一是资金成本比较低，因为伏击圈技术选择在空间位置的低位介入，当时的股价还处于低价位区间，成本就相对低很多。这和追涨买入相比，差一大截。

二是时间成本比较低，因为伏击圈技术选择在主升段拉升的前夜介入，伏击等待的时间比较短，大大节省了时间的消耗。因此时间成本比较低。参见图例 009 所示。

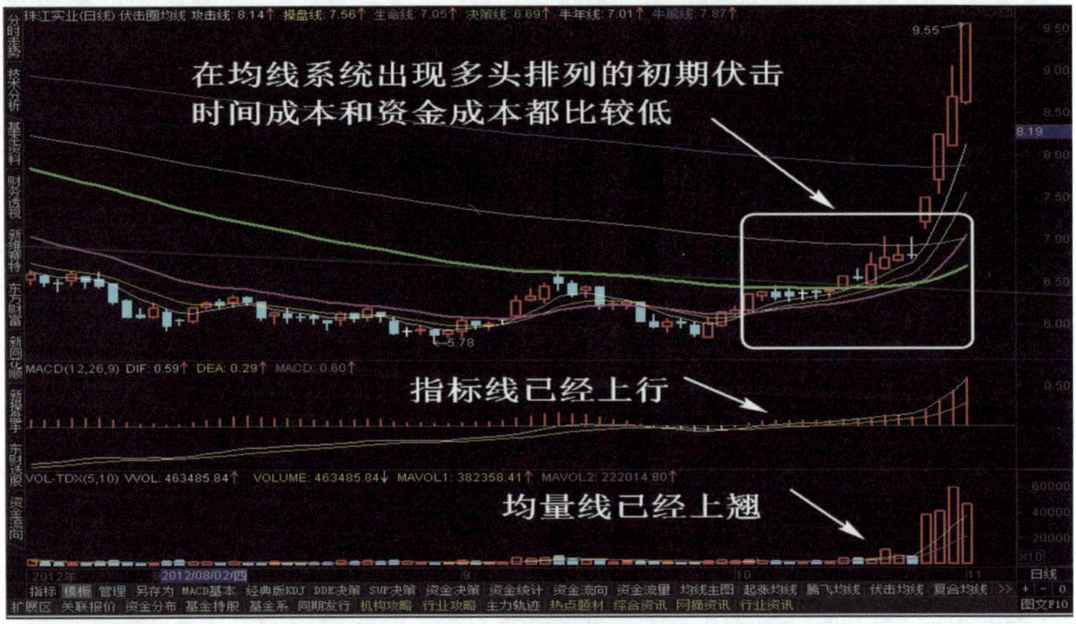

图例 009

第二节　伏击圈技术的安全边际比较高

一、上升趋势已经确立，下跌风险比较小

伏击圈技术严格要求选择短期均线系统中的攻击线、操盘线和生命线已经形成多头列的时候，并且中期均线系统的决策线已经在低位走平，强力支撑短期均线系

统的前提下进行伏击。这个时期一般属于拉升初期的后半段，股价已经进入盘整期，主力正在清洗浮筹，短中期均线系统坚挺向上，K 线结构阴阳交错但实体部分比较小，做空动能不足。

拉升初期出现回调洗盘，注意把握一点，就是均线系统必须是金叉向上的，不能有死叉的现象出现。也就是说，攻击线、操盘线、生命线和决策线必须是从小到大依次排列的，不能有错位、移位、紊乱。均线系统的每一条均线各安其职，各司其命，不得僭越。这是非常重要的技术要求，无比重要，务必审慎对待。参见图例 010 所示。

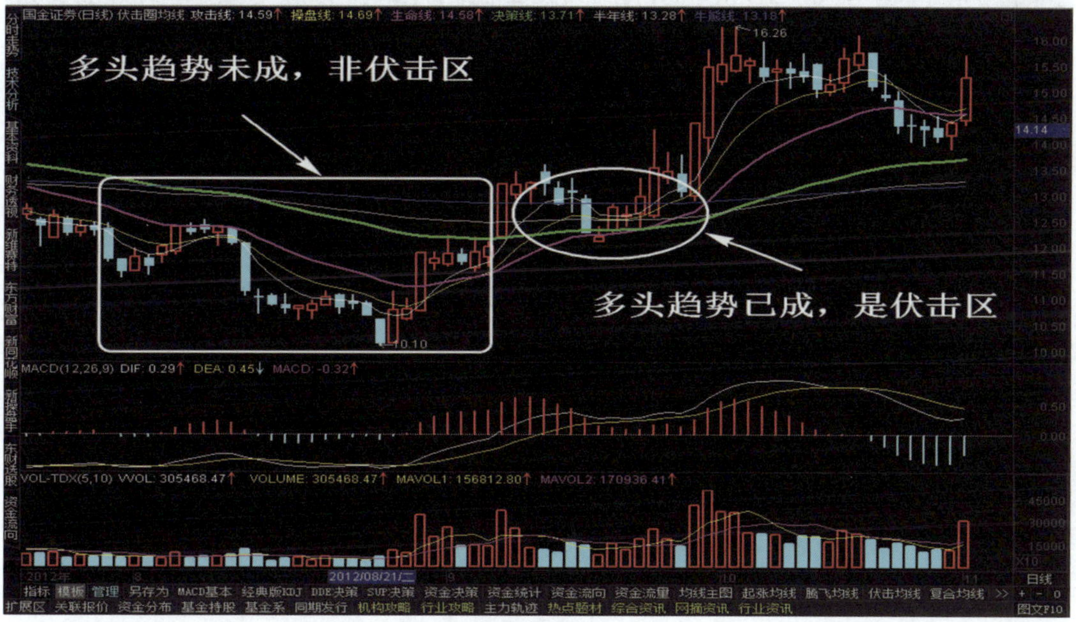

图例 010

二、股价上下波动幅度比较小，出错概率比较低

伏击圈技术选择介入的时机非常重要，必须选择底部区域建仓完成之后，拉升初期出现出现盘整的阶段进入。这里的关键词是：

第一个是底部区域，股价必须处于底部不远的。

第二个是建仓完成之后，也就是主力的建仓动作宣告完成。

第三个是拉升初期，距离启动大阳线或者起涨点不远。

这个时候属于阶段性休整阶段，股价上下波动幅度有限，因此操作出错的概率比较小。在操作上可以分批介入，风险较小。参见图例 011 所示。

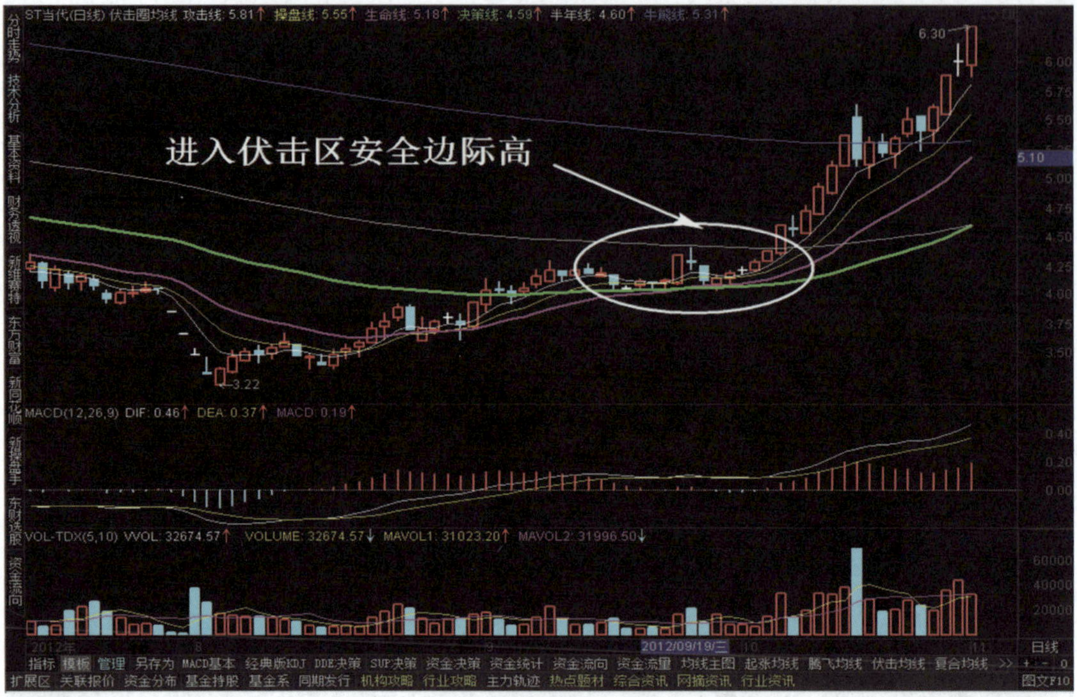

图例 011

第三节　在实战中理解伏击圈技术的优势

一、学练结合，避免和杜绝知行不合一

伏击圈技术在实战中的优势显而易见，它是非常稳健的盈利方式。但是，很多人常常抱怨，学了，知道了，却做不到。做不到的原因在于知行不合一。说的、学的和做的不是一回事。这叫做心口不一，脑手不一，没有协调，没有统一的行动。这好似分裂人格，最后连自己是谁都搞不清楚了。要克服这样的弊端，别无他途，惟有苦苦修炼。

读书，学习，很多人只是动脑不动手，动眼不动手。从现在开始，立即行动，不仅仅是看书，而是一边看，一边对照软件，利用通达信软件的沙盘推演功能，学练结合。你只要坚持做下去，坚持下去，再坚持下去，直至成功。只有这样，才能做到知行合一。

打开软件，马上就开始吧。沙盘推演功能参见图例 012 所示。

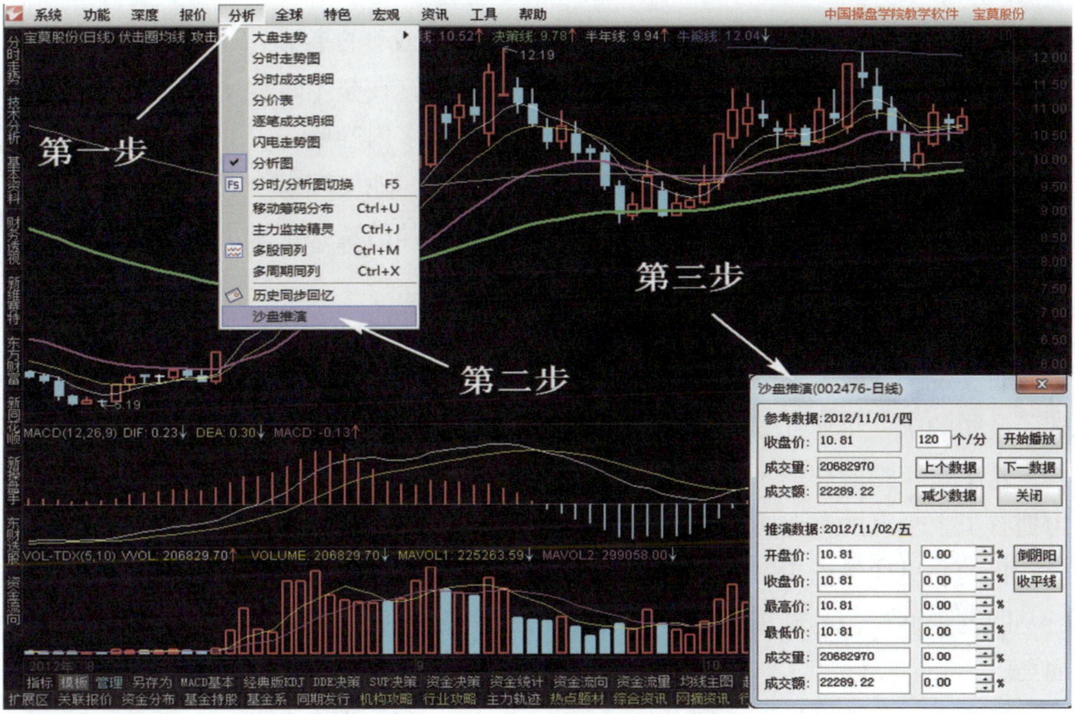

图例 012

二、反复读图，对伏击圈走势形成条件反射

我在博客里曾经写过一篇小文，叫《也谈学习精神》，转录在这里，供各位参考。

博客评论功能开通一周以来，读者们在上面问得最多的就是自己的股票。大家把伍朝辉当成了算命先生，伍老师，麻烦你来帮这个股票算下命，究竟未来命运如何？

还有一些朋友干脆把一些准备买进的股票拿来问计，如果发现伍朝辉点评好，就马上买进，如果不行，则抛弃。这样的行为如果发展下去，有一些职业证券分析师就要失业了。

如果任其发展，后果殊难预料。因此，自五月起，我决定关闭该评论功能。

本周六在杭州的一场学习交流会上，来了几百位杭州各界的炒股高手。在我心里，我尊重所有到会交流的朋友。这是一场免费交流课，我与大家探讨的是关于洗盘的技术。

课程时间长度达到两个钟，期间没有一个人挪过屁股，都睁大了眼睛，听得很来劲。

但是，会后，我的一个朋友告诉我一件更令我感动的事情。

他说，他的座位隔壁有一位年逾八旬的老先生，在整个过程中，老先生的笔记记了满满的两大页。我问，这个老先生怎会有那么多内容要记。

他说，老先生告诉他，他听过许多老师讲的课，他发现每个老师都不会是最完美的，都有缺点。但是，每次听课，他会把每个老师的特长记录下来，自己综合总结，就会得到提高。

我非常惊讶，于是追问这个老先生的情况。

朋友说，老先生炒股已经有二十年了。单位退休之后，就一直在股市里沉迷。除了最初的第一个十年没有什么收获之外，第二个十年，老先生资产增值速度很快，几乎每年都能获得30%以上的增长。如今，老先生已经完全靠自己在股市的努力拥有了上千万的资金实力。

我的心里油然而生敬意。我有一种想要急切见到这位老先生的冲动。

朋友告诉我，由于现场没有问老先生的联系方式，现在已经无从知晓他的去向矣。

这真是一种遗憾！

同样是这堂课，我还见到另外更多的现象是，许多人只是张大了嘴巴，在拼命地呼吸。他们的手，安静地平放在大腿上，没有任何动作。这个情景就象是大户人家培养出来的淑女。

还有一个现象是，有部分人自以为很聪明，总想提个股的问题。其实那个股票，就是他本人的持仓股。他跟博客评论中的读者一样，很想听算命先生来说说。当然，这个情况无可厚非。

学习的精神在哪里？杭州那位八十岁的老先生很值得我们去尊敬！

那么，学习，需要一种什么样的精神？

孔子说，三人行，必有吾师焉。择其善者而从之，其不善者而改之。

三人同行，各有长短。长者为师，短者弃之。

那么，如何发现他的长处？又如何学到人家的长处？

很简单，把自己的身段放下来，匍匐下来，五体投地，以这种谦卑心恭敬心认真接纳，而不是以批判心蔑视心去放纵。

于我而言，以一种在寺院拜佛的方式去学习，这就是学习的精神。

我把在股市中，辛苦学习孤苦操盘比喻为在“丛林”中的修行。

在丛林，你要忍受得了孤独无助的困苦。

在丛林，你要忍受得了失败创痛的滋味。

在丛林，你要忍受得了诱惑迷幻的干扰。

在丛林，你只能一个人享受成功的喜悦。

在丛林中的一切，你必须严肃认真冷静对待。

关于伏击圈技术，它并不是信手可得的简单技术，这其中蕴含着多少主力的心酸、心急、心计、心力、心愿、心声、心机、心悸、心术。一道伏击圈，多少散户泪！你想要破译它的真谛，想从中吃主力的肉，喝主力的，就要比毅力，比智慧了。智慧如何增长？惟有苦修，除此之外，没有别的捷径。在这里列举几幅伏击圈案例图，供各位参考，希望能够起到举一反三、事半功倍的作用。参见图例 013、014、015、016、017、018 所示。

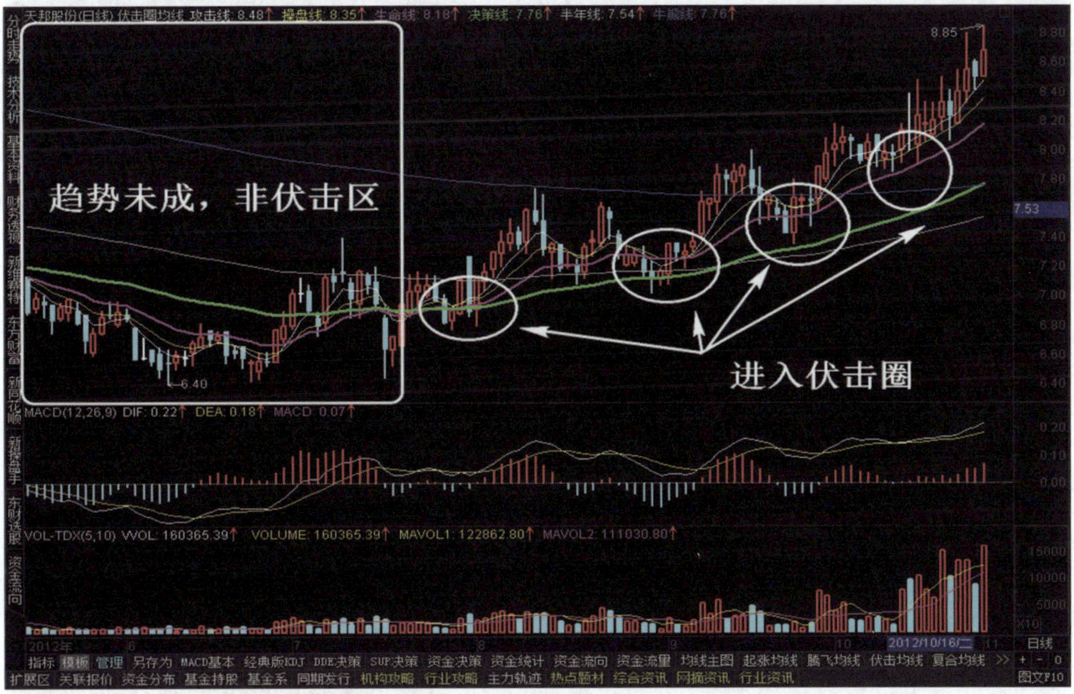

图例 013

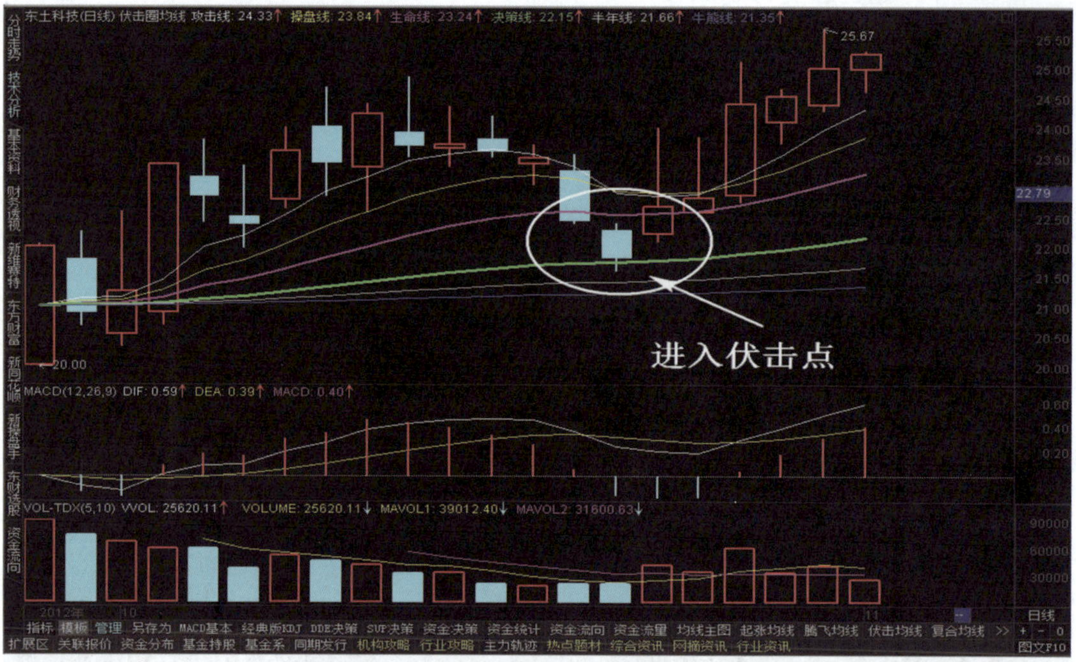
东土科技(日线) 伏击圈均线 攻击线: 24.33↑ 操盘线: 23.84↑ 生命线: 23.24↑ 决策线: 22.15↑ 半年线: 21.66↑ 牛熊线: 21.35↑
25.67
20.00
进入伏击点
MACD(12,26,9) DIF: 0.59↑ DEA: 0.39↑ MACD: 0.40↑
VOL-TDX(5,10) VVOL: 25620.11↑ VOLUME: 25620.11↓ MAVOL1: 39012.40↓ MAVOL2: 31600.63↓

图例 014

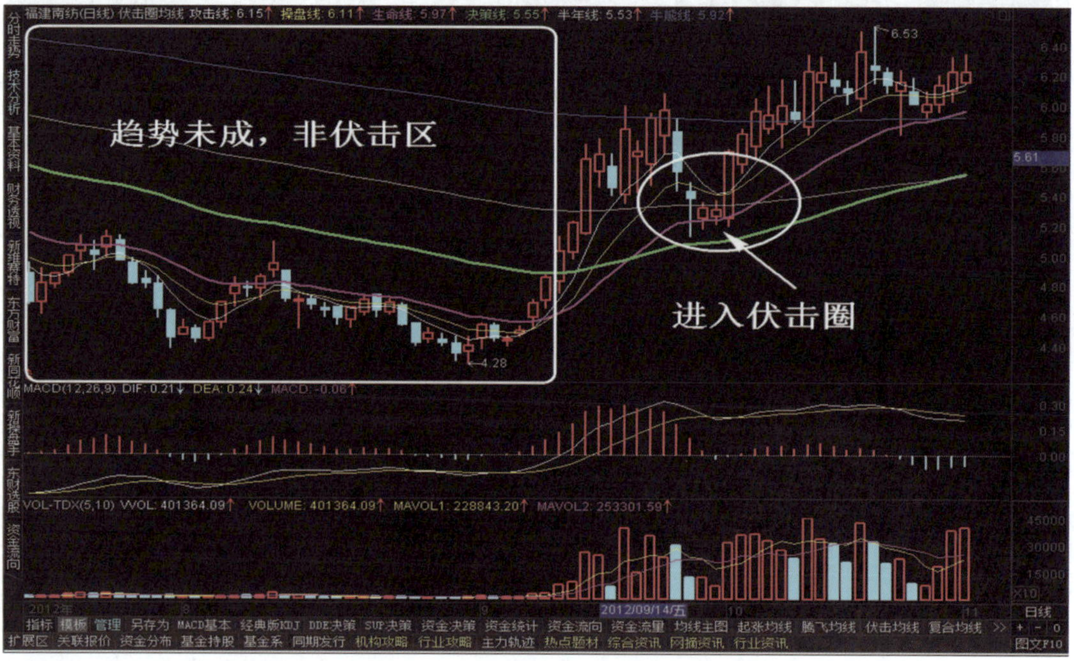
福建南纺(日线) 伏击圈均线 攻击线: 6.15↑ 操盘线: 6.11↑ 生命线: 5.97↑ 决策线: 5.55↑ 半年线: 5.53↑ 牛熊线: 5.92↑
6.53
趋势未成，非伏击区
4.28
进入伏击圈
MACD(12,26,9) DIF: 0.21↓ DEA: 0.24↓ MACD: -0.06↑
VOL-TDX(5,10) VVOL: 401364.09↑ VOLUME: 401364.09↑ MAVOL1: 228843.20↑ MAVOL2: 253301.59↑
2012/09/14/五

图例 015

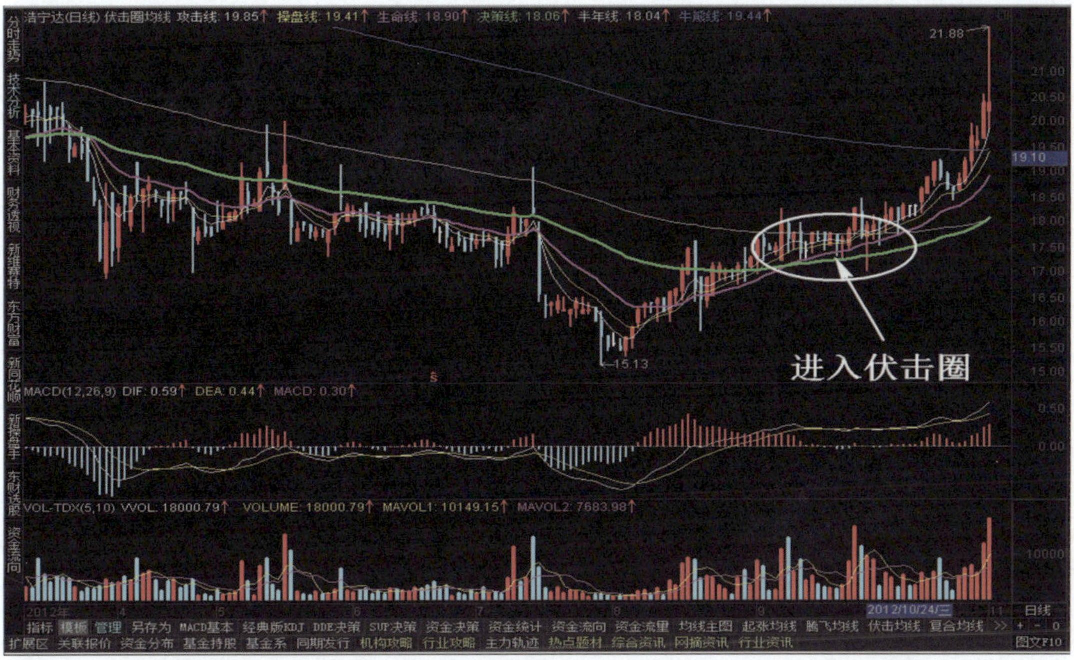

洁宁达(日线) 伏击圈均线 攻击线: 19.85↑ 操盘线: 19.41↑ 生命线: 18.90↑ 决策线: 18.06↑ 半年线: 18.04↑ 牛熊线: 19.44↑
21.88
15.13
进入伏击圈
MACD(12,26,9) DIF: 0.59↑ DEA: 0.44↑ MACD: 0.30↑
VOL-TDX(5,10) VVOL: 18000.79↑ VOLUME: 18000.79↑ MAVOL1: 10149.15↑ MAVOL2: 7683.98↑
2012/10/24/三

图例 016

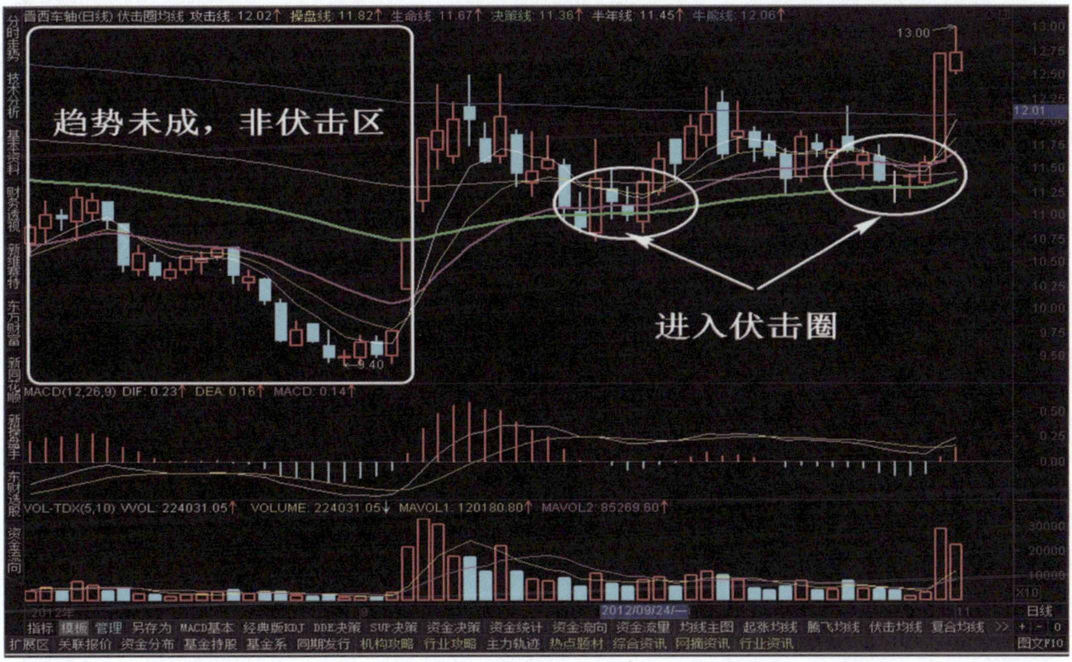

晋西车轴(日线) 伏击圈均线 攻击线: 12.02↑ 操盘线: 11.82↑ 生命线: 11.67↑ 决策线: 11.36↑ 半年线: 11.45↑ 牛熊线: 12.06↑
13.00
趋势未成，非伏击区
9.40
进入伏击圈
MACD(12,26,9) DIF: 0.23↑ DEA: 0.16↑ MACD: 0.14↑
VOL-TDX(5,10) VVOL: 224031.05↑ VOLUME: 224031.05↓ MAVOL1: 120180.80↑ MAVOL2: 85269.60↑
2012/09/24/一

图例 017

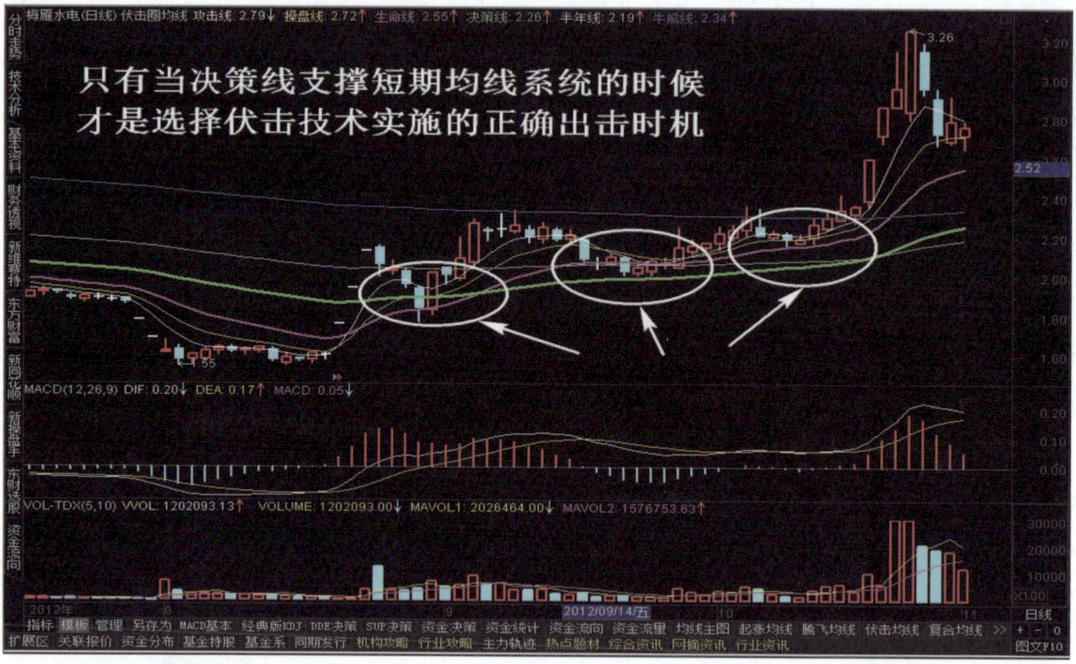

图例 018

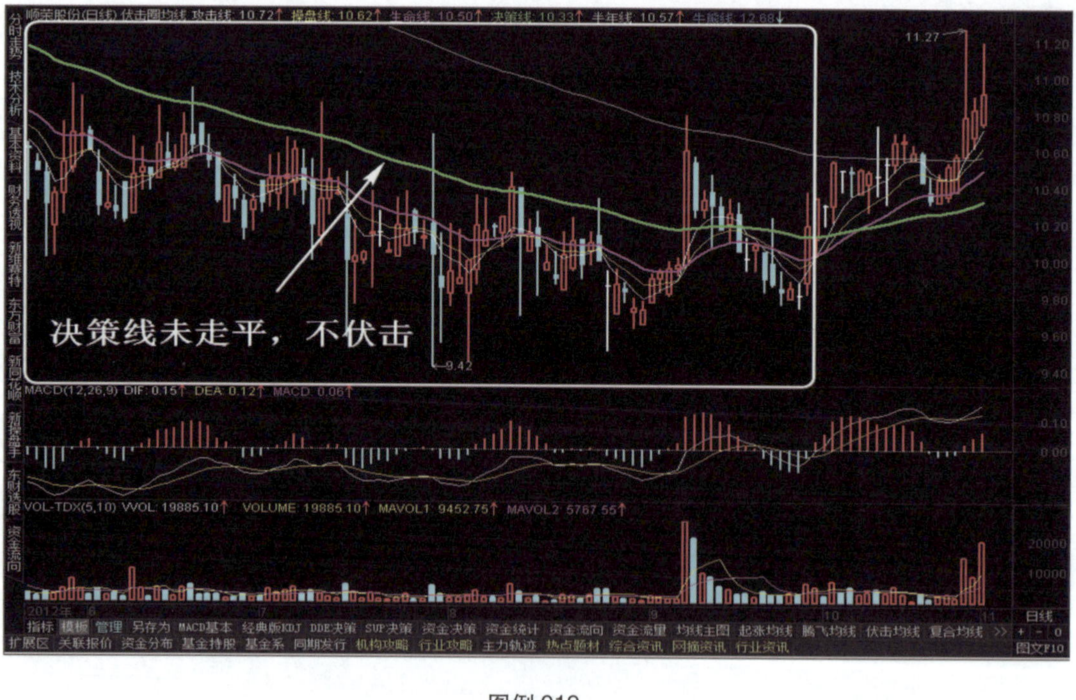

图例 019

第三章
伏击圈的 K 线技术特征

本章学习要点

一、了解伏击圈的 K 线特征。

二、了解伏击圈 K 线的类型。

三、在实战中领会伏击圈 K 线。

第一节　伏击圈技术的标准 K 线形态

一、伏击圈技术标准 K 线结构

伏击圈技术倡导的是买跌模型，指导性原则是逢低买，而不是追高买。因此，在 K 线结构设计上，就偏重阴线类型。操盘手在设计交易模型的时候，应当遵循以下原则：

一是当天收盘为小阴线（3% 以内）或十字星，这是最理想的 K 线结构；

二是当天震仓洗盘的幅度不破 20 日均线与 60 日均线。不能跌破决策线。

这就是伏击圈技术标准 K 线结构的设计原则。

在这里要强调一点，就是均线系统必须是金叉向上的。

凡是均线死叉的，都不是伏击圈。

凡是均线结构凌乱的，都是操盘技术出了问题。

参见图例 020 所示，这就是标准的伏击圈技术 K 线结构。

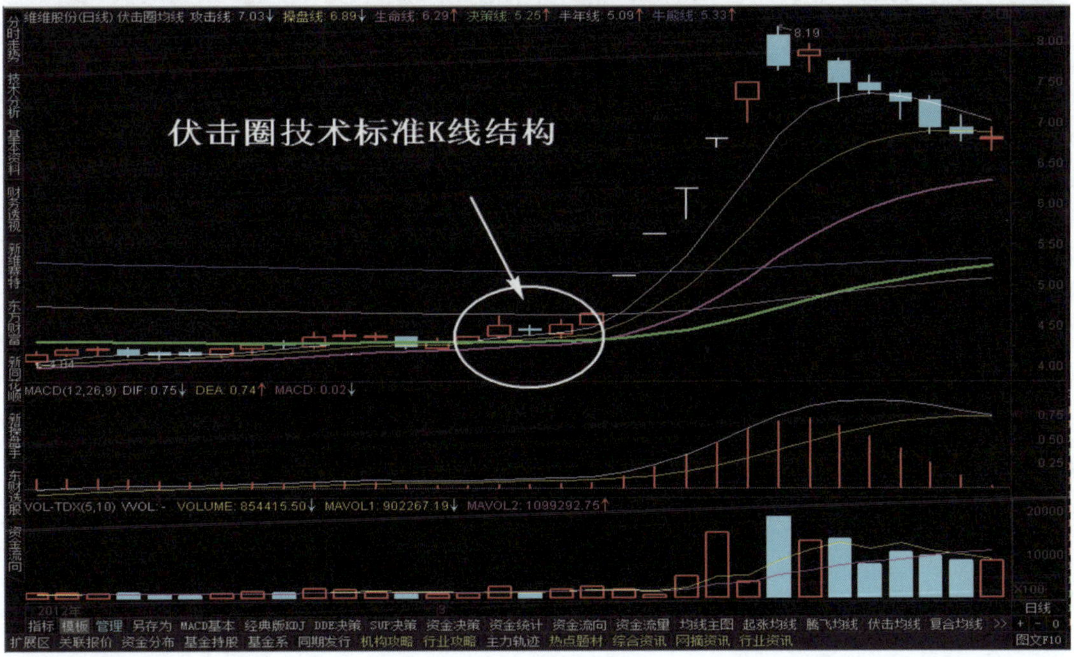

图例 020

二、伏击圈技术的K线结构与时间周期

伏击圈技术讲究时间周期，比如从高开低走的K线结构开始计算，震仓洗盘的时间可以按照神奇数列估算它的时间，参数可以设定为3、5、8、13、21等等，强势的洗盘一般不超过5天，最长不超过8天。

也就是说，伏击圈出现后大约5—8天就应当出现起飞形态。

如果洗盘的时间超过8天，长达13天，就显得比较弱势了。

如果超过13天，长达21天，就已经很疲软。

如果超过21天还是没有起飞，就需要警惕其中的猫腻。

短线交易者很难承受21天的洗盘。

因此，超过21天的洗盘，就不会是短线庄家所为。

参见图例021、022、023、024所示。它们的洗盘时间是不一样的。注意区分。

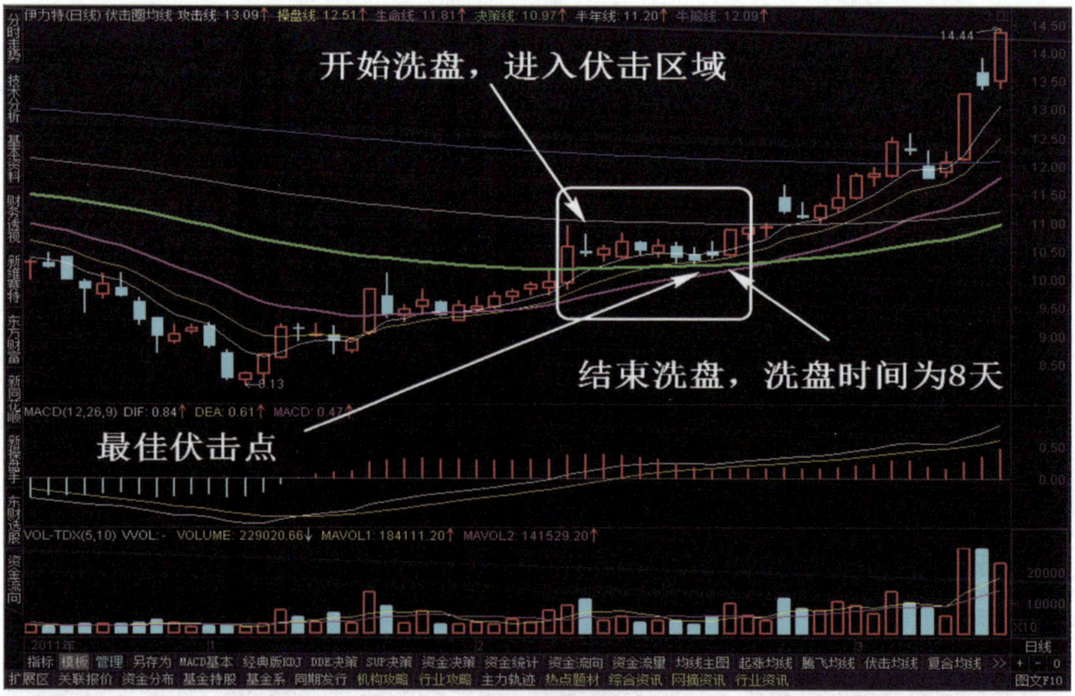

图例021

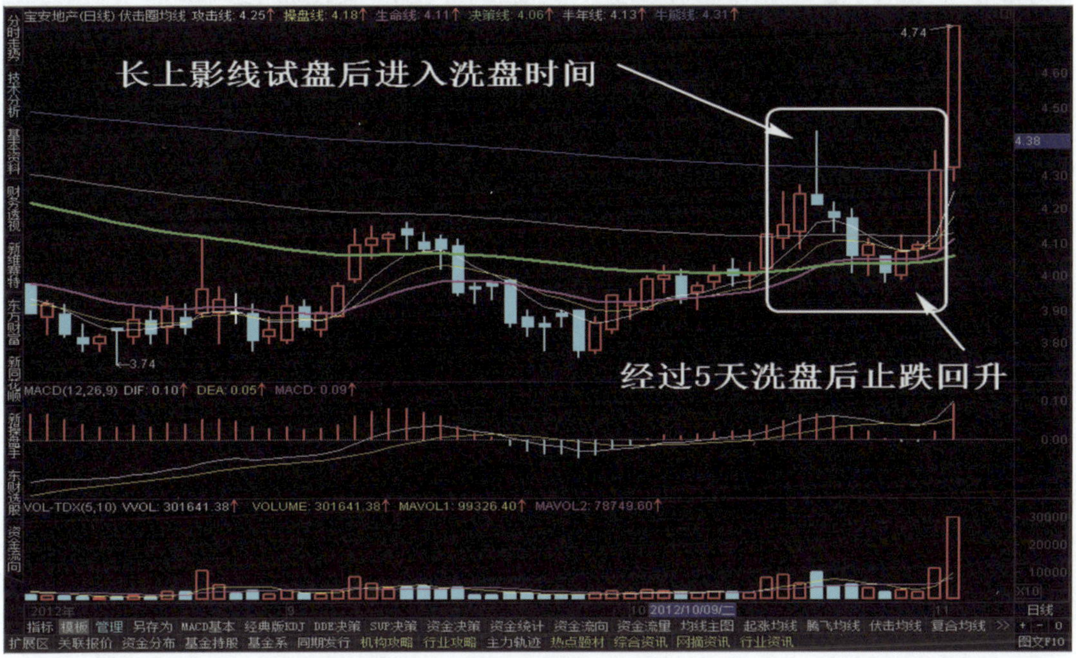
宝安地产(日线) 伏击圈均线 攻击线: 4.25↑ 操盘线: 4.18↑ 生命线: 4.11↑ 决策线: 4.06↑ 半年线: 4.13↑ 牛熊线: 4.31↑
长上影线试盘后进入洗盘时间
经过5天洗盘后止跌回升
MACD(12,26,9) DIF: 0.10↑ DEA: 0.05↑ MACD: 0.09↑
VOL-TDX(5,10) VVOL: 301641.38↑ VOLUME: 301641.38↑ MAVOL1: 99326.40↑ MAVOL2: 78749.60↑

图例 022

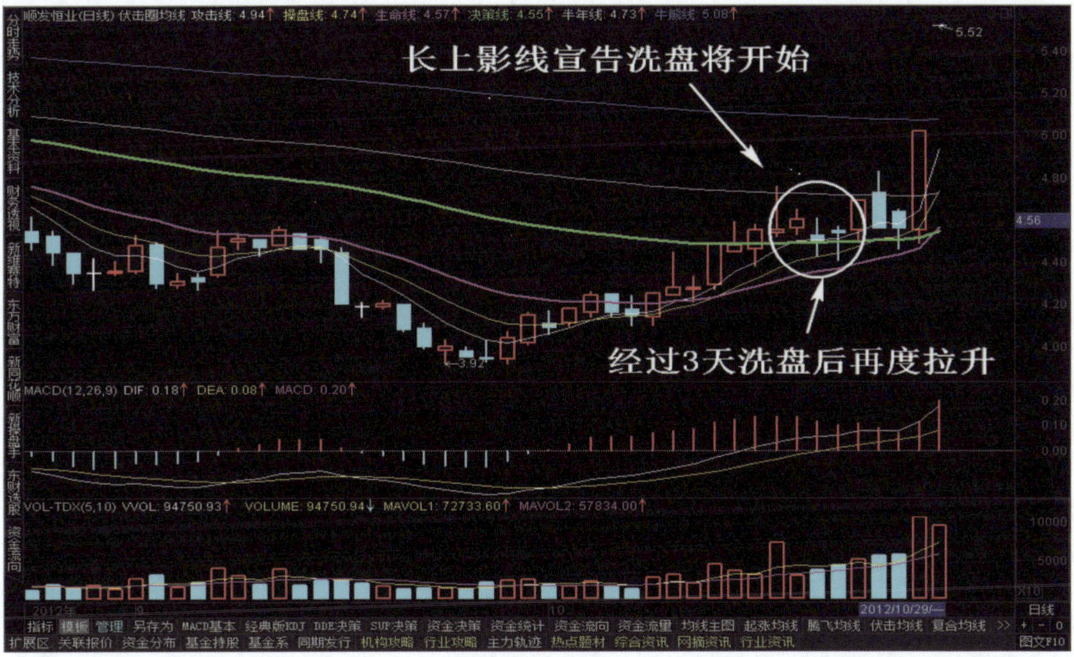
顺发恒业(日线) 伏击圈均线 攻击线: 4.94↑ 操盘线: 4.74↑ 生命线: 4.57↑ 决策线: 4.55↑ 半年线: 4.73↑ 牛熊线: 5.08↑
长上影线宣告洗盘将开始
经过3天洗盘后再度拉升
MACD(12,26,9) DIF: 0.18↑ DEA: 0.08↑ MACD: 0.20↑
VOL-TDX(5,10) VVOL: 94750.93↑ VOLUME: 94750.94↓ MAVOL1: 72733.60↑ MAVOL2: 57834.00↑

图例 023

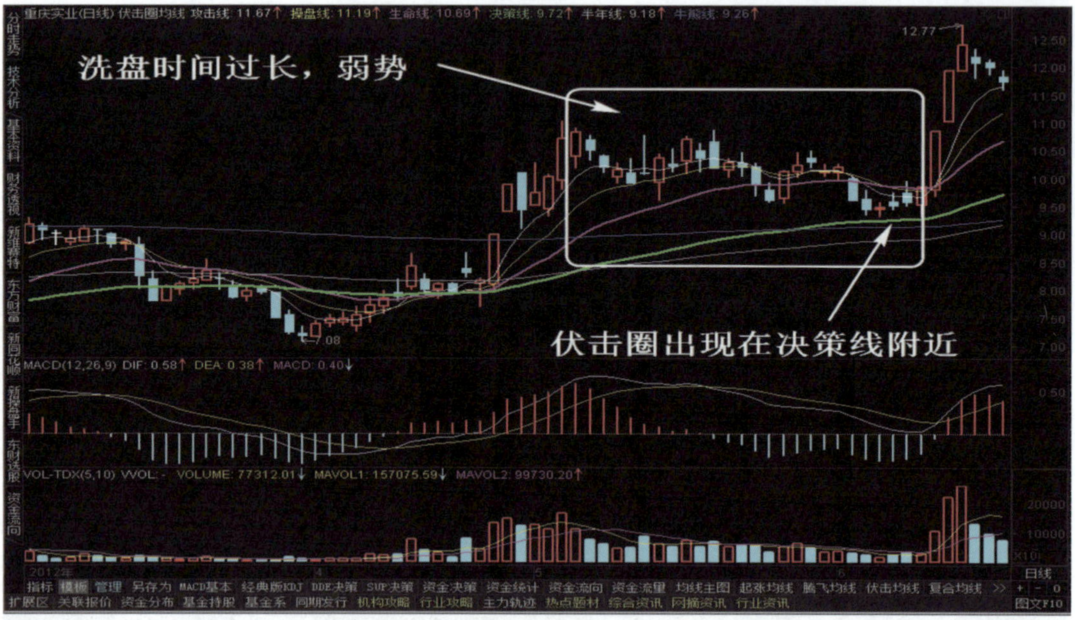

图例 024

第二节　伏击圈技术的非标准 K 线形态

一、非标准 K 线结构形态的特征

职业操盘手在设计伏击圈技术 K 线结构的时候，除了上边讲到的标准形态之外，还可以设计一部分非标准形态作为备选，以利于实战需要。

非标准的 K 线形态结构可以分为两种，一种是非阴线结构，另一种是非小型 K 线。

非阴线结构包括小阳线、小十字线、小锤头线、小 T 字线等。

在已经走平的决策线上边出现这样的 K 线结构，也可以视为伏击技术信号。

非小型 K 线则是比较特别的 K 线结构，可以是中阴线，也可以是中阳线。

但是，不应该是大阳线或者大阴线。大阴线不是伏击圈技术信号。大阳线也不是。

在学习和使用伏击圈技术的时候，要特别注意这一点。

二、伏击圈技术非标准 K 线形态举例

图例 025、026、027、028、029、030 都是比较常见的非标准伏击圈 K 线形态。

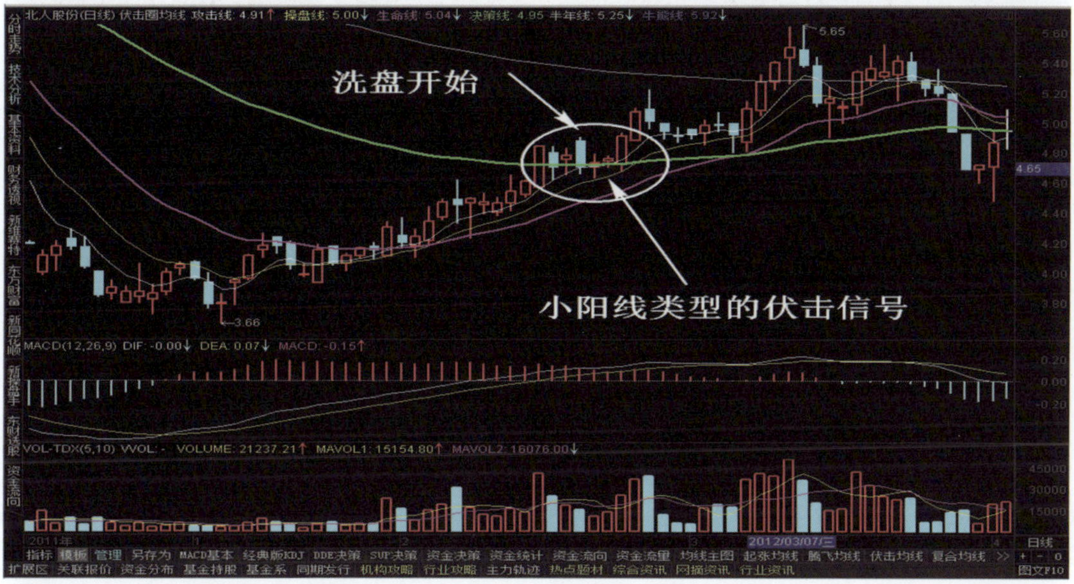

图例 025

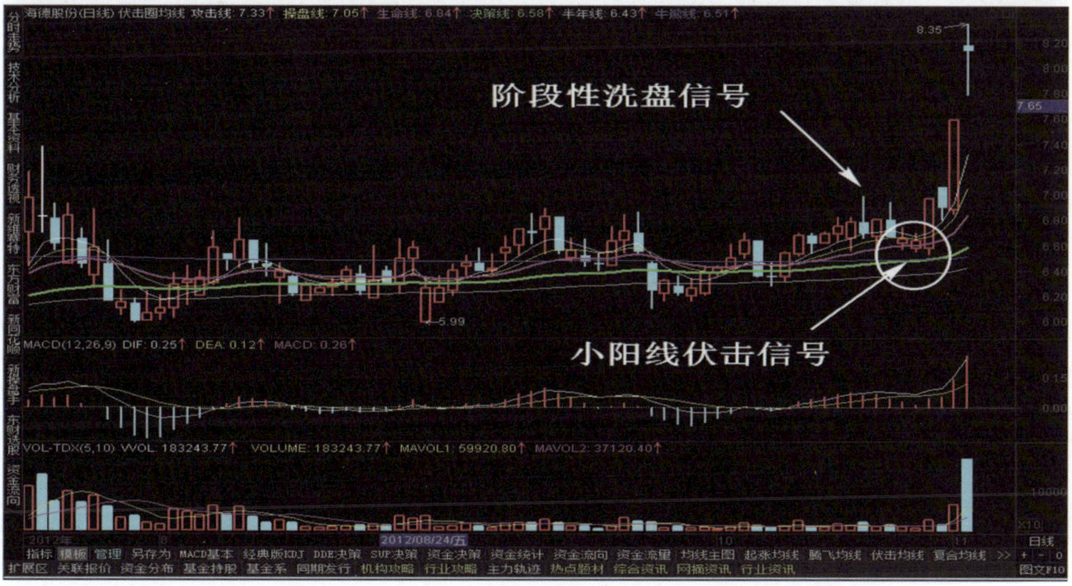

图例 026

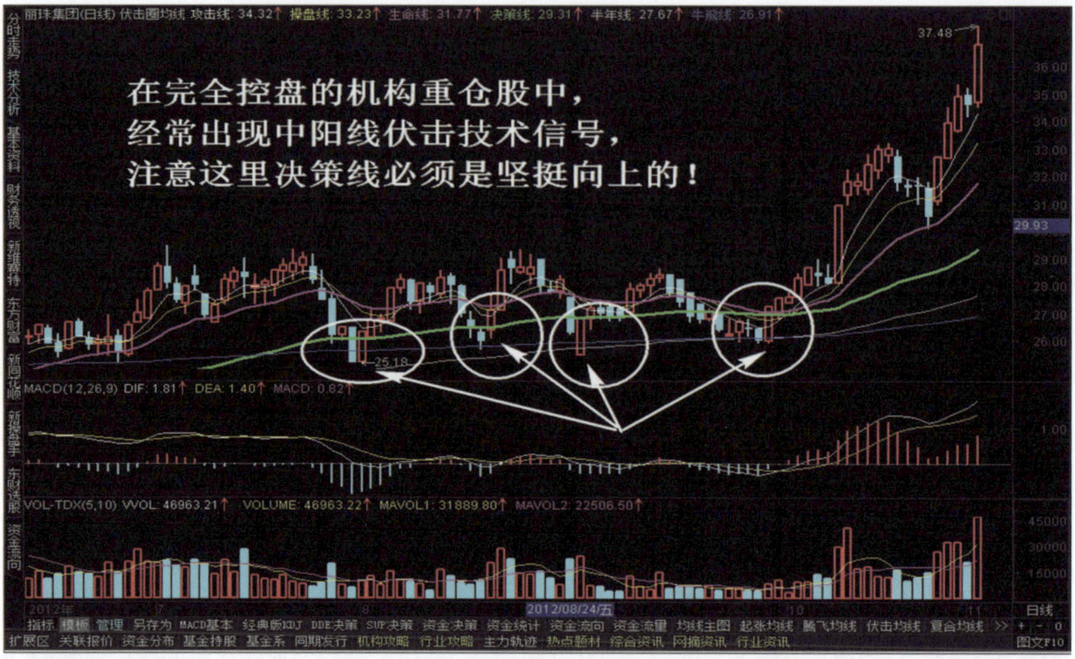

图例 027

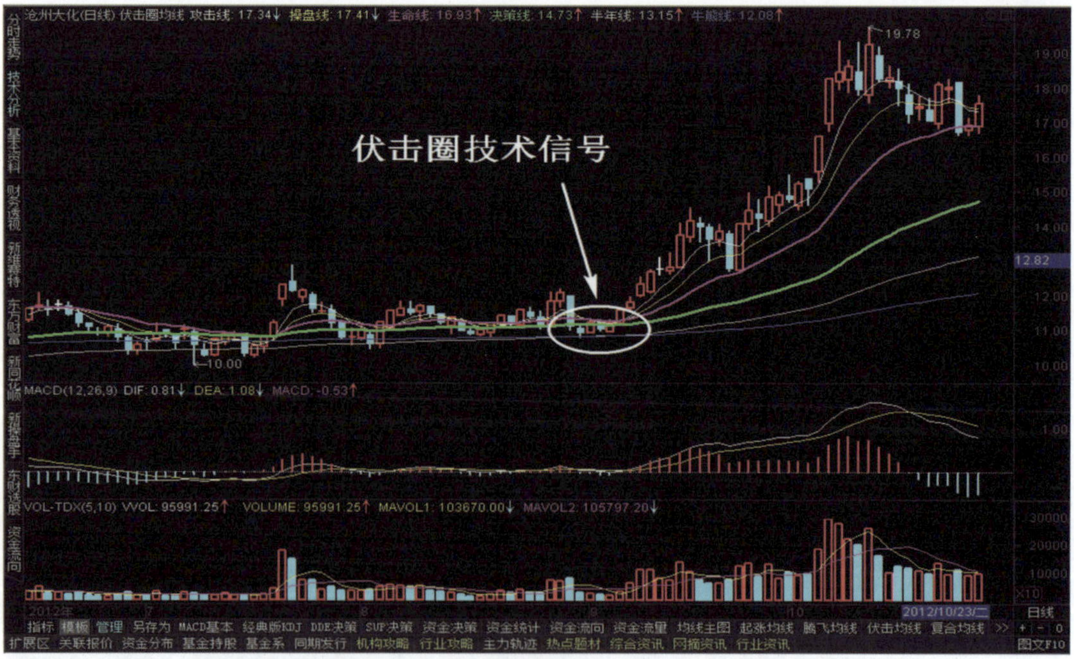

图例 028

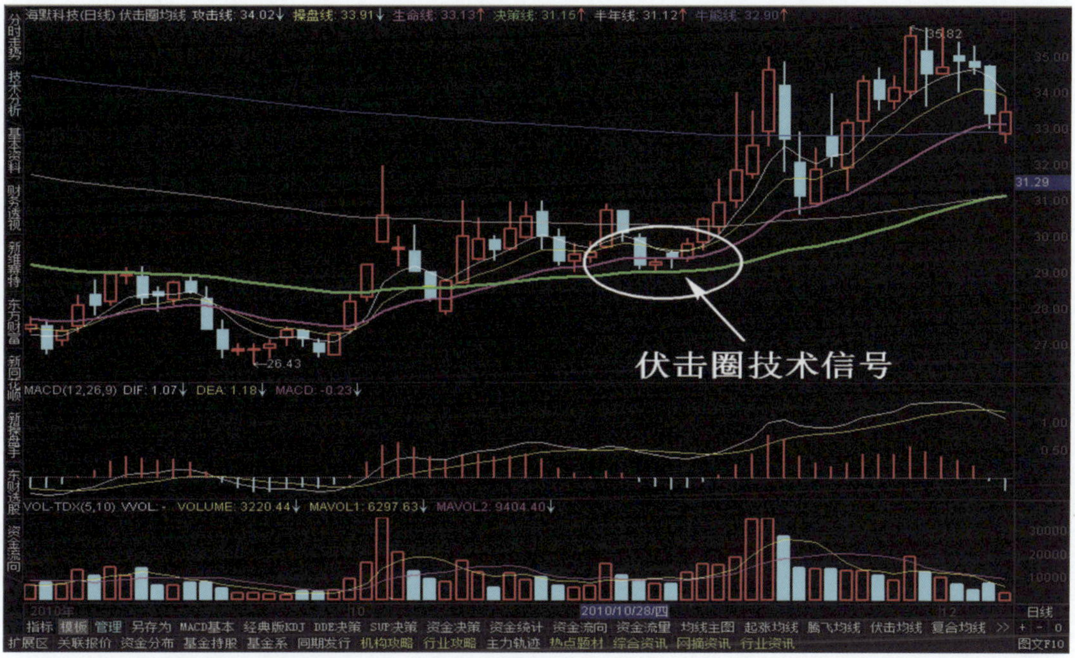
海默科技(日线) 伏击圈均线 攻击线: 34.02↓ 操盘线: 33.91↓ 生命线: 33.13↑ 决策线: 31.15↑ 半年线: 31.12↑ 牛熊线: 32.90↑
伏击圈技术信号
MACD(12,26,9) DIF: 1.07↓ DEA: 1.18↓ MACD: -0.23↓
VOL-TDX(5,10) VVOL: - VOLUME: 3220.44↓ MAVOL1: 6297.63↓ MAVOL2: 9404.40↓
2010/10/28/四

图例 029

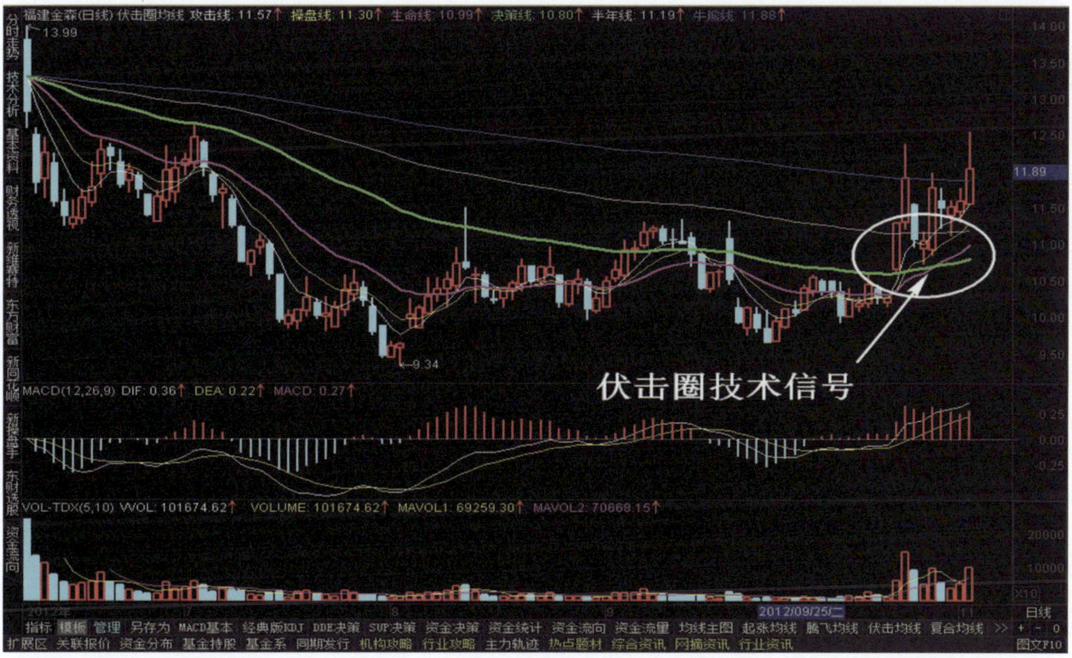
福建金森(日线) 伏击圈均线 攻击线: 11.57↑ 操盘线: 11.30↑ 生命线: 10.99↑ 决策线: 10.80↑ 半年线: 11.19↑ 牛熊线: 11.88↑
伏击圈技术信号
MACD(12,26,9) DIF: 0.36↑ DEA: 0.22↑ MACD: 0.27↑
VOL-TDX(5,10) VVOL: 101674.62↑ VOLUME: 101674.62↑ MAVOL1: 69259.30↑ MAVOL2: 70868.15↑
2012/09/25/二

图例 030

第四章
伏击圈的量能技术特征

本章学习要点

一、了解伏击圈的量能特征。

二、了解伏击圈标准量能特征。

三、在实战中领会伏击圈量能结构。

第一节　伏击圈技术信号出现当天的量能特征

一、伏击圈技术信号出现之前的量能特征

伏击圈技术信号出现之前，必须有非常明显的持续放量，主力建仓的迹象必须要很明显，也就是说，必须确认时主力机构深度介入的品种，而不是游资打一枪换一个地方的品种。

这个条件必须是成立的。

否则，就没有伏击的必要。

没有主力主持的品种，不可能有大行情。

因而也就没有伏击的必要。

参见图例 031、032 所示，这是前期主力深度介入的品种。

从图形上来看，这是长线资金深度介入、滚动操作、反复套利的品种。像这样的走势，一旦出现伏击技术信号，就可以大胆介入，稳健获利。

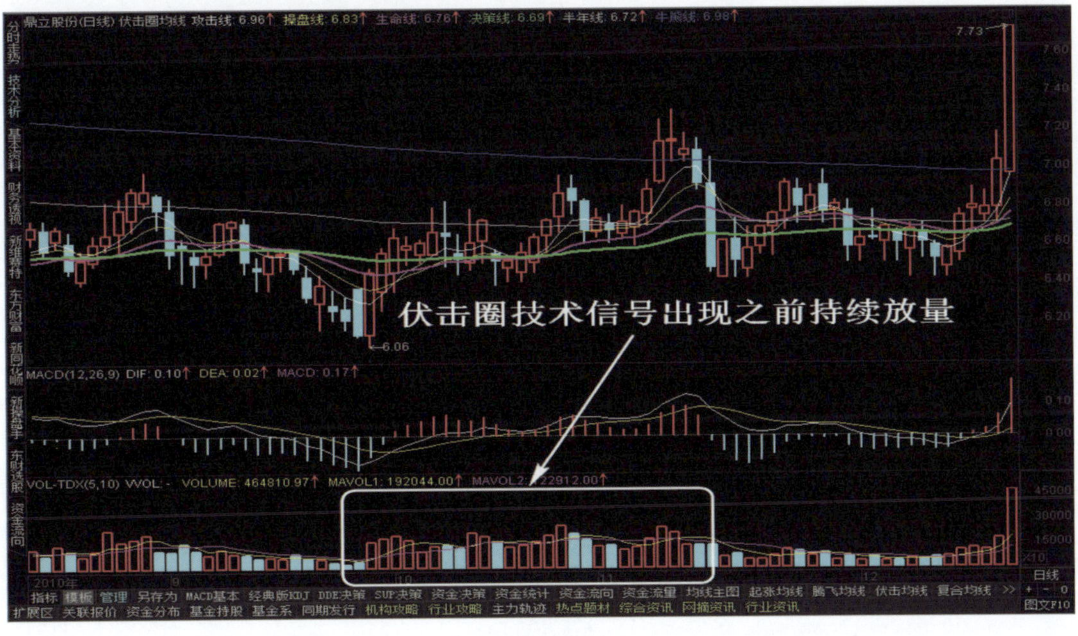

图例 031

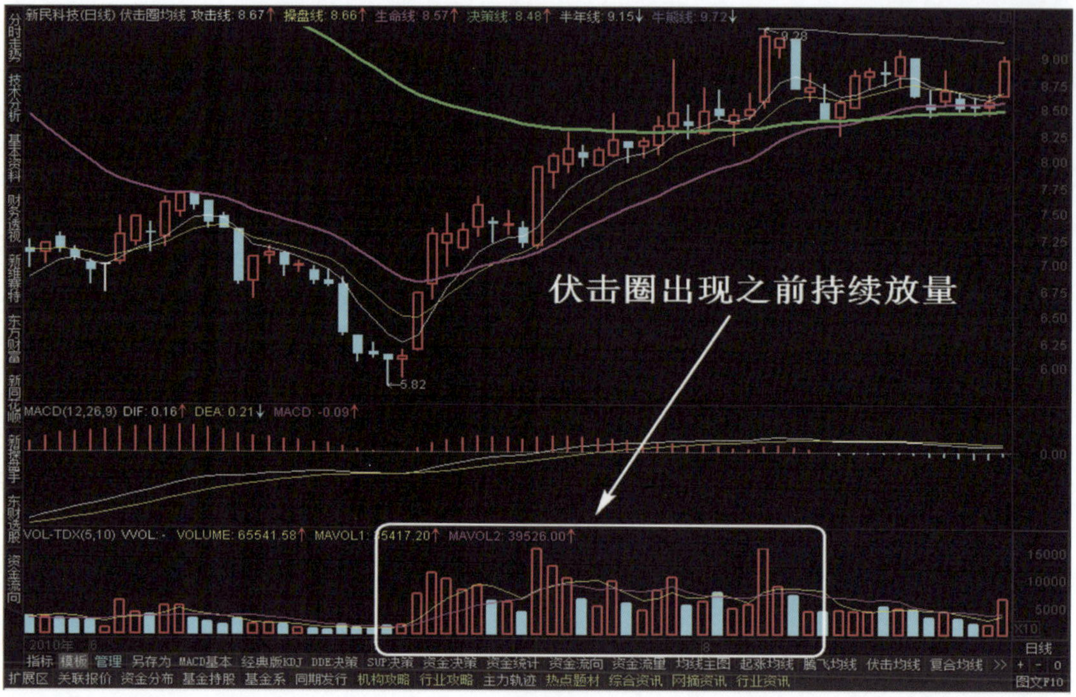

图例 032

二、伏击圈技术信号出现当天的量能特征

伏击圈技术信号出现的当天，必须是缩量的。

参见图例 033、034 所示，出现伏击技术信号当天量能大幅萎缩；而且，必须是在决策线附近出现技术信号，才比较可靠。

当天最好是低开低走的。

当天的量能是大幅度萎缩的。

当天必须是距离决策线很近的。

当天必须是没有明显的放量出货行为。

这些条件可以确保伏击进去之后，你的资金是安全的。

注意，不要忘记了前边我们反复讲过的伏击圈成立条件。决策线、生命线必须是金叉向上，整个趋势必须是多头趋势，不能是死叉的。

如果当天的量能虽然是萎缩的，但是，决策线处于下行态势之中，不能买进。

如果当天的均线系统是紊乱的，不能买进。

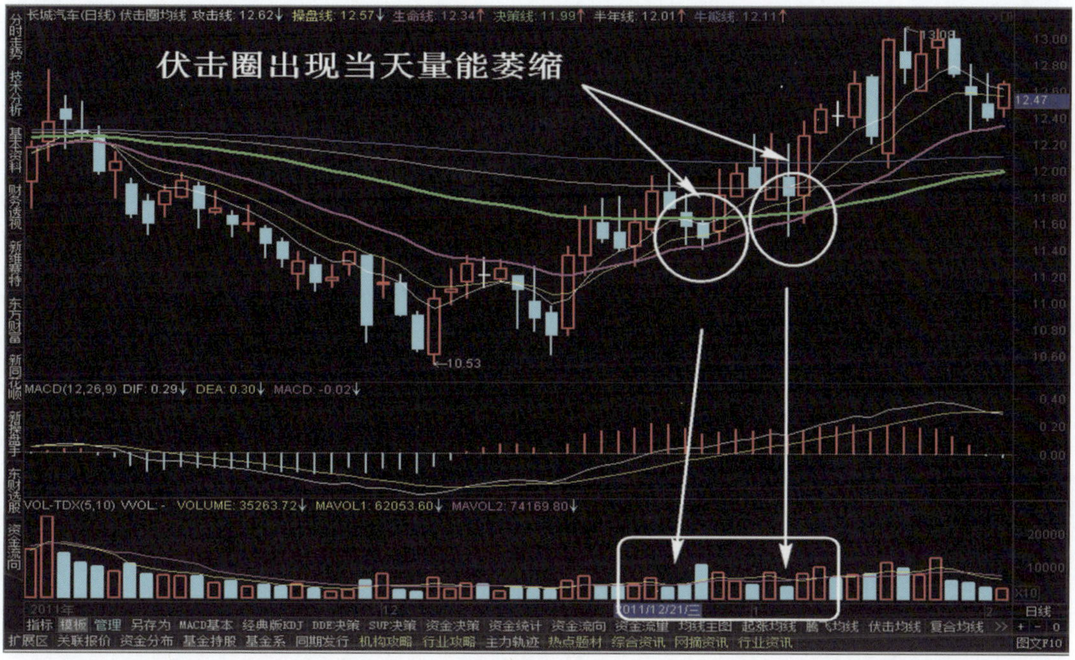
长城汽车(日线) 伏击圈均线 攻击线: 12.62↓ 操盘线: 12.57↓ 生命线: 12.34↑ 决策线: 11.99↑ 半年线: 12.01↑ 牛熊线: 12.11↑
伏击圈出现当天量能萎缩
MACD(12,26,9) DIF: 0.29↓ DEA: 0.30↓ MACD: -0.02↓
VOL-TDX(5,10) VVOL: - VOLUME: 35263.72↓ MAVOL1: 62053.60↓ MAVOL2: 74169.80↓

图例 033

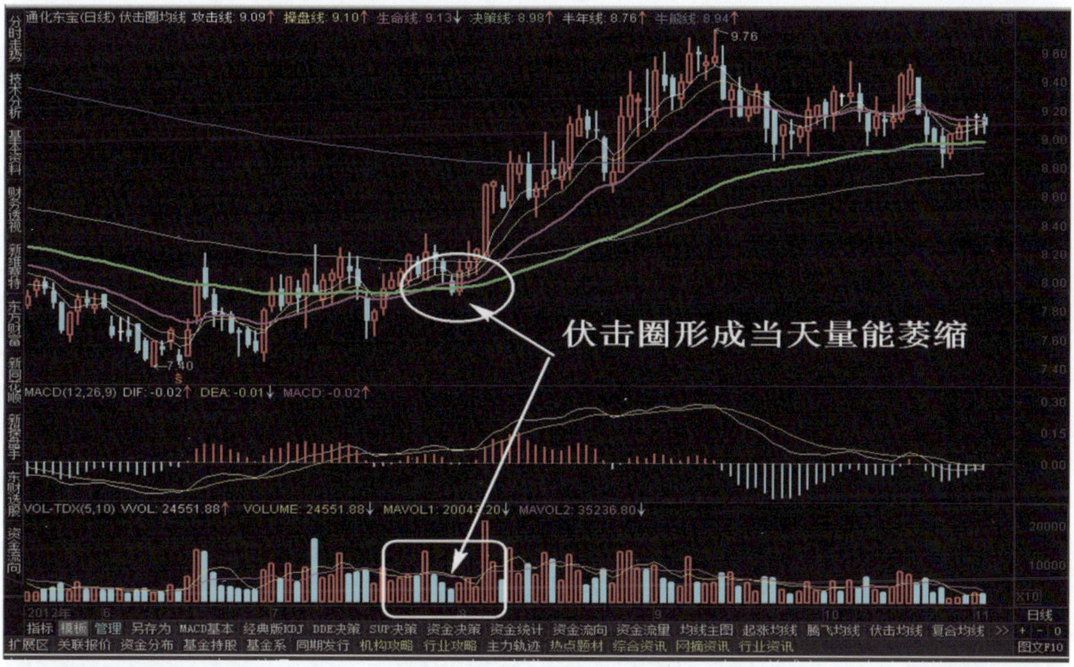
通化东宝(日线) 伏击圈均线 攻击线: 9.09↑ 操盘线: 9.10↑ 生命线: 9.13↓ 决策线: 8.98↑ 半年线: 8.76↑ 牛熊线: 8.94↑
伏击圈形成当天量能萎缩
MACD(12,26,9) DIF: -0.02↑ DEA: -0.01↓ MACD: -0.02↑

图例 034

第二节 伏击圈技术信号出现当天的盘口特征

一、当天盘口走势不独立，不逆势

伏击圈技术信号出现的当天，主力常常采用诈术，蒙骗不明真相的投资者。诈术之一就是故意示弱，盘口上表现出随波逐流，跟随大市漂浮而走，既不护盘，还不时大单砸盘。

如果叠加大盘走势曲线，就一目了然。

如图例 035、036 所示那样。

个股的分时走势曲线和大盘走势曲线基本上是同步的，这是其一。

其二，大盘一旦出现大一点的下跌，个股就出现大单砸盘。

这种羸弱的走势，其实是一种欺诈。

判断它是不是欺诈的方法，可以在关键技术点位决策线附近挂上一笔大买单，看它是不是砸下来。如果不是，就可以证明其实主力并不是真的想出货。

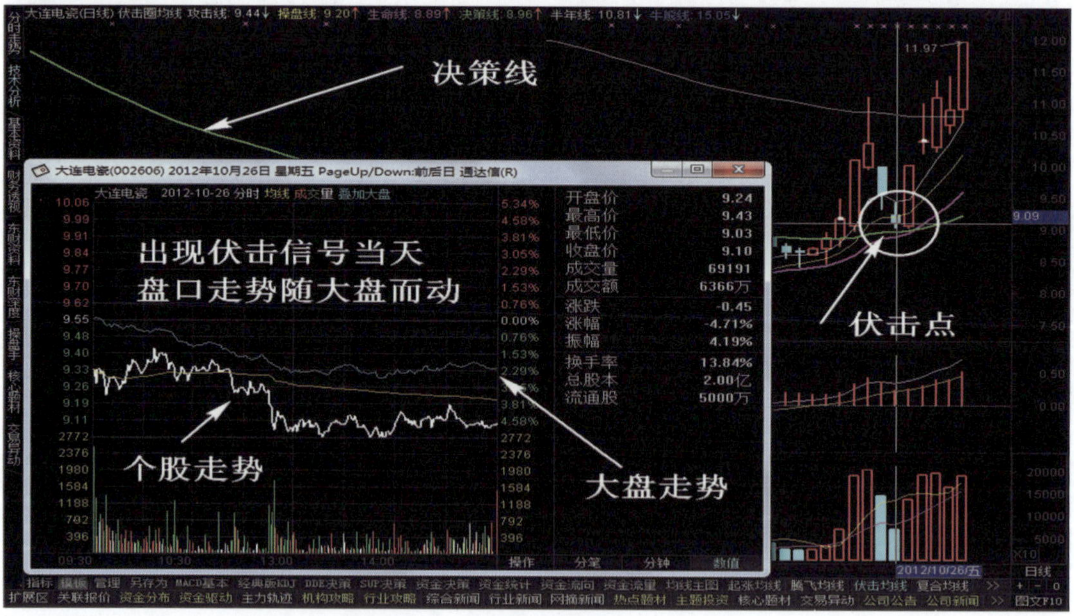

图例 035

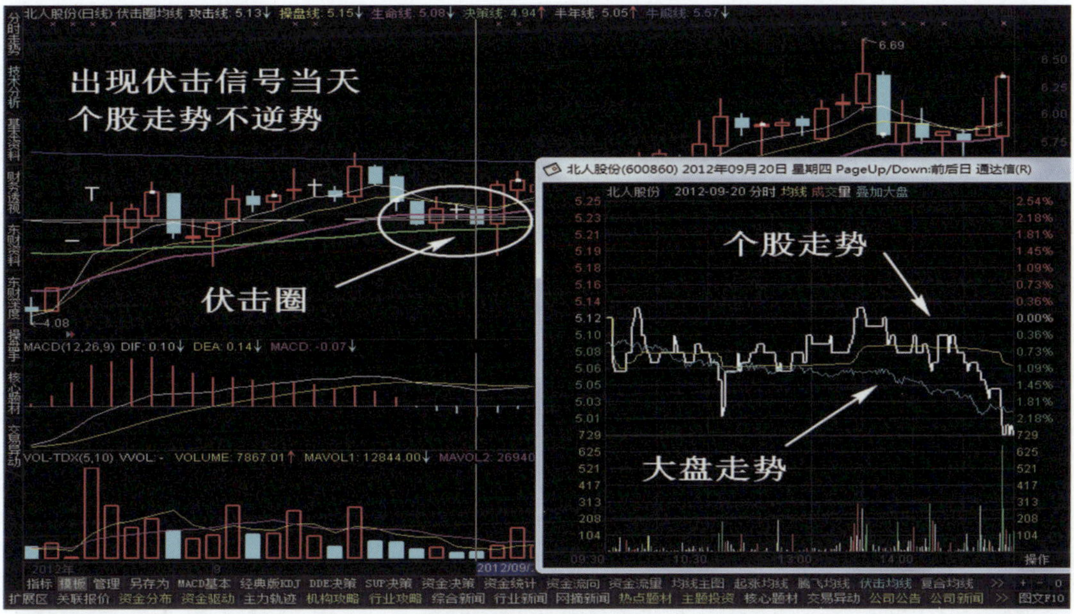

图例 036

二、当天盘口常见大单砸盘，随后出现吸筹波形

股价进入伏击圈，当天的盘口经常出现莫名其妙的大单砸下来。

这种砸盘的目的在于两点：

一是洗筹，清洗短线获利筹码和不坚定的分子。

二是吸筹，将股价打下来，以便在低位回补筹码。

表现在盘口上，经常出现莫名的对敲打压，随后出现冲击性的、尖角状的建仓波形。这是典型的一边打压、一边建仓。参见图例 037、038 所示。

因此，我们可以把这种盘口作为观察伏击圈是否成立的依据。

如果股价跌下来，是放量下跌，就小心。

如果跌到关键技术点位，出现缩量，就要积极关注。

如果在关键技术点位还继续放量下跌，就别买。

在这里需要注意几个关键词：

一个是决策线必须是金叉向上的。

一个是必须是缩量的。

一个是必须出现主力建仓波形。

一个是不能有效跌穿决策线。

如果这几个条件成立，那么伏击圈技术信号就比较可靠。

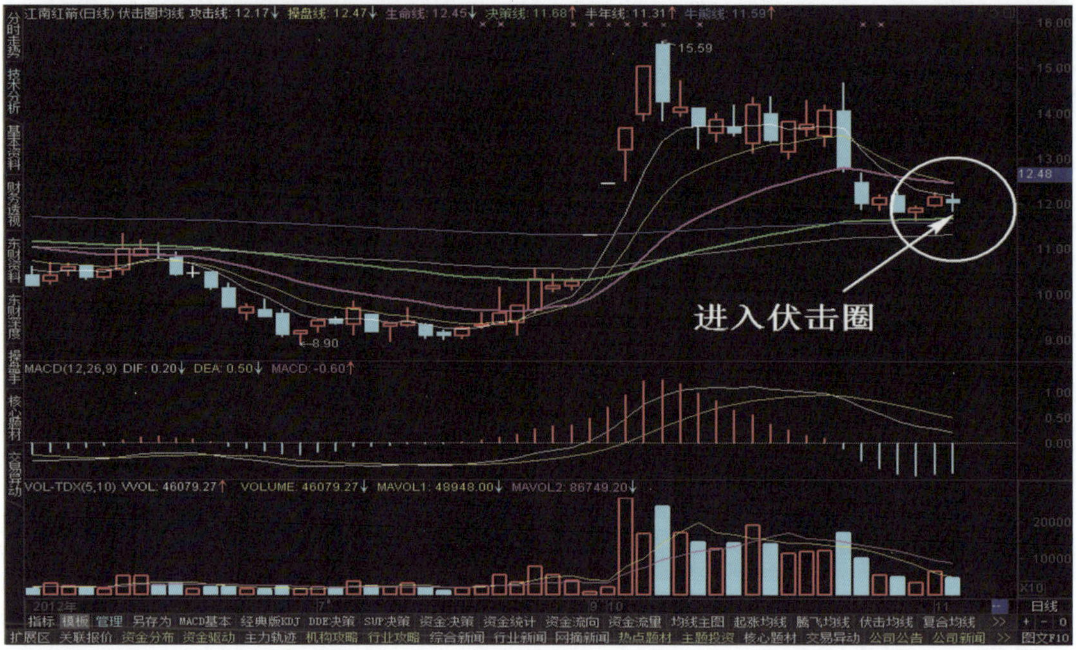

图例 037

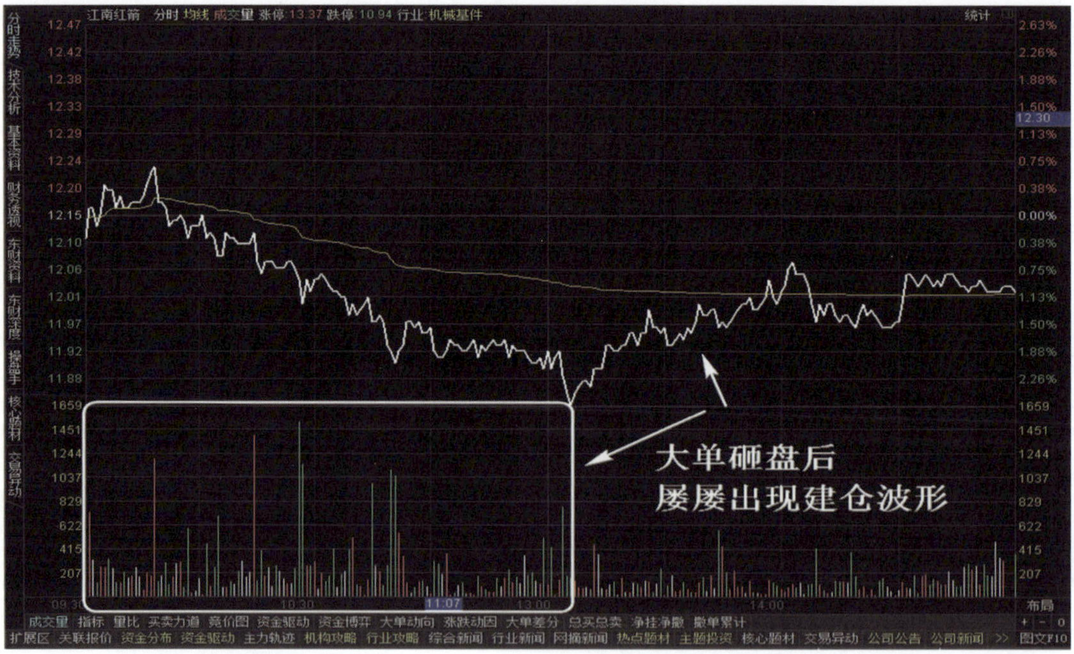

图例 038

第三节　伏击圈技术信号出现当天的波形特征

一、早盘经常出现回头波

伏击圈技术信号出现的当天，早盘多半出现稍稍上冲，然后就是回头波杀跌，盘口显示出极度恐慌的样子。粗略一看，就像是主力在疯狂出货的样子。

实际上这是主力的诡计。

实际上这种人人看得懂的回头波，就不是出货。

参见图例 039、040 所示。

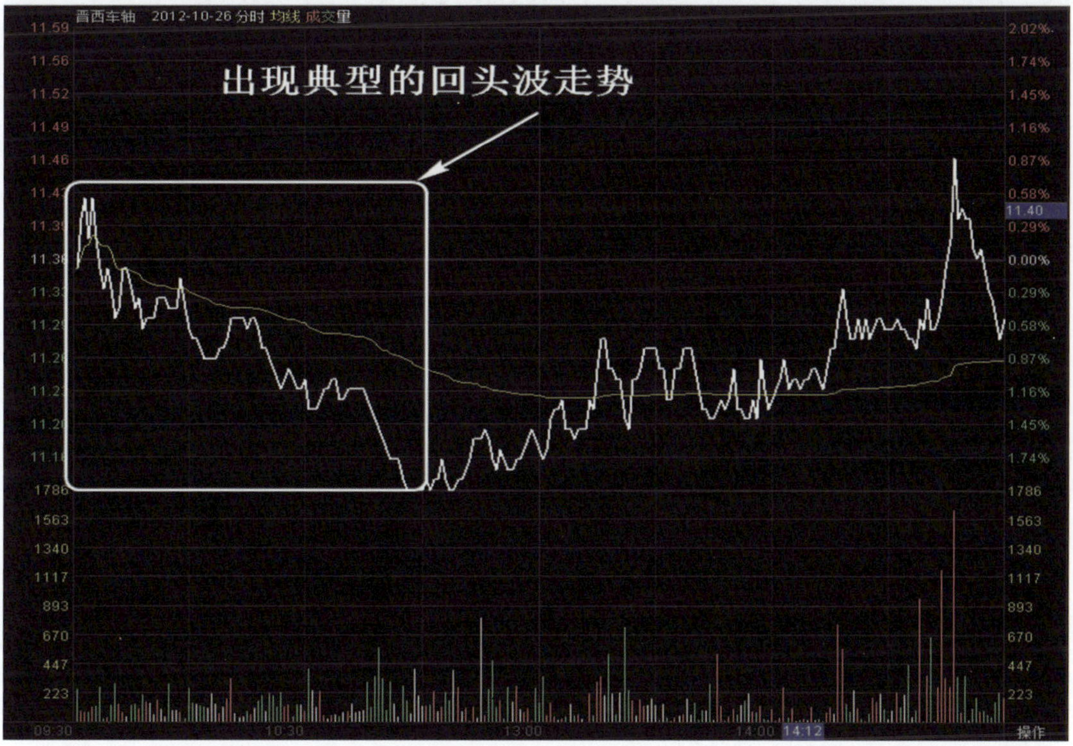

图例 039

这种一看就懂的回头杀跌波形，能出货吗？

答案是不能。

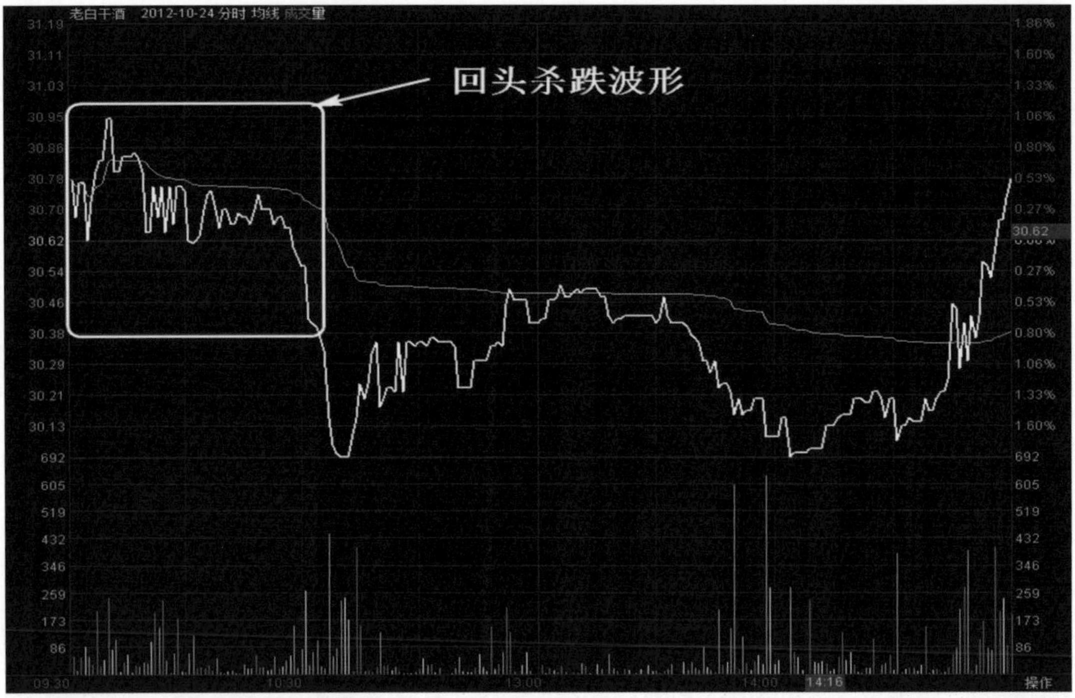

图例 040

因为这样的走势早就把散户吓跑了。

散户都吓跑了，那么货出给谁呢？

这从逻辑上是讲不通的。

难道主力自己出货给自己吗？

主力这样干，赚谁的钱呢？

所以，遇到这样的走势，就不必心急。要结合决策线的位置看看，是不是主力在搞搞震，在要花招，在骗线。如果杀跌无量，或者缩量下跌，就有猫腻了。

从上边的图例 039、040 可以看到，上午杀跌，下午回补，很奇怪的走势。

这么搞法，为了啥呢？当让不是为了玩。为了骗你而已。

我们看图例 040 的走势，上午和下午两个半场，走势很奇怪，对吧？

其实，这是主力在画图，上午在砸盘，下午在吃货。尤其是尾盘，原形毕露，急不可耐地开始抢啦。这种恶毒的操作，说白了，都是为了廉价筹码而已。

对付这种恶毒的主力，就一个字，干！

看盘决策的时候，盯住决策线。

决策线金叉向上，生命线、操盘线、攻击线多头排列，你怕什么呢？

只要趋势不变，就不要害怕。

这时候，只要它缩量回调，你就在关键的技术点位干它。

伏击它。

大胆的伏击它。

我们学习了伏击圈技术，只要你严格按照技术规范去操作，就不用害怕主力要花招。最终主力就会乖乖的拉上去。你坐在轿子里，等主力抬轿。

这叫不需要聪明脑袋赚钱。

二、盘中出现呆滞型的控盘特征

伏击圈技术信号的最重要盘口特征之一，就是分时图波形呆滞，显示出典型的控盘特征。在走势上，经常是跟随大盘走势波动，随波逐流。一旦大盘波动加大，股价就会急跌。

参见图例 041、042、043 所示。

盘中出现典型的呆滞波形，说明主力控盘程度比较高。

下跌时有大单砸盘，说明人为操纵的迹象很明显。

除了砸盘大单之外，成交量显示出萎缩，说明抛盘不大。

注意观察这些明显的盘口特征，能帮助我们别人伏击圈技术信号的有效性。

在这里一定要注意这个问题：全天的走势不能出现出货特征。

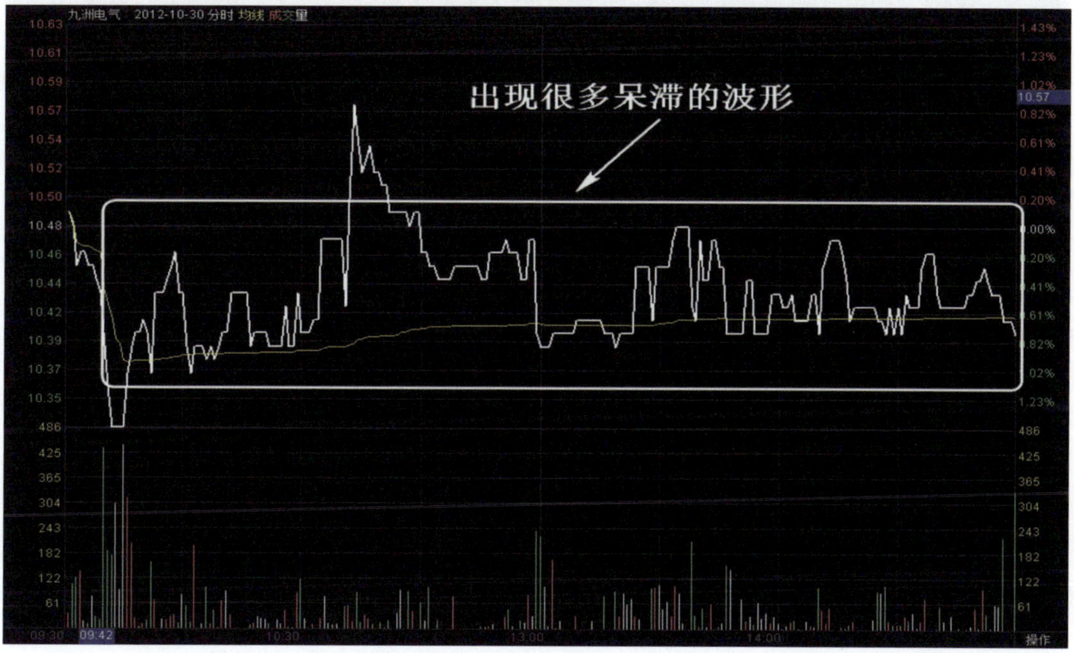

图例 041

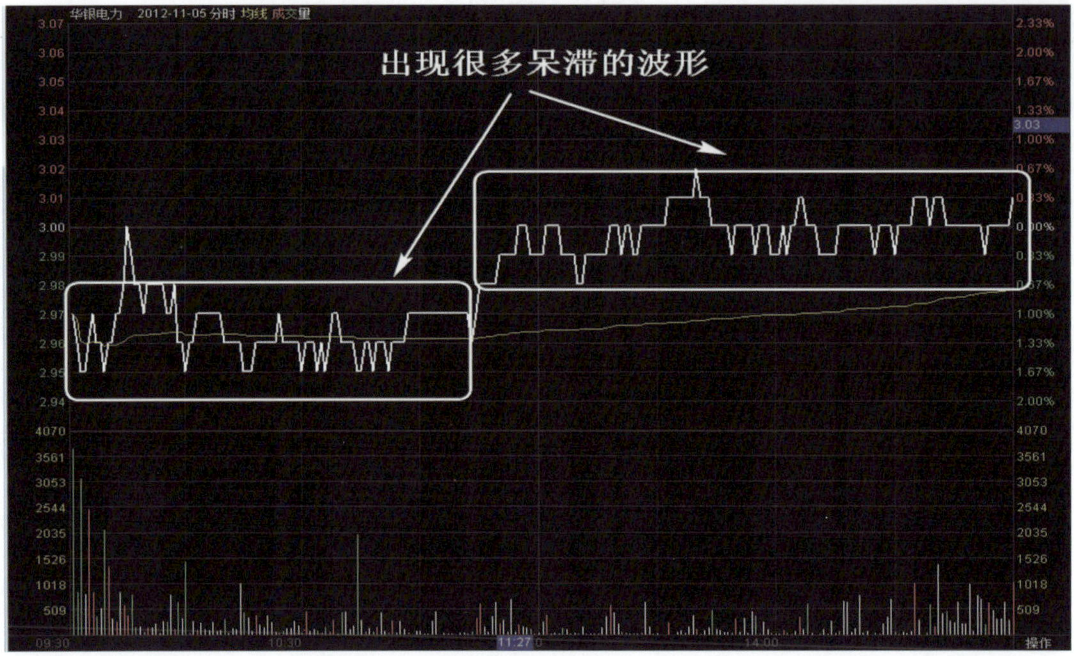
华银电力 2012-11-05 分时 均线 成交量
出现很多呆滞的波形

图例 042

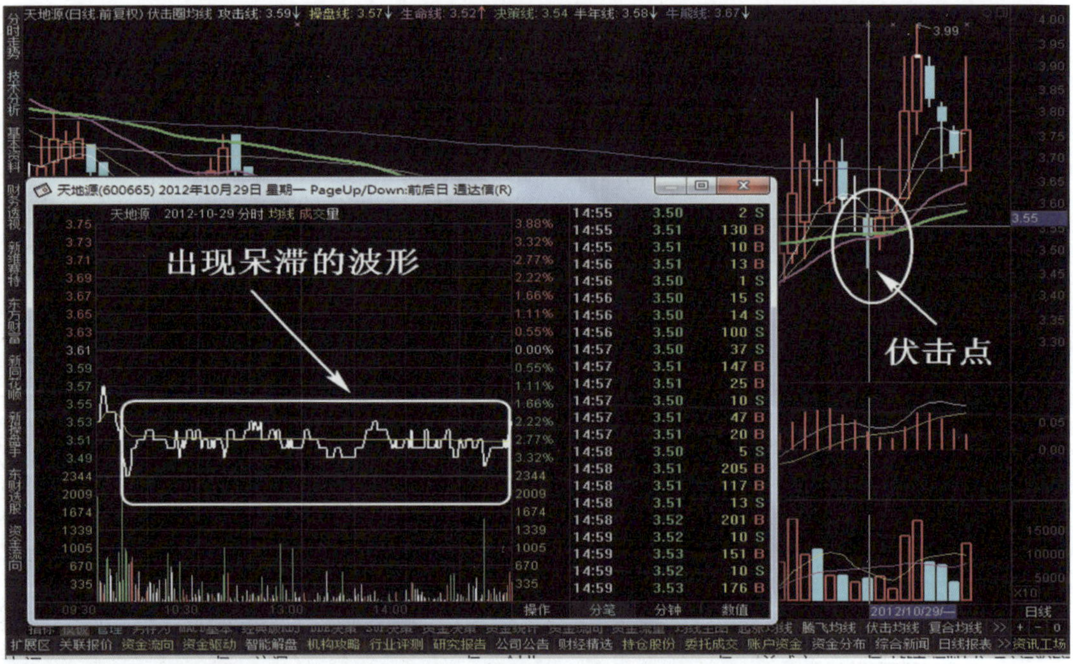
天地源(600665) 2012年10月29日 星期一
出现呆滞的波形
伏击点

图例 043

第五章
伏击圈的均线形态修正

本章学习要点

一、了解伏击圈均线形态。

二、了解顺流型伏击圈特点。

三、了解逆流型伏击圈特点。

第一节 伏击圈技术信号出现之前的均线形态

一、决策线必须是低位走平向上延伸

伏击圈技术信号出现之前，决策线必须是在空间位置的低位出现走平后向上延伸的，并且要体现出攻击线、操盘线、生命线位于决策线之上。参见图例 044 所示的伏击点，就不是标准的伏击技术信号。为什么不是标准的？注意观察。

原因之一是决策线还没有完全走平向上延伸。也就是说，中期大趋势还没得到确认。

原因之二是虽然攻击线、操盘线位于决策线之上，但生命线还没走上来。

因此，这样的走势是不完全复合伏击圈技术标准的。

这样的技术信号不是很可靠的，需要谨慎对待。

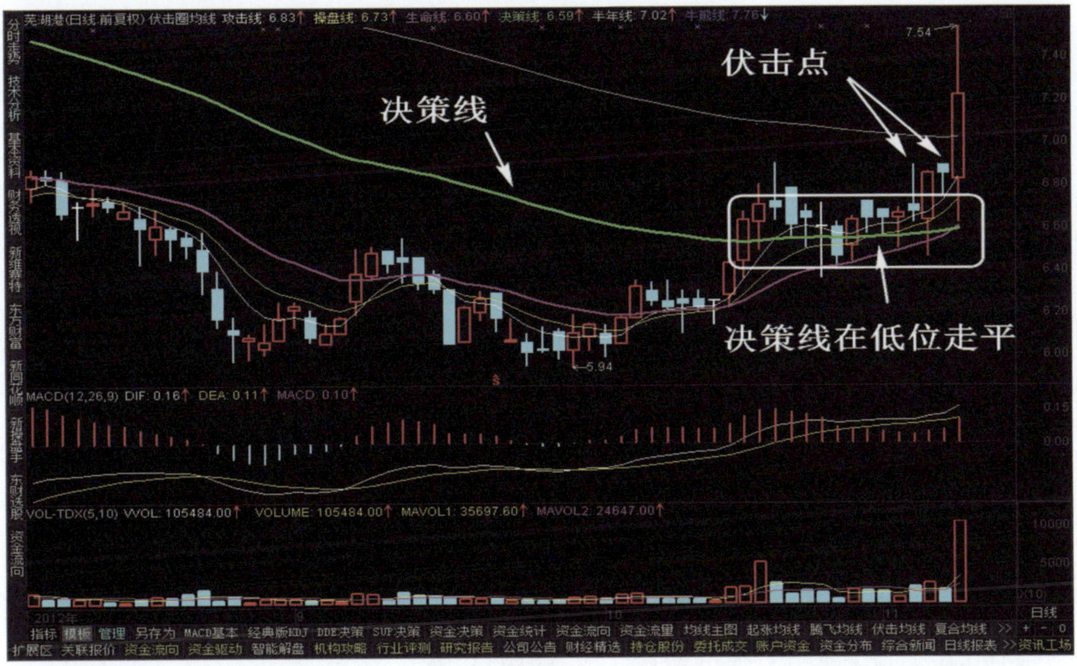

图例 044

再看图例 045 所示的走势，这是完全不符合伏击圈技术要领的。

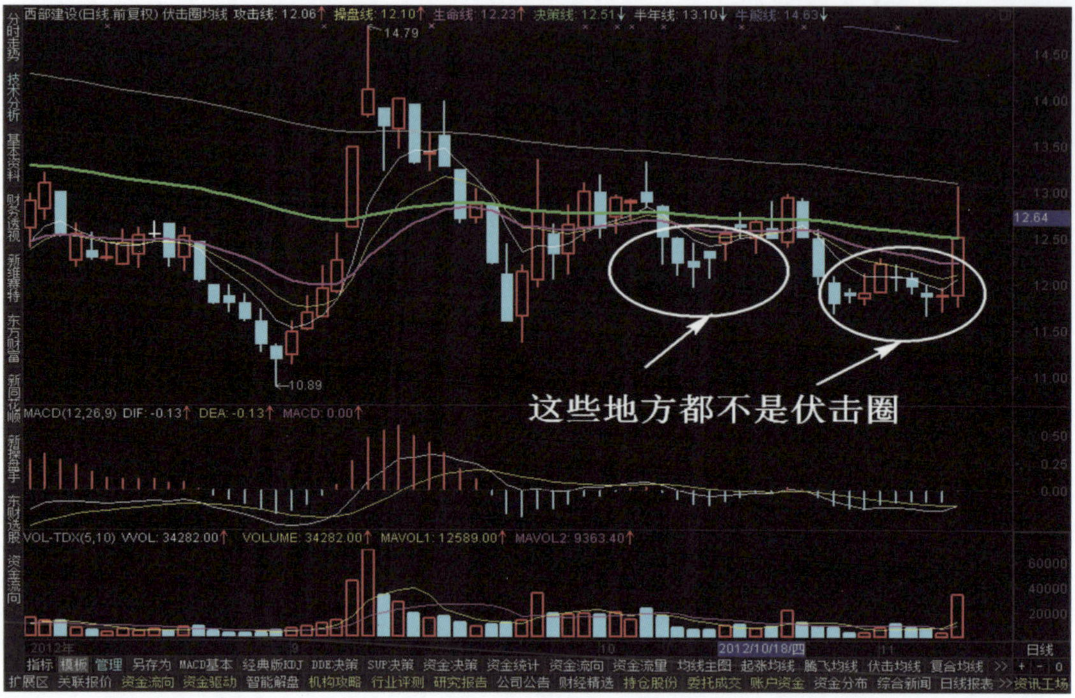

图例 045

为什么不是伏击圈?

第一点，决策线是向下的，是下行趋势。

第二点，攻击线、操盘线、生命线位于决策线之下。并且是空头排列。

第三点，也是最重要的一点，凡是空头排列的走势，没有关注的必要。

因此，在临盘实战中，遇到这样的走势，就直接跳过了。

不要在毫无意义的走势图上浪费时间。不值得。

通过图例 046 的对比，就一目了然了。

并不是所有的小阴线都是伏击信号。

比如图例 046 所示，图上标注的“不是伏击圈”的意思是:

其一这里的决策线还没有金叉向上。这是不符合伏击圈的定义的。

其二操盘线位于决策线之下，属于反弹行情而已，此时进场容易挨套。

我们做伏击圈行情，还是要讲安全的。

当然，如果从波段操作的角度来说，那是一个很好的合适买点。

但从伏击技术来看，那里却是一个错误的开始。

不同的技术有不同的操作思路，有不同的交易模型，需要辨别清楚。

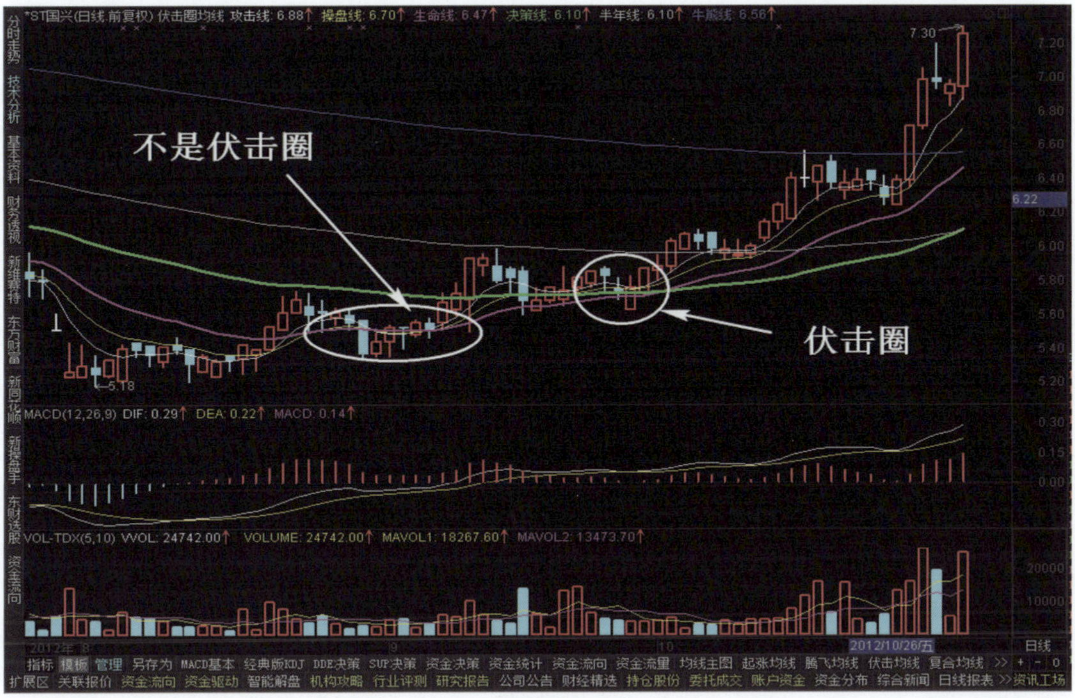

图例 046

二、攻击线、操盘线、生命线必须是从小到大排列

典型的、标准的伏击圈必须要符合标准的技术规范。

参见图例 047、048 所示，均线攻击线、操盘线、生命线、决策线需要按照从小到大的顺序依次排列，各条均线的次序井然，不能有乱。不能相互缠绕，杂乱无章。

均线系统的排列顺序如下：

第一条均线是攻击线，也就是 5 日均线，在最上边。

第二条均线是操盘线，也就是 10 日均线，排在第二。

第三条均线是生命线，也就是 20 日均线，排在第三。

第四条均线是决策线，也就是 60 日均线，排在第四。

这四条均线属于最基础的、常用的均线。它们必须是依次排列的，才说明有强势主力在操作，在主持盘口的走势。这样完美的均线组合，才能产生强大的爆发力。

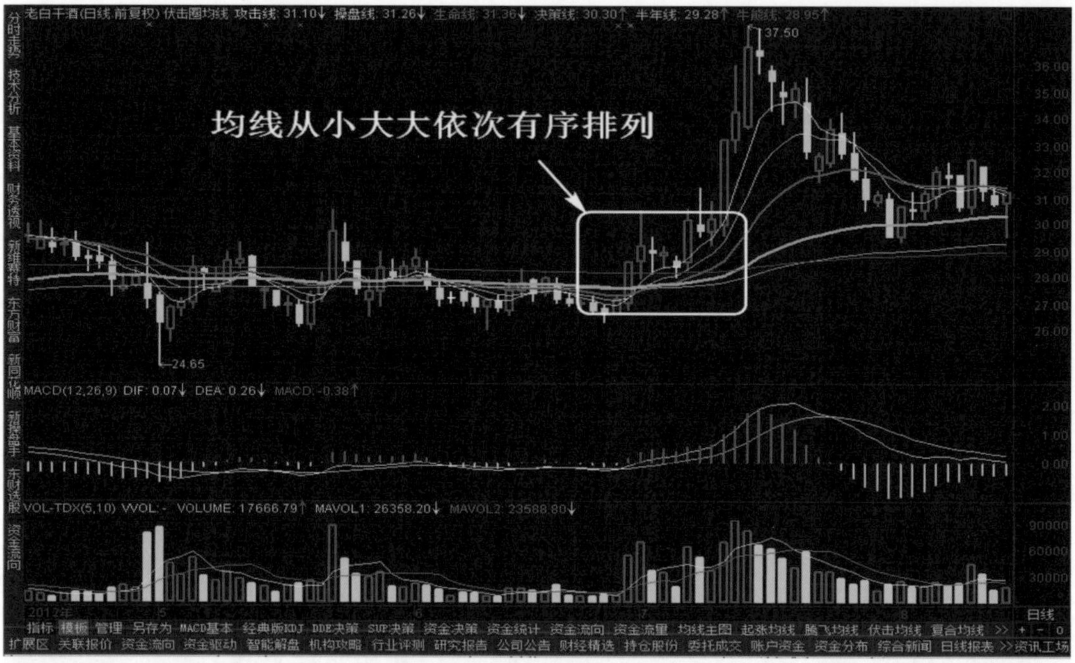
老白干酒(日线,前复权) 伏击圈均线 攻击线: 31.10↓ 操盘线: 31.26↓ 生命线: 31.36↓ 决策线: 30.30↑ 半年线: 29.28↑ 牛熊线: 28.95↑
均线从小大大依次有序排列
37.50
24.65
MACD(12,26,9) DIF: 0.07↓ DEA: 0.26↓ MACD: -0.38↑
VOL-TDX(5,10) VVOL: - VOLUME: 17666.79↑ MAVOL1: 26358.20↓ MAVOL2: 23588.80↓

图例 047

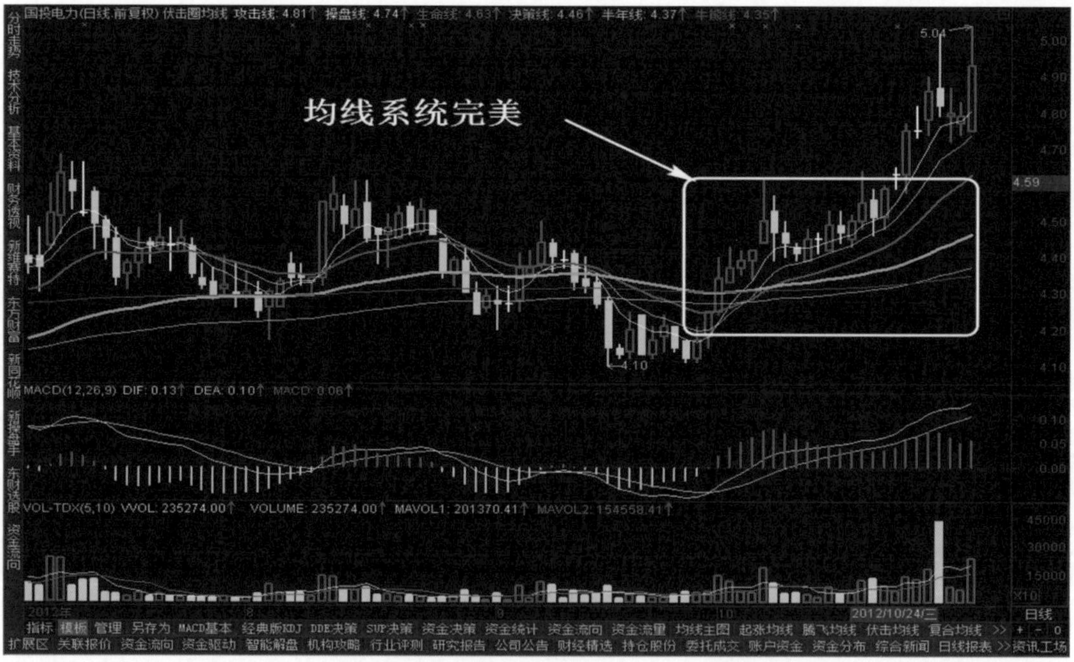
国投电力(日线,前复权) 伏击圈均线 攻击线: 4.81↑ 操盘线: 4.74↑ 生命线: 4.63↑ 决策线: 4.46↑ 半年线: 4.37↑ 牛熊线: 4.35↑
均线系统完美
5.04
4.10
MACD(12,26,9) DIF: 0.13↑ DEA: 0.10↑ MACD: 0.06↑
VOL-TDX(5,10) VVOL: 235274.00↑ VOLUME: 235274.00↑ MAVOL1: 201370.41↑ MAVOL2: 154558.41↑
2012/10/24/三

图例 048

三、均线系统必须是金叉向上有序排列

伏击圈技术信号要求均线系统必须是金叉向上的。

注意正确理解这里的金叉向上。

金叉向上和金叉不是一回事。很多学生在理解上出现了偏差，导致操作失误。

金叉是指两条均线向上交叉。

金叉向上是指两条均线已经发生过金叉、并且保持着向上运行的趋势。

这里边是两种不同的走势。

伏击圈技术要求均线系统符合以下条件：

第一点，攻击线与操盘线金叉向上。

第二点，操盘线与生命线金叉向上。

第三点，生命线与决策线金叉向上。

这是伏击技术信号得以成立的前提条件。

金叉向上不仅仅是已经金叉过，还需要向上运行，保持着多头趋势。

要牢牢地紧紧记住这一点。

图例 049 就是比较标准的伏击技术信号。

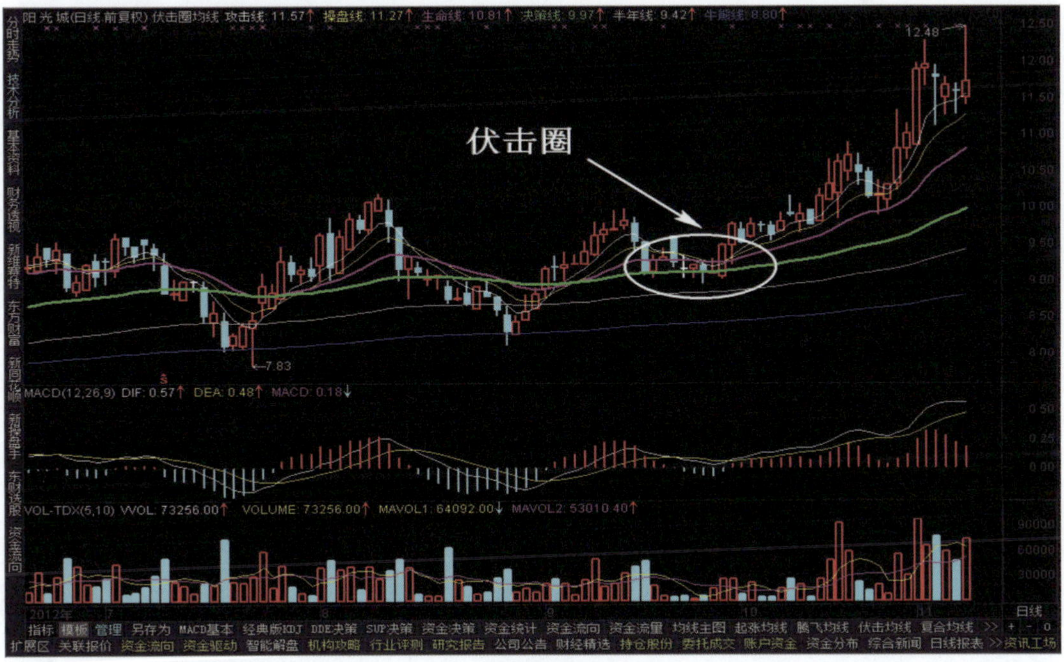

图例 049

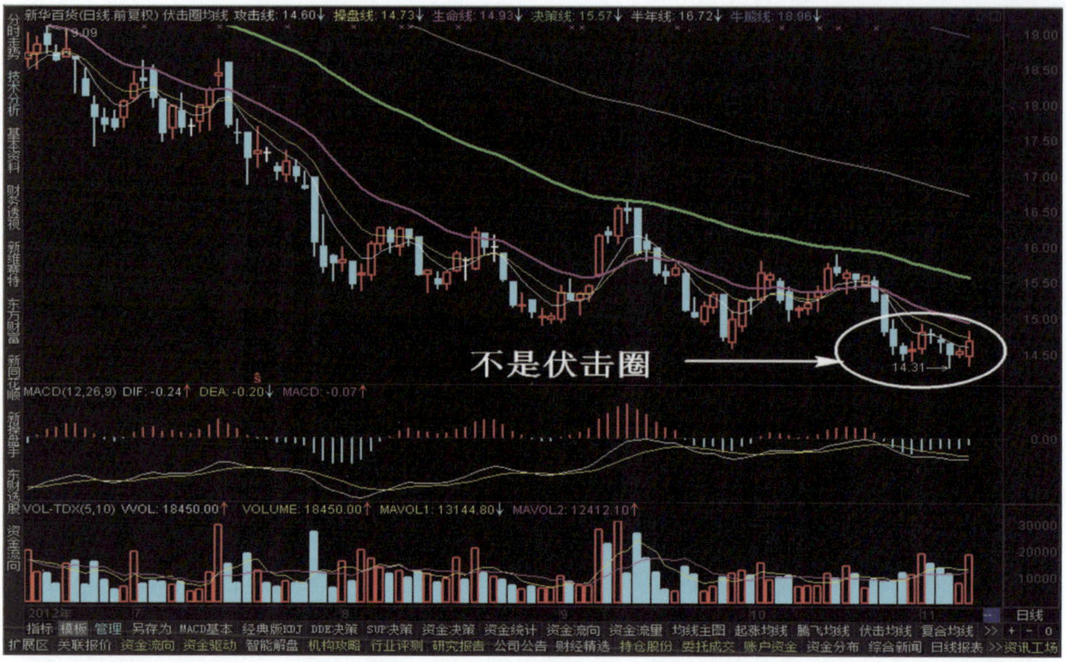

图例 050

第二节　伏击圈技术信号出现当天的均线结构

一、当天攻击线出现掉头向下的迹象

伏击圈技术信号出现之前，已经出现了一定时间的调整。

调整的时间通常是 3、5、8、13、21 之类时间之窗。

如果是极强势的调整，一般会在 3 天内结束。这时候攻击线还没出现向下掉头迹象。

如果是强势调整，一般会在 5 – 8 日结束，这时候就会出现攻击线向下掉头的迹象。

如果是普通调整，一般会在 13 – 21 日内结束，这时候攻击线就出现了向下掉头。

注意这一点：出现伏击圈技术信号当天攻击线和操盘线多头向下，是非常正常的。但是，这时候必须是缩量的，而且决策线必须保持金叉向上运行的态势。

这种走势可以理解为强势回调。回踩到决策线附近，就是很好的伏击点。

图例 051、052、053 都是很不错的伏击点。

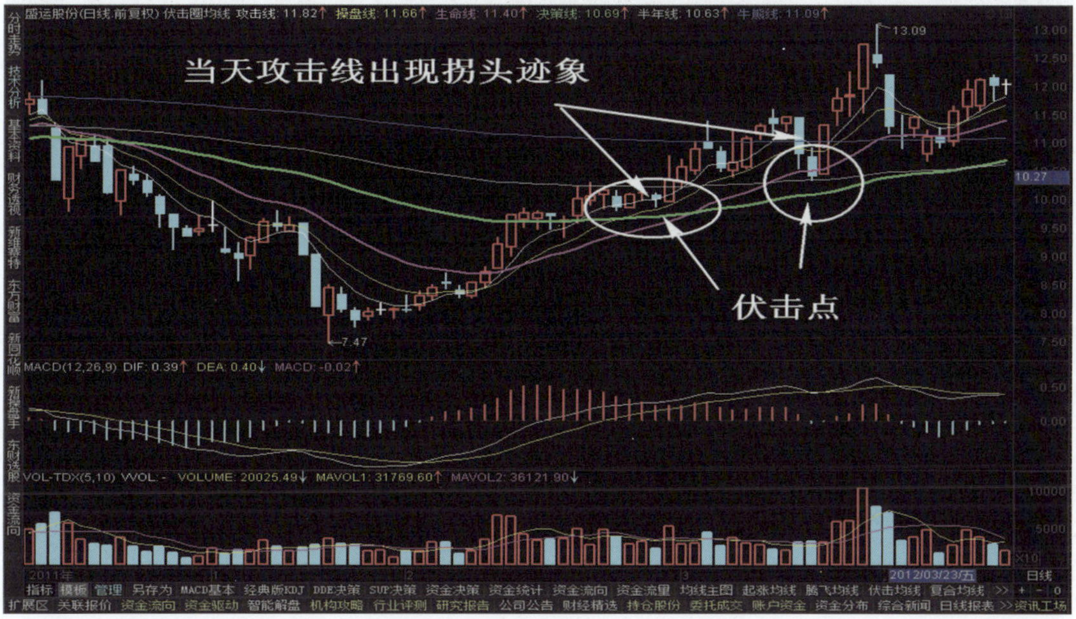

图例 051

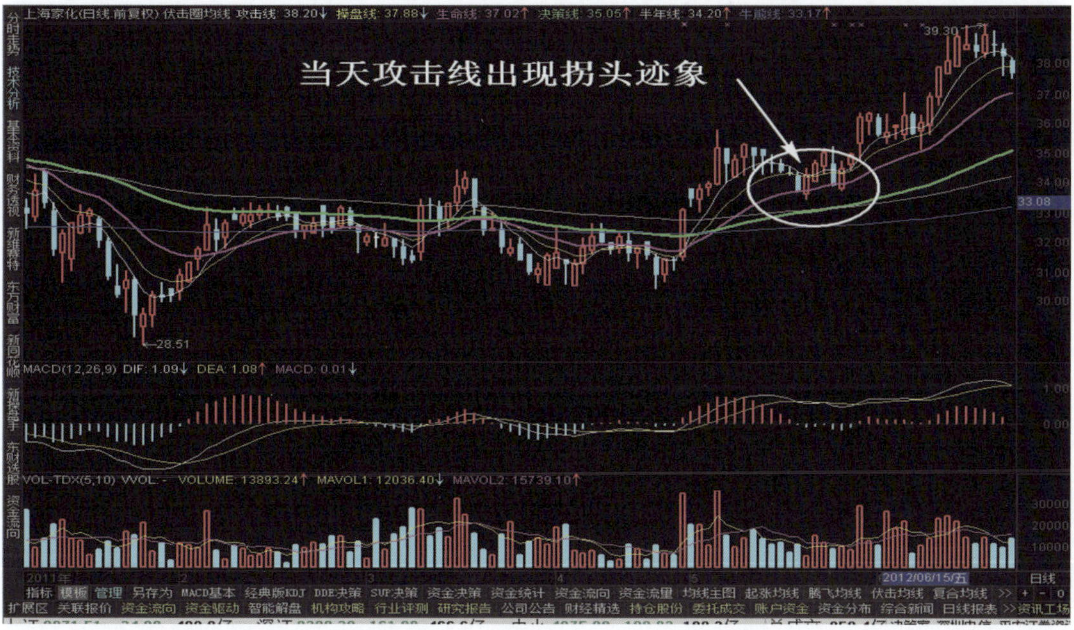

图例 052

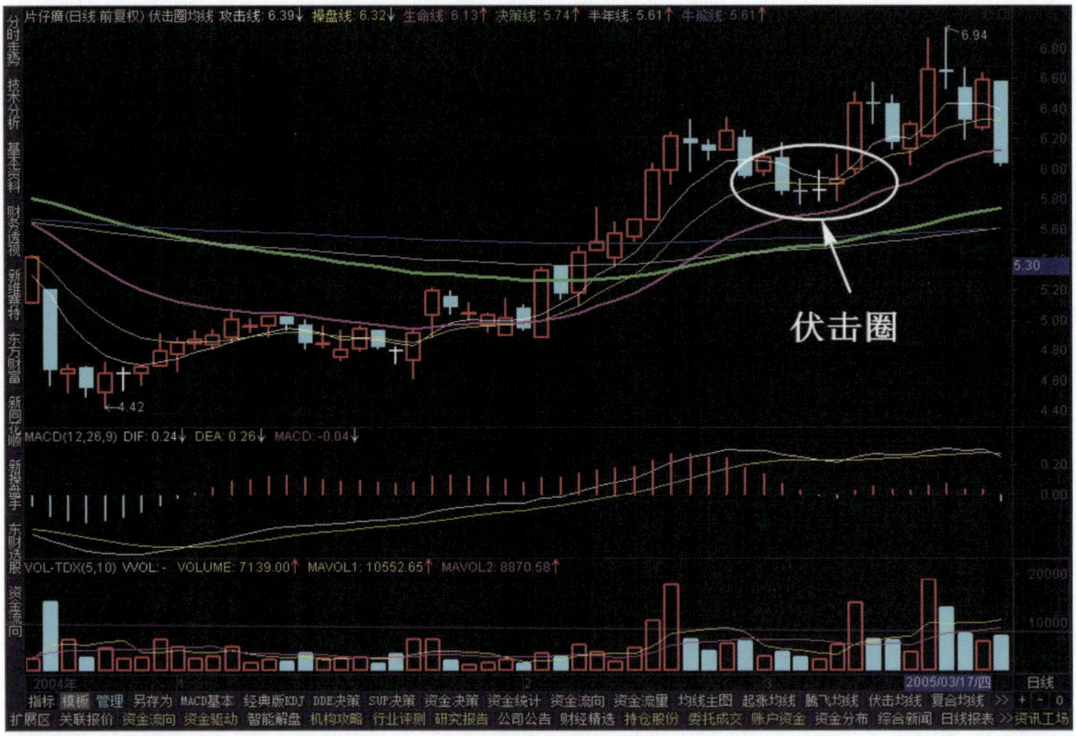

图例 053

二、当天的操盘线可能被击穿

有一些长线资金操作的品种，喜欢以小波段的形式向前推进。

这种走势最常见的就是决策线坚挺向上，攻击线、操盘线和生命线构成小波段，逐波推高股价。当出现波峰的时候，股价就开始回调。这时候，回落的过程中往往会出现操盘线被击穿的现象。这是很正常的走势。

但是，即使操盘线被击穿，当天股价回调到生命线或决策性上的时候还是得到支撑。

然后，股价再次被拉起来，进入新的上升周期，开始新的波段行情。

这种走势属于长线资金操控品种，是最容易伏击的品种。

图例 054、055 就是这样的品种，注意观察它们的特点。

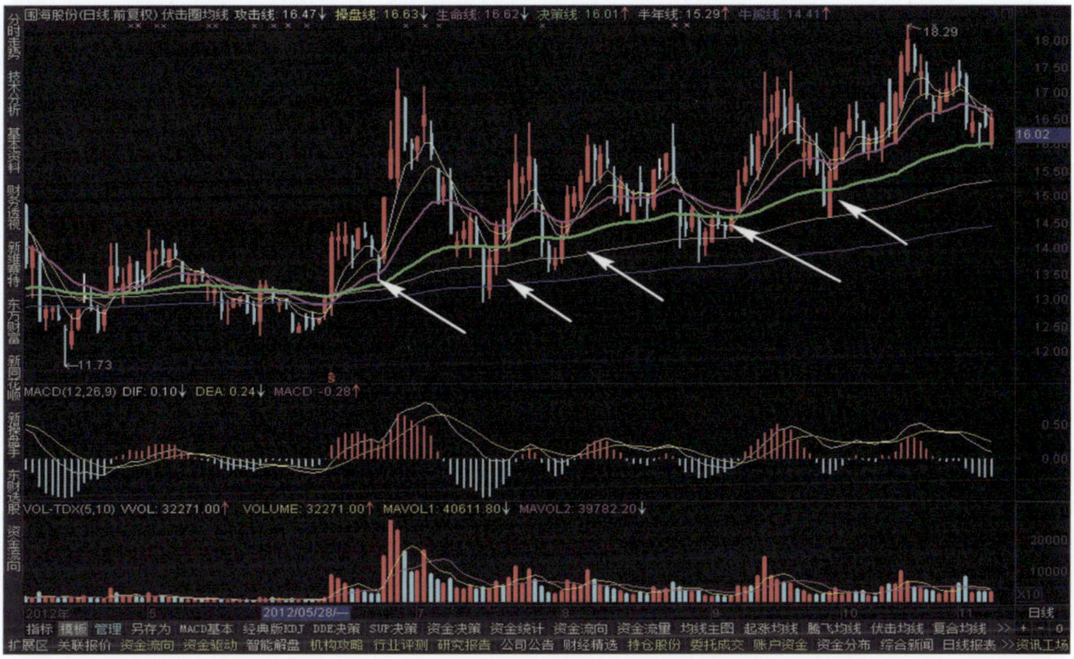
国海股份(日线 前复权) 伏击圈均线 攻击线: 16.47↓ 操盘线: 16.63↓ 生命线: 16.62↓ 决策线: 16.01↑ 半年线: 15.29↑ 牛熊线: 14.41↑
18.29
11.73
MACD(12,26,9) DIF: 0.10↓ DEA: 0.24↓ MACD: -0.28↑
VOL-TDX(5,10) VVOL: 32271.00↑ VOLUME: 32271.00↑ MAVOL1: 40611.80↓ MAVOL2: 39782.20↓

图例 054

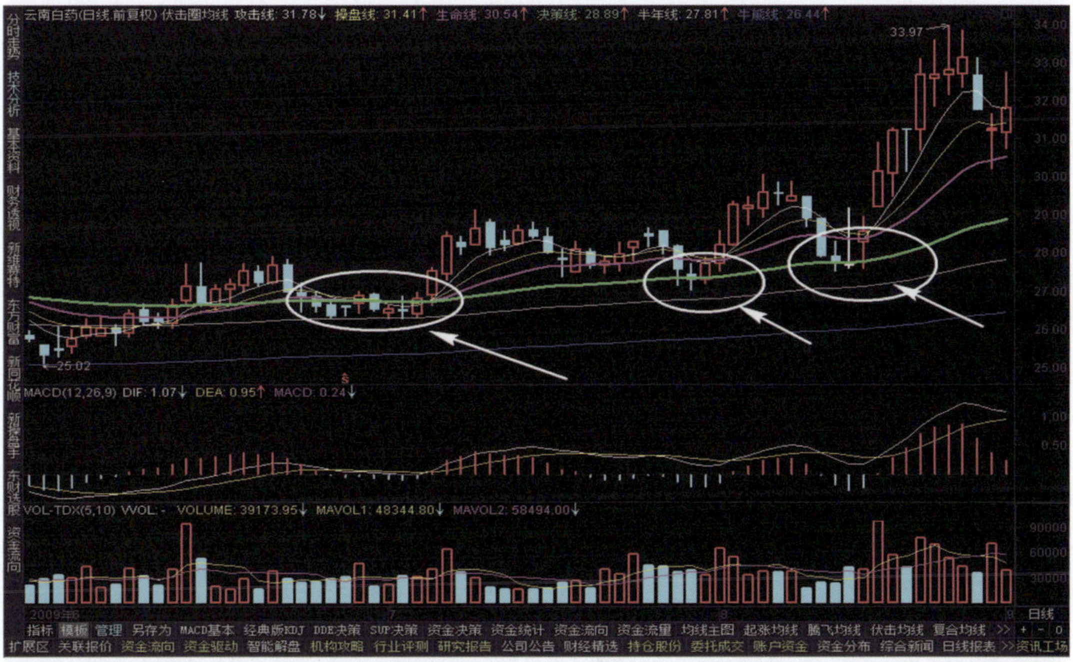
云南白药(日线 前复权) 伏击圈均线 攻击线: 31.78↓ 操盘线: 31.41↑ 生命线: 30.54↑ 决策线: 28.89↑ 半年线: 27.81↑ 牛熊线: 26.44↑
33.97
25.02
MACD(12,26,9) DIF: 1.07↓ DEA: 0.95↑ MACD: 0.24↓
VOL-TDX(5,10) VVOL: - VOLUME: 39173.95↓ MAVOL1: 48344.80↓ MAVOL2: 58494.00↓

图例 055

三、当天股价在生命线附近止跌

伏击圈技术信号出现的当天，股价回调的力度不应该太大，应出现比较明显的止跌迹象，在关键技术点位通常会出现强有力的支撑。这一点非常重要。

如果盘中出现大幅度的急挫，注意观察在生命线附近是否止跌。

如果是，说明主力在暗中积极护盘，阻止股价进一步下跌。

如果不是，请注意向下穿越的能量是否很大。

如果出现放量下跌，这时候要小心。

这时候不应该是放量的。

放量就意味着筹码松动。

如果出现筹码松动的迹象，就不要再去伏击。

有的学员经常问我：

伍老师，为什么我运用伏击圈技术的时候，经常被套在半山腰了呢?

我问他：你是不是没有注意当天量能的变化?

量能是股价的血液，拉升的过程中出现回调放量，此时不应该放量。放量就意味着不断出血。需要注意这一点。放量的时机不应该出现在拉升的过程中，而应该出现在底部建仓阶段，这才是健康的量能。回调的时候应该缩量才健康。

拉升的过程中，回调是休息。休息而不断出血，结果就不用说了，可想而知。

图例 056、057 都是比较标准的伏击圈。

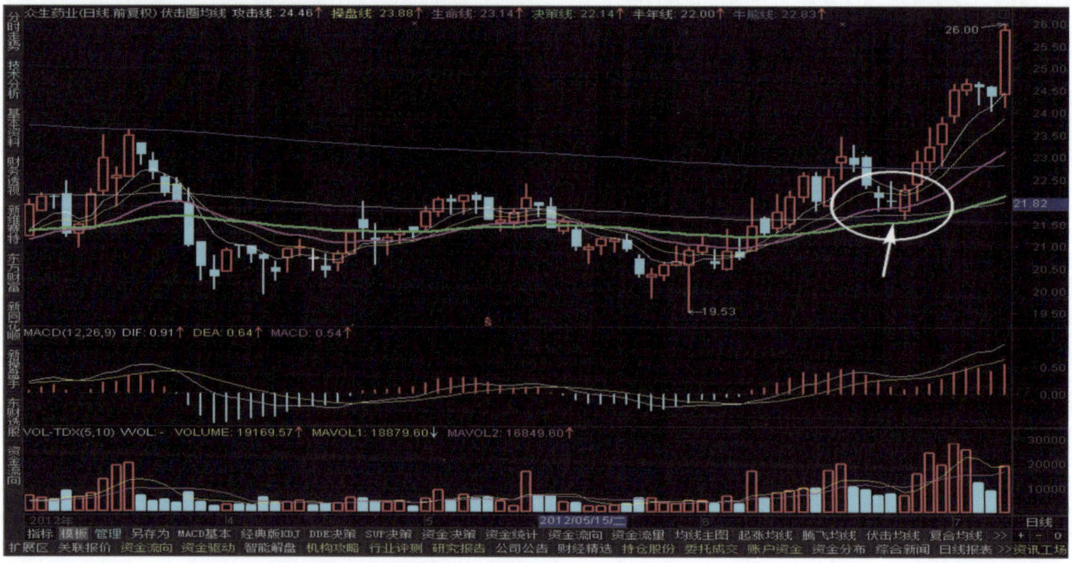

图例 056

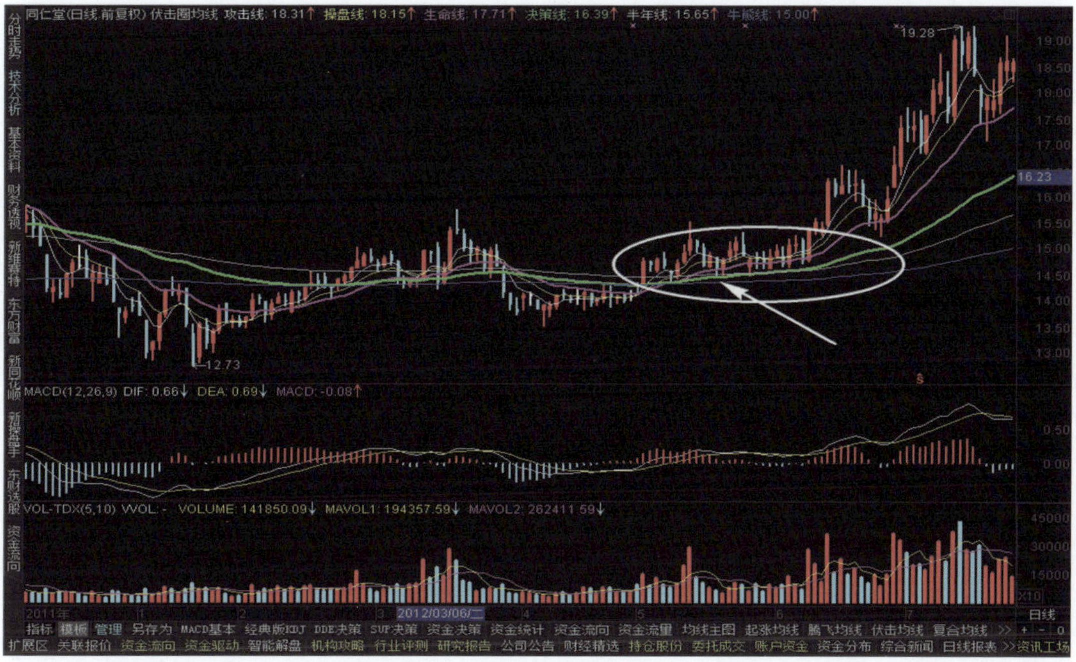

图例 057

四、当天生命线与决策线已经走平，向上趋势明显

伏击圈技术是很稳健的操盘技术，但是，这种稳健是建立在严格的技术规范上的，不是盲目的、轻率的、随意的指认。任何技术都是有一定规范的。

伏击圈技术信号出现的当天，生命线、决策线均线结构需要满足一定的条件。

也就是说，伏击圈技术信号出现当天，生命线、决策线均线结构表现如下：

第一点，生命线已经在低位走平。

第二点，决策线已经在低位走平。

第三点，生命线与决策线已经金叉过。

第四点，生命线位于决策线之上。

第五点，生命线与决策线保持向上的趋势。

图例058、059都是比较符合技术规范的伏击圈走势。

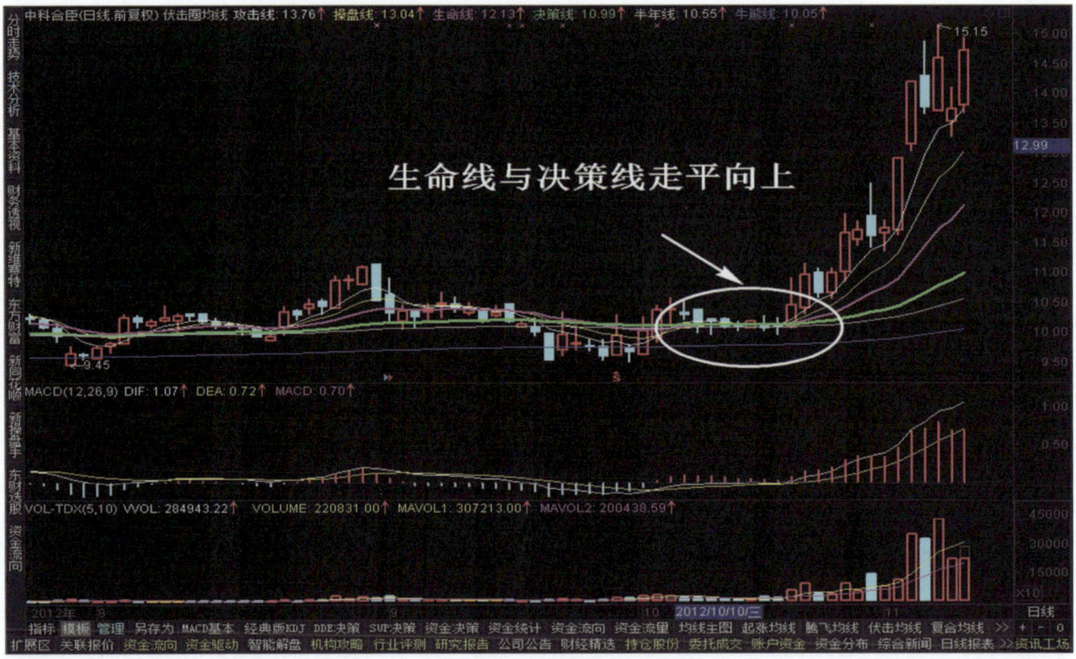
中科合臣(日线,前复权) 伏击圈均线 攻击线: 13.76↑ 操盘线: 13.04↑ 生命线: 12.13↑ 决策线: 10.99↑ 半年线: 10.55↑ 牛熊线: 10.05↑
生命线与决策线走平向上
MACD(12,26,9) DIF: 1.07↑ DEA: 0.72↑ MACD: 0.70↑
VOL-TDX(5,10) VVOL: 284943.22↑ VOLUME: 220831.00↑ MAVOL1: 307213.00↑ MAVOL2: 200438.59↑

图例 058

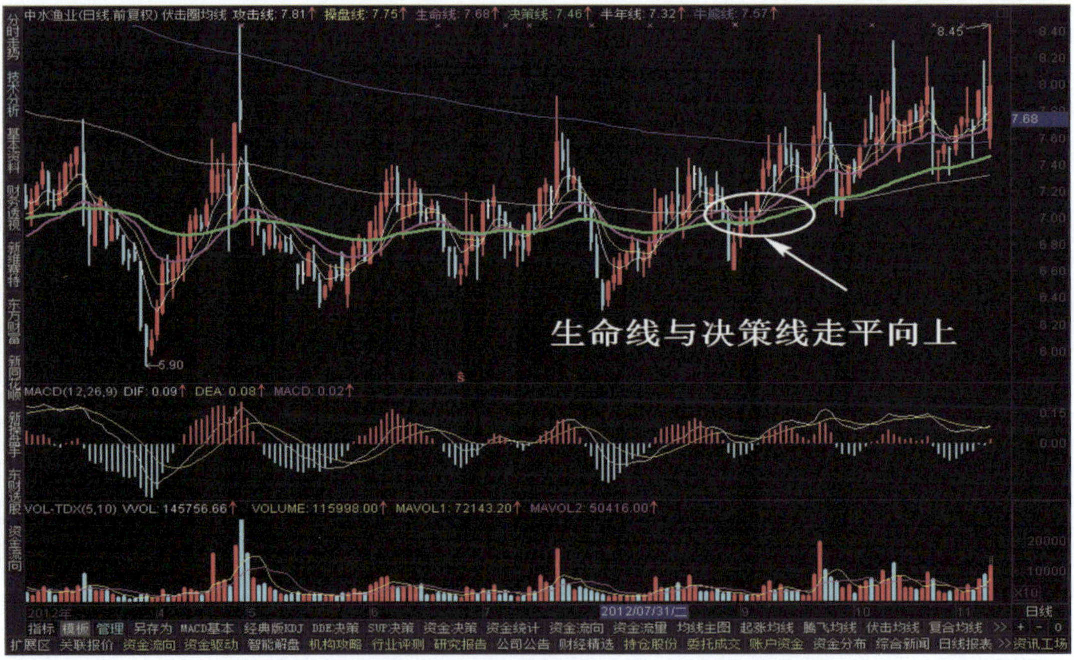
中水渔业(日线,前复权) 伏击圈均线 攻击线: 7.81↑ 操盘线: 7.75↑ 生命线: 7.68↑ 决策线: 7.46↑ 半年线: 7.32↑ 牛熊线: 7.57↑
生命线与决策线走平向上
MACD(12,26,9) DIF: 0.09↑ DEA: 0.08↑ MACD: 0.02↑
VOL-TDX(5,10) VVOL: 145756.66↑ VOLUME: 115998.00↑ MAVOL1: 72143.20↑ MAVOL2: 50416.00↑

图例 059

第三节　伏击圈技术信号得以成立的均线结构

一、决策线必须是坚挺的

伏击圈技术和一般意义上的伏击是不同的。

一般意义上的伏击通常是指低点埋伏，在技术上没有严格的要求。

伏击圈技术是职业操盘手实现稳健的、确定性的、可操控的盈利而采用的技术手段。

伏击圈技术有非常严格的技术规范，务必遵守，没有变通的余地。

伏击圈技术最核心的、也是最严格的技术规范，就是决策线务必是坚挺向上的。

决策线也就是60日均线，在公示设计上，可以是算术平均的，也可以是加权平均的，或者手简单平均的。不管是哪一种类型的，其原理是一样的。

决策线可以是以下任何一种表达方式：

决策线1：MA（CLOSE，60），LINETHICK1；
决策线2：MA（（CLOSE+OPEN）/2，60），LINETHICK2；
决策线3：MA（（CLOSE+HIGH+OPEN）/3，60），LINETHICK3；
决策线4：MA（（CLOSE+HIGH+LOW+OPEN）/4，60），LINETHICK4；

决策线5：EMA（CLOSE，60），LINETHICK1；
决策线6：EMA（（CLOSE+OPEN）/2，60），LINETHICK2；
决策线7：EMA（（CLOSE+HIGH+OPEN）/3，60），LINETHICK3；
决策线8：EMA（（CLOSE+HIGH+LOW+OPEN）/4，60），LINETHICK4；

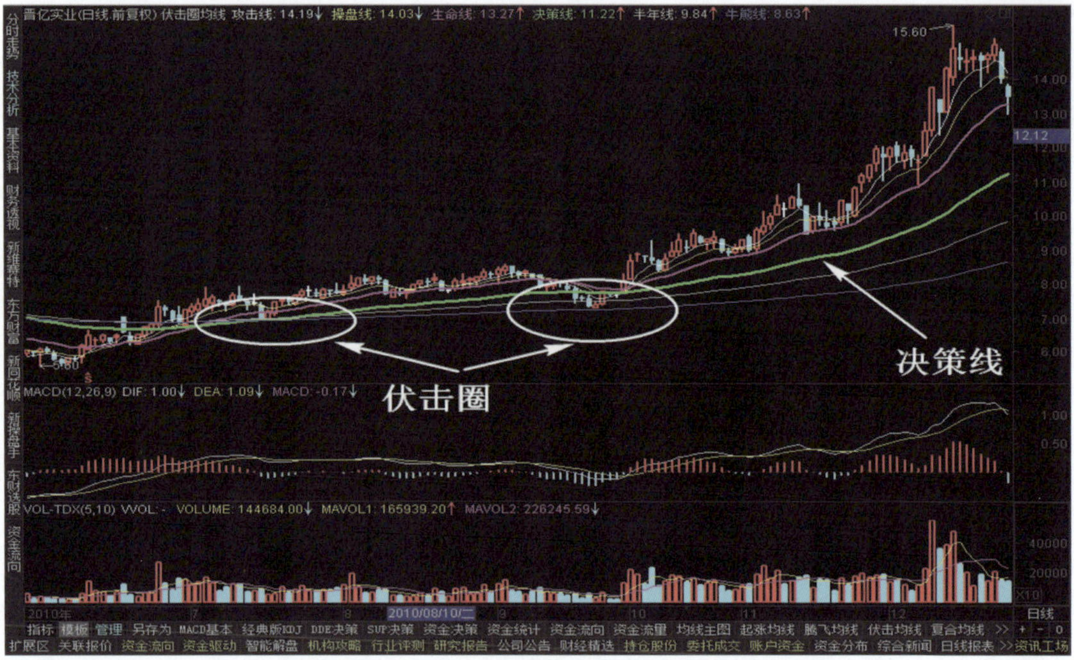
晋亿实业(日线 前复权) 伏击圈均线 攻击线: 14.19↓ 操盘线: 14.03↓ 生命线: 13.27↑ 决策线: 11.22↑ 半年线: 9.84↑ 牛熊线: 8.63↑
15.60
5.60
决策线
伏击圈
MACD(12,26,9) DIF: 1.00↓ DEA: 1.09↓ MACD: -0.17↓
VOL-TDX(5,10) VVOL: - VOLUME: 144684.00↓ MAVOL1: 165939.20↑ MAVOL2: 228245.59↓
2010/08/10/二

图例 060

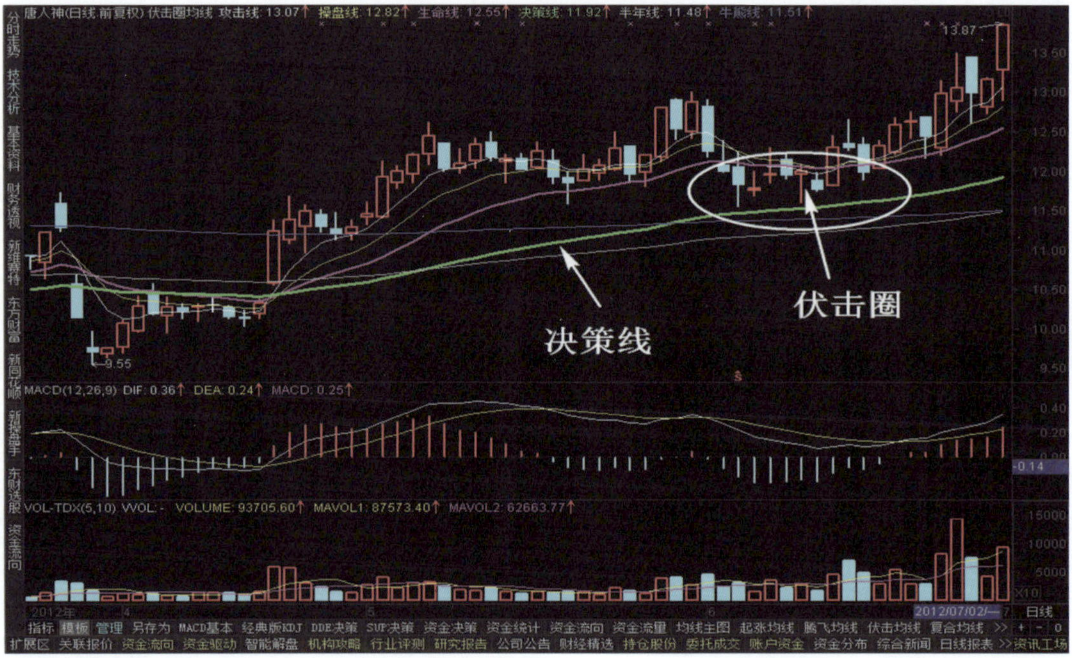
唐人神(日线 前复权) 伏击圈均线 攻击线: 13.07↑ 操盘线: 12.82↑ 生命线: 12.55↑ 决策线: 11.92↑ 半年线: 11.48↑ 牛熊线: 11.51↑
13.87
9.55
伏击圈
决策线
MACD(12,26,9) DIF: 0.36↑ DEA: 0.24↑ MACD: 0.25↑
VOL-TDX(5,10) VVOL: - VOLUME: 93705.60↑ MAVOL1: 87573.40↑ MAVOL2: 62663.77↑
2012/07/02/一

图例 061

二、均线系统必须是健康的

伏击圈技术从本质上来说是一种多头趋势的回踩，因此，均线系统必须是健康的。

甄别均线系统健康的标准如下：

第一是每一条均线的运行方向，都必须是朝上的。

第二是各条均线之间的位置关系，必须是顺着大小顺序排列的。

第三是各条均线之间不应该有缠绕的情形出现，而是一致向上。

图例 062、063、064 就是比较健康的均线结构。

均线系统的指标，可以这样表述：

攻击线：EXPMA（（CLOSE + HIGH + LOW + OPEN）/4，5），LINETHICK1；

操盘线：EXPMA（（CLOSE + HIGH + LOW + OPEN）/4，10），LINETHICK1；

生命线：EMA（（CLOSE + HIGH + LOW + OPEN）/4，20），LINETHICK2；

决策线：EMA（（CLOSE + HIGH + LOW + OPEN）/4，60），LINETHICK3；

半年线：EMA（（CLOSE + HIGH + LOW + OPEN）/4，120），LINETHICK1；

牛熊线：EMA（（CLOSE + HIGH + LOW + OPEN）/4，250），LINETHICK1；

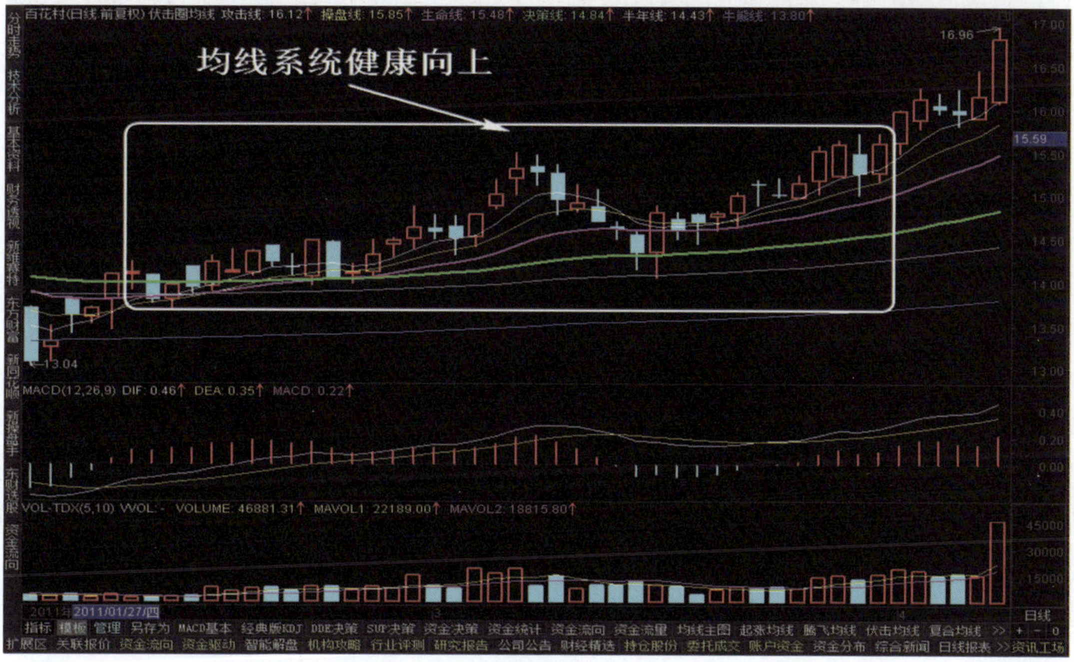

图例 062

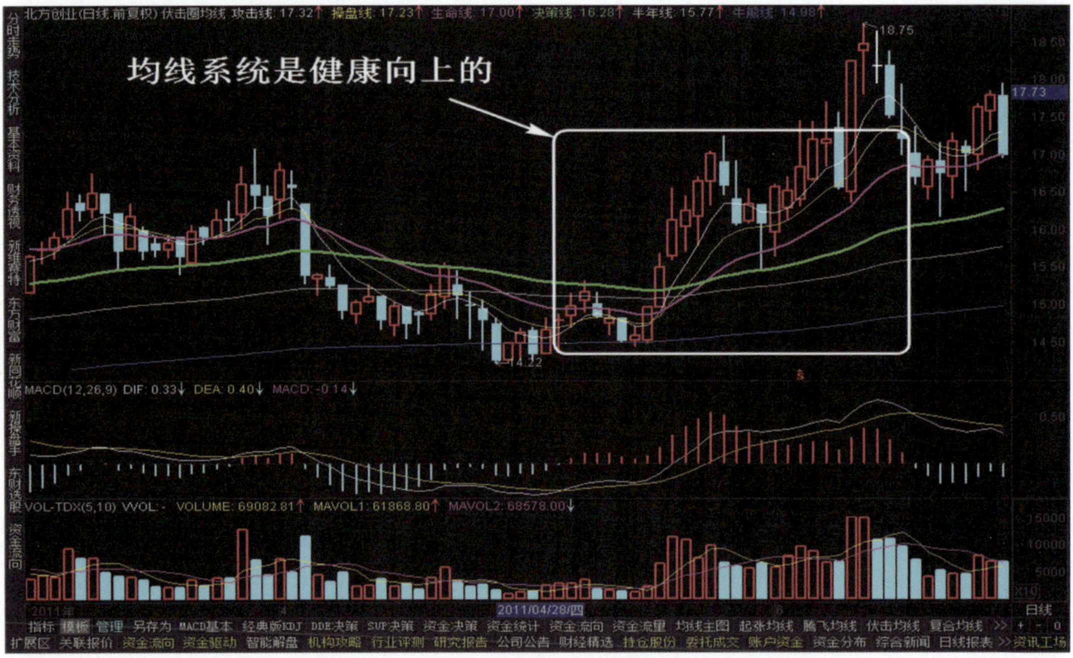
北方创业(日线 前复权) 伏击圈均线 攻击线: 17.32↑ 操盘线: 17.23↑ 生命线: 17.00↑ 决策线: 16.28↑ 半年线: 15.77↑ 牛熊线: 14.98↑
均线系统是健康向上的
18.75
14.22
MACD(12,26,9) DIF: 0.33↓ DEA: 0.40↓ MACD: -0.14↓
VOL-TDX(5,10) VVOL: - VOLUME: 69082.81↑ MAVOL1: 61868.80↑ MAVOL2: 68578.00↓
2011/04/28/四

图例 063

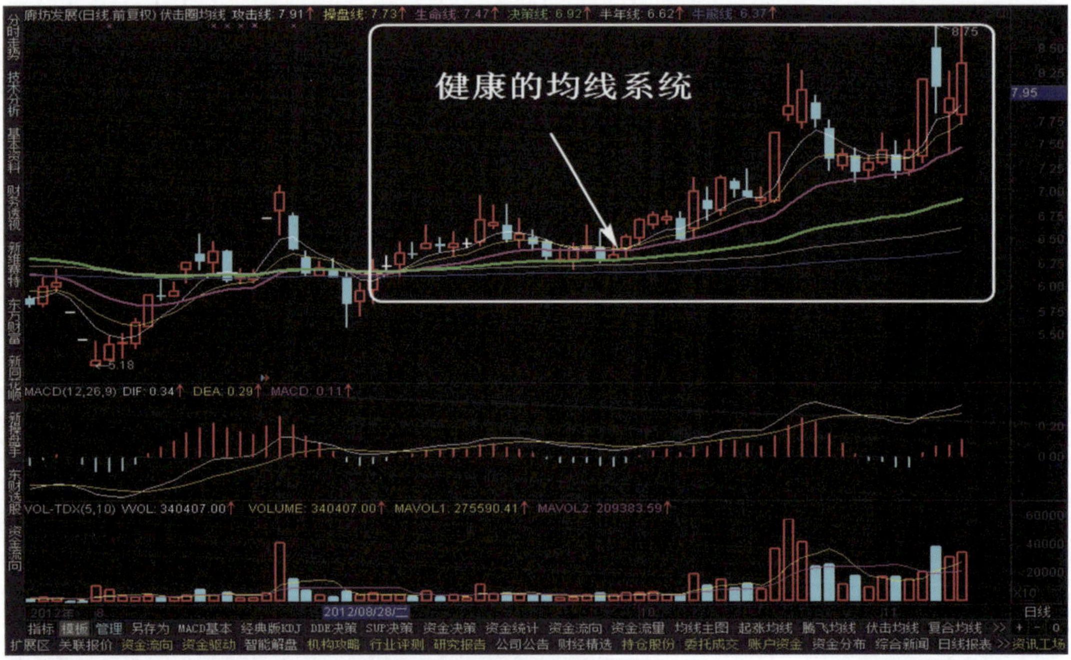
廊坊发展(日线 前复权) 伏击圈均线 攻击线: 7.91↑ 操盘线: 7.73↑ 生命线: 7.47↑ 决策线: 6.92↑ 半年线: 6.62↑ 牛熊线: 6.37↑
健康的均线系统
8.75
5.18
MACD(12,26,9) DIF: 0.34↑ DEA: 0.29↑ MACD: 0.11↑
VOL-TDX(5,10) VVOL: 340407.00↑ VOLUME: 340407.00↑ MAVOL1: 275590.41↑ MAVOL2: 209383.59↑
2012/08/28/二

图例 064

第六章
伏击圈的操盘技术指标修正

本章学习要点

一、了解伏击圈常用操盘指标。

二、了解伏击圈与 KDJ 的关系。

三、了解伏击圈与 MACD 的关系。

第一节　经典 KDJ 指标与伏击圈技术信号

一、当日 KDJ 处于低位 20 以下

除了前边讲解的技术要求之外，我们在判断伏击技术信号的时候，还可以用最经典的操盘指标来加以鉴别。最经典的操盘指标可以选用 KDJ 和 MACD 这两个。

KDJ 指标是最经典的操盘指标，职业操盘手经常用它来调节做盘的节奏。

对于伏击技术而言，KDJ 指标中最需要查看 J 的状态和数值。

在伏击阶段，J 的数值必须是低位的。

通常情况下，J 的数值必须是 20 以下的。

如果 J 的数值达到了负数，就要特别注意了。

参见图例 065、066 所示。

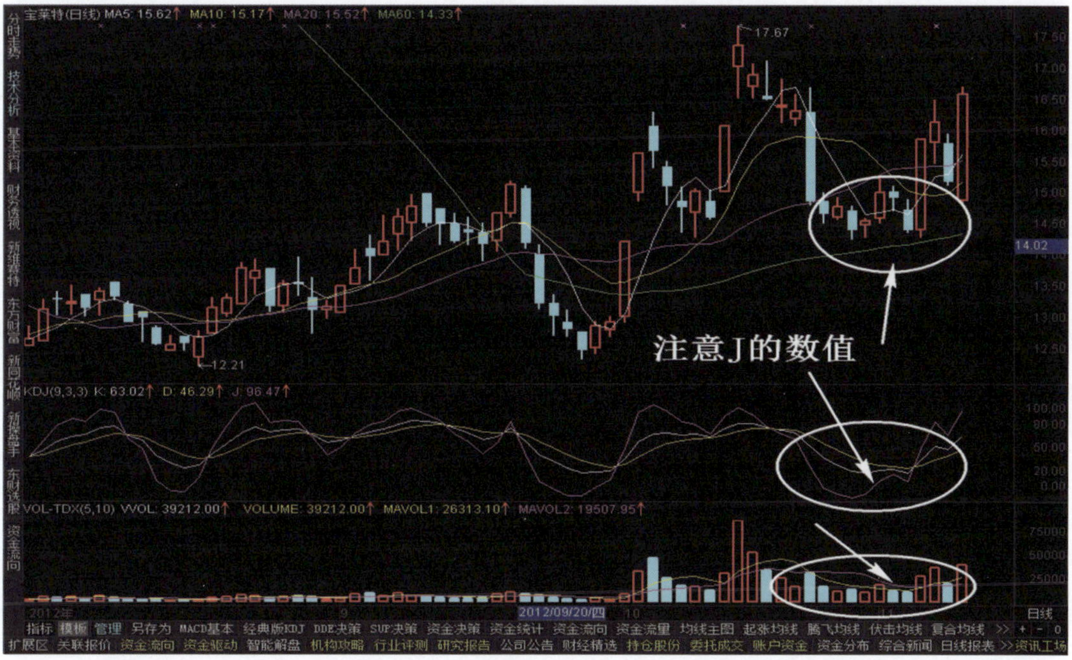

图例 065

图例 066

二、KDJ 处于 0 以下最标准

有时候，一些长线资金操作的品种，经常会出现盘中急跌的情况。从分钟线可以看到奇妙的盘口走势，比如 60 分钟走势图，就会经常出现 J 的数值是负数的情况。

如果出现伏击信号的当天，日线图或者 60 分钟图出现 J 的数值处于 0 以下，可以肯定这是很不错的短线伏击机会。

但是，不要因为我说这样的话你就马上买进。

在你决定买进之前，还要综合考虑很多因素的。

操盘指标只是给你做决定的一种参考。

很多人之所以亏钱，就是老是爱犯毛病。

什么么毛病呢？

一根筋。

爱钻牛角尖。

这是要不得的。

交易不是一根筋思维，而是综合的、全局的、整体的考量。

不要见到 J 数值是负数的，就立即买进。前边我们已经介绍过的各类知识，还有腾飞点、起涨点、三线开花、黄金解套等方面的知识，以及更早讲过的《操盘学》和《道破股市天机》介绍的盘口知识、趋势知识、量能知识、资金管理知识等等，都要用上。只有这样，才能立于不败之地，才能确保你的伏击是成功的。

操盘切忌死脑筋，钻牛角。出不来，就死在里边了。

图例 067、068 都是不错的伏击圈。

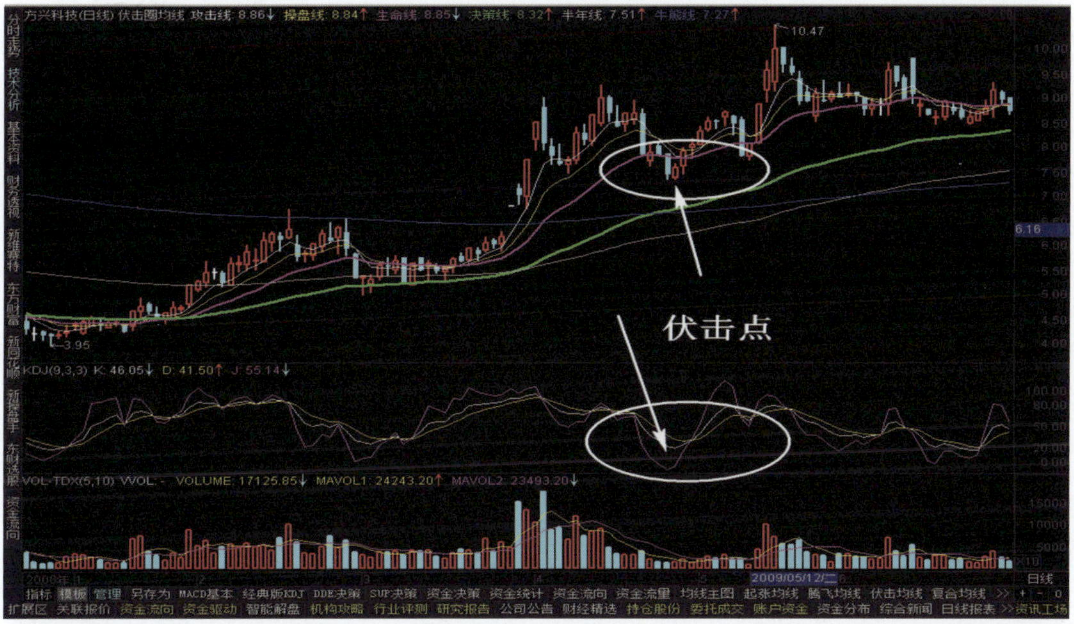

图例 067

图例 068

第二节　经典 MACD 指标与伏击圈技术信号

一、零轴上的二次金叉状态

伏击圈技术信号也可以采用 MACD 指标来加以校验。

如图例 069 所示，MACD 的指标线可以出现零轴下的金叉和零轴上的金叉。

按照伏击圈技术的要求，零轴下的金叉不属于伏击范畴，不做讨论。

零轴上的金叉，也叫做多头趋势下的金叉。

这时候均线系统处于多头排列，决策线是向上的。

这时候 MACD 指标线运行在零轴之上，如果 DIF 回归到零轴之下，那就意味着趋势彻底变坏了。如果 DIF 仅仅是触及 0 线而没有向下死叉，那么多头趋势并没有改变。

也就是说，在多头趋势没有改变的前提下，我们可以伏击。

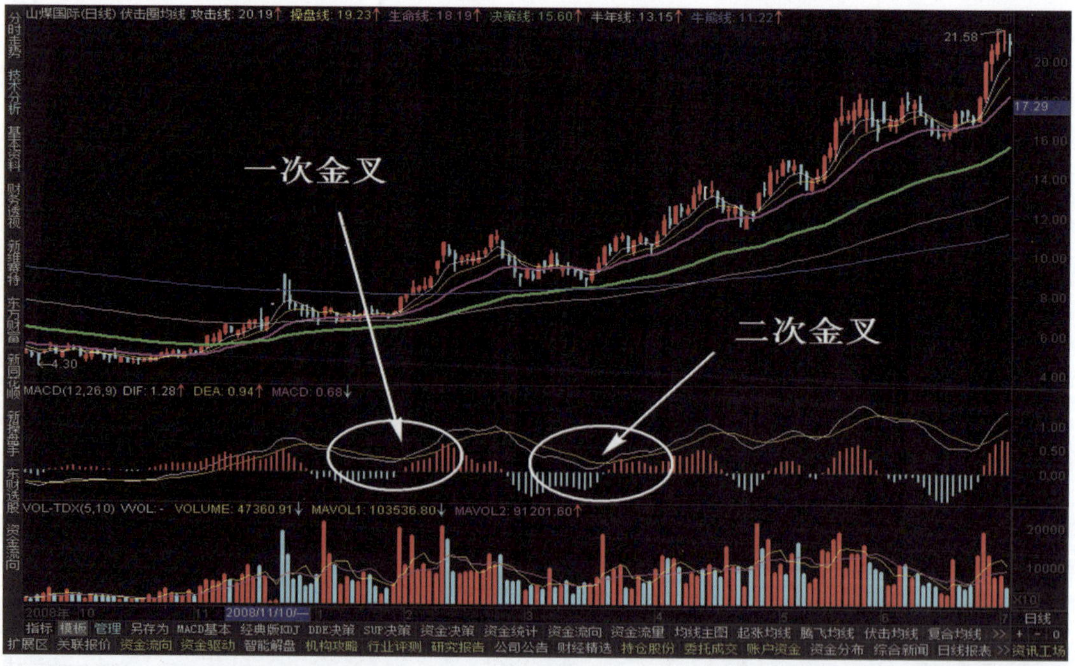

图例 069

二、零轴上的空中加油状态

另一种情况是指标线 DIF 向下延伸，但并没有触及 DEA 就开始拐头向上。

这属于空中加油的经典走势，向下延伸那一瞬间，只是为了补充能量。

这属于强势整理的范畴，也是伏击技术的经典伏击类型之一。

图例 070 就是这样的例子。

注意这种走势成立的前提条件是均线系统保持金叉向上。

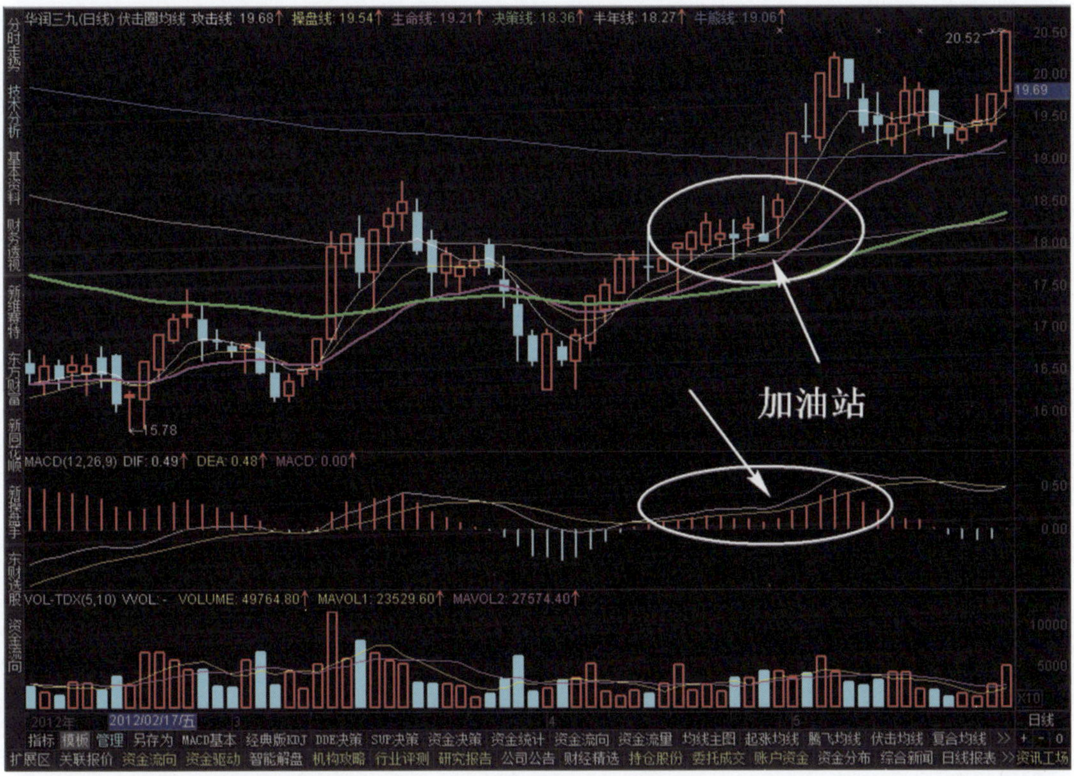

图例 070

第七章
伏击圈与大盘和板块热点

本章学习要点

一、了解伏击圈与大盘环境的关系。

二、了解伏击圈与板块热点的关系。

三、在实战中学会分析市场主流热点。

第一节　伏击圈技术与大盘环境的关系

一、大盘环境比较健康，趋势向上

低头走路，抬头看天。

伏击圈技术不时低头埋伏，而是在合适的时机埋伏。

所谓合适的时机，就是指大盘环境健康、趋势向上的时候。

如果大盘环境是健康的，那么个股出现伏击信号，就可以大胆买进。

相反，则不要轻举妄动，更不要满仓操作。

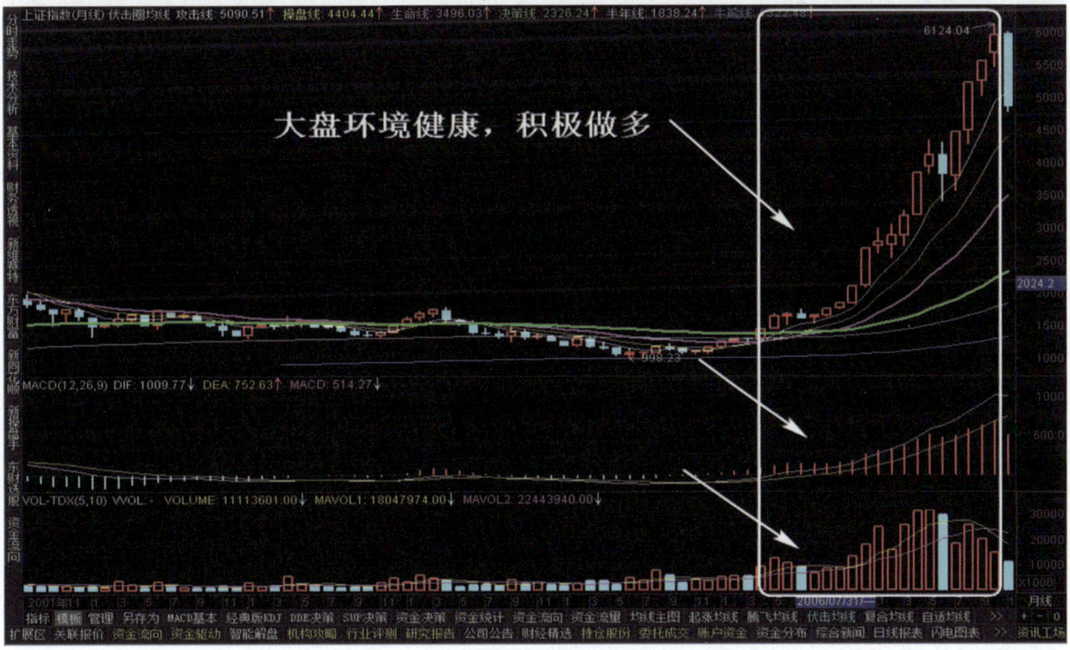

图例 071

二、大盘环境一般，横向整理

如果大盘环境比较一般，呈现为趋势不明朗的横盘走势，那么，这就是谨慎的时候。这时候原则上不要伏击，或者只是小仓位操作。

如果大盘横盘很久，也没有突破方向，处于胶着状态，这是危险的信号。

久盘必跌。

个股如此，大盘也如此。

因此，当大盘趋势不明朗的时候，最好的策略就是休息。

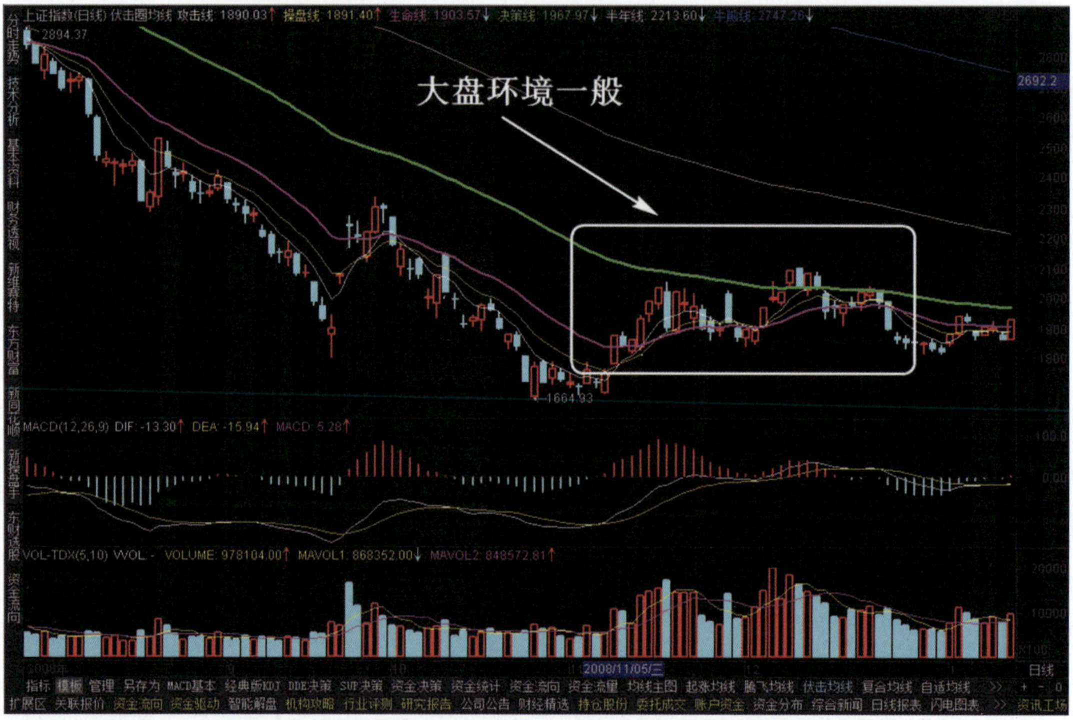

图例 072

三、大盘环境比较恶劣，趋势向下

如果大盘比较恶劣，总体趋势是向下的，那么这时候就不要操作了。

这时候不是技术的问题，而是任何技术在这时候都是危险的。

覆巢之下焉有完卵。

因此，为了本金的安全，最明智的、也是唯一的选择，就是休息。

关于大盘与个股的关系，可以借鉴我在《起涨点》和《腾飞点》那两本书中的叙述。

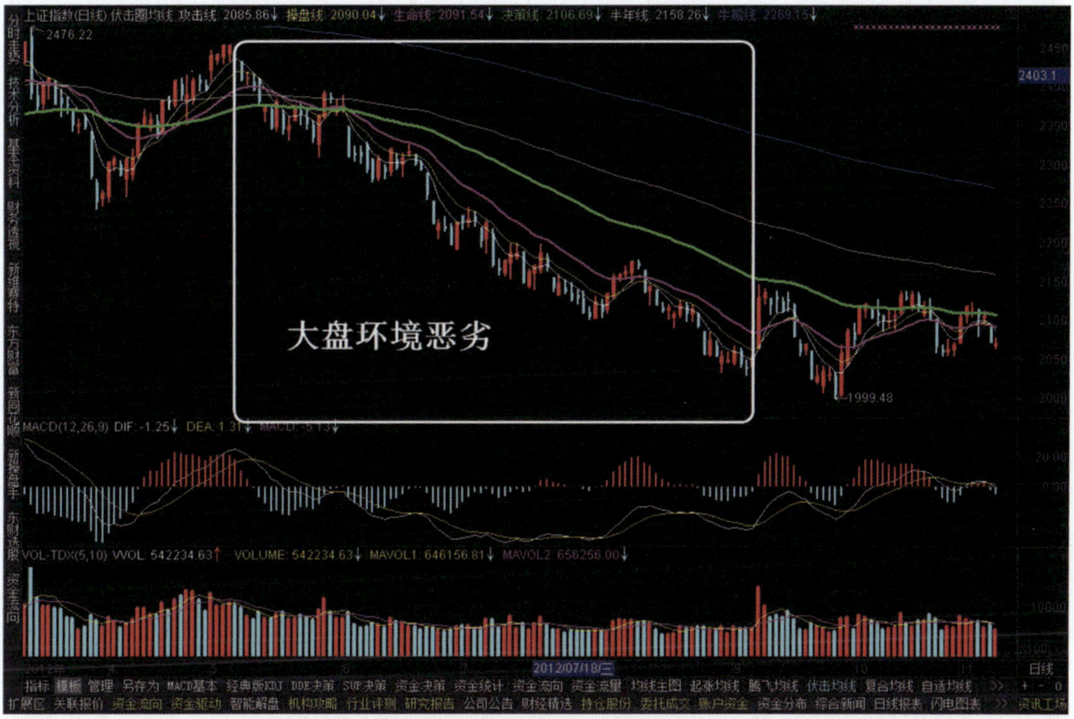

图例 073

第二节 伏击圈与板块热点的关系

一、板块热点突出，则积极参与

伏击圈技术与板块热点有着密切的关系。

伏击圈技术并不是叫大家四处出击，乱埋伏，而是要抓住当前市场的主流热点。

市场的主流热点是集团式大资金操纵的结果。

形成板块热点，行情才会长久。

如果只是个股行为，而不是整个板块都在动，那是没有参与价值的。

对于一些游资操作的品种，没有形成板块热点的品种，尽可能不要碰。

更不要去伏击。

我在课堂上曾经讲过，凡是游资炒作的品种，很少有持续性的。因此，这样的品种来得快，死的也快。那么，回落就不是洗盘，而是游资出逃的结果。

对于资金已经出逃的品种，就不要抱有幻想了。

我们在学习伏击圈技术的时候，要寻找那些中线资金或者长线资金操作的品种。

这些资金介入程度很深，轻易不会放弃。

这才是我们关注的主要对象。

而对于一些游资操作的一日游或者几日游，谨慎对待。

图例 074 所示的板块涨幅前几名，我们可以看到集团式资金操纵的身影。

全部板块 ■通达信行业 ■概念板块 ■风格板块 ■地区板块 ■统计指数 设置

	代码	名称	涨幅%↓	振幅%	量比	买入价	卖出价	总量	现量	涨速%	换手%	昨收	今开	最高
1	880432	运输设备	3.31	4.08	–	–	–	208万	–	0.16	1.32	645.10	645.19	670.60
2	880525	铁路基建	2.0[illegible]	2.58	–	–	–	514万	–	0.13	0.65	640.81	639.89	656.17
3	880430	航空航天	1.36	1.66	–	–	–	60.0万	–	0.18	0.75	551.86	551.80	559.47
4	880516	ST板块	1.08	1.86	–	–	–	313万	–	0.05	1.08	667.58	666.66	678.47
5	880421	广告包装	0.90	1.43	–	–	–	135万	–	0.16	2.22	739.15	737.65	746.68
6	880455	燃气供热	0.74	1.75	–	–	–	43.3万	–	0.17	0.80	712.73	711.07	722.53
7	880399	家居用品	0.69	1.84	–	–	–	53.5万	–	0.44	1.21	610.47	607.02	616.85
8	880553	页岩气	0.66	1.18	–	–	–	210万	–	0.07	1.76	920.86	918.97	928.45
9	880560	高端装备	0.64	1.37	–	–	–	382万	–	0.11	0.61	777.22	775.83	786.49
10	880497	综合类	0.52	1.35	–	–	–	170万	–	0.04	0.78	596.76	595.64	602.51
11	880568	生物燃料	0.49	0.94	–	–	–	31.0万	–	0.20	0.53	977.60	977.36	983.68
12	880521	黄金概念	0.47	1.44	–	–	–	98.7万	–	0.01	0.38	734.12	738.64	746.12
13	880507	军工航天	0.43	1.17	–	–	–	252万	–	0.13	0.79	536.81	535.78	541.90
14	880476	建筑	0.36	1.25	–	–	–	491万	–	0.00	0.56	685.85	684.23	691.89
15	880201	黑龙江	0.34	0.93	–	–	–	128万	–	0.10	0.77	566.37	565.54	570.34
16	880572	内贸规划	0.31	0.99	–	–	–	49.6万	–	0.16	0.44	979.00	977.59	986.74
17	880220	福建板块	0.27	0.85	–	–	–	347万	–	0.05	0.61	704.61	704.24	709.98
18	880406	商业连锁	0.27	0.80	–	–	–	200万	–	0.16	0.55	600.57	599.78	604.32
19	880564	奢侈品	0.22	0.70	–	–	–	34.7万	–	0.13	0.42	948.51	948.16	953.94
20	880471	银行类	0.21	0.72	–	–	–	495万	–	0.09	0.07	843.38	840.96	845.24
21	880558	节能环保	0.21	1.15	–	–	–	373万	–	0.11	0.65	829.11	827.18	836.52
22	880202	新疆板块	0.21	1.20	–	–	–	183万	–	0.09	0.85	539.48	537.93	541.78
23	880454	水务	0.19	0.77	–	–	–	26.4万	–	0.10	0.41	643.57	643.23	647.67
24	880542	水利建设	0.19	1.74	–	–	–	129万	–	0.06	1.34	756.86	752.54	763.36
25	880437	通用机械	0.17	1.66	–	–	–	245万	–	0.09	1.60	533.94	531.92	540.03
26	880204	甘肃板块	0.16	1.37	–	–	–	109万	–	0.14	0.78	650.64	649.66	657.07
27	880832	低价股	0.15	0.83	–	–	–	2363万	–	0.09	0.23	763.13	760.76	765.50

常规▲ 分类▲ 资金模型▲ 个股拉升 板块吸筹 板块拉升 即时决策 先锋模型 A股 中小 创业 B股 基金 板块指数 AH对照 自选 板块▲

图例 074

二、板块热点不突出，则保持观望

如果整个市场处于热点散乱的状态，就不要伏击了。

参见图例 075，这些散而乱的板块，不是伏击的对象。

我们在学习和运用伏击圈技术的时候，很重要的一点，就是要在健康的大环境下伏击，而不是在一些散乱的、孤独的、漂浮不定的走势中搏击。

操盘手是怎样操作的？

很多读者老是问我这个问题。

我的回答是：操盘手只操作确定的机会。

也就是一买就涨的机会。

什么是一买就涨的机会呢？

首先它不是那些飘浮无定的、没有根的品种。这些品种如江河湖海里的浮萍，无根、无定、无踪、无迹。这不是我们要操作的品种。这不是操盘手要操作的目标。

那么什么是有根、笃定、恒定、有形、有品、有相的类型呢？

主流热点，板块热点，它们的龙头，就是。

全部板块 ■通达信行业 ■概念板块 ■风格板块 ■地区板块 ■统计指数 设置

	代码	名称	涨幅%	振幅%	量比	买入价	卖出价	总量	现量	涨速%	换手%	昨收	今开	最高
1	880452	电信运营	-1.77	2.87	–	–	–	79.0万	–	0.27	0.35	607.17	607.11	609.06
2	880474	多元金融	-1.73	2.89	–	–	–	31.8万	–	0.17	1.19	886.45	883.88	891.26
3	880398	医疗保健	-1.27	1.78	–	–	–	24.1万	–	0.10	1.22	776.17	775.20	776.22
4	880472	证券类	-1.22	1.61	–	–	–	288万	–	0.04	0.62	769.25	766.80	769.69
5	880520	智能电网	-1.04	1.46	–	–	–	60.1万	–	0.12	0.50	560.58	559.79	560.90
6	880559	宽带提速	-0.94	1.46	–	–	–	44.2万	–	0.06	0.64	691.30	689.28	691.26
7	880547	电子支付	-0.89	1.53	–	–	–	36.2万	–	0.02	0.52	705.18	704.65	707.24
8	880231	西藏板块	-0.87	1.77	–	–	–	18.5万	–	0.00	0.47	454.06	454.50	456.03
9	880400	医药	-0.86	1.32	–	–	–	327万	–	0.11	0.65	816.42	815.02	818.80
10	880535	稀土永磁	-0.84	1.90	–	–	–	98.9万	–	-0.05	0.46	594.32	594.36	600.25
11	880227	云南板块	-0.81	1.15	–	–	–	73.7万	–	0.01	0.46	625.02	624.70	625.87
12	880530	三网融合	-0.80	1.65	–	–	–	311万	–	0.18	0.69	609.63	608.99	611.22
13	880506	3G概念	-0.80	1.58	–	–	–	308万	–	0.21	0.61	560.87	559.94	562.08
14	880493	软件服务	-0.77	1.17	–	–	–	146万	–	0.06	0.81	644.36	643.08	644.76
15	880424	旅游	-0.72	1.26	–	–	–	44.0万	–	0.03	0.53	780.57	780.04	781.56
16	880206	青海板块	-0.71	1.29	–	–	–	41.7万	–	0.02	0.71	463.76	462.72	465.34
17	880448	电器仪表	-0.69	1.30	–	–	–	75.6万	–	-0.08	0.87	732.92	731.19	735.08
18	880534	锂电池	-0.69	1.42	–	–	–	197万	–	0.01	0.56	661.34	659.46	664.74
19	880842	业绩预升	-0.68	1.08	–	–	–	382万	–	0.04	0.98	937.37	935.38	939.35
20	880533	物联网	-0.68	1.13	–	–	–	84.6万	–	0.10	0.52	550.20	549.18	551.77
21	880446	电气设备	-0.68	1.02	–	–	–	230万	–	0.08	0.54	488.75	487.49	489.05
22	880536	多晶硅	-0.67	1.46	–	–	–	61.2万	–	0.14	0.56	439.16	437.41	440.89
23	880418	传媒娱乐	-0.64	1.23	–	–	–	115万	–	0.14	1.10	772.08	770.60	773.33
24	880489	电脑设备	-0.63	1.25	–	–	–	56.6万	–	0.10	0.55	541.00	540.08	542.95
25	880355	日用化工	-0.62	1.85	–	–	–	19.1万	–	0.72	0.72	941.13	938.79	943.89
26	880390	汽车类	-0.62	1.19	–	–	–	329万	–	0.09	0.62	623.54	621.07	624.53
27	880490	通信设备	-0.59	0.92	–	–	–	149万	–	0.04	0.91	530.65	529.04	530.73

常规▲ 分类▲ 资金模型▲ 个股拉升 板块吸筹 板块拉升 即时决策 先锋模型 A股 中小 创业 B股 基金 板块指数 AH对照 自选 板块▲

图例 075

第八章
伏击圈技术实战案例讲解

本章学习要点

一、学习如何综合分析操作目标。

二、了解操盘手自我修炼核心要领。

三、在实战中学会不断提升操盘技术。

第一节 一股一茶：000707 双环科技

一、关于双环科技（000707）的读者来信

一个深套于000707双环科技的读者发来求救信，问计针对这只股票的操作策略。我说，很简单！不要感到害怕。继续持有它，直到你赚钱为止。

这个读者说：如果它继续下跌，怎么办？

我说：这笔钱如果是你急着用，就不必用来炒股了。如果是用来炒股的资金，就不应该用于股票之外的其他途径。

他说：我是没办法啊。炒股亏得太多了，现在套在这只股票上的钱是借来的。

我说：这就难了。我的看法是继续持有它，而不是急急忙忙地在这个价位去割肉。

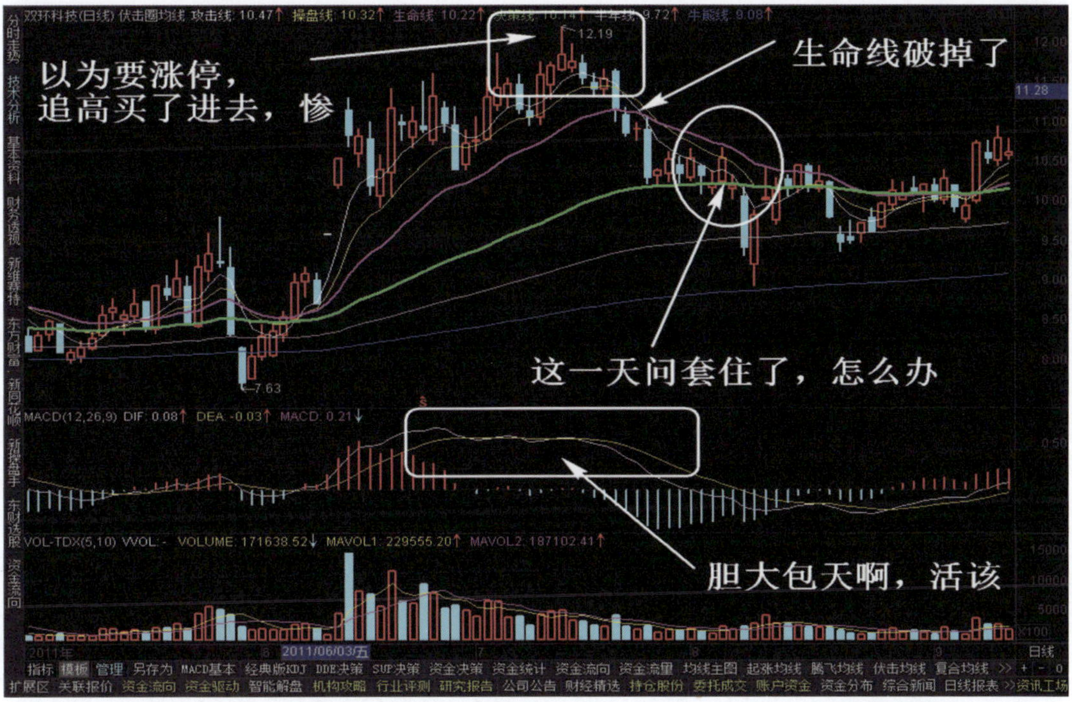

图例 076

000707 双环科技是一只重组成功的股票。基本面已经发生巨大的变化，后市的趋势应该会持续向好。短暂的调整并不能改变它长期走好的发展方向。

短期调整价格支撑：9.6－10 元之间；中期支撑还难以预料。

一个不擅长做短线的投资者，应该着手考虑中线或中长线持股（包括选股）策略。

不能天天眼看股价涨跌而无所适从。

对自己的投资制定策略，是对自己负责，也是对家人负责。

我们要从容投资，快乐赚钱。

唐顺宗有一次问佛光如满禅师道：

“佛从何方来？灭向何方去？既言常住世，佛今在何处？”

如满禅师答道：

“佛从无为来，灭向无为去，法身等虚空，常住无心处；有念归无念，有住归无住，来为众生来，去为众生去；清净真如海，湛然体常住，智者善思惟，更勿生疑虑！”

顺宗皇帝不以为然再问：

“佛向王宫生，灭向双林灭，住世四十九，又言无法说；山河与大海，天地及日月，时至皆归尽，谁言不生灭？疑情犹若斯，智者善分别。”

如满禅师进一步解释道：

“佛体本无为，迷情妄分别，法身等虚空，未曾有生灭；有缘佛出世，无缘佛入灭，处处化众生，犹如水中月；非常亦非断，非生亦非灭，生亦未曾生，灭亦未曾灭，了见无心处，自然无法说。”

顺宗皇帝听后非常欣悦，对禅师益加尊重。

有人常常问道：阿弥陀佛在西方净土，药师佛在东方世界，那么释迦牟尼佛现在又在哪里儿呢？其实释迦牟尼佛正在常寂光土，而常寂光土又在哪里里呢？

这种问题，经禅者答来，就非常活泼，因为有心，看到的是生灭的世界，那是佛的应身；无心，看到的是不生不灭的世界，那才是佛的法身。无心就是禅心，唯有用禅心，才知道佛陀真正在哪里里。

“有缘佛出世，无缘佛入灭”，灭不是生灭的灭，灭是涅槃境界。

在常寂光土则灭除一切烦恼、差别、对待，是绝对解脱快乐的寂灭世界。

股市投资，亦是如此！

二、关于双环科技（000707）的后续技术分析

现在来看看这个双环科技（000707）的技术分析，供各位参考。

从月线图、周线图、日线图，到分钟图（含 60 分钟图、30 分钟图、15 分钟图、5 分钟图和 1 分钟图），再到分时图，我们从不同的分析周期来判断这只股票究竟该如何处理。

假设这位读者的资金是不急用的，可以长期投资于股市的。

那么，我们就从最长的时间来考虑，可如何解决。

假设这个公司的基本面是经得起考验的，不会退市。

那么，从月线图来看，底部已经十分清晰。

参见图例 077 月线图所示。

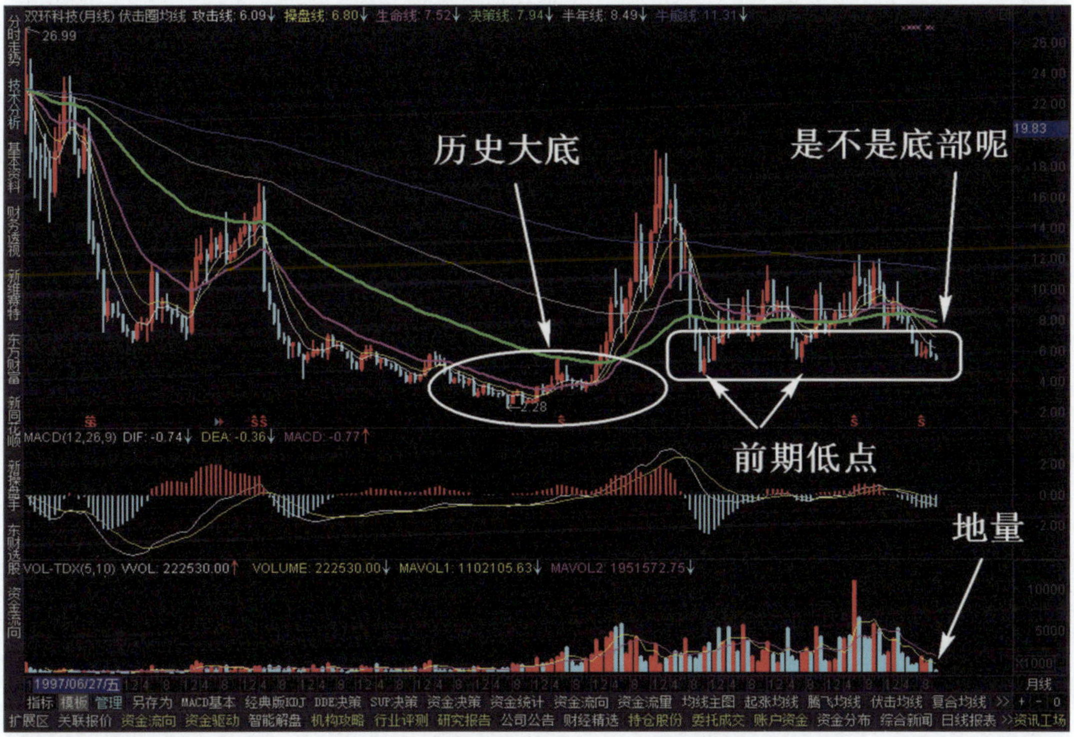

图例 077

图例 078 是周线图，从中可以看出应该如何操作。

从图上看到，如果不是急用的资金，那么这支股还是可以赚到钱的。

当然，要有一点点耐心啊。

图例 079 是日线图，从图上可以看到，均线系统完全处于空头排列，因此，目前除了持币观望，还是观望，别的做法都是不对的。忍一忍吧。我们再看它的小周期。

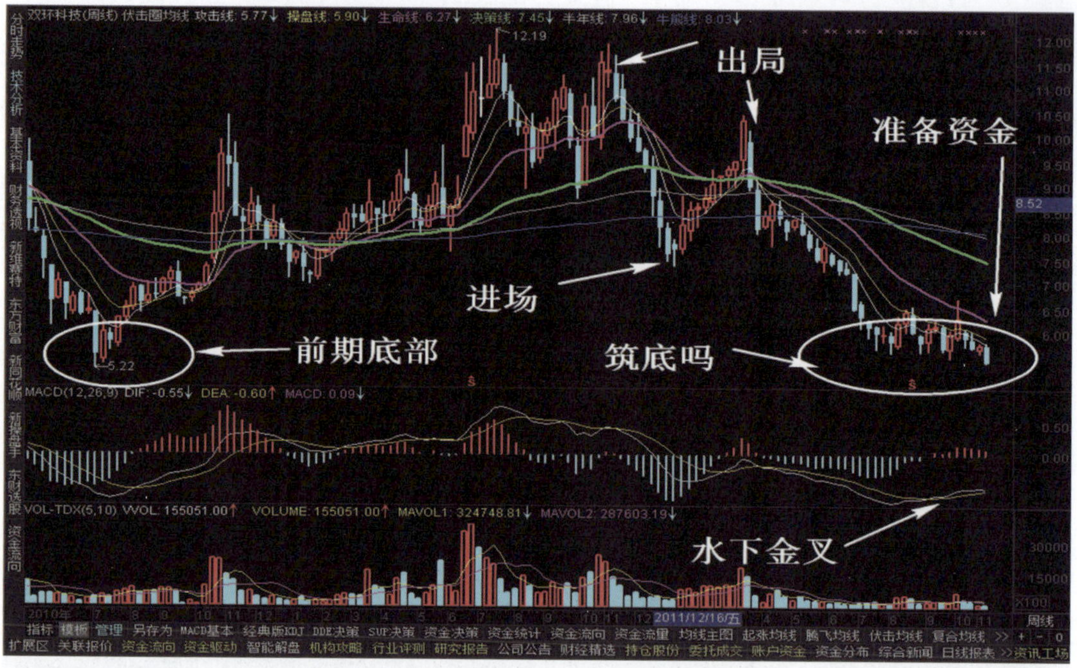
双环科技(周线) 伏击圈均线 攻击线: 5.77↓ 操盘线: 5.90↓ 生命线: 6.27↓ 决策线: 7.45↓ 半年线: 7.96↓ 牛熊线: 8.03↓
出局
准备资金
进场
前期底部
筑底吗
水下金叉
MACD(12,26,9) DIF: -0.55↓ DEA: -0.60↑ MACD: 0.09↓
VOL-TDX(5,10) VVOL: 155051.00↑ VOLUME: 155051.00↑ MAVOL1: 324748.81↓ MAVOL2: 287603.19↓

图例 078

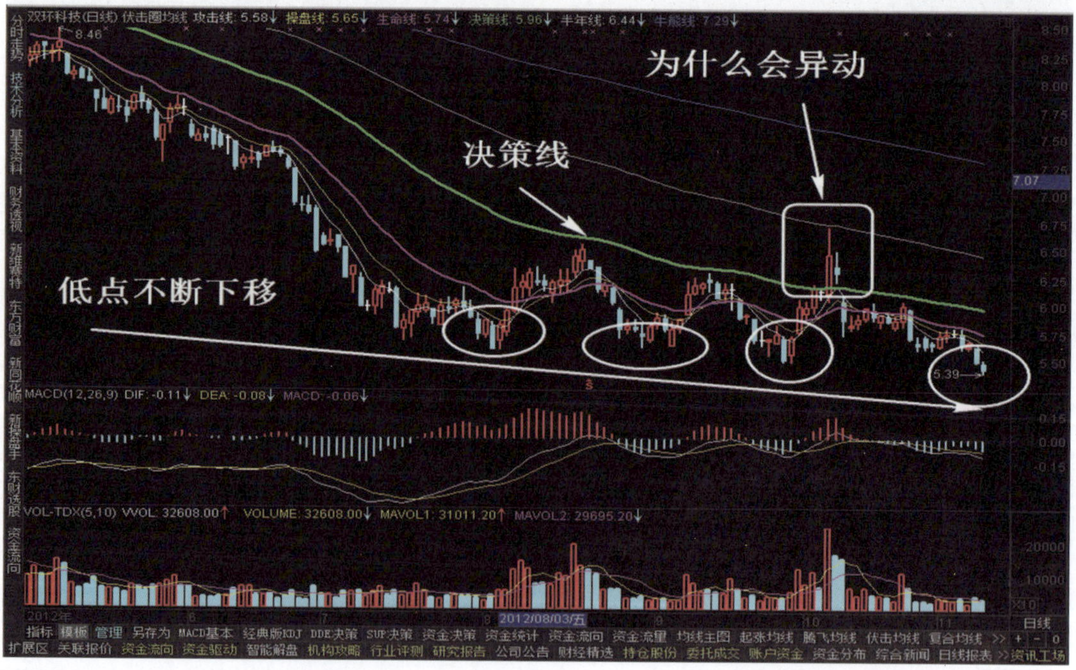
双环科技(日线) 伏击圈均线 攻击线: 5.58↓ 操盘线: 5.65↓ 生命线: 5.74↓ 决策线: 5.96↓ 半年线: 6.44↓ 牛熊线: 7.29↓
为什么会异动
决策线
低点不断下移
MACD(12,26,9) DIF: -0.11↓ DEA: -0.08↓ MACD: -0.06↓
VOL-TDX(5,10) VVOL: 32608.00↓ VOLUME: 32608.00↓ MAVOL1: 31011.20↑ MAVOL2: 29695.20↓

图例 079

图例 080 是 60 分钟图，不是买点。

图例 081 是 30 分钟图，不是买点。

图例 082 是 15 分钟图，不是买点。

图例 083 是 5 分钟图，也不是买点。

图例 084 是 1 分钟图，更不是买点。

总而言之，一句话，就是不要买。

为什么不要买？

因为时机未到！

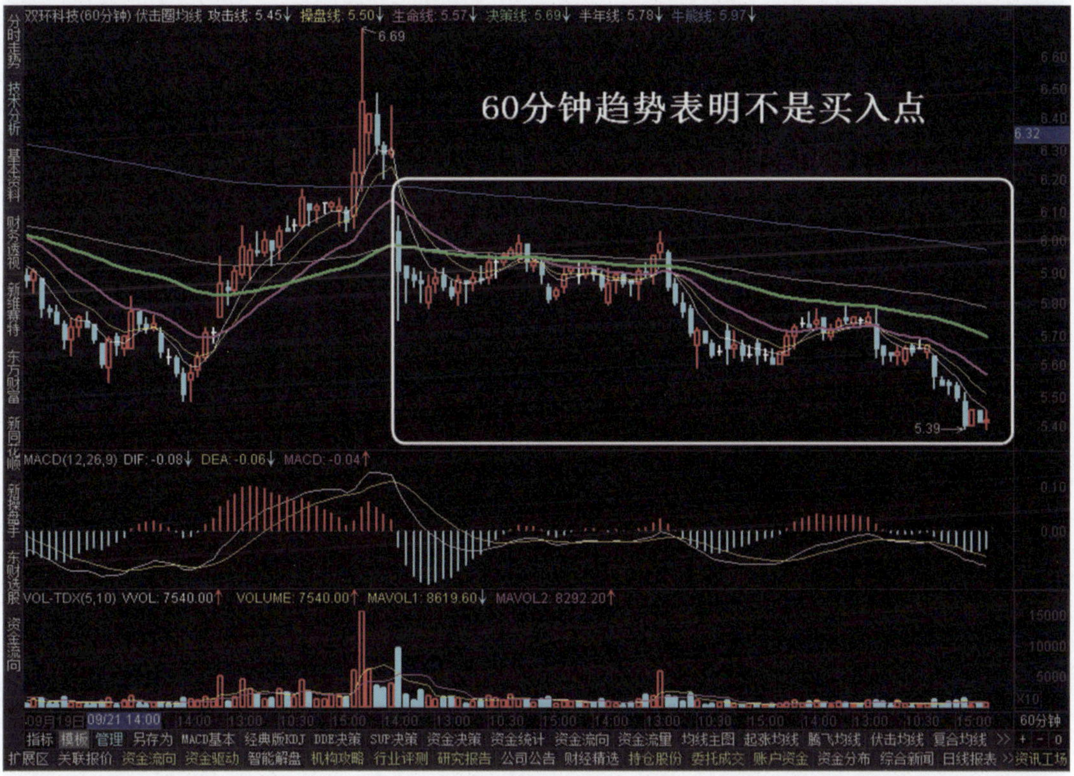

图例 080

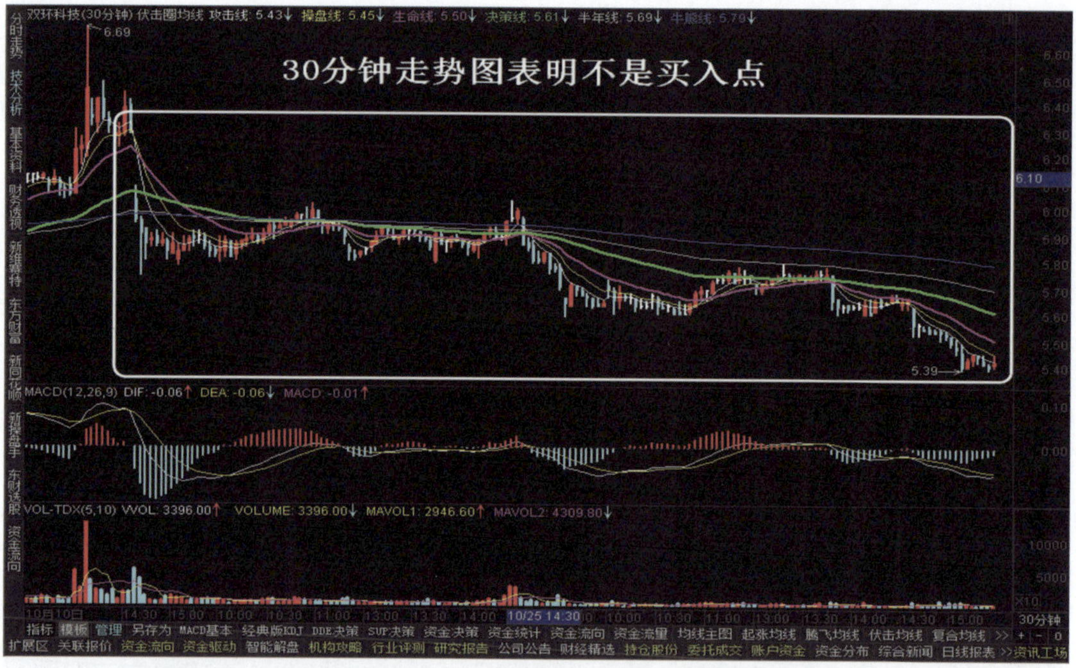
双环科技(30分钟) 伏击圈均线 攻击线: 5.43↓ 操盘线: 5.45↓ 生命线: 5.50↓ 决策线: 5.61↓ 半年线: 5.69↓ 牛熊线: 5.79↓
30分钟走势图表明不是买入点
6.69
5.39
MACD(12,26,9) DIF: -0.06↑ DEA: -0.06↓ MACD: -0.01↑
VOL-TDX(5,10) VVOL: 3396.00↑ VOLUME: 3396.00↓ MAVOL1: 2946.60↑ MAVOL2: 4309.80↓

图例 081

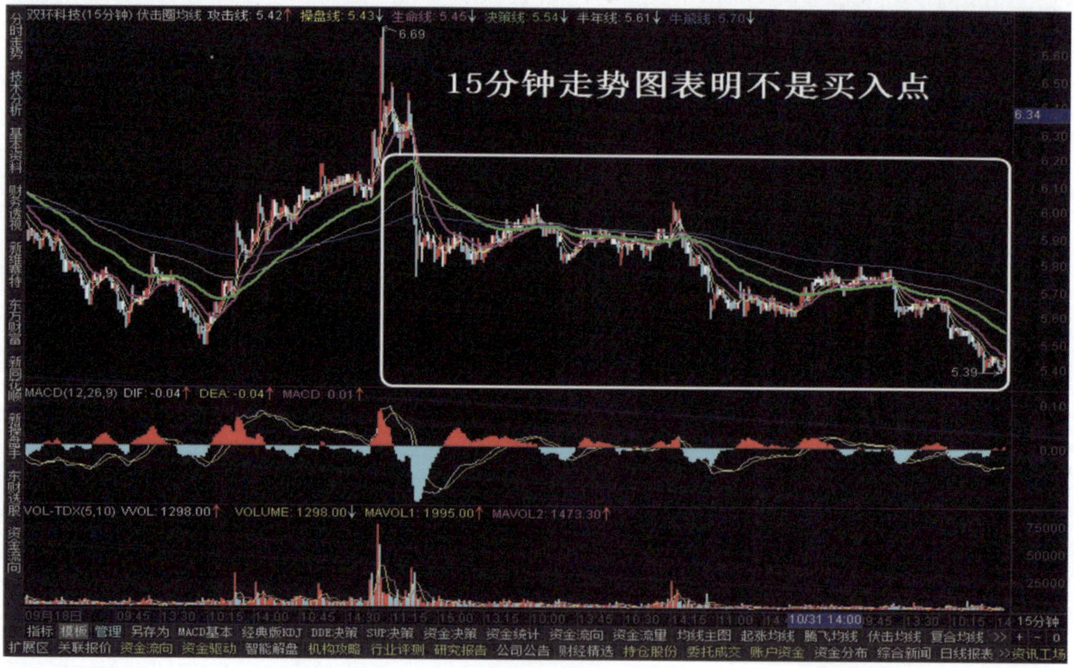
双环科技(15分钟) 伏击圈均线 攻击线: 5.42↑ 操盘线: 5.43↓ 生命线: 5.45↓ 决策线: 5.54↓ 半年线: 5.61↓ 牛熊线: 5.70↓
15分钟走势图表明不是买入点
6.69
5.39
MACD(12,26,9) DIF: -0.04↑ DEA: -0.04↑ MACD: 0.01↑
VOL-TDX(5,10) VVOL: 1298.00↑ VOLUME: 1298.00↓ MAVOL1: 1995.00↑ MAVOL2: 1473.30↑

图例 082

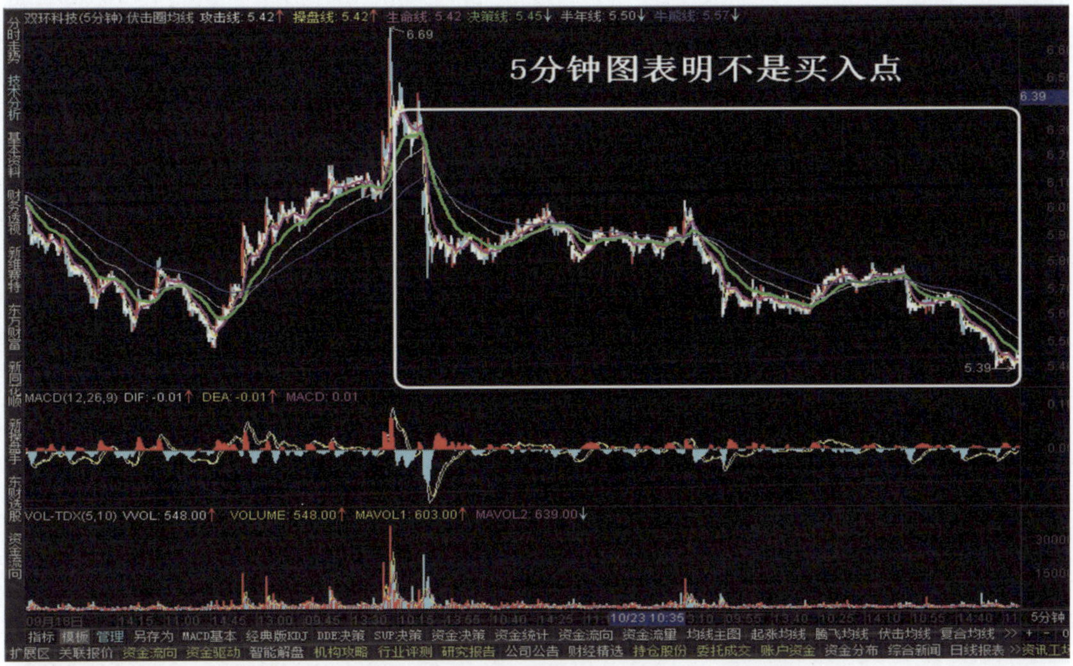
双环科技(5分钟) 伏击圈均线 攻击线: 5.42↑ 操盘线: 5.42↑ 生命线: 5.42 决策线: 5.45↓ 半年线: 5.50↓ 牛熊线: 5.57↓
6.69
5分钟图表明不是买入点
5.39
MACD(12,26,9) DIF: -0.01↑ DEA: -0.01↑ MACD: 0.01
VOL-TDX(5,10) VVOL: 548.00↑ VOLUME: 548.00↑ MAVOL1: 603.00↑ MAVOL2: 639.00↓
5分钟

图例 083

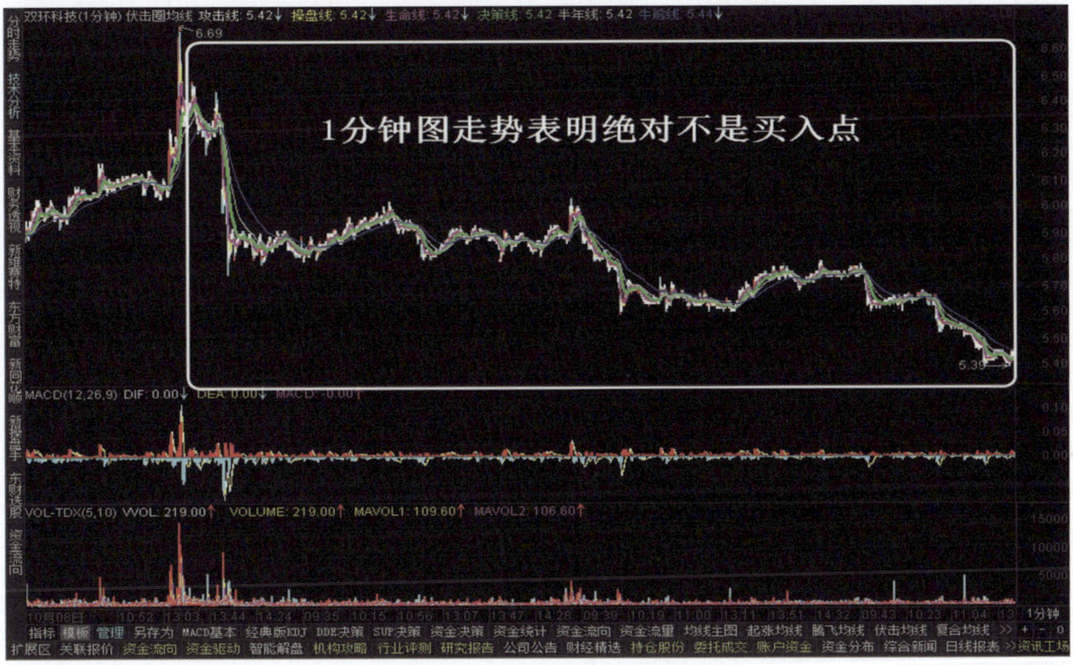
双环科技(1分钟) 伏击圈均线 攻击线: 5.42↓ 操盘线: 5.42↓ 生命线: 5.42↓ 决策线: 5.42 半年线: 5.42 牛熊线: 5.44↓
6.69
1分钟图走势表明绝对不是买入点
5.39
MACD(12,26,9) DIF: 0.00↓ DEA: 0.00↓ MACD: -0.00↑
VOL-TDX(5,10) VVOL: 219.00↑ VOLUME: 219.00↑ MAVOL1: 109.60↑ MAVOL2: 106.60↑
1分钟

图例 084

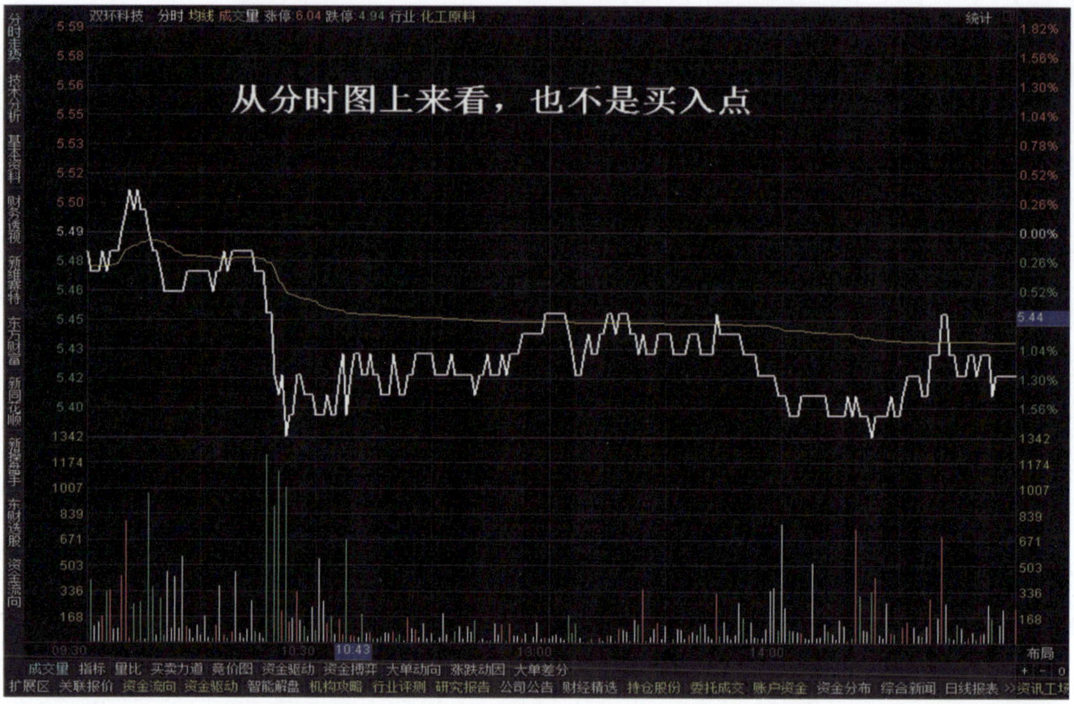

图例 085

上边我们不厌其烦地从 60 分钟图、30 分钟图、15 分钟图、5 分钟图、1 分钟图到当日分时图做了详细的回顾，截至 2012 年 11 月 9 日收盘为止，还没出现值得伏击的任何技术信号。这么恶劣的走势告诉我们，买股要耐心，别像要去投胎那样，急不可耐，生怕买不着。我不厌其烦解释这个读者的来信，无非是告诉大家，多一点耐心吧。急不来的。

第二节　一股一茶：000517 荣安地产

一、关于 000517 荣安地产的读者来信

这两天一位《操盘学》的读者来信说：老师，麻烦你帮我看一下 000517 荣安地产这只股票，为什么最近跌得这么狠啊？

确实也是，这只股票在 2011 年 7 月 21 日到 23 日这三天的跳水表演应该让许多小散们大跌眼镜。因为这是一种垂直式跳水操盘手法。下手重，速度快，够狠！

可是，如果从跌幅来看，以 9. 98 这个价格为测算标准值，实际跌幅还不到 20%！经鉴定，这个跌幅是温柔的！

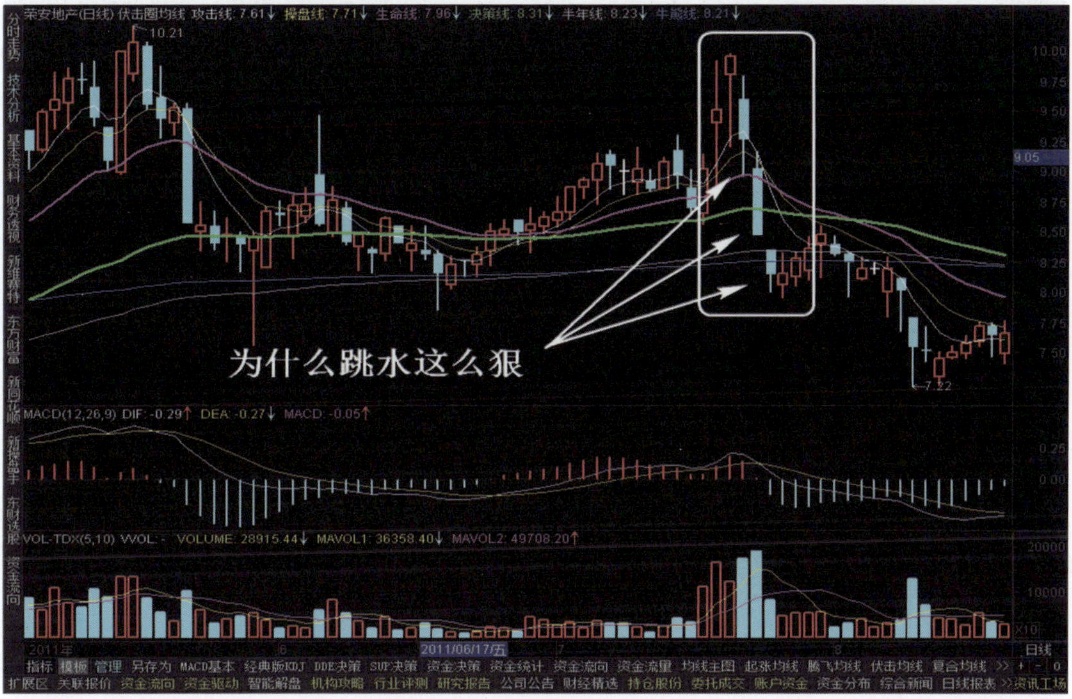

图例 086

不过，引起我注意的是，000517 荣安地产在下跌之前曾有过三天放量拉升的过程。这三天的走势尤为怪异。尤其是在 2011 年 7 月 20 日那天尾盘三十分钟，股价突然被大单拉起，涨幅接近 5%。这个拉升的大单属于对敲手法操盘的结果。这种方式主要用于吸引跟风盘，并做出当日 K 线形态。

从这种操盘动作来看，说明负责这只股票操盘工作的主要领导人还在，他们并没有撤离“做庄”的岗位。

随后三天的放量下跌，有人理解为杀跌出货。

你也可以这么去认为。

我的看法是，老板才不会轻易地放弃他的岗位职责呢。

这个放量杀跌，老板也确实出了一点货，但并不是大规模出货。

他的目的是要杀出恐慌盘，然后在更低的位置把抛出的货再接回来。

为何？很简单！当前所处的价格区间还是一个中级平台区域，属于相对性底部。2011 年 2 月至 5 月那一段涨幅并没有出现加速性拉升特征，说明老板的预期价格还在更高更远的位置。也同时证明了，当前的价格区不具备大规模出货的先决

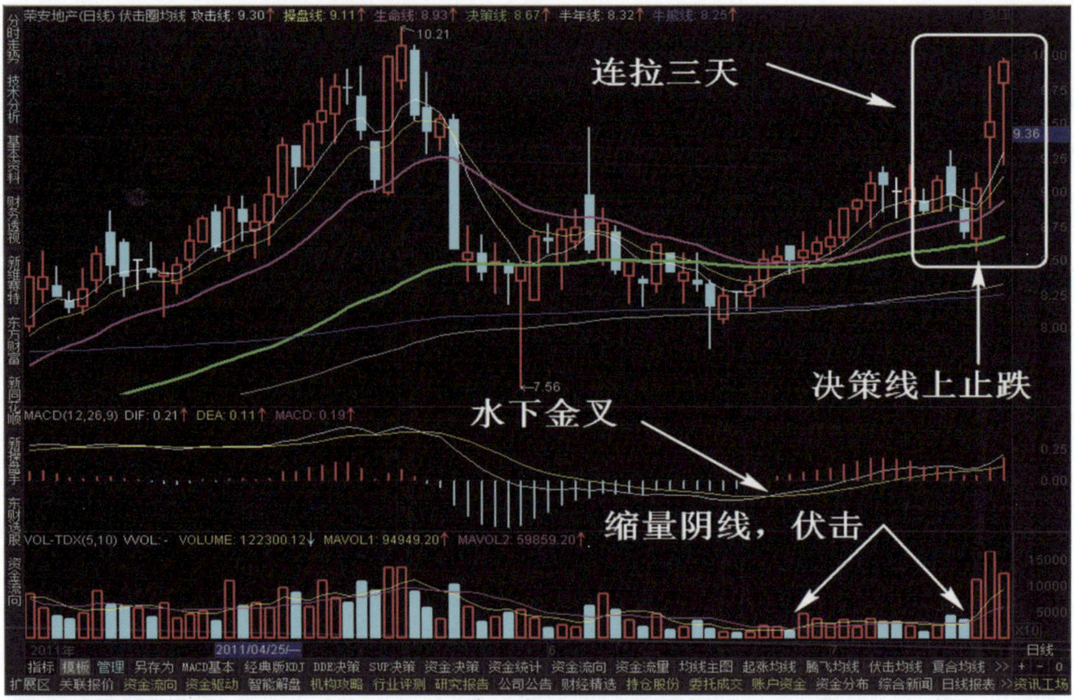

图例 087

条件。

所以，近期的杀跌动作无非是一次诱空性滚动式操盘策略而已！

如果大盘也同时配合下跌，那么，他最终杀跌的目标价格应在 7．2－7．7 元之间。实际下跌空间并不大。如果跌穿了这个平台，则最终可能达到 4．5－4．8 左右。要看市场环境而定。

看懂了，你就会觉得老板做点小生意实在不容易！

他活得容易吗？

可难了！

所以，作为一个小散，你套牢了也没有什么。因为与付出相比，你只不过在搭老板的便车而已。暂时委屈一下，实在算不得什么！

从中线投资的角度来看，我也很看好这只股票未来的前景。至于老板能把它运作到一个什么样的高度，我实在不得而知。

但经鉴定，该股在未来一段时间，确有可能成为标准的牛股之一。

但愿，老板不要去搞矿，或者搞些其他什么的资本运作手段来武装这只“牛”。

但是，谁知道呢？

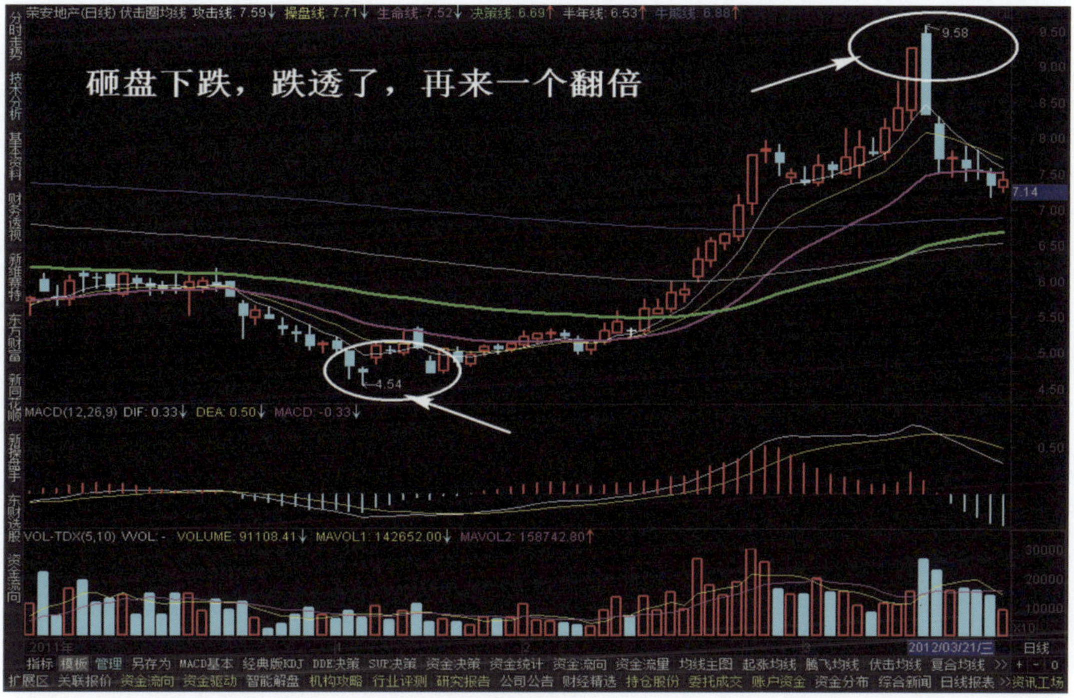

图例 088

二、关于荣安地产（000517）的后续技术分析

现在我们先来看一道职业操盘手的考试题。

题目是这样的：

认真阅读下边的图谱，然后说说你对这个股票未来走势的看法。

假如给你 5000 万资金操作，你会如何运用这笔资金操作这支股票。

假如给你一年时间来操作这只股票，如何实现盈利翻倍的目标。

设计一份未来走势图，电脑模拟图或者手绘图均可。

图谱参见图例 089 所示。

实际走势是这样的：

第一步，砸盘。

具体方法是：先跟协同锁仓的各方沟通好，连拉三天，让他们尽可能的卖出筹码，回笼资金。然后，将剩下的锁仓筹码一起砸盘。砸盘的目标是将现有股价打个对折。

现价 9．98 元收盘，那么未来的目标价是 5 元以下，即不高于 5 元为止。

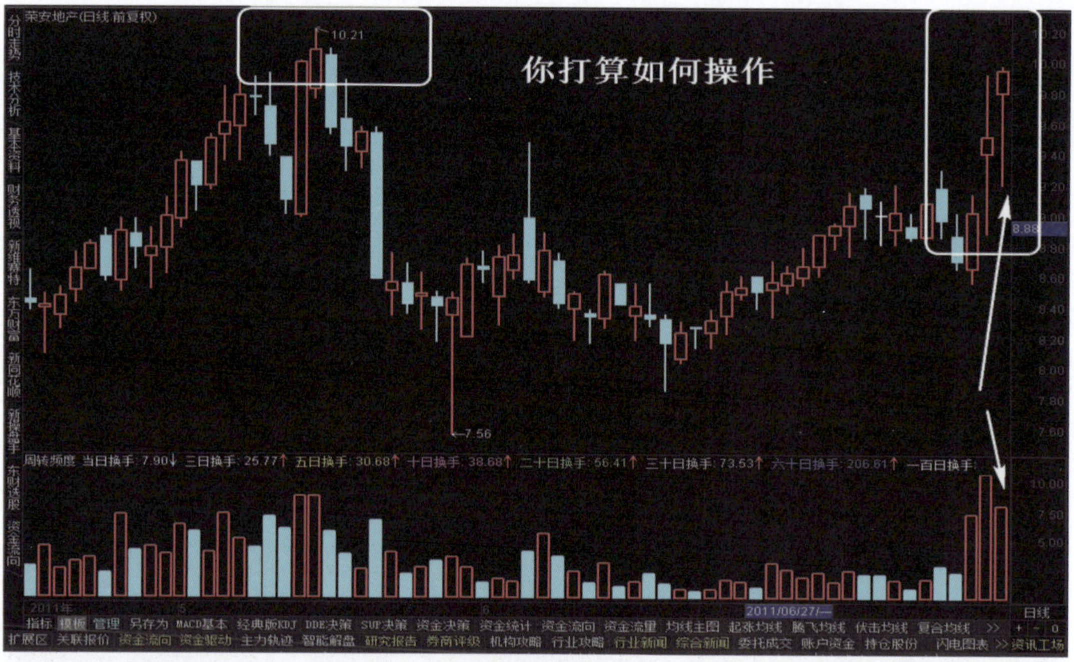

图例 089

实际走势图，可参见图例 090 所示。

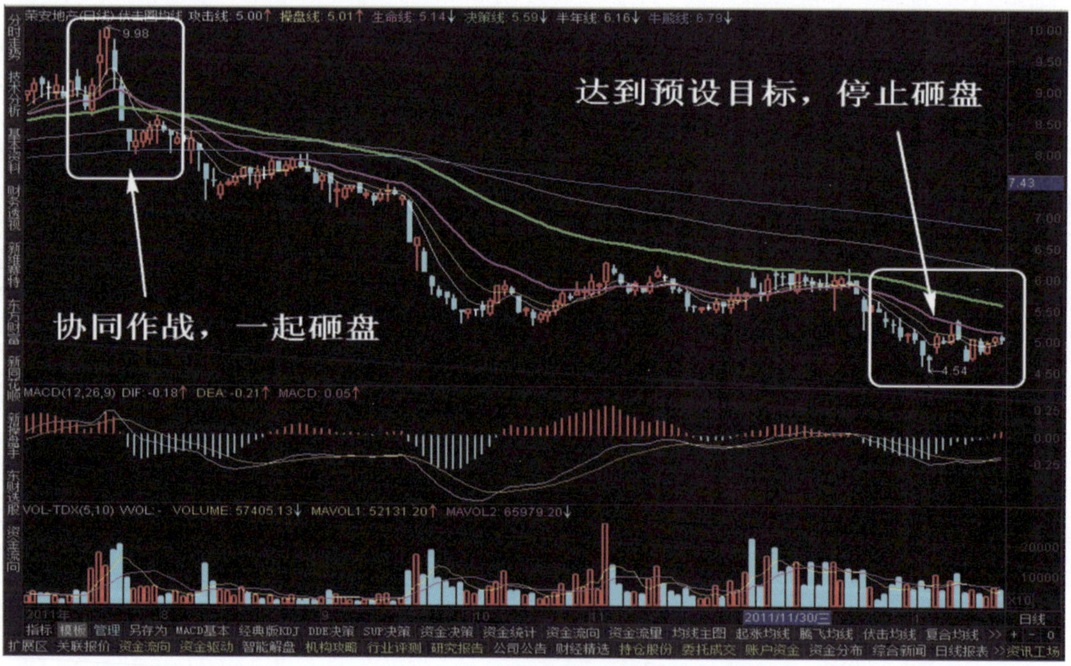

图例 090

当达到了预设的目标价位之后，检查各自的仓位，确认持仓成本已经是很低，远远低于5元（因为期间反复滚动操作，降低了成本，赚了一大堆股票）。这时候，就需要大肆公关，制造利好消息，刺激场外资金进场抬轿子。同时，操盘手也要在盘口积极配合，对倒，做量，做出一副非常急不可耐的样子，促使更多的资金跟进。

具体的公关手段从略。

下边摘录一些文字，录以备忘。请勿对号入座。

中国证券报2012年1月13日报道，荣安地产（000517）拟建风积沙合成纸项目，将获配煤矿。荣安地产（000517）公告，公司拟与内蒙古阿拉善盟签署《战略合作框架协议》，在阿拉善葡萄墩工业园区投资建设风积沙合成纸加工项目，阿拉善盟根据项目投资规模和加工要求提供相应的项目建设用地，并给予一定的优惠。该协议最吸引人的是公司可能获得一定量的配套煤炭资源，而关于公司涉矿在去年上半年就已有传闻。

根据公告，阿拉善盟将按照有关规定积极给荣安地产申报配置煤炭资源，根据公司投资金额，给予相应的煤炭资源配套开采，即装备制造项目，高新技术项目固定资产投资每20亿元配置煤炭资源1亿吨，一个项目主体配置煤炭资源最多不超过10亿吨，阿拉善盟同时同意，在特色生态旅游项目及其配套投资项目给予公司优先考虑。

早在2011年3月份，阿拉善盟网站就曾挂出新闻，报道孪井滩示范区与容按地产就示范区投资项目进行磋商并达成投资意向。该新闻显示，公司当时已派项目经理进驻示范区，围绕煤炭资源、湖盐资源等进行实地调查，初步确定总投资30亿元。但公司此前一直未就此事进行公告。

阿拉善盟还同意给予荣安地产享受示范区招商引资的相关优惠政策。对增值税、所得税地方留存部分享受大项目扶持政策,。对荣安地产的投资项目实行一厂一策的最高等级的优惠政策；同时，协调落实项目建设的供水、供电，并协调当地群众关系，协助荣安地产办理投资建厂的相关手续,，保障项目顺利进行。荣安地产投入的设备，如国内采购的设备，按照技改政策给予补贴；如国外采购的设备，阿拉善盟帮助公司申请免税。

公司表示,，如该项目顺利实施，将优化公司的产业结构，为公司培育新的利润增长点，但鉴于该项目实施尚存在不确定性，且即便项目实施也尚需时日，因此，短期内不会对公司的经营效益产生影响。

公司将在通过风积沙合成纸及煤炭资源项目可行性论证后再与阿拉善盟孪井滩生态移民示范区管理委员会签订投资协议。

具体的操盘手法，参见图例 091、092、093、094……所示。

《盘口猎庄日记》 2012 年 1 月 13 日 星期五

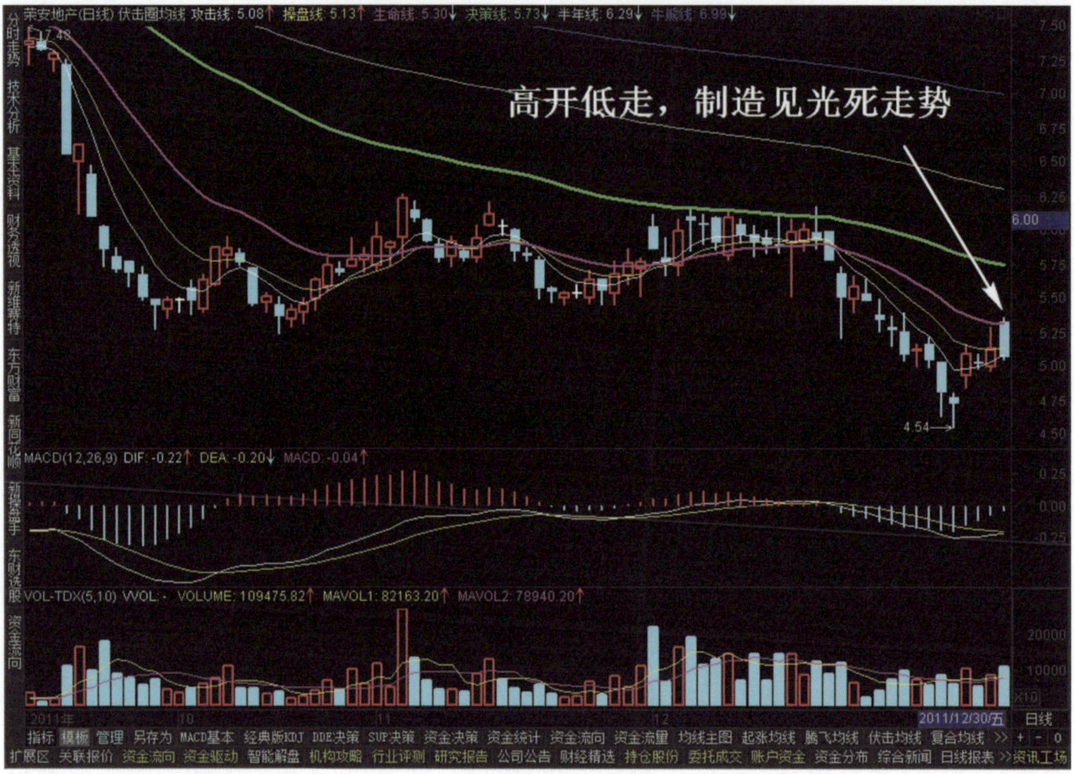

图例 091

盘口猎庄要点

（一）利好消息出来了，要不要立即买进呢？

（二）激进的做法是集合竞价阶段就先买一部分，确保上车。

（三）稳健的做法是先看清楚再说，买不到就不买，没什么了不起的。

（四）当天的走势很奇怪，其实也很正常。

（五）说奇怪的意思是居然没有资金直接就以一字板涨停。

（六）说正常的意思是什么呢？猜猜看。因为这是别人的地盘啊。

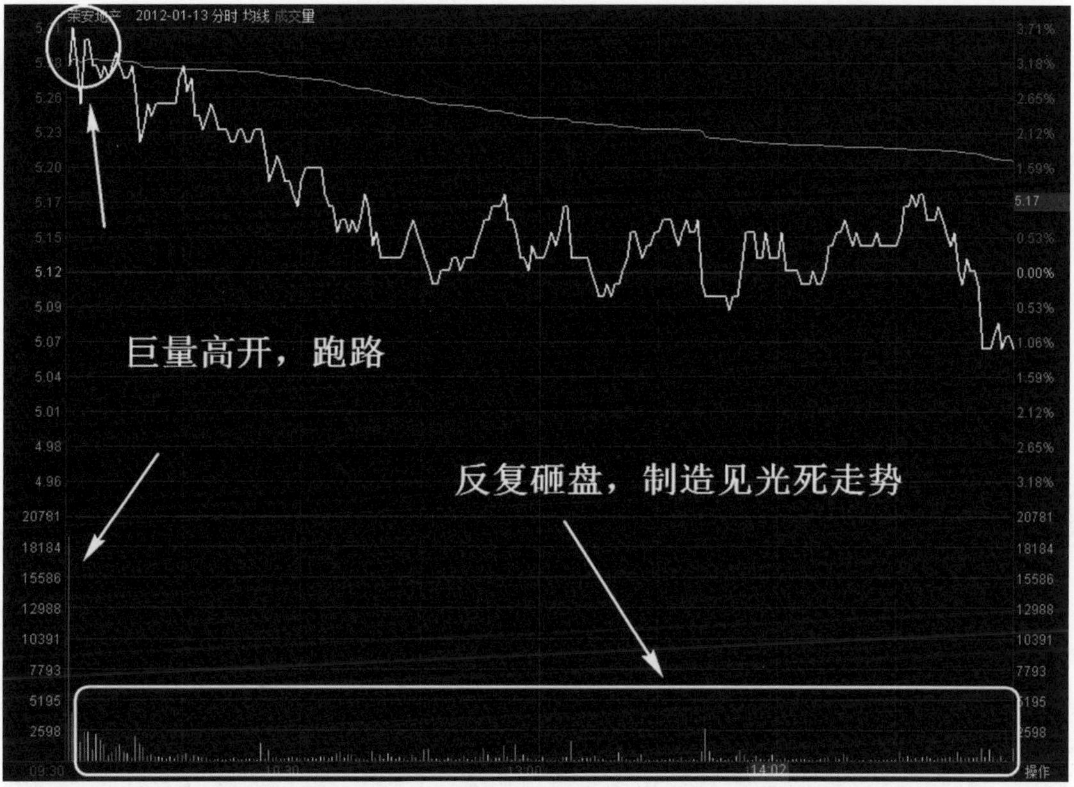

图例 092

盘口猎庄要点

（一）为什么会见利好而见光死呢？

（二）是真的死还是假死？

（三）我看是假的。

（四）假在哪了？

（五）看盘口的走势。全天的波形不断出现锯齿状的特征。这是干嘛呢？想一想就明白了。这是要东西呀？不断的向下砸盘，却又不断的吃进。谁干的？

（六）一想就明白了。

《盘口猎庄日记》　2012 年 1 月 16 日　星期一

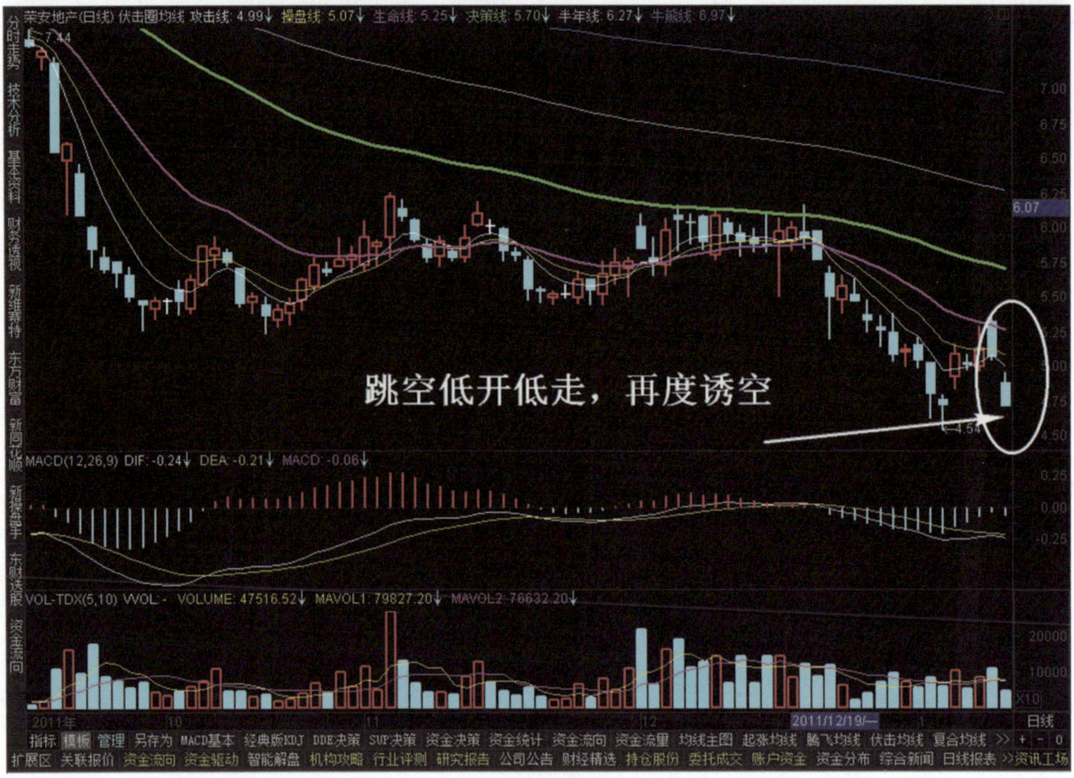

图例 093

盘口猎庄要点

（一）跳空低开，低走。这玩意我早就料到了。

（二）换了我来做，也会这么做。而且还会更狠，跌停开盘，更直接。

（三）开盘后反弹无力的样子，装的。

（四）一路压着，意图已经暴露。

（五）在接近近期低点的位置营造空头陷阱，其实不是一件容易的事。

（六）这种诱空的效果也不会有多好。

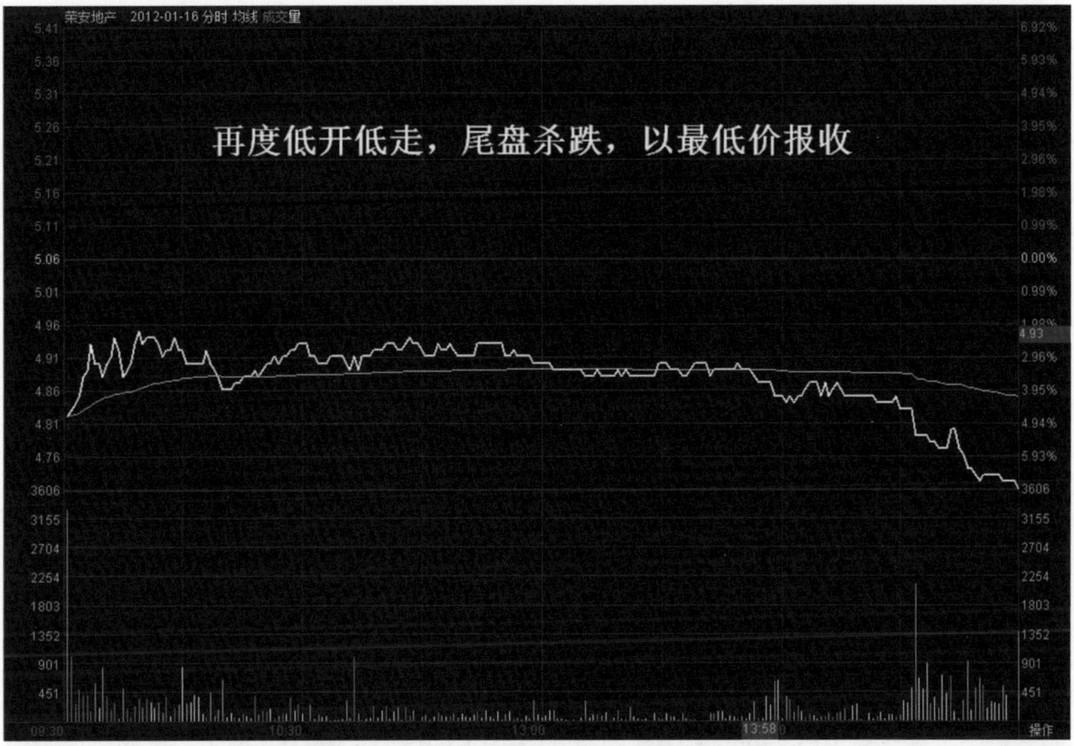

图例 094

盘口猎庄要点

（一）仔细查看它的分时走势图可以发现，盘中吃货的迹象很明显。

（二）由此可以断定，早盘的巨量大单低开，实在是为了骗人出局。

（三）再看尾盘，大单砸盘，小单吃进。再砸盘，再吃进。最后竞价收盘的时候，还来一次大单砸盘，来一个最低价报收。恶毒啊，阴险啊。

（四）其实，也没有很么好怕的。

（五）想想看，距离近期的低点有多远呢?

（六）再想想看，利好消息出来了，不会是假的吧。那么，在这样的背景下如此砸盘，不正是自己暴露了操盘意图吗?这叫不打自招。

《盘口猎庄日记》　2012 年 1 月 17 日　星期二

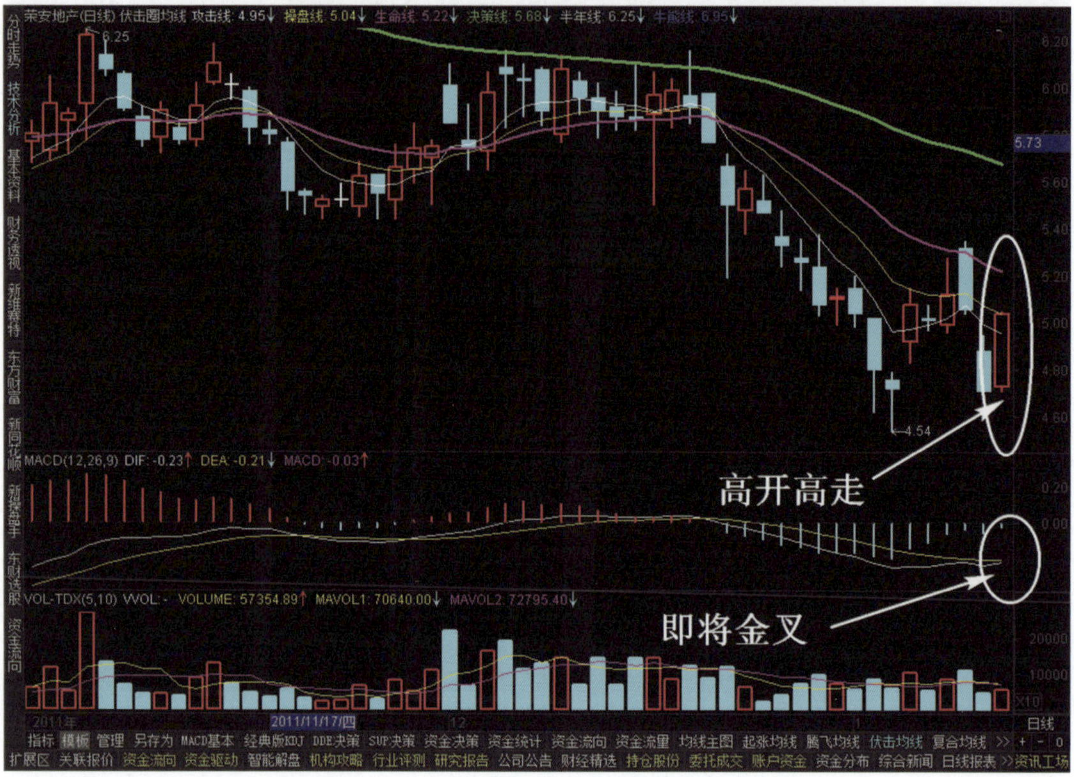

图例 095

盘口猎庄要点

（一）经过一夜的思考之后，我们决定今天大量进场。

（二）为什么要这么干呢？

（三）因为我们断定今天不会再砸盘。

（四）集合竞价阶段，我们直接在 9 点 24 分将要结束的时候，买进一仓。

（五）当然，下手不要太狠，免得惊动了坐庄的主力。

（六）随后，盘中逢低继续买进即可。

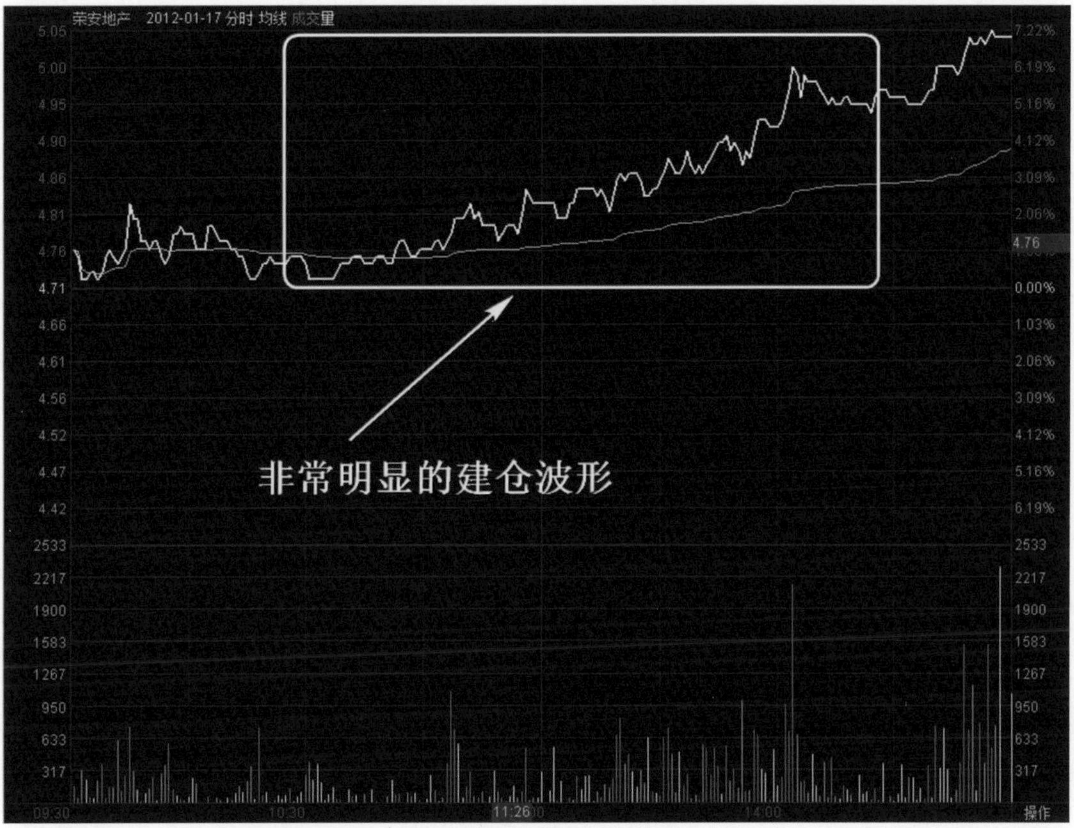

图例 096

盘口猎庄要点

（一）实际上，从盘口的走势来看，主力就是在不断的吃进。

（二）看来主力的想法和我们一样，赶紧吃货。

（三）今天这分时图是非常经典的建仓形态。

（四）尤其是盘中出现了长时间的一连串尖角状波形，这是骗不了人的。

（五）从盘口来看，主力的筹码并不多，因此，估计距离拉升还有点远。

（六）初步估计，至少还要几天吧。因为主力的筹码还不够。

《盘口猎庄日记》　2012 年 1 月 18 日　星期三

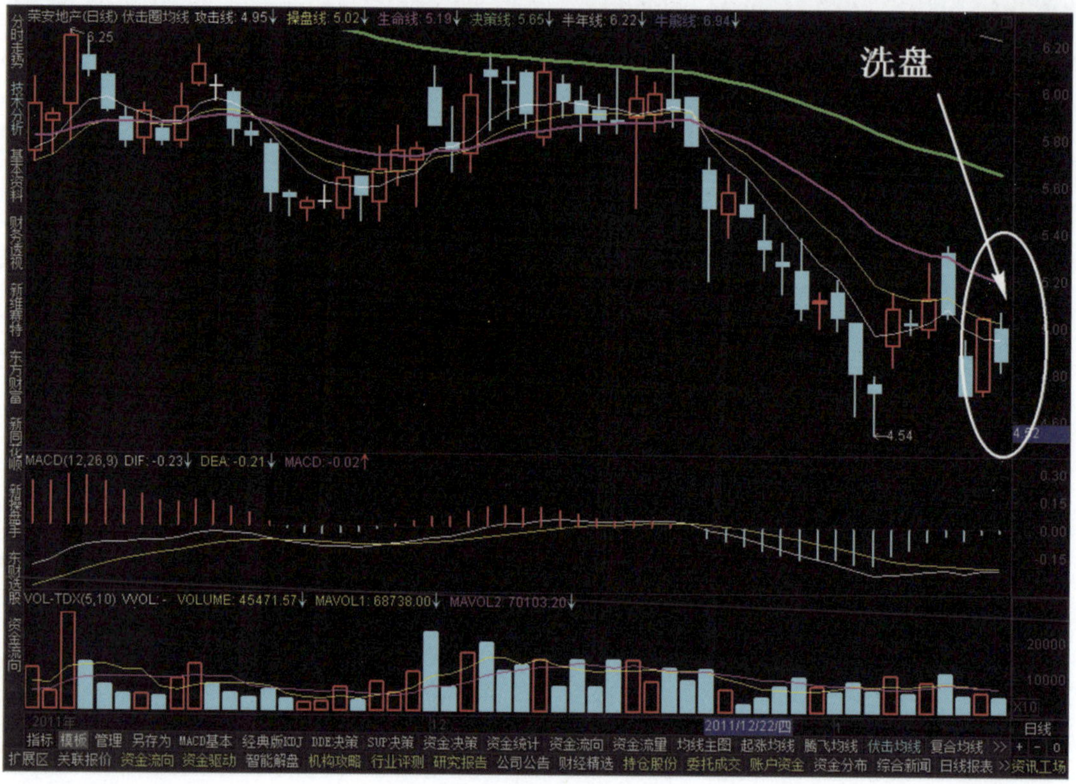

图例 097

盘口猎庄要点

（一）今日的低开完全是意料之中的，我们已经做好了思想准备。

（二）低开低走也是操盘手应有的题中之义。

（三）今天我们的策略就是一开盘就卖，一冲高更卖。

（四）当然，这种卖出是战术性的。卖出是为了买入。

（五）随后出现低走，就是买入的机会。

（六）这一买一卖之间，持股的数量不变，但是，却产生了差价。这部分差价就是今天的盈利了。这是最常见的滚动操盘产生的盈利。

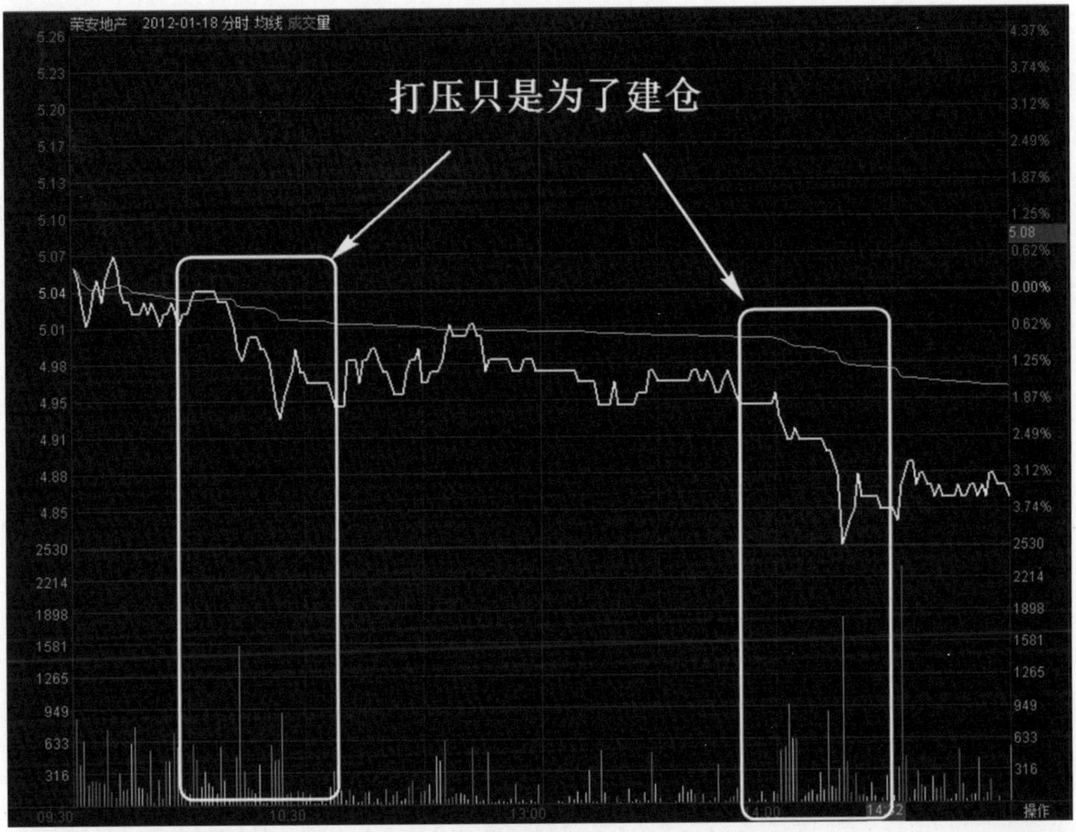

图例 098

盘口猎庄要点

（一）从盘口上来看，早上连一点像样的诱多动作也不肯做出来，说明主力实在是怯懦，抠门得很，不肯多花一分钱。也可以理解为精打细算。角度不同，结论也就不同。

（二）不过这种玩法就是小菜一碟了。上不了，就会下。这是最基本的盘口法则。

（三）于是，在上不去的时候，我们就杀。

（四）杀完之后，不要急于买回。

（五）盘口分时图买入回补是有讲究的。要善于等待买入的时机。

（六）怎么等，等什么盘口特征出来之后才买。这里边很有技巧。只要你善于看盘，慢慢体会，慢慢总结，就会一下子豁然开朗了。

我在《黄金解套》的培训中讲过，只要你善于总结，盘口的日间杂波就是提款信号。

2009 年我在《操盘学》一书中，反复讲解了如何根据盘口的波形和量峰实施套利，就详细解释了盘口表现出来的主力操盘行为。如果看不懂主力的操盘意图，可以翻翻相关的章节，温故而知新。如果还是看不懂，就先修炼修炼吧。开悟很重要。

《盘口猎庄日记》 2012 年 1 月 19 日 星期四

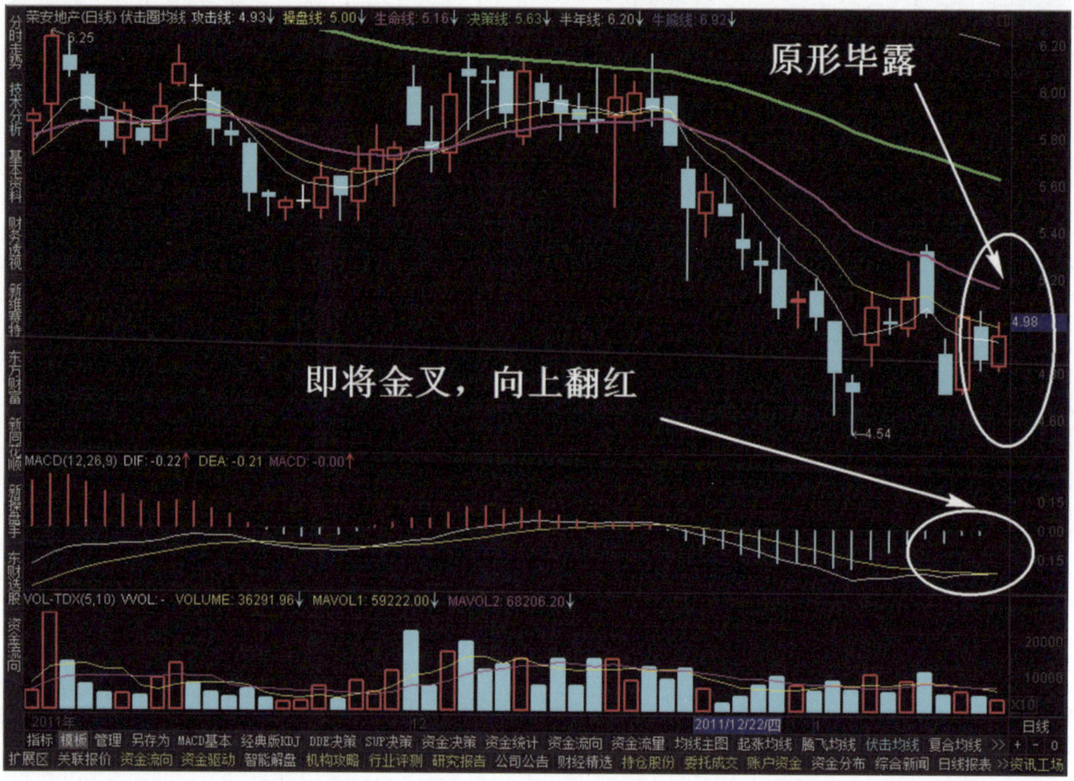

图例 099

盘口猎庄要点

（一）昨天尾盘我们狠狠的吃了一口，居然没有被砸死，看样子，主力也不过如此。小庄而已。量他也不敢在这个时候砸盘了。既然不敢砸盘，那就只有做高股价，顺势而为。

（二）今天的低开也是预料中的，一点也不奇怪。

（三）只是低开的幅度也太小了，一点也不爽。这种手法恰恰表明主力的魄力太差。换了我当操盘手的话，最起码低开 7 个点，甚至直接跌停开盘，效果更好。

（四）不过低开一点点也很正常，毕竟筹码本来就不多，丢了可惜。

（五）再说时间紧迫，没工夫慢慢吸筹了。

（六）这种窘迫的困境，恰恰暴露了主力的软肋。我们把它叫做原形毕露。

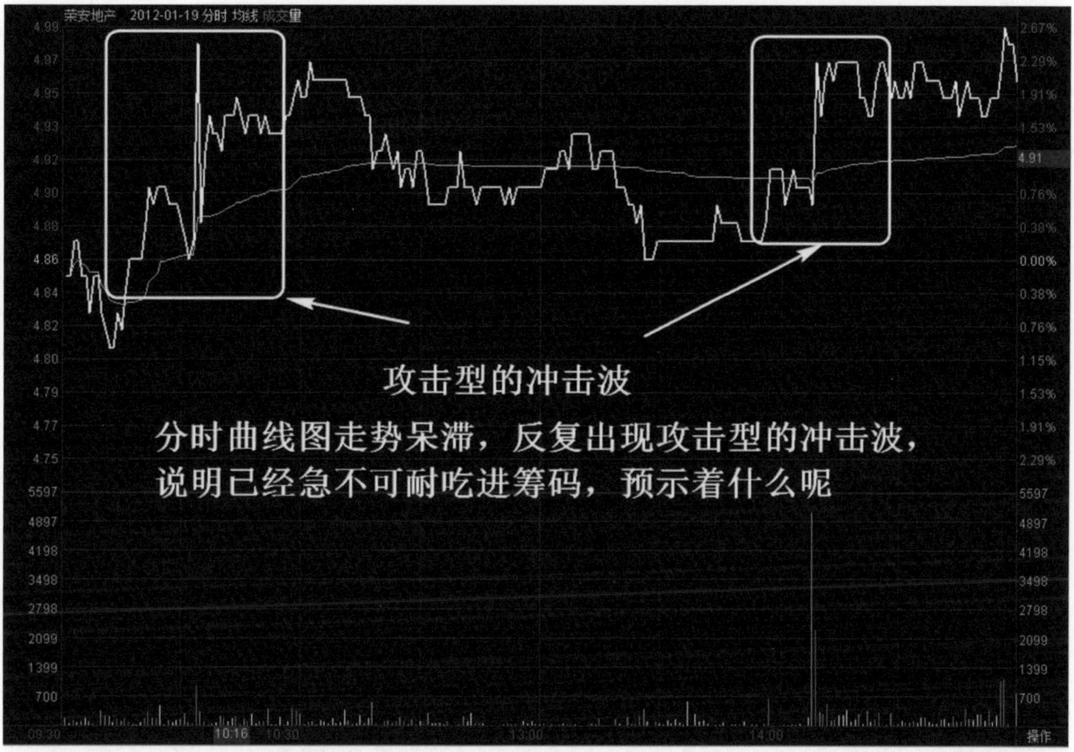

图例 100

盘口猎庄要点

（一）再看盘口的走势，可以看到主力的窘迫相。

（二）这家伙也实在是使不出什么招了。

（三）简单化的操盘定式，除了蒙骗无知的散户之外，别无用处。

（四）看到这样分时图的时候，我忍不住笑了。

（五）好家伙，抄家伙啊，伙计们。

（六）于是大家就哗啦啦的下了单。

《盘口猎庄日记》　2012 年 1 月 20 日　星期五

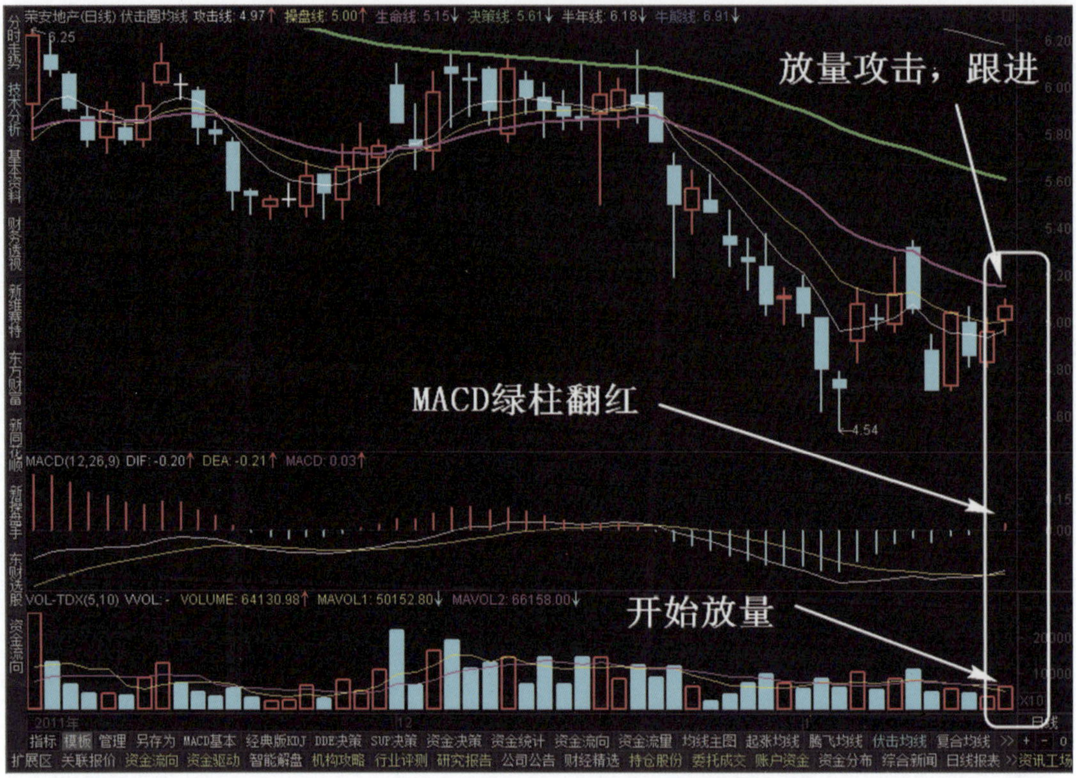

图例 101

盘口猎庄要点

（一）昨天干得有点过了，今天只看不干。

（二）这家伙还算老实，乖乖地站在操盘线上。

（三）还算识相，要不然，麻烦就大了。

（四）攻击线是不能破的，我们就在那里埋伏着，他想破，也破不了。

（五）今天伙计们在那里等了好久，也没等到太多杂碎。

（六）看样子，是快要开干了。

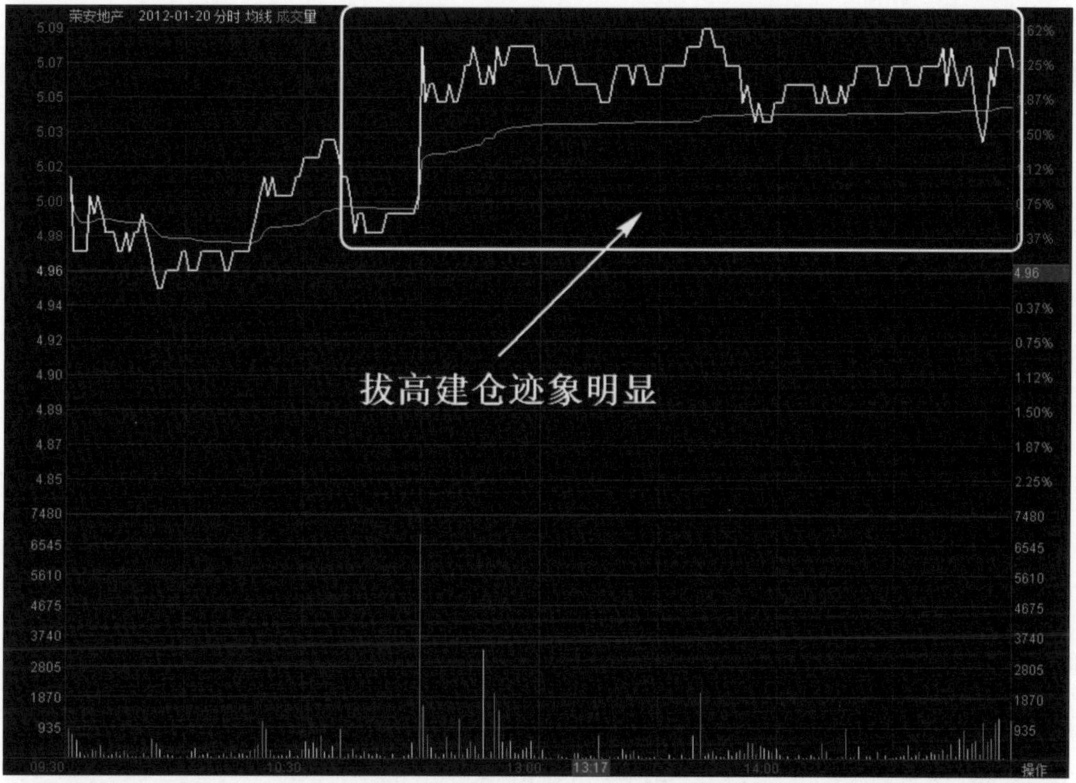

图例 102

盘口猎庄要点

（一）今天的盘口实在是很有意思。

（二）早盘的时候很想砸盘，却又不敢，显示出缩手缩脚的样子。

（三）盘中的走势就更好玩了，猛然来个大胆出击，拔高之后，反复吃进。

（四）从这样的走势来看，距离拉升已经不远，应该不远了。

（五）为什么这么说呢？因为时间紧迫啊。

（六）所以，见到这种拔高建仓的盘口，我们就高兴。所谓见猎心喜，就是这意思。这时候不要想那么多，凡是出现低点就尽管买进，不要计较一时得失。

《盘口猎庄日记》 2012 年 1 月 30 日 星期一

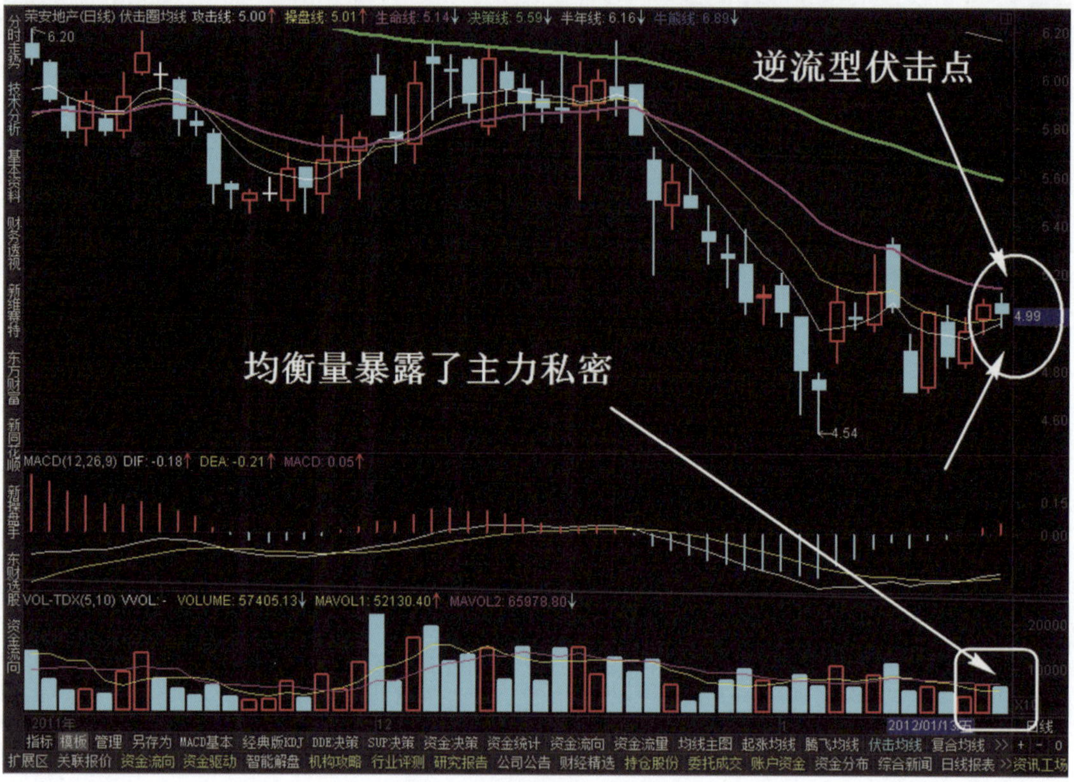

图例 103

盘口猎庄要点

（一）今天日线图距离生命线已经很近，要么突破，要么回头。

（二）如果选择突破，就应该大幅度高开，直接穿过生命线，然后再放量下挫。

（三）但是，主力没有选择巨量强势高开，很明显，这样的动作已经表明今天不会突破的，震荡下行应该是主力的操盘意图。这时候你已经看穿了主力的操盘意图，主力就比较难受了。所以说，读懂了盘口，主力就是伴你去提款的随从哦。

（四）既然不是强势高开，那么我们就选择了高抛低吸。

（五）我们的操作策略就是，只要一出现上冲动作，就抛给他。

（六）当然，他一旦出现下跌，我们也会接住，不能踏空了。

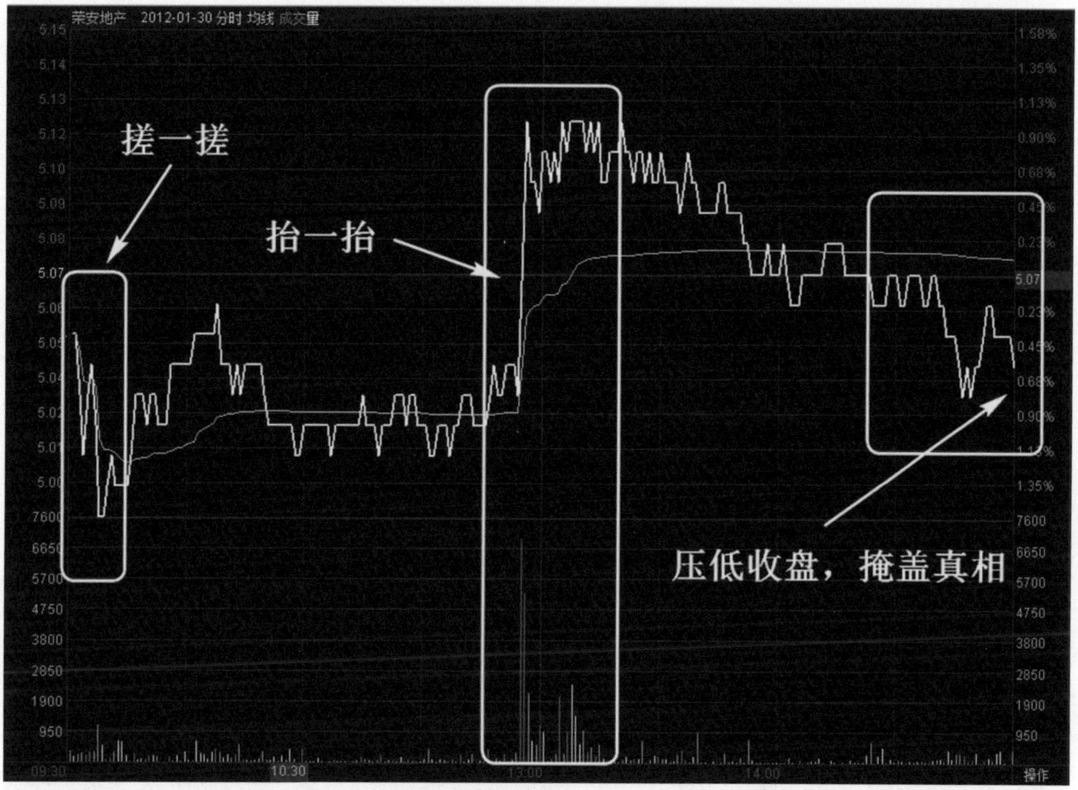

图例 104

盘口猎庄要点

（一）从分时图上来看，今天的操作很好玩，有点意思。

（二）这也是为什么我要玩玩他的原因。

（三）因为主力实在是太逗了。

（四）早上向下砸，又不敢狠狠砸。缩手缩脚，非男人所为。

（五）盘中猛烈穿越就好了，可是又不是猛男型的，真逗。

（六）尾盘更是像小偷，躲躲闪闪，遮遮掩掩，其实欲盖弥彰。

实际上，这样的操盘手法很愚蠢，极不痛快，憋得心慌。尤其是尾盘的掩饰，反而激起了我的兴趣。可惜的是没见到大单砸盘，可见主力也心虚得很。明天再说吧。

《盘口猎庄日记》 2012年1月31日 星期二

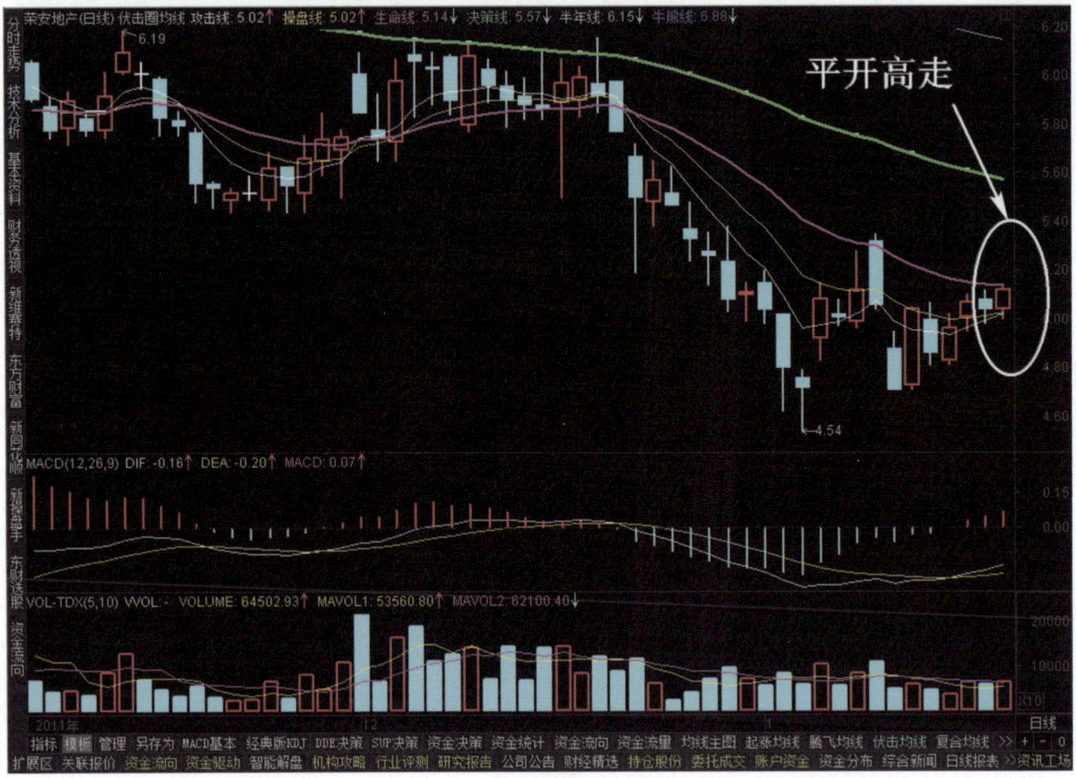

图例105

盘口猎庄要点

（一）今天的开盘真是符合教科书的定式。中规中矩。

（二）如见故人，满心欢喜啊。所以，我们毫不犹豫就下了买单。

（三）开盘后，我对学员们说，尽管买嘛，不要怕，等会下跌，再加码买进。

（四）话音刚落，就出现下跌，主力也很听话啊。送钱来了。

（五）凡是看过《道破盘口天机》的学员都知道，这样的低位开盘定式，其实就是蒙人的。平开出场，无非是故作矜持，小把戏而已。

（六）对付这样的扭捏作态，只要你硬上弓，似霸王，主力就不会推三阻四。

要知道，现在主力心急得很呢。

急什么呢？就是急着多吃进筹码。昨天往下打，不敢放手打。今天往上拉，自然也不会猛拉。为什么不会猛拉？因为货不多，就这样猛拉，岂不是学雷锋。

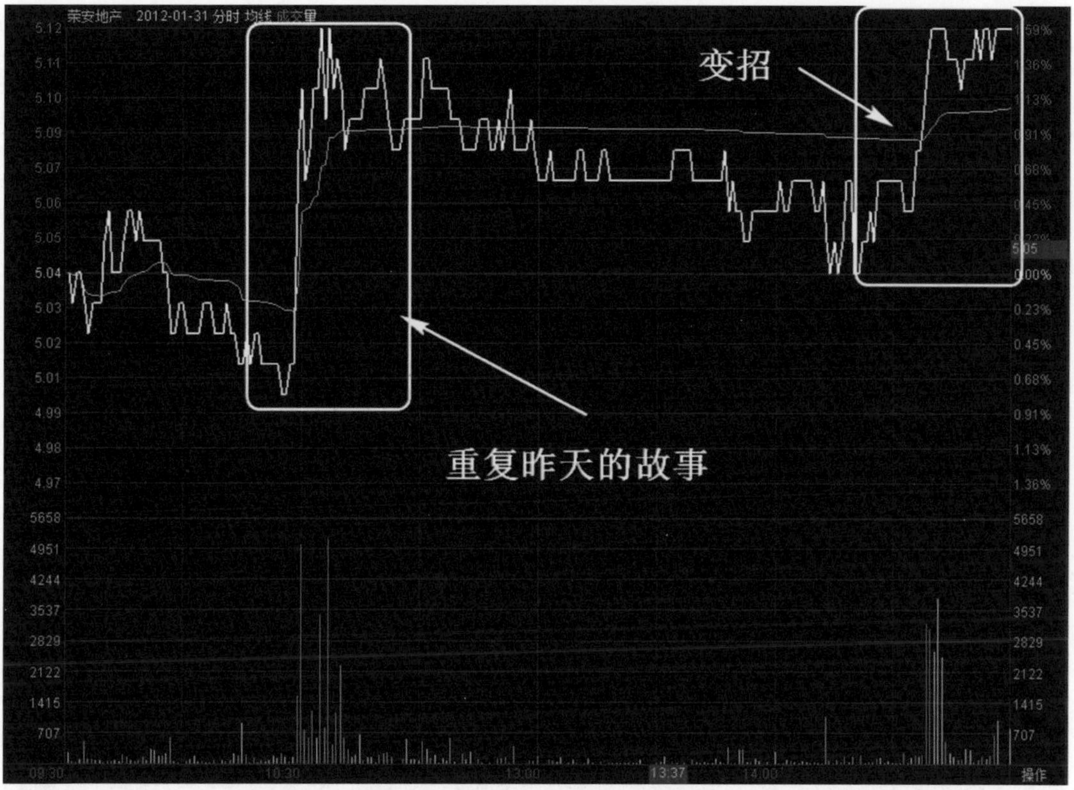

图例 106

盘口猎庄要点

（一）今天的分时图比较好玩，所以玩了几把，过瘾。

（二）上午我们早就料到主力会踹几脚，早早就分批做好了买入准备。

（三）可惜这脚不是佛山无影脚，踹得不够狠，我们进账的筹码也不多。

（四）下午主力有点心虚，不敢踹了。

（五）尾盘也不敢像昨天那样往下砸了。

（六）也许是有所觉察了。所以，不要下太大的买单，以免打草惊蛇。

《盘口猎庄日记》　2012 年 2 月 1 日　星期三

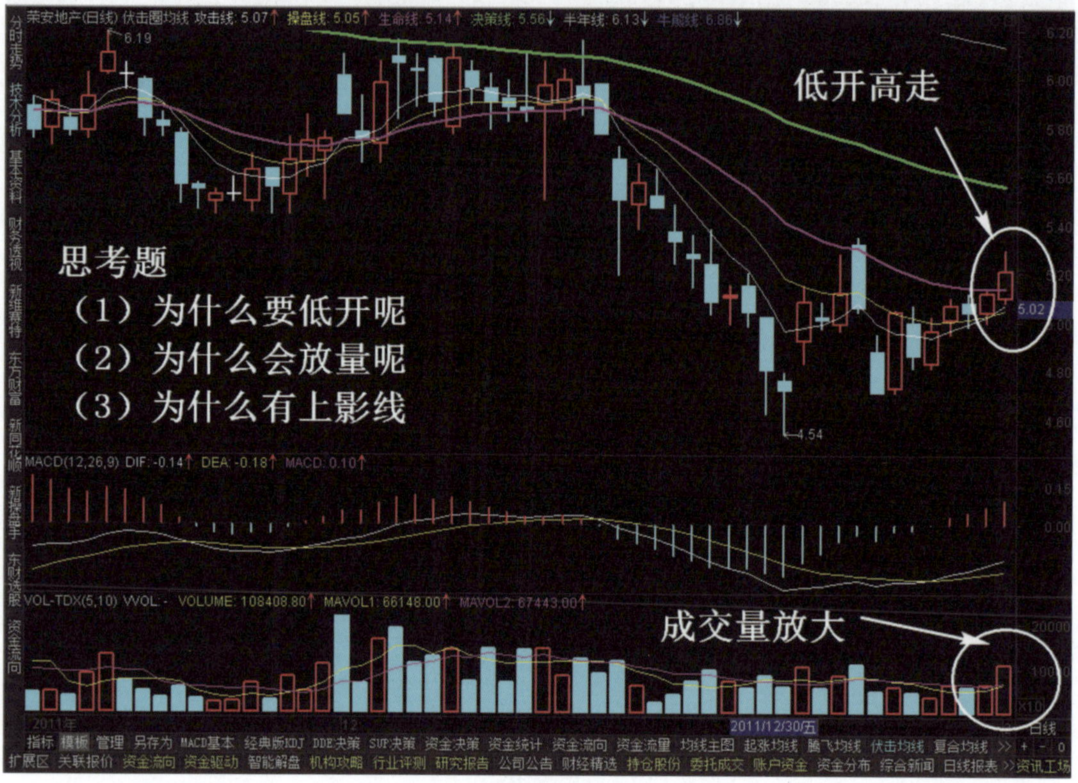

图例 107

盘口猎庄要点

（一）从今天的造势来看，主力并没有改变计划，还是按原定的方案操盘。

（二）今天的低开也是预料之中的事。

（三）距离生命线很近，主力又不是很猛的那一类。

（四）因此，今天必然出现缩头乌龟走势。

（五）我们就决定在穿越生命线的那一刻大肆减持。

（六）结果正如我们所料。当然，我们也不想丢失筹码，尾盘买回来还是必要的。有些学员对主力的意图揣摩不透彻，经常因为滚动操作而丢失筹码，如果还是这样，就不如不滚动了。在底部区域，底仓一定不能减少，而要更多才好。

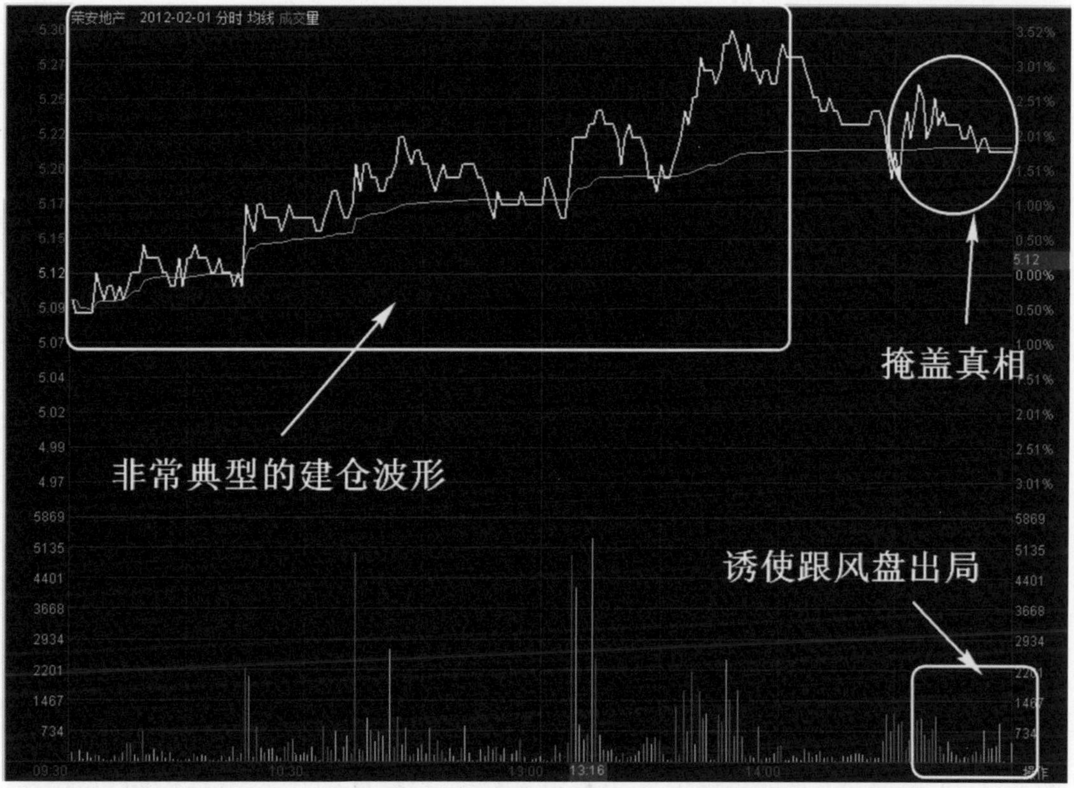

图例 108

盘口猎庄要点

（一）今天的盘口走势很经典，值得反复揣摩。

（二）在分时图上，出现了很多非常典型的建仓波形。

（三）在下午将要穿越生命线的时候，出现了典型的分时图头肩顶。

（四）从量峰来看，背离的迹象很明显，太明显了。

（五）这是典型的诱多型量峰，接下来必然下跌。

（六）尾盘的走势其实就是背离走势的结果。

总结今天的盘口，一句话，就是太经典了。

《盘口猎庄日记》 2012 年 2 月 2 日 星期四

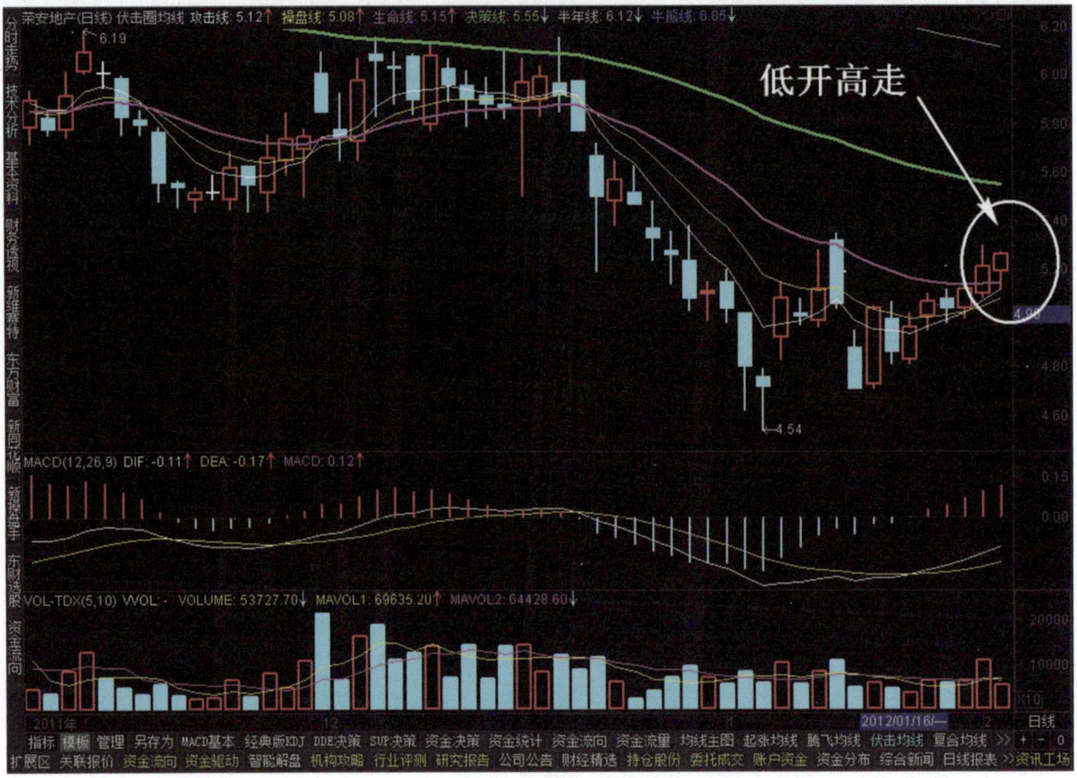

图例 109

盘口猎庄要点

（一）今天的走势很关键，如果站稳在生命线之上，就会展开攻势。

（二）因此，今天不必急于动手，先观望一下。

（三）低开？很正常。

（四）这里需要将一个技巧交代一下，就是上影线的问题。

（五）在空间位置的低位区域，出现试盘性质的上影线，往往具有仙人指路的作用。上影线到达的地方，往往就是近期股价将要到达或者穿越的地方。

（六）比如昨天的上影线，就是这几天股价将要穿越的位置。

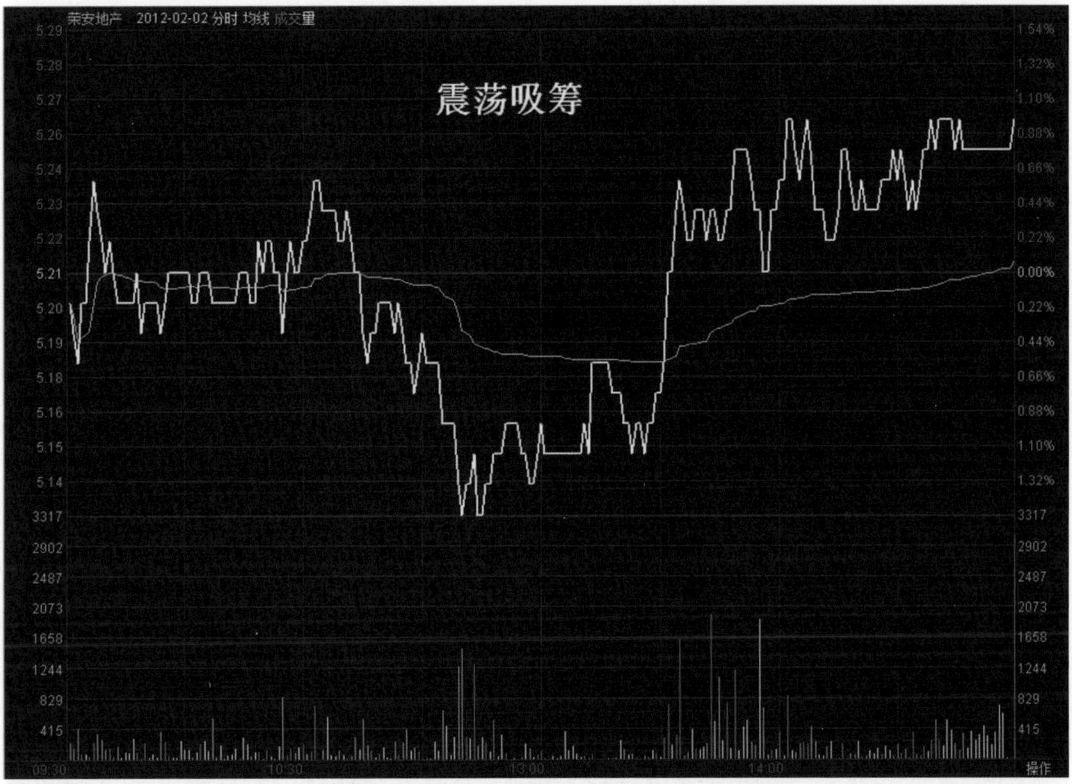

图例 110

盘口猎庄要点

（一）今天的盘口上下震荡，属于典型的突破之前的整固。

（二）股价近期初次站上生命线，需要有一个整固的过程。

（三）整固的方法很多，其中之一就是震荡，清洗那些不坚定的分子。

（四）在这里需要密切注意整固的过程中主力向下打压的时候，低点在哪里。

（五）如果打压的低点不低于昨天的低点，那么这个位置就是当天的伏击点。

（六）在操作上，可以用两天分时图来判断，确认低点是否成立。

《盘口猎庄日记》 2012 年 2 月 3 日 星期五

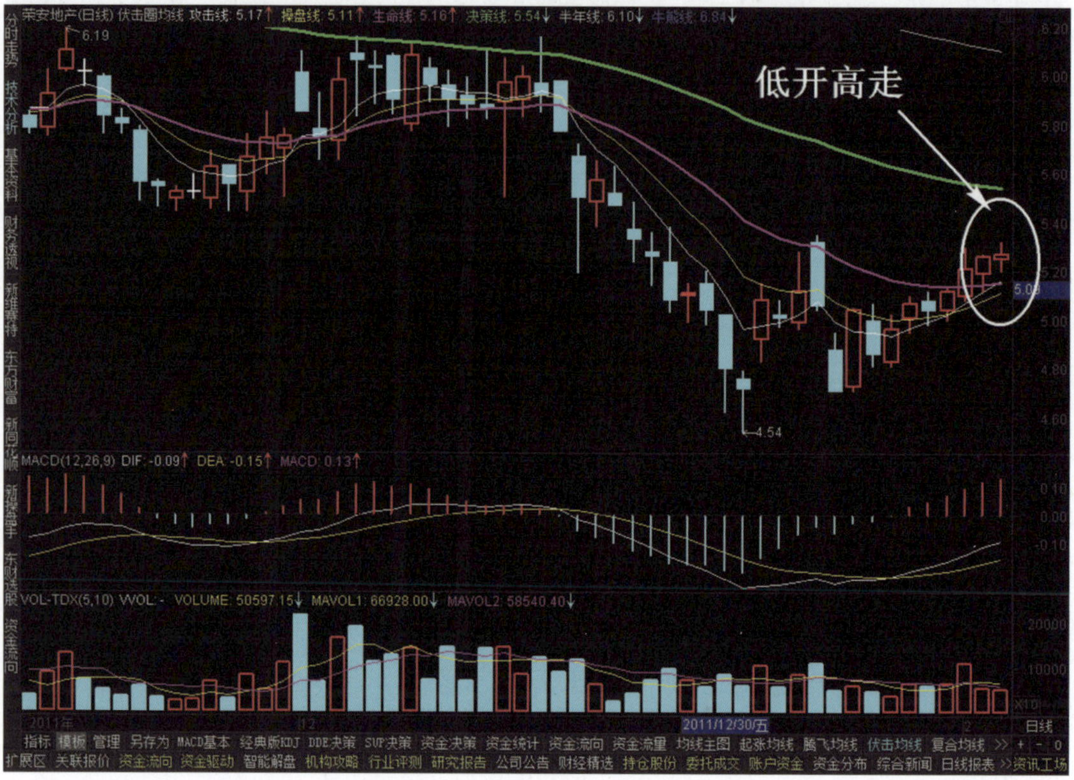

图例 111

盘口猎庄要点

（一）经过连续三天拉阳线之后，在 K 线结构上组成了红三兵组合。

（二）这时候一些技术派人士会开始关注这个品种。

（三）如果继续拉升，主力的做盘压力会比较大。

（四）明智的做法是停顿一下，画出一个滞涨的 K 线结构。

（五）这样做的好处就是可以骗过那些短线客。

（六）实际上，今天的 K 线结构就是这种操盘思路的体现。

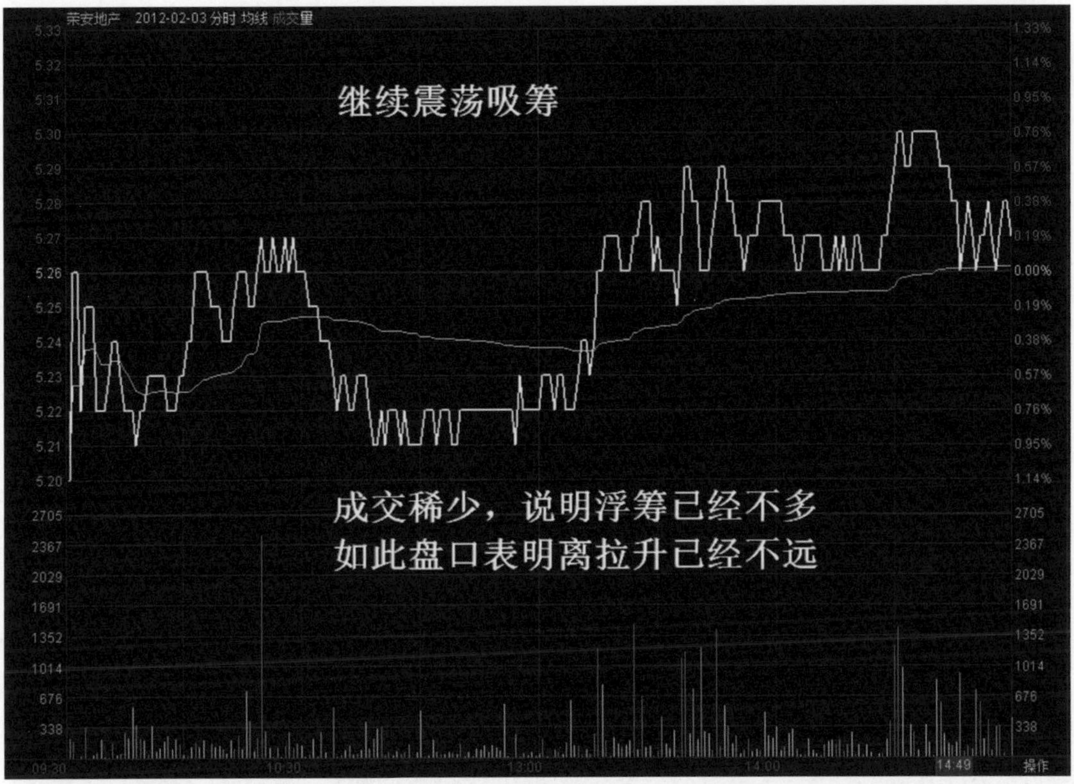

图例 112

盘口猎庄要点

（一）从今天的盘口来看，属于典型的震荡洗盘走势。

（二）其实，洗盘是假，吸筹才是真的意图。

（三）盘口出现窄幅震荡，振幅很小，就是不给那些滚动操盘者套利空间。

（四）这是典型的恐吓战术，迫使短线客离开。

（五）在操作上，也只能观望。

（六）从盘口表现出来的呆滞型波形来看，浮筹也不多了。

《盘口猎庄日记》　2012 年 2 月 6 日　星期一

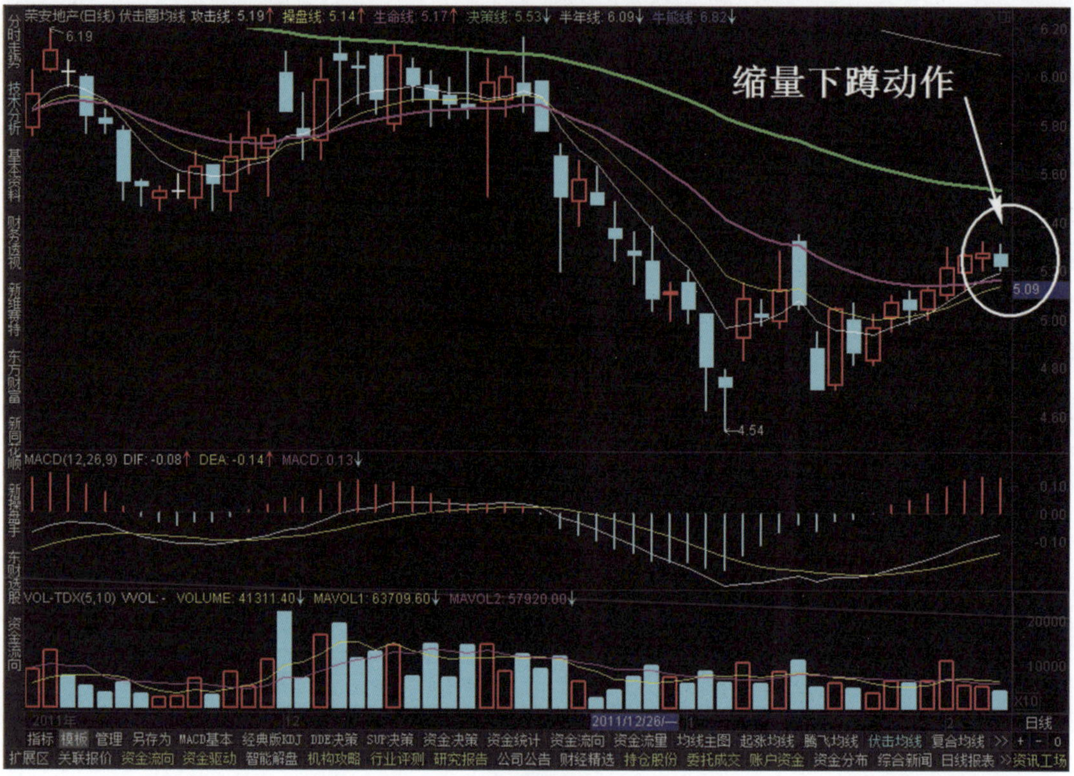

图例 113

盘口猎庄要点

（一）建仓到了这个时候，需要的就是智慧了。

（二）什么意思呢？因为这时候很多人开始关注，拉升起来就比较吃力。

（三）怎么办呢？向下打一打是比较好的选择。

（四）今天的小阴线就是这种操盘思路的体现。从打压的力度来看，还不够。

（五）因此，今天我们选择高抛，因为它还会继续下跌，至少有一跌。

（六）这种高抛，属于战略性撤退，不是撤离，只是躲一下。

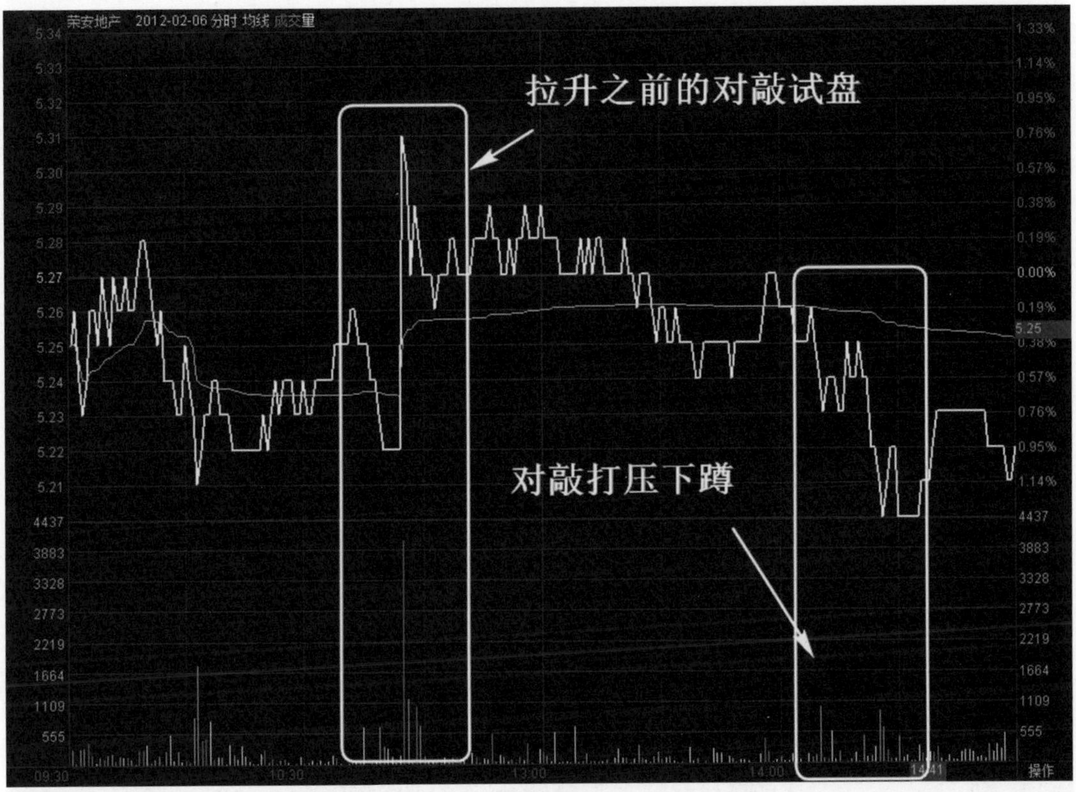

图例 114

盘口猎庄要点

（一）今天的盘口上下震荡，尾盘杀跌。

（二）盘中出现了明显的对敲型量峰。

（三）这是主力在营造一种假象。

（四）因此，我们就在盘中出现大单对敲之后，出掉一部分筹码。

（五）不用担心，明天还会有低点再买回来。

（六）这种先卖掉部分筹码的做法，属于逆势滚动操盘。

《盘口猎庄日记》　2012 年 2 月 7 日　星期二

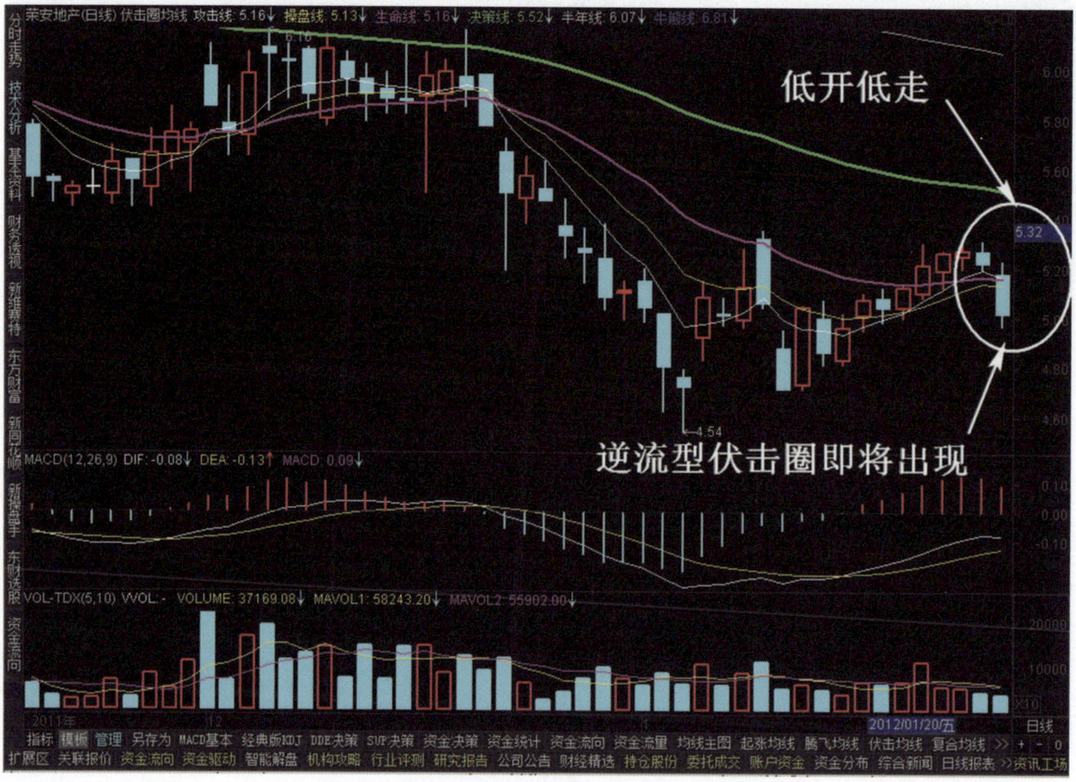

图例 115

盘口猎庄要点

（一）真没出所料，今天的走势果然如此。

（二）看来主力也不过如此，操盘的套路过于简单了。

（三）换了我来操作，就不会低开低走了，而是大幅度高开，然后再打下来，这样的操盘效果会更好，还不至于丢失筹码。

（四）当然，那样操盘需要很高的智慧。

（五）今天直接低开低走，很直接，也很简单化。

（六）按照逆流型伏击圈技术原理，我们就在盘中逢跌买进。

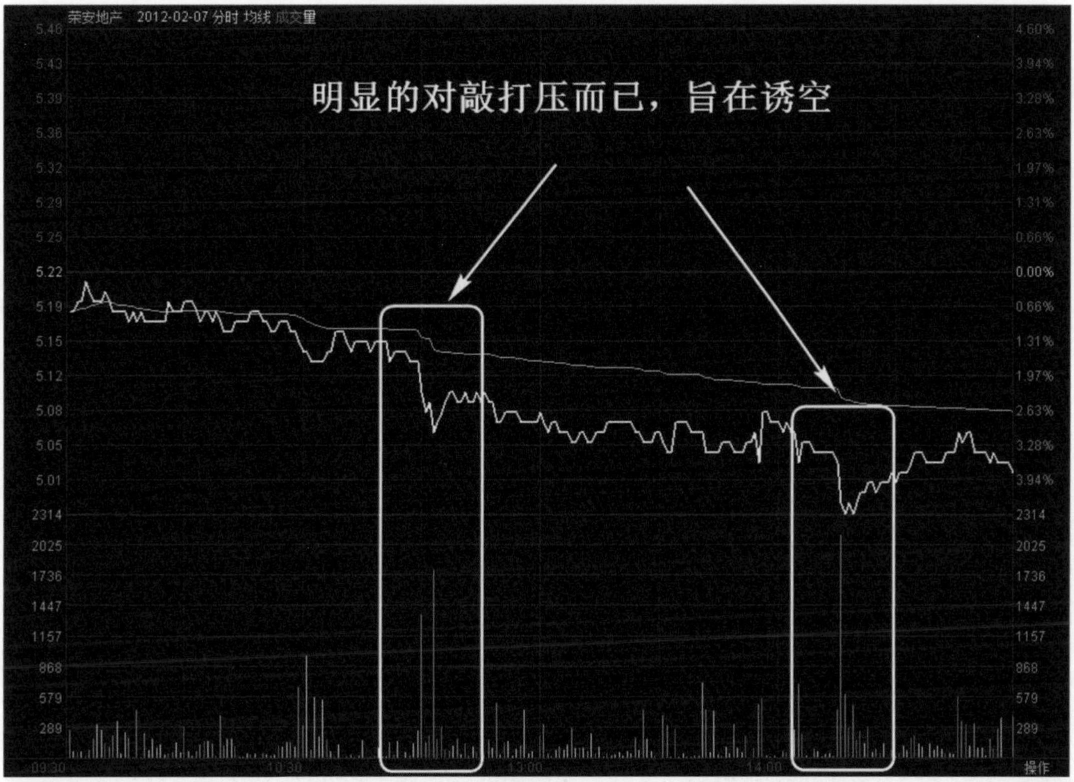

图例 116

盘口猎庄要点

（一）从今天的盘口波形来看，打压的力度不小，但效果一般。

（二）因为盘中出现了不少的吃进筹码行为。

（三）这种建仓波形经过我们反复培训之后，已经有很多人熟知了。

（四）这也是主力操作的难度加大了。

（五）我们的伏击技术这时候派上用场了。

（六）伏击的方法很简单，耐心等待最大的量峰出来之后，不再创新低的时候，就可以进场抢筹码了。这时候，你尽管买，主力也徒唤奈何。

《盘口猎庄日记》 2012 年 2 月 8 日 星期三

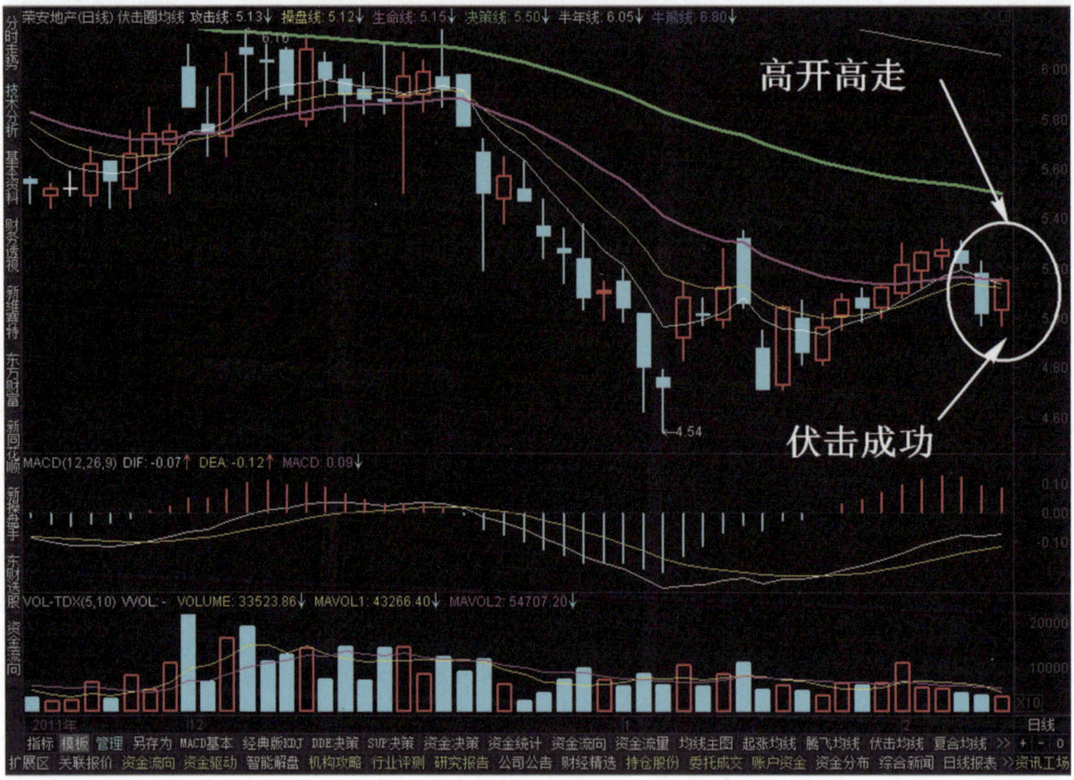

图例 117

盘口猎庄要点（一）今天的走势很关键，就是不能创新低。否则就麻烦大了。

（二）这是主力的软肋，也是我们伏击主力的依据。

（三）早盘果然高开，说明我们的判断正确。

（四）也预示着今天高开高走是必然的。

（五）因此，我们直接在集合竞价阶段再次买进。

（六）再出现下挫的时候，继续买进。当然，这时候就不要卖出了。

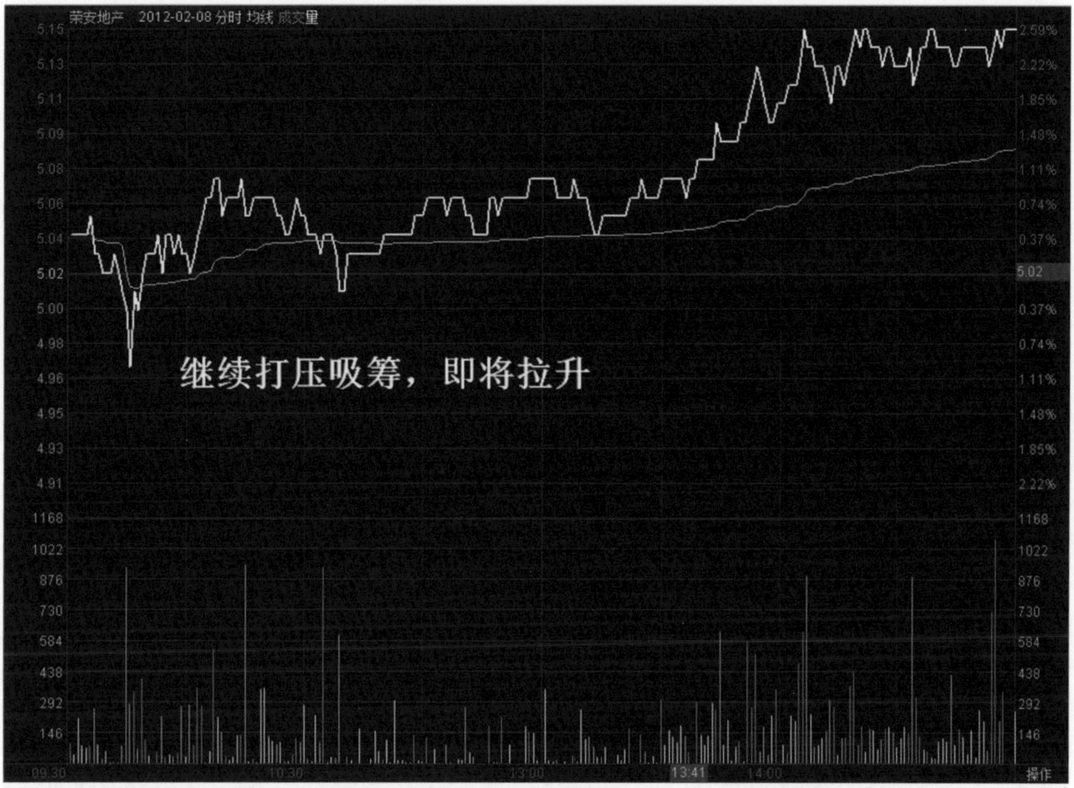

图例 118

盘口猎庄要点

（一）从盘口来看，主力的思路有点乱。

（二）一方面不得不高开，否则就很难做盘了。

（三）另一方面又想打一下，捡点便宜货。

（四）所以上午就出现了狠狠地对敲型打压，恐吓人。

（五）但是，这种动作的效果并不好。

（六）从盘口来看，主力也意识到这一点，所以赶紧拉了回去。

《盘口猎庄日记》 2012 年 2 月 9 日 星期四

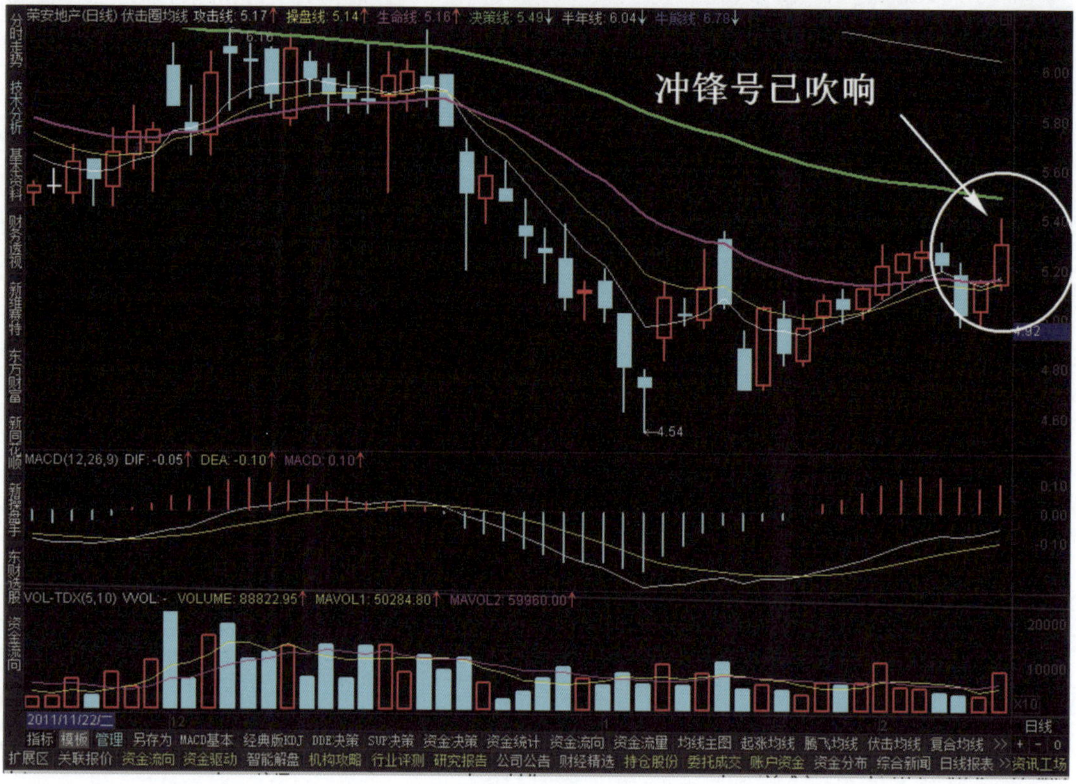

图例 119

盘口猎庄要点

（一）今天的走势必然是强力上攻，因为只有这样，才能聚集人气。

（二）因此，今天可以在盘中反复滚动，做差价。

（三）需要注意的是，股价距离决策线不远了。

（四）因此，盘中出现急拉，就要赶紧抛出一部分。

（五）如果技术不过关，也可以持股不动。

（六）总而言之，这时候处于拉升的前期准备工作快结束阶段，不喜欢动的，就直接趴下，耐心等主力抬轿，也是可行的方法。

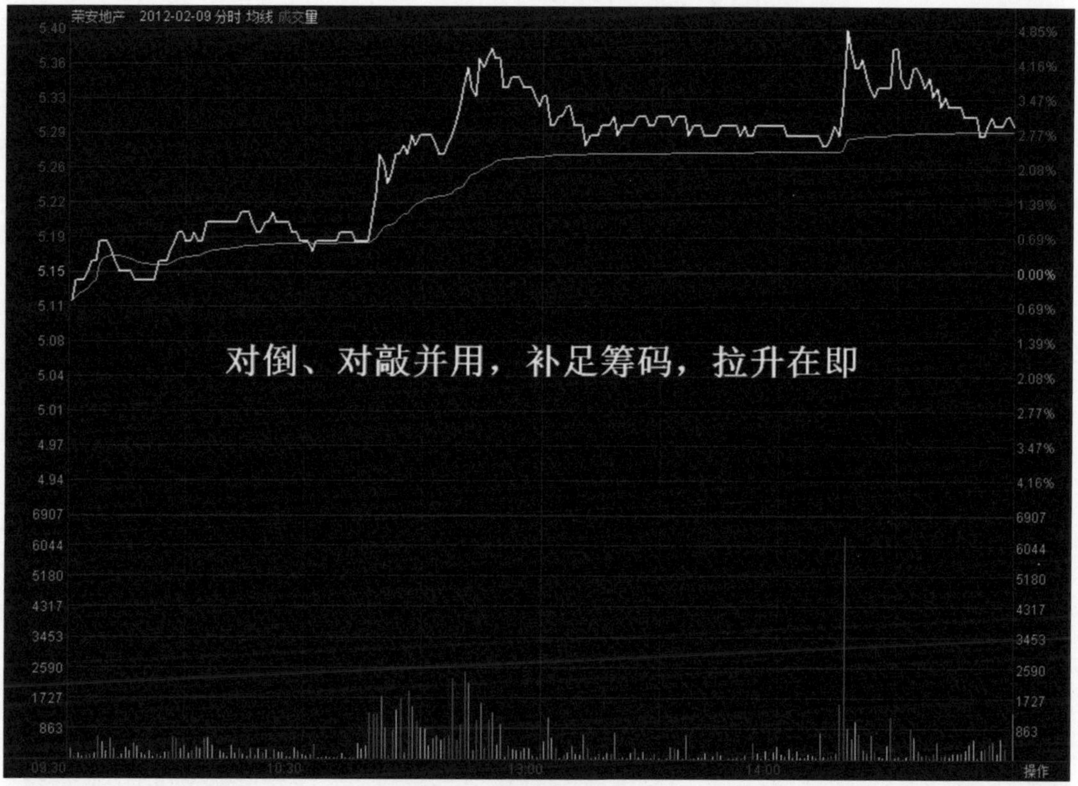

图例 120

盘口猎庄要点

（一）从盘口来看，今天是主力在彩排。

（二）后期拉升将会如何操纵，今天已经在演练。

（三）注意盘中出现的拉抬，对倒、对敲并用，说明后期拉升主力就如此。

（四）盘中出现不少吃进筹码的迹象，应该是最后的建仓了。

（五）尾盘走软，也是必然的，这是回笼资金的手法。

（六）我们在下午出现对敲拉升的时候，就开始撤离一部分资金。

《盘口猎庄日记》　2012 年 2 月 9 日至 3 月 14 日

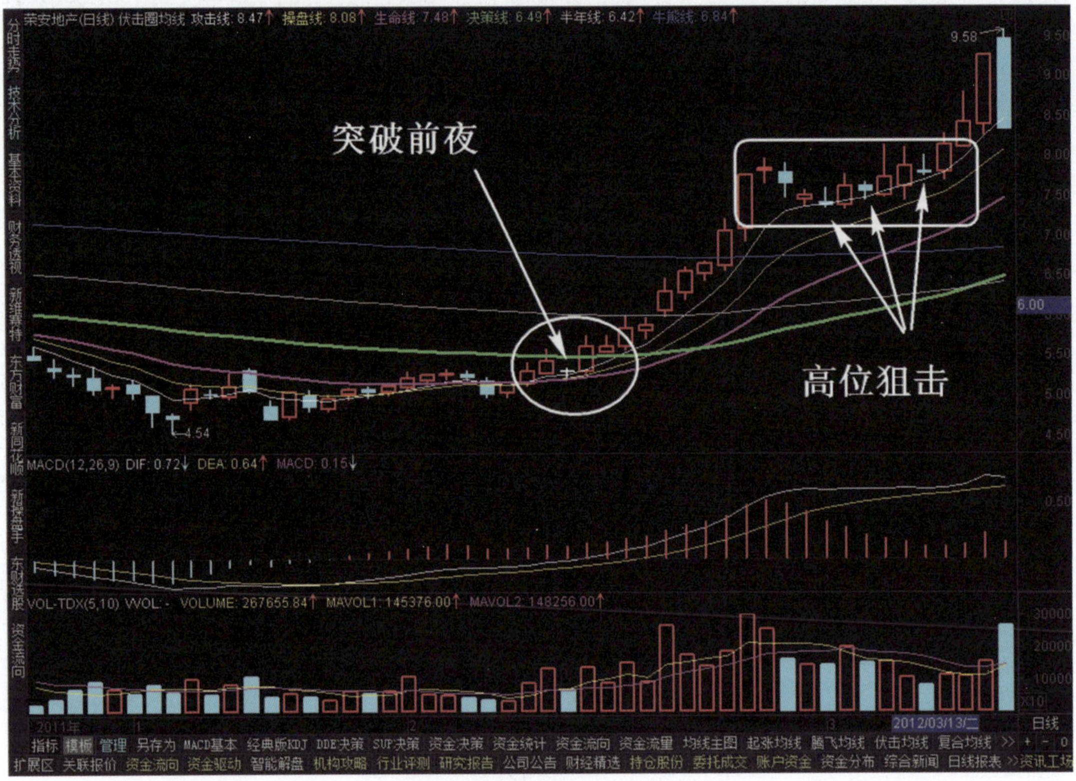

图例 121

盘口猎庄要点

（一）后边的走势已经如我们所判断的那样，所以就不必一一细说了。

（二）注意股价第一次上穿决策线的时候，出现了上影线。

（三）随后出现了一根缩量的十字星。

（四）这是最好的伏击点，可以大胆进场。

（五）后边的连续拉升，可以持股不动。

（六）也可以采取滚动的方式，反复套利。

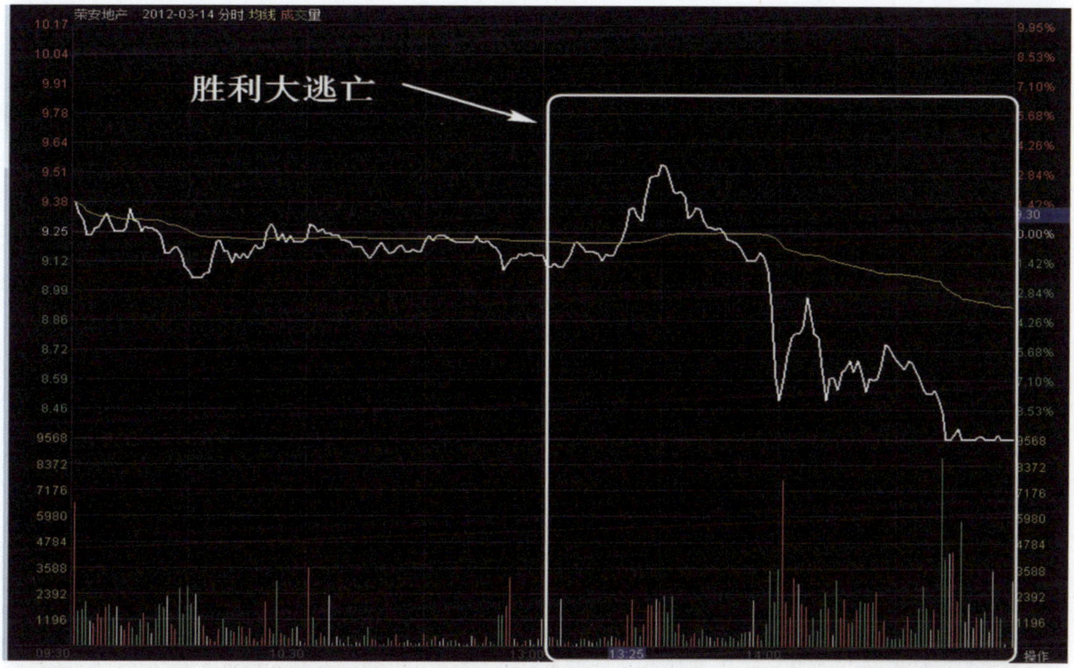

图例 122

盘口猎庄要点

（一）关于如何卖出，这个话题在这只股上可以得到很经典的诠释。

（二）看到 3 月 14 日的盘口走势，高开低走，长阴杀跌。

（三）下午出现典型的诱多型量峰，我们在这个位置把剩余的仓位全清掉了。

（四）如果你来不及反应，至少也要在放量杀跌之后反抽的时候卖掉。

（五）这是典型的出货，不要有任何幻想。

（六）如果还舍不得离开，那就只好站岗了。

第三节　一股一茶：600072 中船股份

一、关于 600072 中船股份的一些议论

有位朋友周末发来短信说：老伍，你博客中的一股一茶是不是在推荐股票啊？我说，一股一茶只是写来娱乐的，并不是搞推荐。

朋友说，这样子啊。那我就不跟着买了。

我说，对了！千万别跟着乱买啊。我只是写着好玩而已。套着了，别怪我哈。

朋友说，晕倒！

今天看的这只票是600072中船股份，航母概念。

据说瓦良格航母已经改装完毕，即将下水试航。

这个时间应该会在国庆节前开启。

对中船来讲，未来还有两个多月的炒作时间。

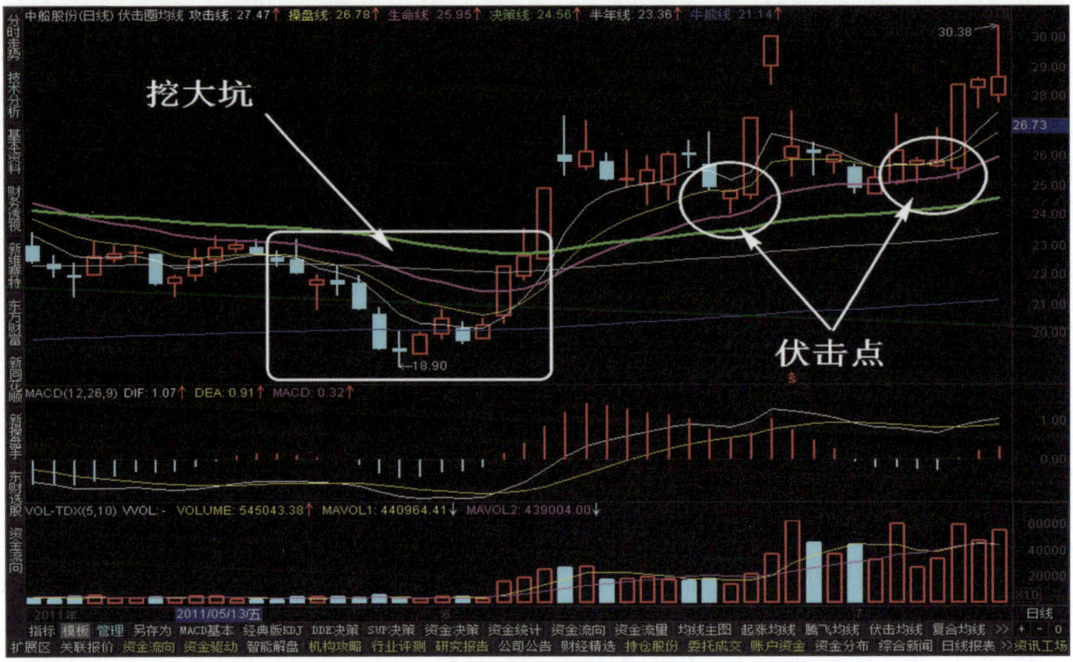

图例 123

涨就涨了吧，应该以平常心来看待。

2011年6月底在深圳黄金解套特训课堂上，曾经要求学员们密切跟踪这只股票。

有心的人已经有所收获了。尽管如此，这都不算什么。

有一个信者在屋檐下躲雨，看见一位禅师正撑伞走过，于是就喊道：

禅师！普度一下众生吧！带我一程如何？

禅师道：我在雨里，你在檐下，而檐下无雨，你不需要我度。

信者立刻走出檐下，站在雨中，说道：现在我也在雨中，该度我了吧！

禅师：我也在雨中，你也在雨中，我不被雨淋，因为有伞；你被雨淋，因为无伞。所以不是我度你，而是伞度，你要被度，不必找我，请自找伞！

禅师说完便走了！

自己有伞，就可以不被雨淋，自己有真如佛性，应该不被魔迷。雨天不带伞想别人助我，平时不找到真如自性，想别人度我。自家宝藏不用，专想别人的，岂能称心满意？自伞自度，自性自度，凡事求诸已，禅师不肯借伞，这就是禅师的大慈悲了。

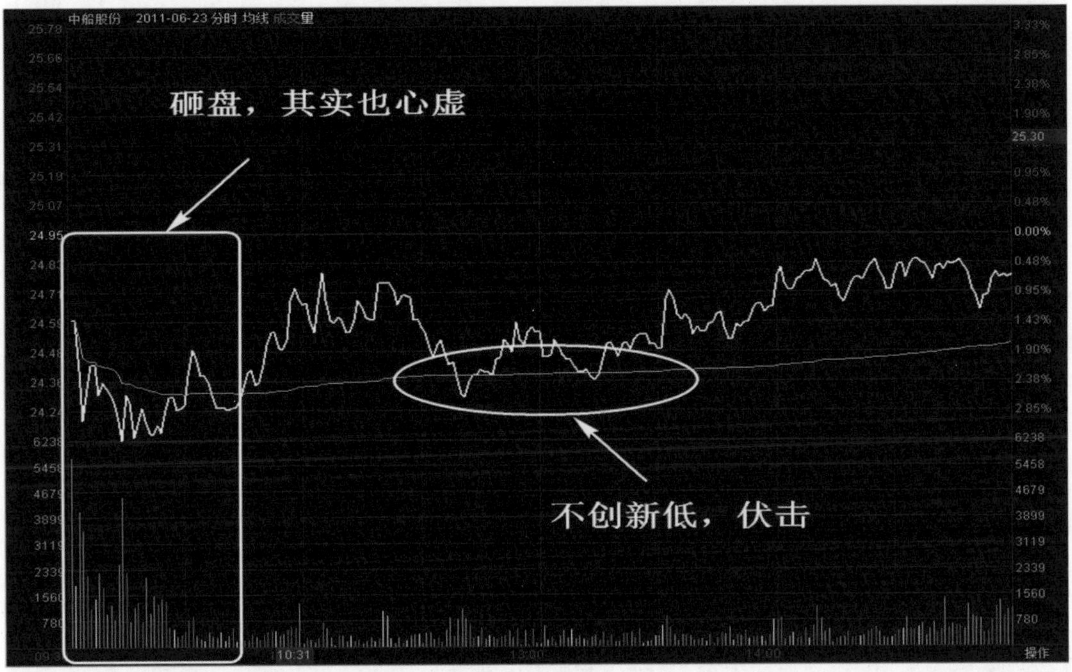

图例 124

隐峰和尚是马祖禅师的徒弟。有一天，隐峰和尚推车从一条路上经过，看见马祖大师躺在路中间睡觉，于是喊道："老师，请您起身，若不然就压到你的腿了！"

马祖大师回答道："已伸不收。"

隐峰一听，立即接口道："已进不退。"然后就推车从马祖禅师的腿上碾过去了。

马祖大叫一声，腿上鲜血淋淋。他气愤异常，找了一把斧头，来到法堂，召集全体僧众，厉声说："刚才碾伤老僧脚的，出来！"

众人都被吓坏了，心想："佛门岂能动斧？"但隐峰和尚却毫无惧色，他大步走到马祖禅师面前，把头放在斧头下面。马祖"嗖"地抡起斧头，扔在地上。

隐峰和马祖的脸上都露出了会心的微笑。

马祖的意思是"要不畏艰险、学禅到底，决不后退"。

假如隐峰停车不前，或绕路而去，一定会遭到马祖的训斥的。

后来马祖抡斧头，是对他悟道与否的考验，隐峰也过关了。

真理往往集中在少数人手中，不要在意别人怎么想，只要你认为正确就放手去做！

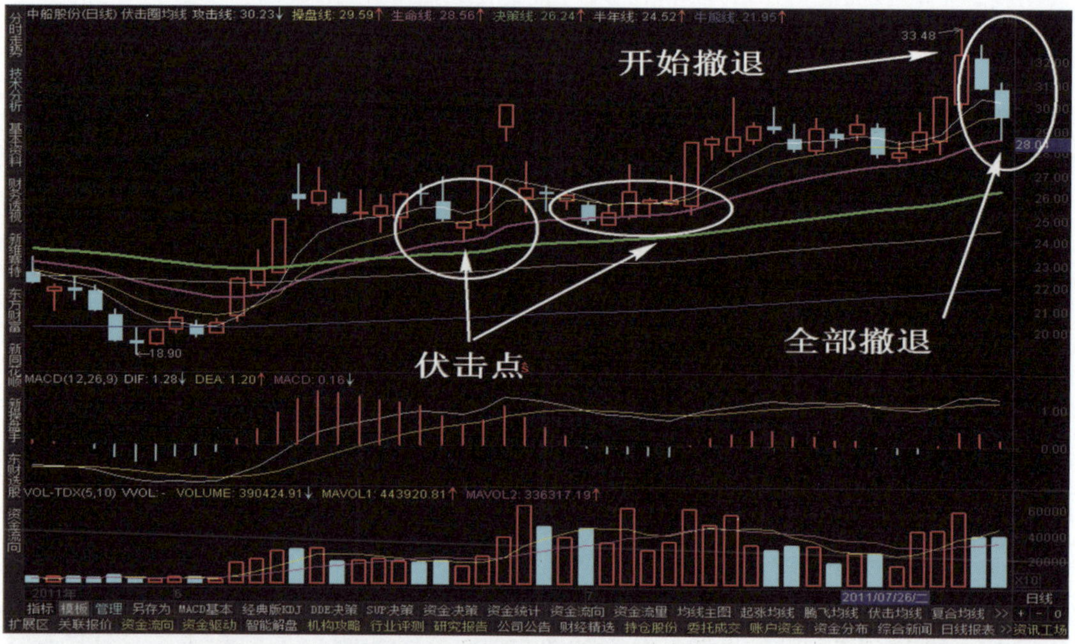

图例 125

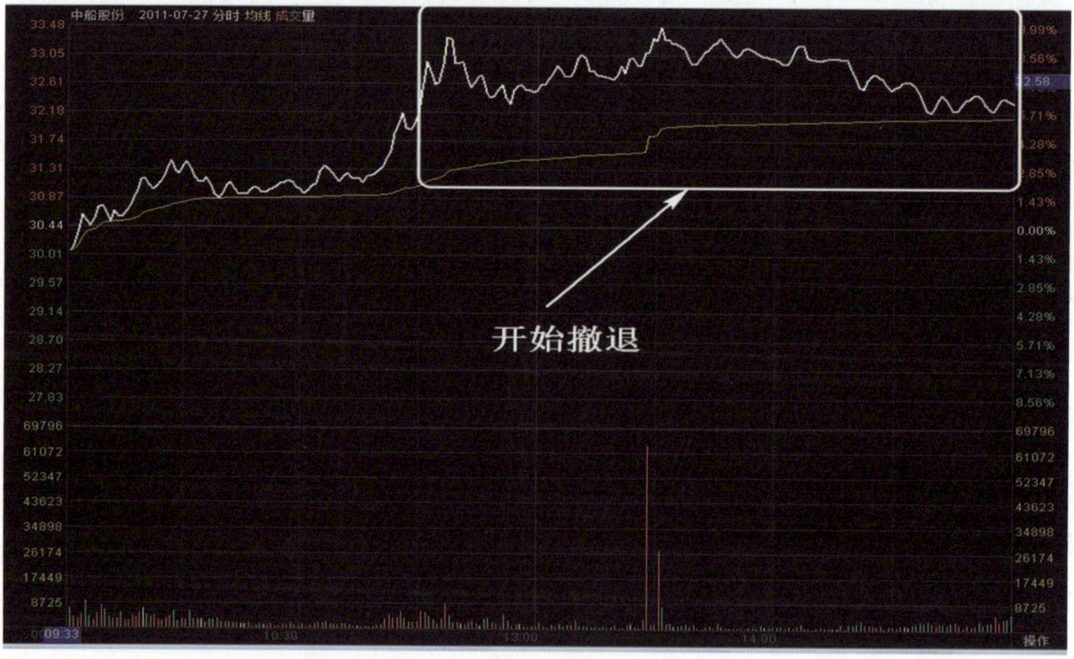

图例 126

二、关于中船股份（600072）的后续技术分析

关于中船股份的后续走势，请参见图例 127、128 所示。

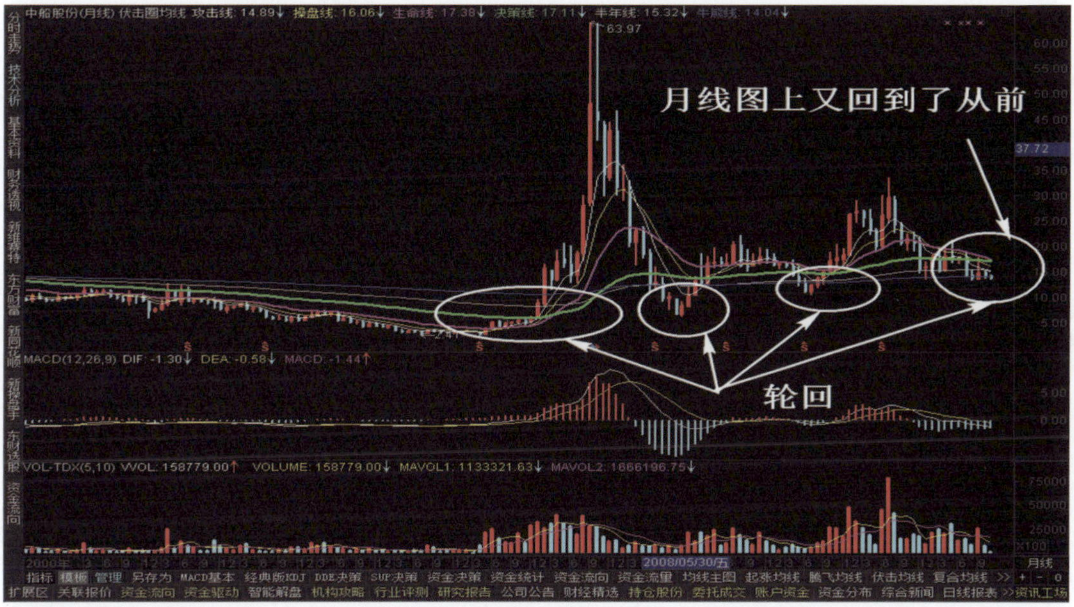

图例 127

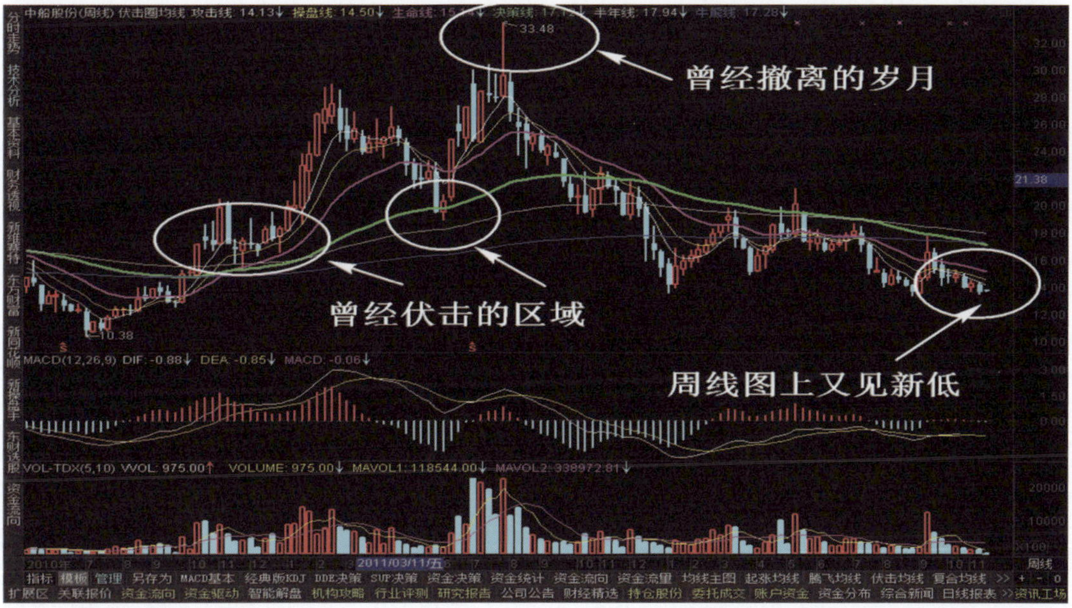

图例 128

第四节　一股一茶：600816 安信信托

一、关于 600816 安信信托的一些话语

昨晚一个朋友发来邮件，帮助看一下 600816 安信信托这只票，问计应该怎么办？我说，这个票不错啊！看样子如无意外的话重组成功是没有问题的了，这个公司应该是获得新生了。从操作策略上来讲，中长线持股（2－3 年）应该会有不错的收益；短线也会有较好收益预期。

结果该股今天早盘冲击涨停。

技术上分析，600816 近两月内要想获得大涨的可能性较低，但振幅在 30% 以内的交易性机会仍然较大。如果技术纯熟，对该股实施高抛低吸滚动式操盘则问题不大。这就要看短线交易技术的熟练程度了。

我有一个学生就是在一只股票横盘震荡期间获取了一倍的资金收益！

这就是技术交易的结果。

有时候，阅股一千，不如持良股一只在手。

当然，普通人要达到这个境界还是有一定难度的，这牵涉到另一个层面，即修炼！

关于修炼，佛教有一个故事也许可以共勉：

兄弟二人皆立志远游修道，无奈父母年迈，弟妹年幼，老大家里还有病妻弱子，所以一直未能成行。

某日，一高僧路过，兄弟二人要拜其为师，并将家中难处诉说一遍。高僧双手合十，微闭双目，喃喃自语："舍得，舍得，没有舍哪来得？你二人悟性皆不够，十年后我会再来。"然后，飘然而去。

哥哥顿悟，手持经书决绝而去。弟弟望望父母，看看病嫂幼妹，终不能舍弃。

十年后，哥哥归来，口诵佛经，念念有词，仙风道骨，略见一斑。再看弟弟，弯腰弓背，面容苍老，神情呆滞，反应缓慢。

高僧如期而至，问二人收获。

哥哥说：十年内游遍高山大川，走遍寺庙道观，背诵真经千卷，感悟万万千千。

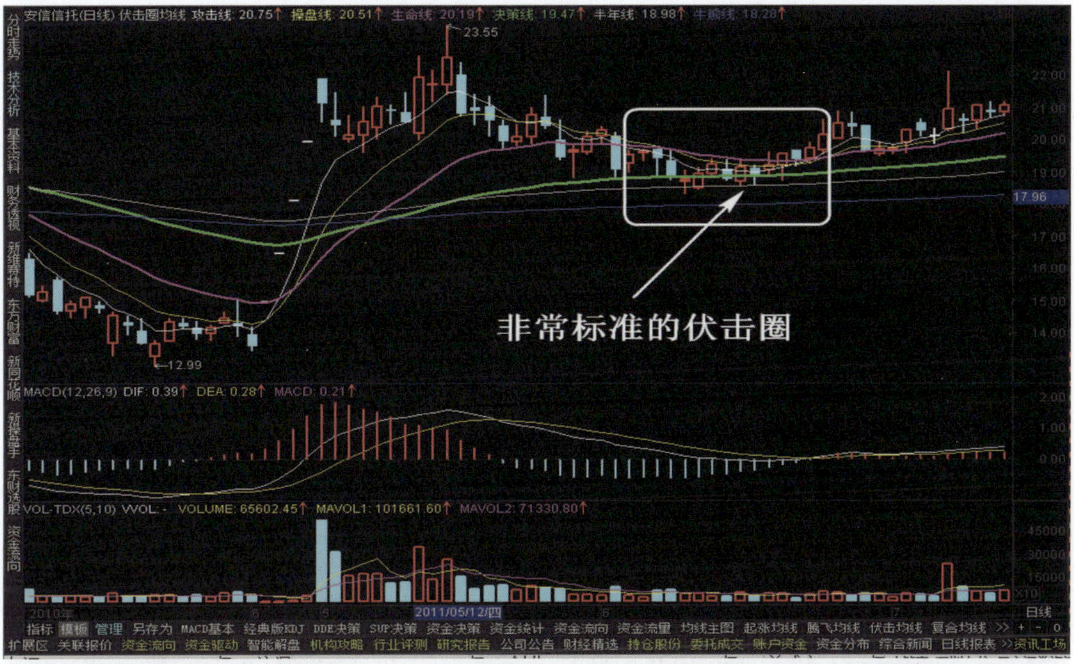

图例 129

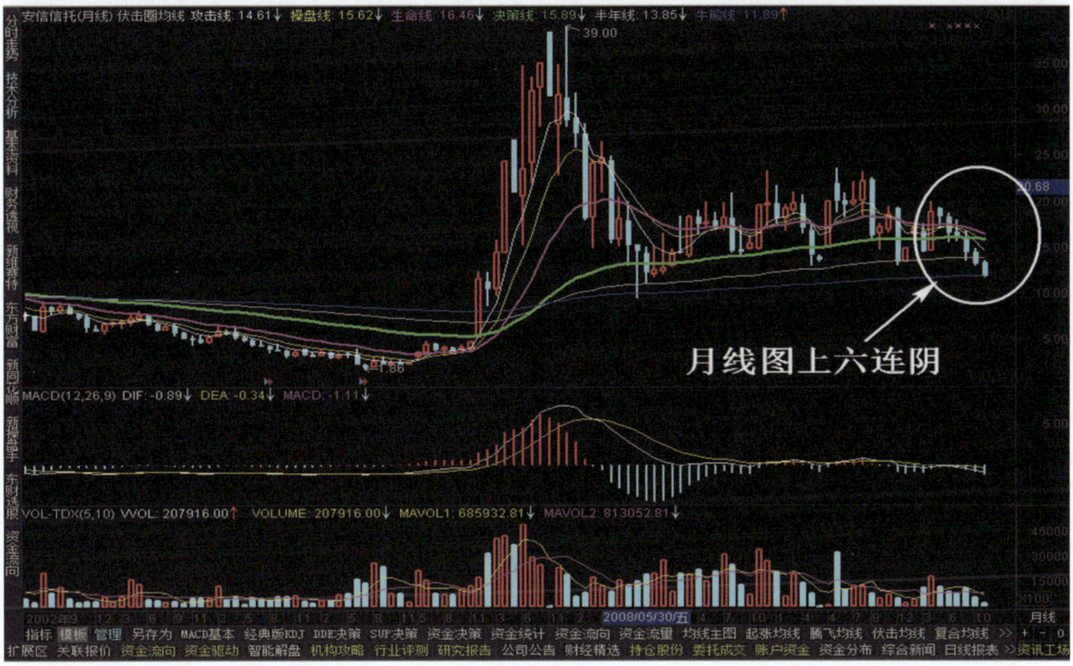

图例 130

弟弟说：十年内送走老父老母，病嫂身体康复，幼妹成家立业。但因劳累无暇诵读经书，恐与大师无缘。

高僧微微一笑，决定收弟弟为徒。

哥哥不解，追问缘由。

高僧道：“佛在心中，不在名山大川；心中有善，胜读真经千卷；父母尚且不爱，谈何普度众生？舍本逐末，终致与佛无缘。”

哥哥默然。

二、关于安信信托（600816）的后续技术分析

关于安信信托的后续走势，请参见图例 131、132 所示。

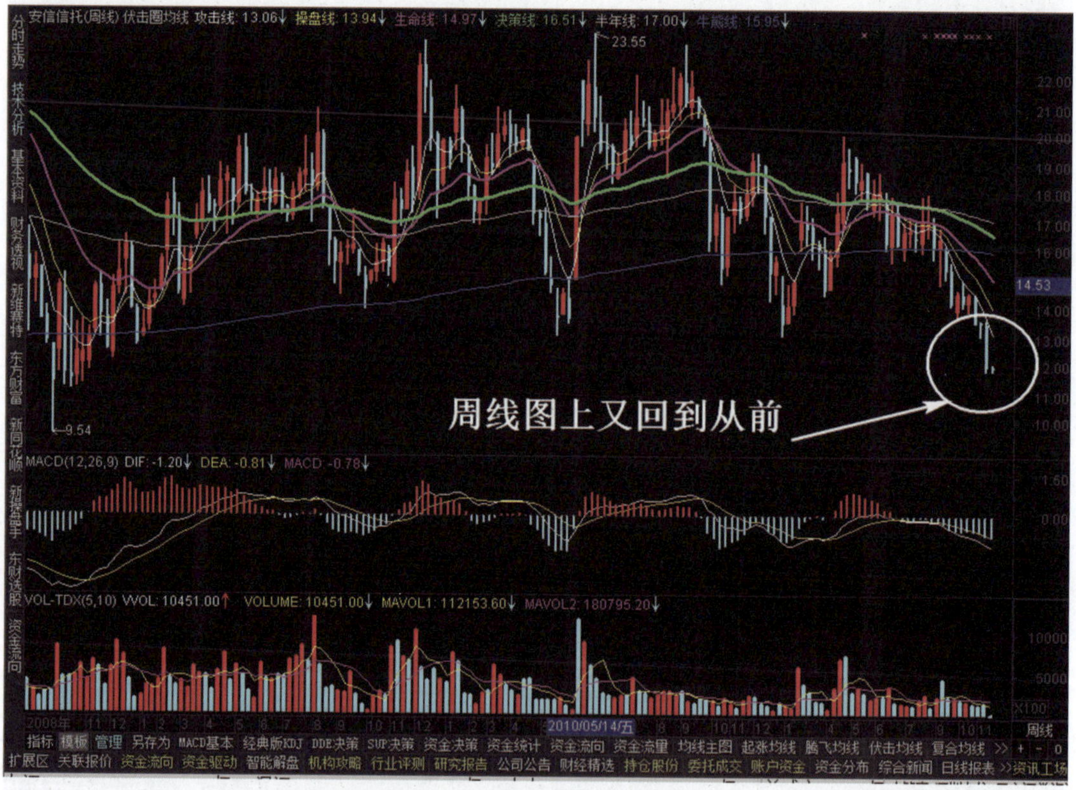

图例 131

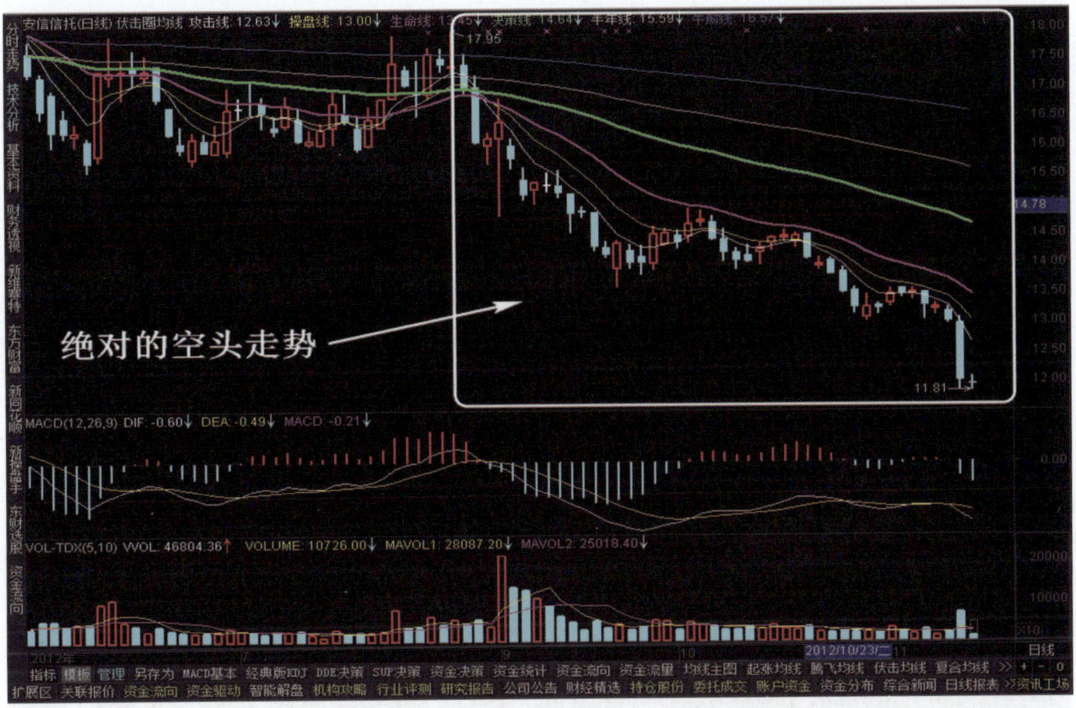

图例 132

第五节　一股一茶：600107 美尔雅

一、关于 600107 的一些话语

最近几日观察 600107 美尔雅已经突破今年 4－6 月间的平台，但向上，仍然受阻于 2009 年 11 月－2010 年 3 月间的大平台。股价上涨也是一件不容易的事情，过了一山还有一山。

但是，能不能继续涨呢？

仔细观察盘中的交易情况，主力目前的状态还是积极向上的。向上不断做多，应该是主流思维。其操盘倾向，应该将会导致趋势持续以震荡盘升模式展开。

15－16 元是 2009 年 11 月－2010 年 3 月间的大平台的中轴性基准价格。这个价格的阻力说大不大，说小也不小。而近几天的价格也恰好就在这个价格区。

因此，需要一点小小的时间来酝酿。

15 元以下，都会是较好的贪便宜价格区。

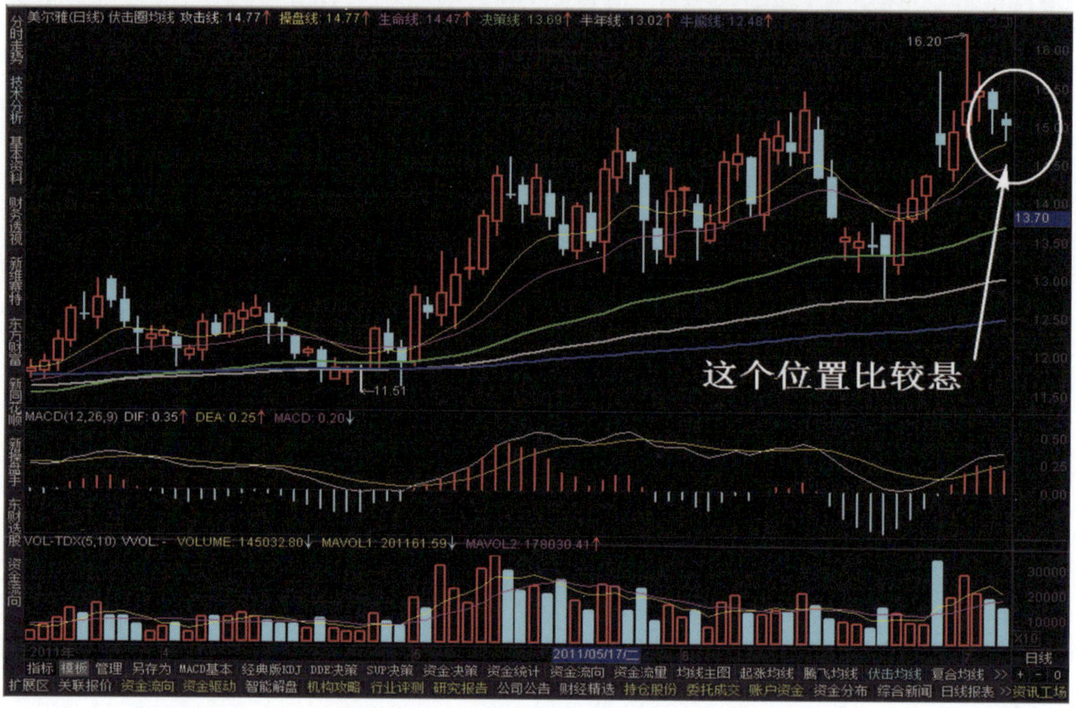

图例 133

一个漆黑的夜晚，一个远行寻佛的苦行僧走到一个荒僻的村落中。漆黑的街道上，络绎的村民们在默默地你来我往。

苦行僧转过一条巷道，他看见有一门昏黄的灯光正从巷道的深处静静地亮过来。身旁的一位村民说：“孙瞎子过来了。”

苦行僧百思不得其解。一个双目失明的盲人，他没有白天和黑夜的一丝概念，看不到鸟语花香，看不到高山流水，他看不到柳绿桃红的世界万物，他甚至不知道灯光是什么样子的，他挑一盏灯笼岂不令人迷惘和可笑？那灯笼渐渐近了，昏黄的灯光渐渐从深巷移游到僧人的芒鞋上。百思不得其解的僧人问：“敢问施主真的是一位盲者吗？”那挑灯笼的盲人告诉他：“是的，从踏进这个世界，我就一直双眼混沌。”

僧人问：“既然你什么也看不见，那你为何挑一盏灯笼呢？”盲者说：“现在是黑夜吧？我听说在黑夜里没有灯光的映照，那么满世界的人都和我一样是盲人，所以我就点燃了一盏灯笼。”僧人若有所悟：“原来您是为别人照明？”但那盲人却说：“不，我是为自己！”

为你自己？

僧人又愣了。

盲者缓缓地问僧人说："你是否因为夜色漆黑而被其他人碰撞过？"僧人说："是的，就在刚才，还被两个人不留心碰撞过。"盲人听了，就得意地说："但我就没有。虽说我是盲人，我什么也看不见，但我挑了这盏灯笼，既为别人照亮儿，也更让别人看到了我自己，这样，他们就不会因为看不见而撞我了。"

苦行僧听了，顿有所悟。他仰天长叹说："我天涯海角奔波着找佛，没有想到佛就在我的身边，人的佛性就像一盏灯，只要我点亮了，即使我看不见佛，但佛却会看到我自己的。"是的，点亮属于自己的那一盏生命之灯，既照亮了别人，更照亮了你自己；只有先照亮别人，才能够照亮我们自己。为别人点燃我们自己生命的灯吧，这样在生命的夜色上，我们才能寻找到自己的平安和灿烂！

只有为别人点燃一盏灯，才能照亮我们自己。

炒股，应该也是如此。

二、关于美尔雅（600107）的后续技术分析

关于美尔雅的后续走势，请参见图例 134 所示。

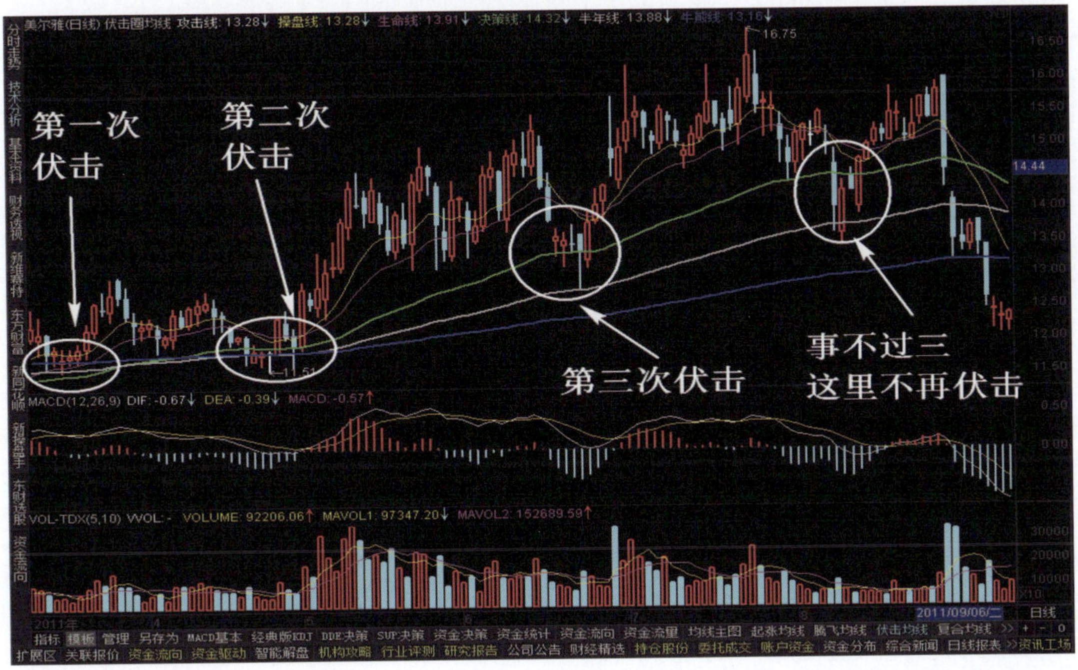

图例 134

第六节 一股一茶：002244 滨江集团

一、关于 002244 滨江集团的一些话语

一个朋友来短信询问 002244 滨江集团。

他说，老伍，你看看这个滨江集团最近上涨没有放量，怎么办？

我说，好啊！

他说，怎么还好？

我说，没放量股价都能涨，还不好吗？

没放量，股价涨，说明了什么？至少有两个要点是清晰的：

其一，说明这股票的筹码锁定较好，没有抛盘的压力，或者抛盘压力实在太轻；

其二，说明这股票的股性活跃状态稳定自然，主力轻松就能实现拉升的目的。

朋友说，这样子的话，我是不是要多持有一段时间了？

我说，持股时间长短取决于你的心。想赚多，就拿久一点；不贪，则有赚就行了。

朋友大笑，发了一个很搞笑的表情过来。

朋友说，地产股若不是政策打压，早就涨上天了。打了这么久，也没见把地产打入地狱。看来，要有一波行情了。

我说，基本认同你这个观点！那就好好做一把吧。

前段时间，大盘跌的时候，很多人甚至关了电脑，不愿再看。而这两周大盘强势反弹，反而更多人比下跌时还郁闷。为何？他们没有赚到该赚的利润。

这就是人性的弱点使然。

众生皆有：贪、嗔、痴、慢、疑的毛病，无有修炼之正果，故不能成其事。

因此，要有平常心！顺其自然，看淡一切，按规律操作，自然就有收获！

有个人问慧海禅师：“禅师，你可有什么与众不同的地方？”

慧海答道：“有。”

“是什么呢？”

慧海答道：“我感觉饿的时候就吃饭，感觉疲倦的时候就睡觉。”

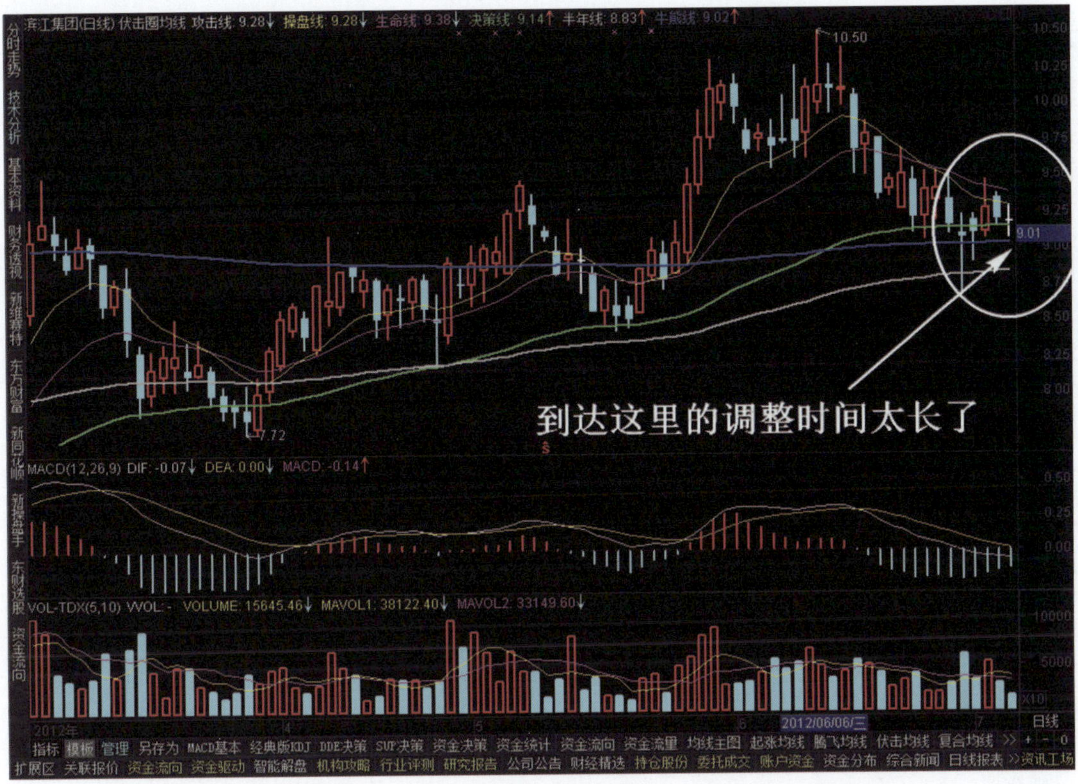

图例 135

“这算什么与众不同的地方，每个人都是这样的，有什么区别呢？”

慧海答道：“当然是不一样的！”

“为什么不一样呢？”

慧海答道：“他们吃饭时总是想着别的事情，不专心吃饭；他们睡觉时也总是做梦，睡不安稳。而我吃饭就是吃饭，什么也不想；我睡觉的时候从来不做梦，所以睡得安稳。这就是我与众不同的地方。”

慧海禅师继续说道：“世人很难做到一心一用，他们在利害得失中穿梭，囿于浮华的宠辱，产生了‘种种思量’和‘千般妄想’。他们在生命的表层停留不前，这是他们生命中最大的障碍，他们因此而迷失了自己，丧失了‘平常心’。要知道，只有将心灵融入世界，用心去感受生命，才能找到生命的真谛。”

炒股亦然。

二、关于滨江集团（002244）的后续技术分析

关于滨江集团的后续走势，请参见图例 136 所示。

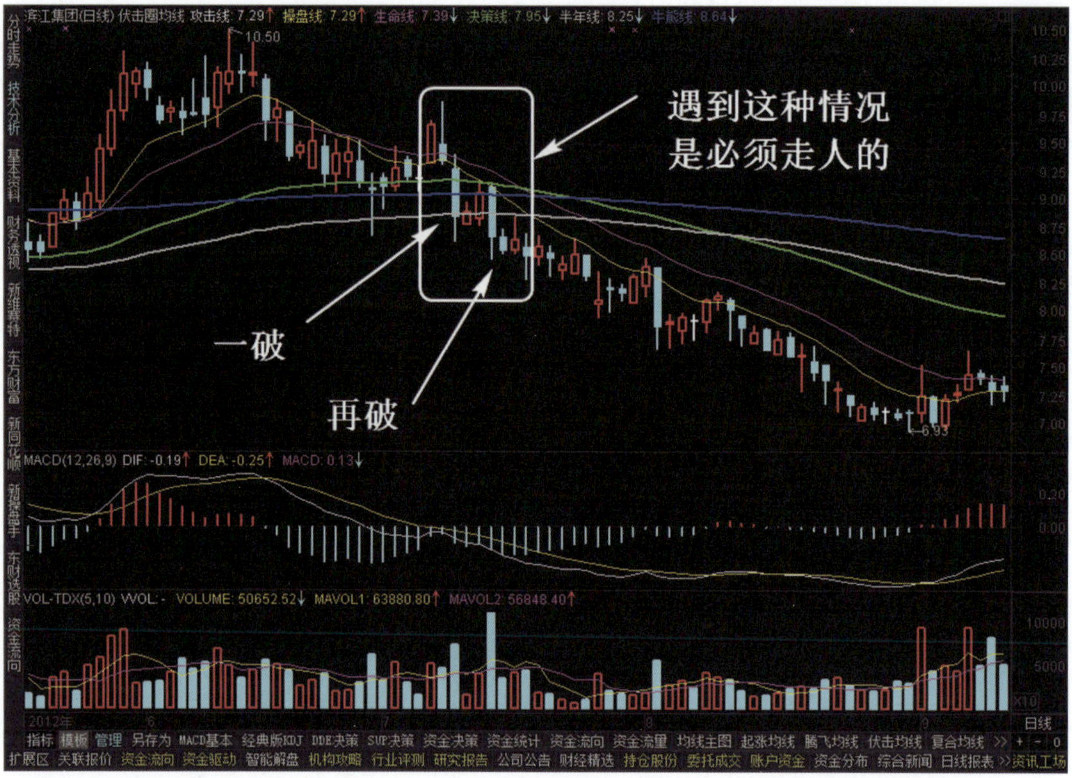

图例 136

第七节　一股一茶：600713 南京医药

一、关于 600713 南京医药的一些话语

600713 南京医药今天下午涨停，封停时，于 13：52 分以 14.62 元成交了 500 余万股，计资金量 7000 余万元，可谓下了老本了。

从 K 线形态看，今天的涨停价位于中期平台上轨均价 15 元附近，因此，本周向上展开突破的概率较大。

很多人喜欢追涨，也有很多人在涨时将套牢的仓位迅速斩掉。人在追涨杀跌的“六道苦海”中轮回，无休无止。看到股票涨停，很多人都艳羡不已。殊不知，却忘记下功夫如何正确对待手中持有的个股。

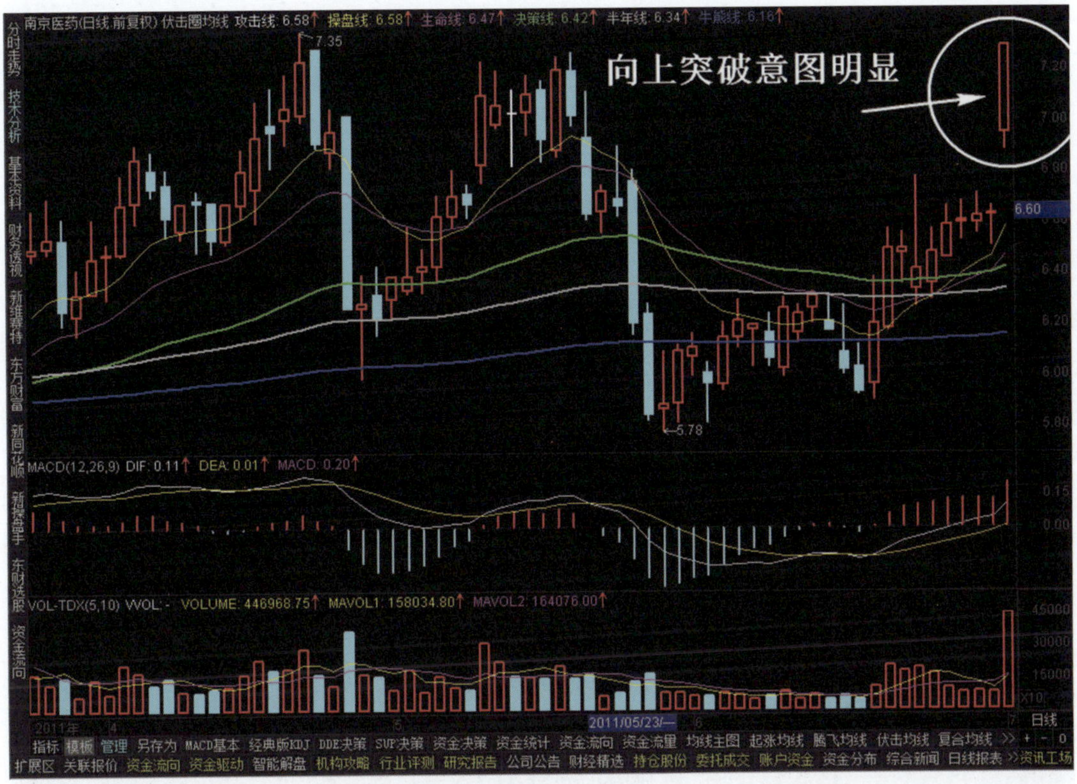

图例 137

一位读者来信请教买在涨停前的技法。

可是，我也想买在涨停之前啊。谁又不想呢？

但是，我每次买进时，从来就没想过它要涨停。我也没要求过必须要涨停。我只是想，由它吧，反正是每次操作均按技术规律办事，不求涨停，有赚就行。

本着这样的想法，结果反而经常有涨停的现象出现。

有一个关于禅的故事，也许可以分享：

有一天，一位在大学里教授禅学的教授来请教南隐禅师，什么是禅。

南隐禅师以茶相待。他将水注入来宾的杯中。杯子满了，南隐禅师好像没有发觉，他继续往杯子里注水。

望着茶水溢出杯来，满桌都是，教授忙着用纸巾拭水，并对南隐禅师说：“杯子满了，茶水已经漫出来了，禅师不要再倒了。”

南隐禅师停下来。

“你就像这杯子，”他微笑着说：“你的头脑里装满了你对禅的看法和想法，却来问我。如果你想让我说如何是禅，你得先把自己的杯子空出来啊。”

二、关于南京医药（600713）的后续技术分析

关于南京医药的后续走势，请参见图例 138 所示。

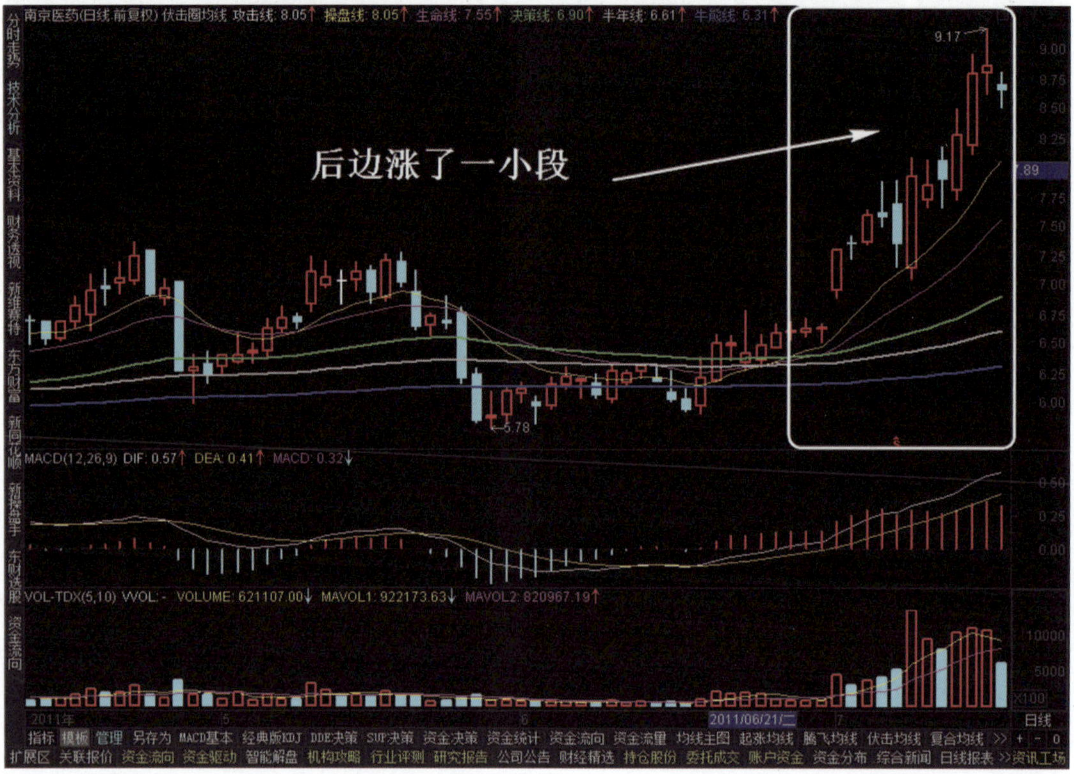

图例 138

第八节　一股一茶：000338 潍柴动力

一、关于 000338 潍柴动力的一些话语

000338 潍柴动力，国内重卡柴油发动机绝对的垄断型龙头企业。自 2008 年以来，该股已经连续保持了几年的持续增长。其中在 2010 年，该股经营业绩大幅释放，当年每股净收益率达到 3.99 元的历史新高。根据各大机构对该股未来三年的

盈利预测，该股将在 2011、2012、2013 年继续稳定在每股收益 4 元之上。

按照当前大盘平均 15 倍的市盈率估算，该股理论价值应在每股 60 元水平，而根据行业估值水平，以 30 倍市盈率估算，则该股未来理论价格应在每股 120－150 元水平。

如果机构的盈利预测是真的，那么以今天收盘价 44. 13 元而言，该股未来三年理论估值价格水平，尚有 2 倍空间。但是，这些预测你敢相信吗？反正我是不相信的。

当然，今天不是谈估值。这没有实际意义。

在大盘空头市场环境中，我们主要考虑，对这种高估值的潜力质优品种要进行技术性跟踪，以抓住最佳的进场交易机会。

该股于今天上午 10：30 分成交了一笔异常大单，引起了我的密切关注。这笔大单成交了 6161 手，成交价 42. 6 元，直接把价格从 42. 20 元拉升了 0. 4 元。

一般情况下，从相对低价拉高至相对高价产生的成交，我们可以称之为“拉高建仓”。

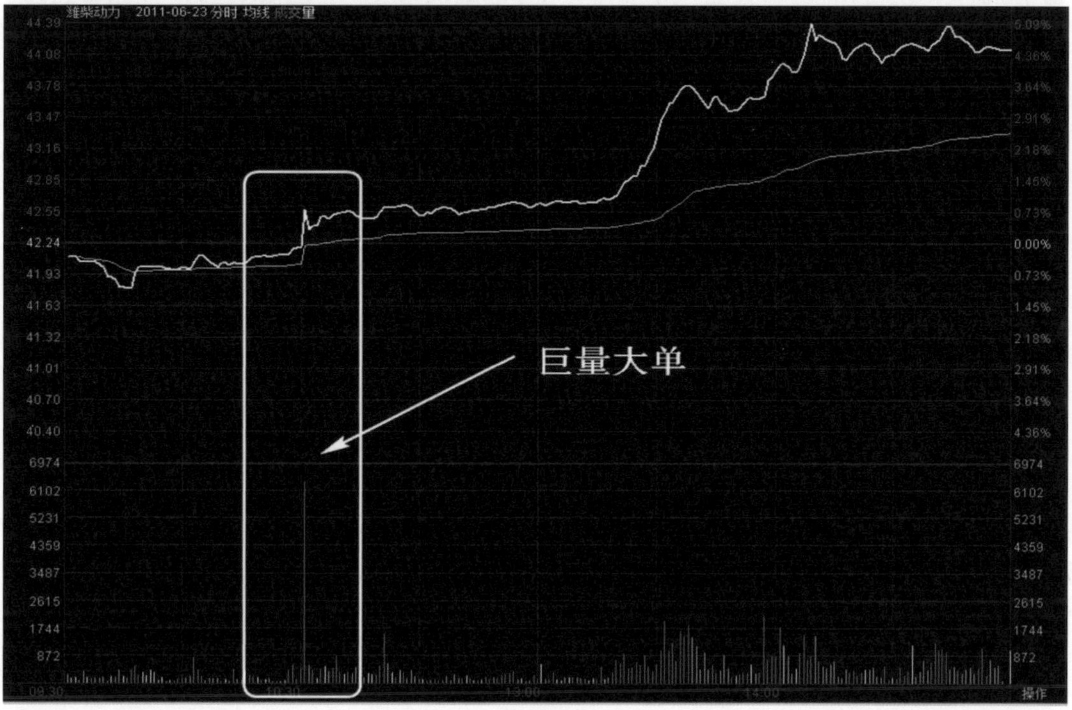

图例 139

如上图所示，该股全天只成交了三笔 1000 手以上的大单，而 10：30 分成交的这笔大单为当天的最大单。6161 手于 42. 6 元成交，投入资金量为 2624. 59 万元。

钱虽然不多，但引起的价格震动却是威力不小。我们来看当天的价格表现就可知一斑：

从即时成交图中，我们可以看到，自成交这笔 6161 手大单之后，股价在下午直接上涨，至收盘，则涨了 4.47%。不要小看了这个涨幅，当天的日 K 线图可是相当的漂亮，我们再来看看：

图例 140

在上图日 K 线中，我们可以发现，方框中今天的阳 K 线实现了“反打前四”的 K 线格局。这是一个相对强势的 K 线格局，表现价格趋势将有可能发生重大的变化。从当天的成交量放大情况看，价升量增，十分健康。

这样的状态，说明今天已经有增量资金在盘中积极介入抄底。

今天的这个抄底资金，应该有三个方面的企图：

其一，主力已经认同当前大盘所处的位置就是阶段性底部，因此实施建仓抄底；

其二，主力已经判断认为当前市场已经具备短线抄底抢反弹的交易性机会，故而大胆实施抄底。

其三，主力已经认同该股当前价格具备中长线建仓的投资价值，故而逐步实施低位建仓策略。

尽管如此，我还只是站在了向好的方面来看问题，还有没有不利于该股短中期价格发展的因素呢？

当然有！这个答案是肯定的。

从日 K 线图中，我发现今天的总成交量并不大，仅成交 4.5 亿元，共 1050 万股。这点交易量要想翻起大浪来，还是比较困难的。

那么，多大的交易量才能掀起大波浪？

对该股而言，根据过往的交易经验，我认为，只有当单日成交量达到 8 亿元以上，近 2000 万股标准水平时，该股将有可能展开一轮较好的上涨行情。

由于该股属于基金重仓股，不存在由私募实施价格控制问题，因此，上述分析基于相对公平交易原则，价格趋势的变化倾向较易掌握。

无论如何，6161 这笔大单的出现，已经昭示该股短线机会已经来临。后市在回调 42.6 元时，将开始考虑实施狙击。从中长线投资的角度出发，我愿意从此进行跟踪，并开始逐步持有它。

二、关于潍柴动力（000338）的后续技术分析

关于潍柴动力的后续走势，请参见图例 141 所示。

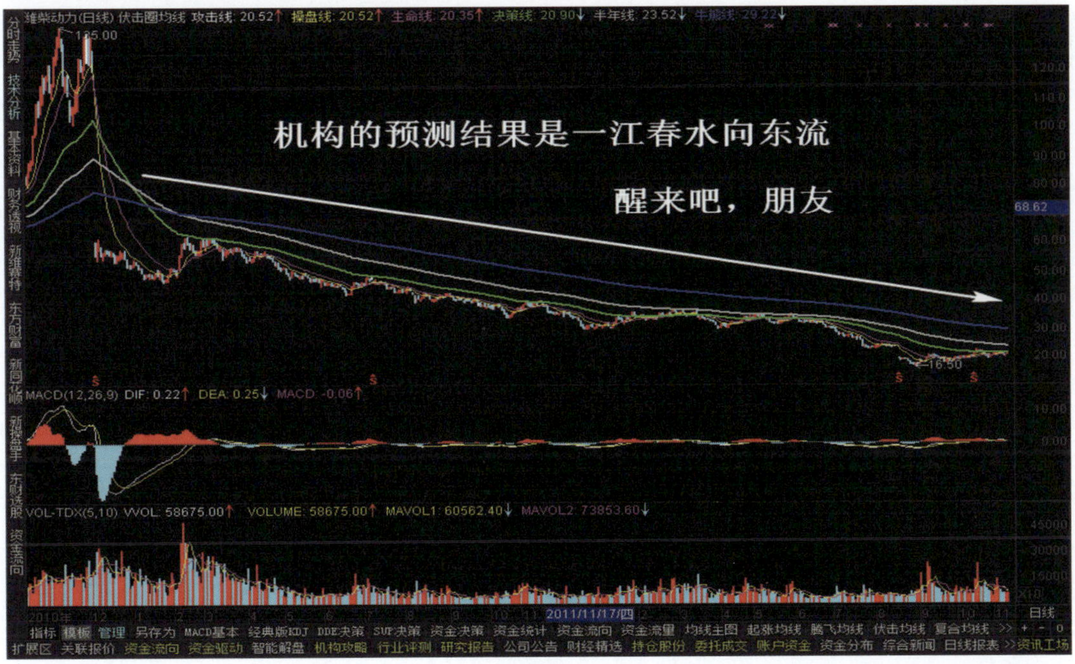

图例 141

第九章
伏击圈技术的实战应用

本章学习要点

一、了解顺流型伏击圈应用法则。

二、了解逆流型伏击圈应用法则。

三、在实战中不断总结提高操作水平。

第一节　顺流型伏击圈的实战应用

一、什么是顺流型伏击圈

所谓顺流型的伏击圈，就是指决策线已经走平向上，生命线、操盘线、攻击线同时具备金叉向上的条件。这时候，股价出现洗盘震仓，回踩决策线、生命线、操盘线或者攻击线而出现的伏击点，或者伏击区域。这是顺流型伏击圈最基本的含义。

图例 142、143 就是典型的顺流型伏击圈。

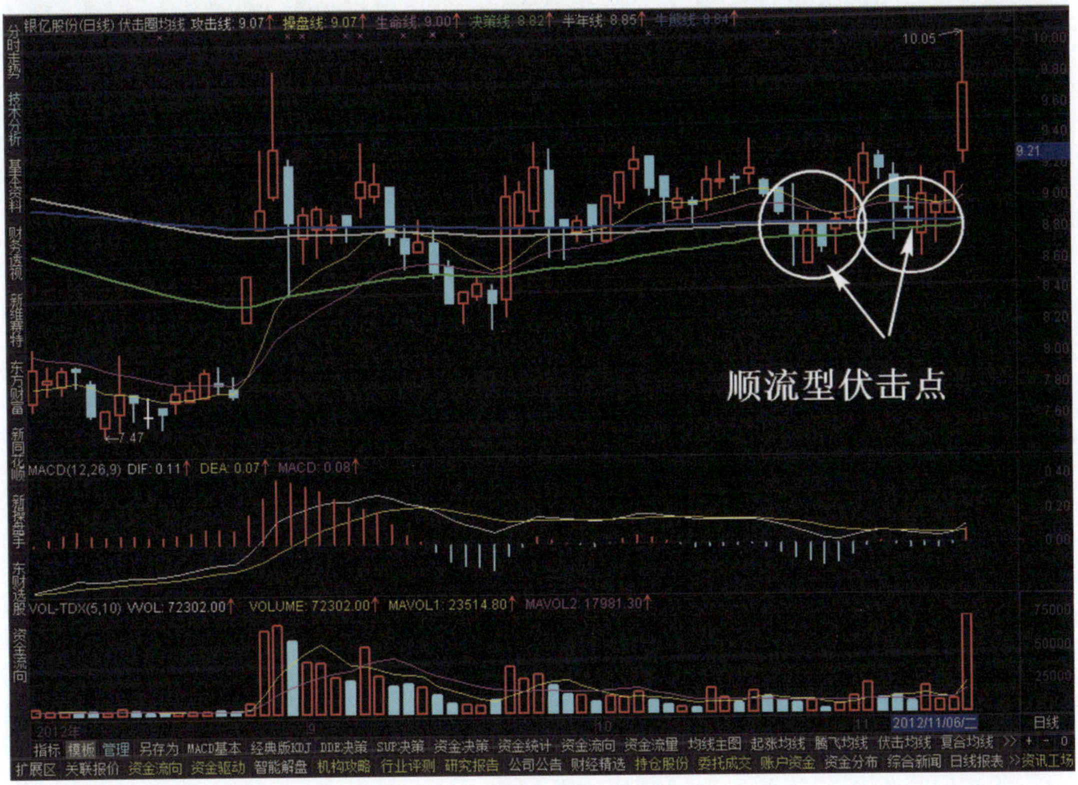

图例 142

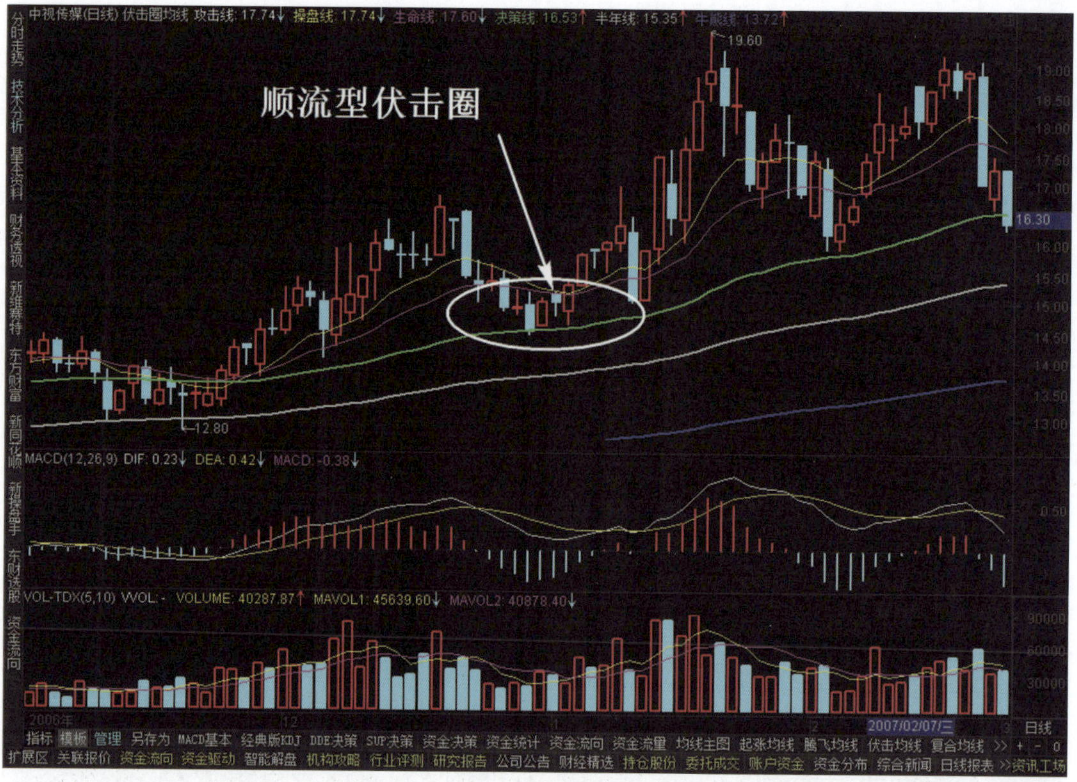

图例 143

二、顺流型伏击圈的实战应用

第一类：出现在决策线附近的伏击圈。

这是最典型的伏击圈技术信号，也是最安全的、最可靠的、成功率比较高的伏击技术信号。在使用时注意它的成立条件，如下：

一是决策线必须是金叉向上的。

二是均线系统必须是健康的。

三是 K 线结构必须是标准的。

四是量能结构必须是符合标准的。

五是股价的空间位置必须是低位的。

注意这几个方面的条件，如果都符合，就比较可信。

相反，那就要特别小心，不可滥用伏击战法。

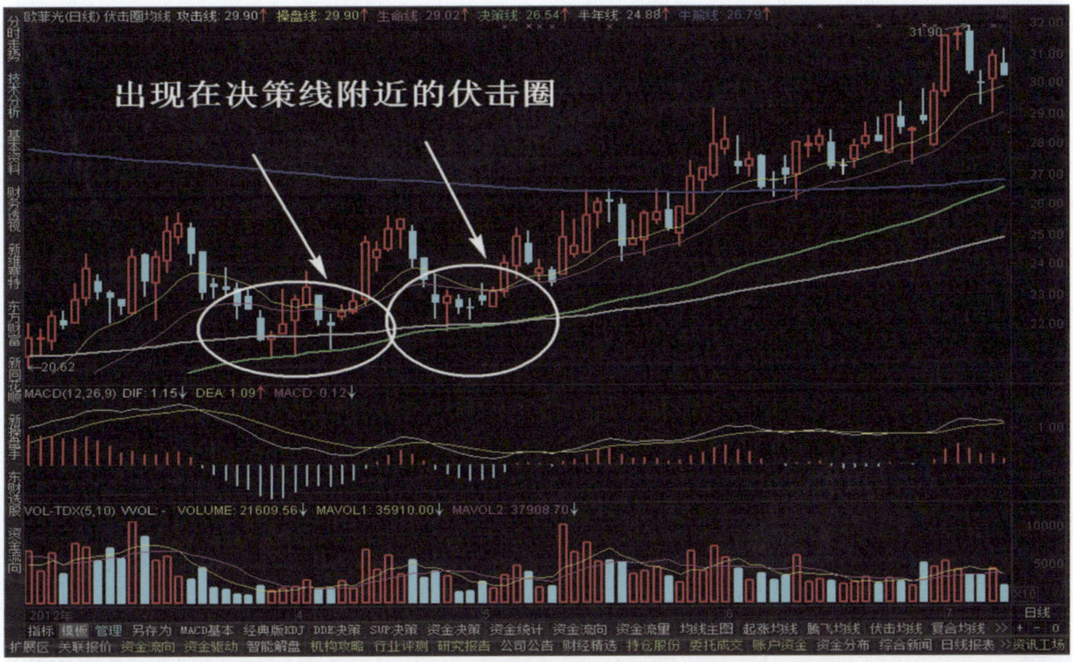

图例 144

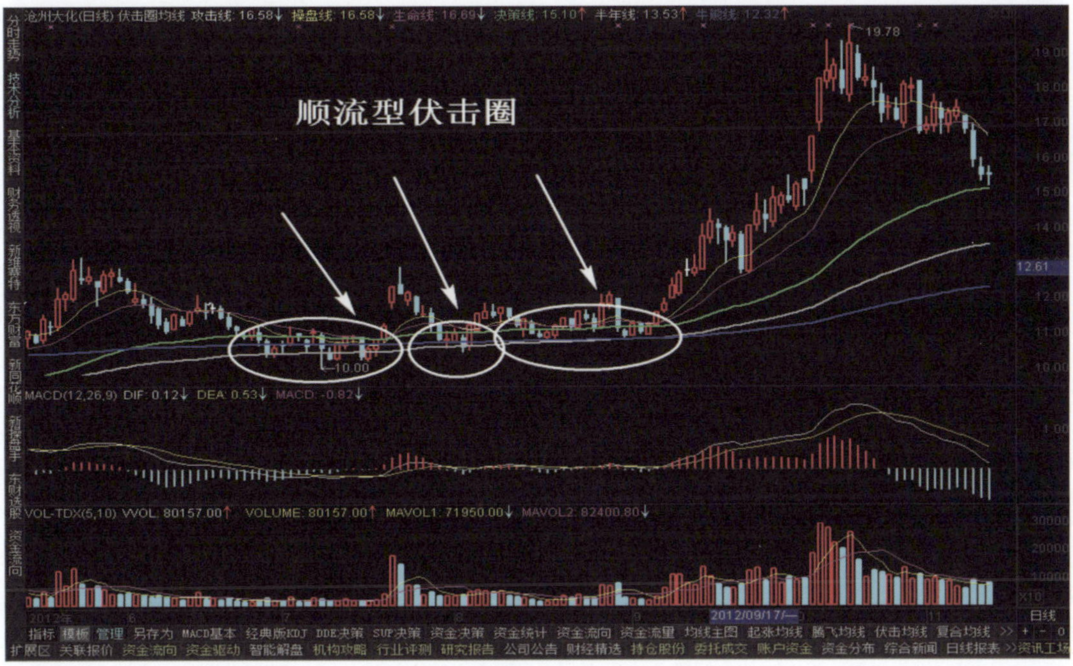

图例 145

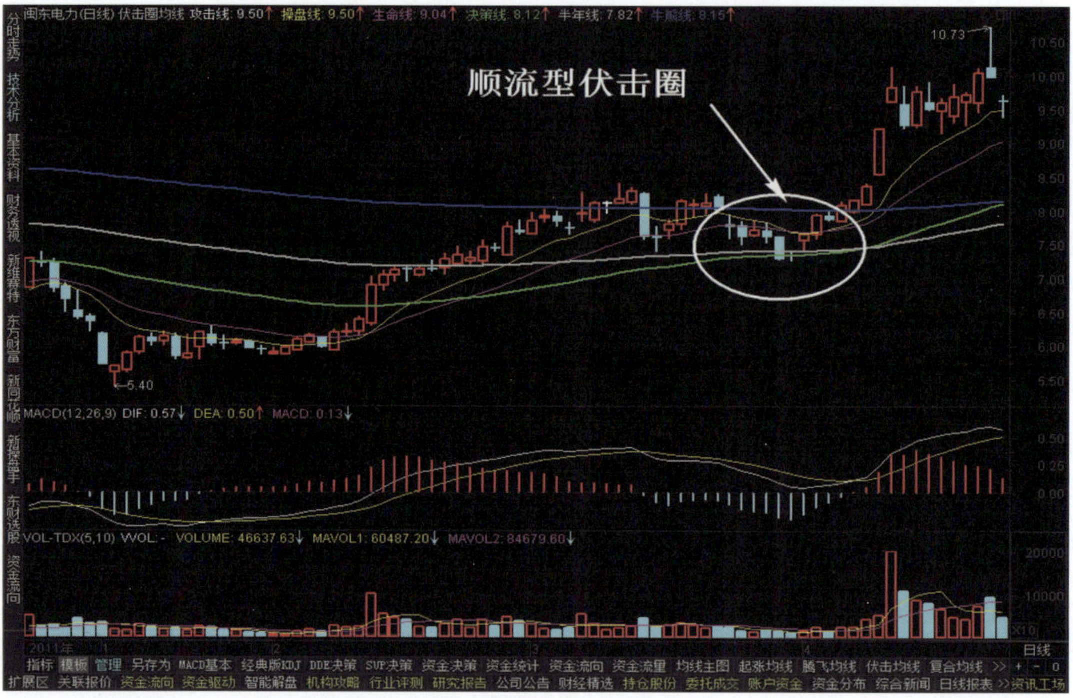

图例 146

第二类：出现在生命线附近的伏击圈。

生命线也就是决定股价波段趋势的均线，一般把参数设定为 20 或者 30，在这里我们设定为 20，以便和万能交易系统一致。

出现在生命线附近的伏击圈，必须是符合下边的条件，才进场。

一是生命线必须是金叉向上的。

二是均线系统必须是健康的。

三是 K 线结构必须是标准的。

四是量能结构必须是符合标准的。

五是股价的空间位置必须是相对低位的。

注意这几个方面的条件，如果都符合，就比较可信。

相反，那就要特别小心，不可滥用伏击战法。

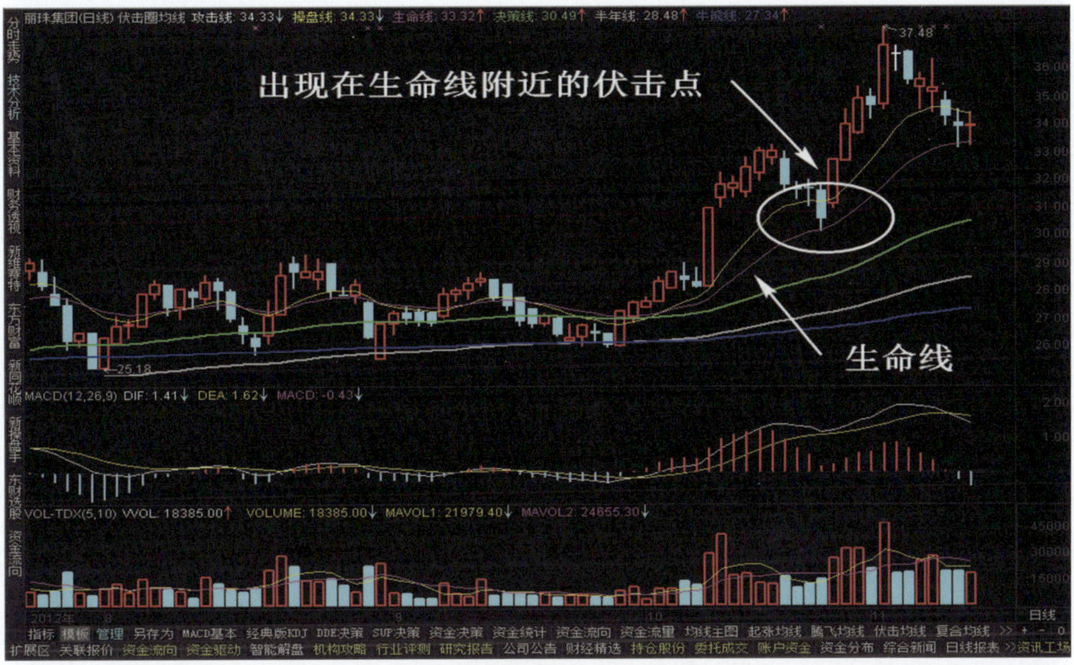
丽珠集团(日线) 伏击圈均线 攻击线: 34.33↓ 操盘线: 34.33↓ 生命线: 33.32↑ 决策线: 30.49↑ 半年线: 28.48↑ 牛熊线: 27.34↑
出现在生命线附近的伏击点
生命线
MACD(12,26,9) DIF: 1.41↓ DEA: 1.62↓ MACD: -0.43↓
VOL-TDX(5,10) VVOL: 18385.00↑ VOLUME: 18385.00↓ MAVOL1: 21979.40↓ MAVOL2: 24655.30↓

图例 147

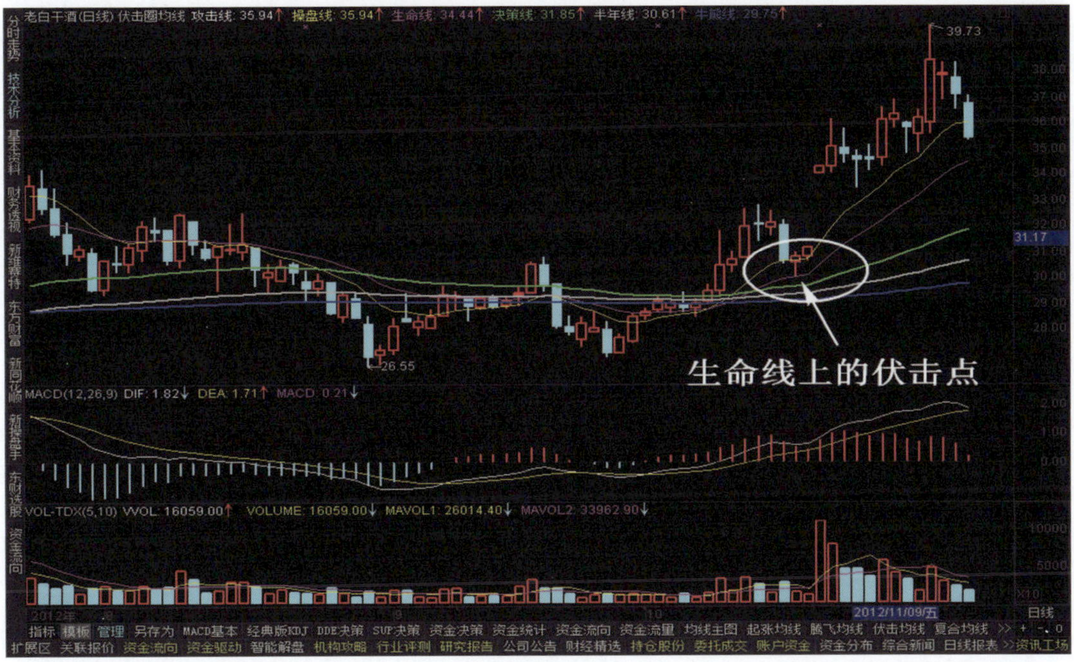
老白干酒(日线) 伏击圈均线 攻击线: 35.94↑ 操盘线: 35.94↑ 生命线: 34.44↑ 决策线: 31.85↑ 半年线: 30.61↑ 牛熊线: 29.75↑
生命线上的伏击点
MACD(12,26,9) DIF: 1.82↓ DEA: 1.71↑ MACD: 0.21↓
VOL-TDX(5,10) VVOL: 16059.00↑ VOLUME: 16059.00↓ MAVOL1: 26014.40↓ MAVOL2: 33962.90↓

图例 148

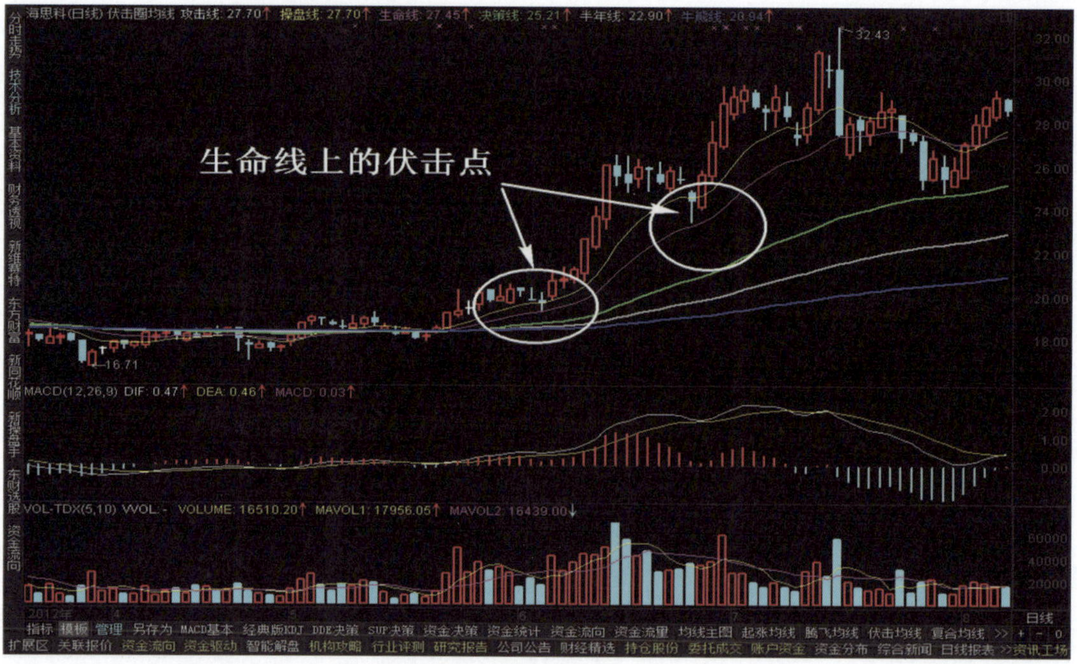

图例 149

第三类：出现在操盘线附近的伏击圈。

操盘线也就是决定股价主力操盘意愿的均线，一般把参数设定为 10。

出现在操盘线附近的伏击圈，必须是符合下边的条件，才进场。

一是操盘线必须是金叉向上的。

二是均线系统必须是健康的。

三是 K 线结构必须是标准的。

四是量能结构必须是符合标准的。

五是股价的空间位置必须是相对低位的。

注意这几个方面的条件，如果都符合，就比较可信。

相反，那就要特别小心，不可滥用伏击战法。

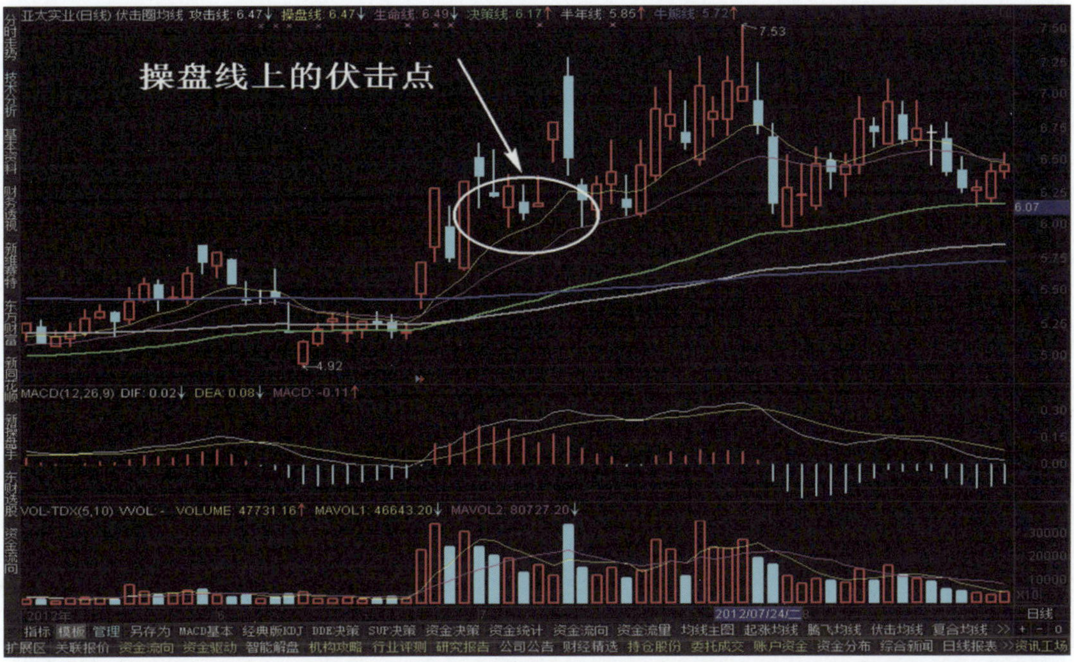
亚太实业(日线) 伏击圈均线 攻击线: 6.47↓ 操盘线: 6.47↓ 生命线: 6.49↓ 决策线: 6.17↑ 半年线: 5.85↑ 牛熊线: 5.72↑
操盘线上的伏击点
7.53
4.92
MACD(12,26,9) DIF: 0.02↓ DEA: 0.08↓ MACD: -0.11↑
VOL-TDX(5,10) VVOL: - VOLUME: 47731.16↑ MAVOL1: 46643.20↓ MAVOL2: 80727.20↓
2012/07/24/二

图例 150

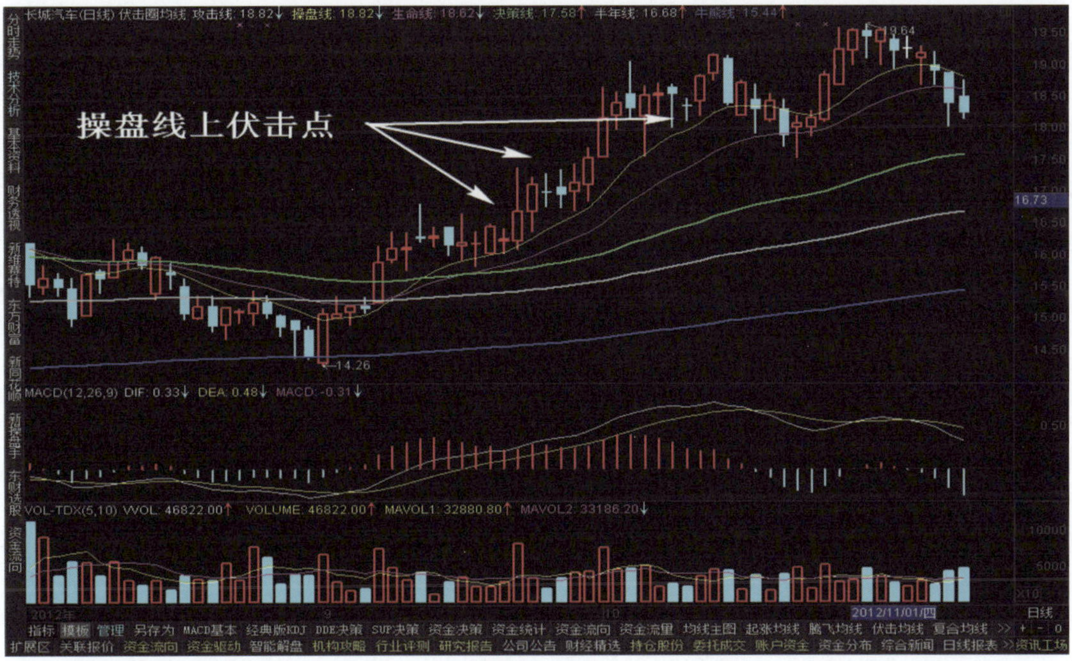
长城汽车(日线) 伏击圈均线 攻击线: 18.82↓ 操盘线: 18.82↓ 生命线: 18.62↓ 决策线: 17.58↑ 半年线: 16.68↑ 牛熊线: 15.44↑
操盘线上伏击点
19.64
14.26
MACD(12,26,9) DIF: 0.33↓ DEA: 0.48↓ MACD: -0.31↓
VOL-TDX(5,10) VVOL: 46822.00↑ VOLUME: 46822.00↑ MAVOL1: 32880.80↑ MAVOL2: 33186.20↓
2012/11/01/四

图例 151

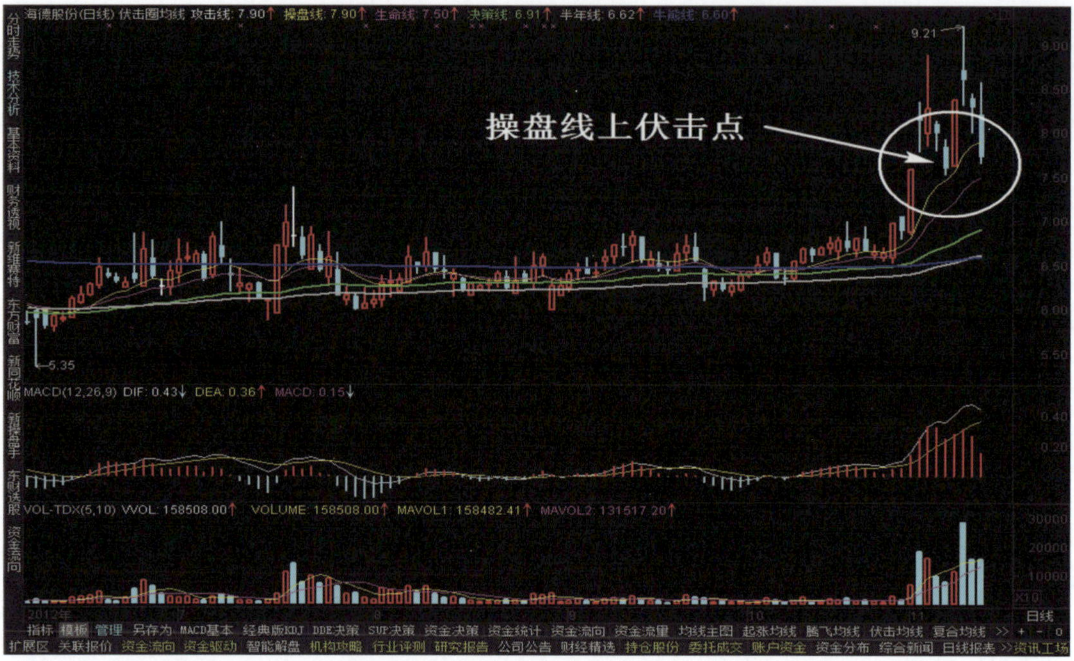

图例 152

第二节　逆流型伏击圈的实战应用

一、什么是逆流型伏击圈

所谓逆流型的伏击圈，就是指决策线还没有走平向上，但是生命线、操盘线、攻击线同时具备金叉向上的条件。这时候，股价出现洗盘震仓，回踩生命线、操盘线或者攻击线而出现的伏击点，或者伏击区域。这是顺流型伏击圈最基本的含义。

图例 153、154 就是逆流型的伏击圈。

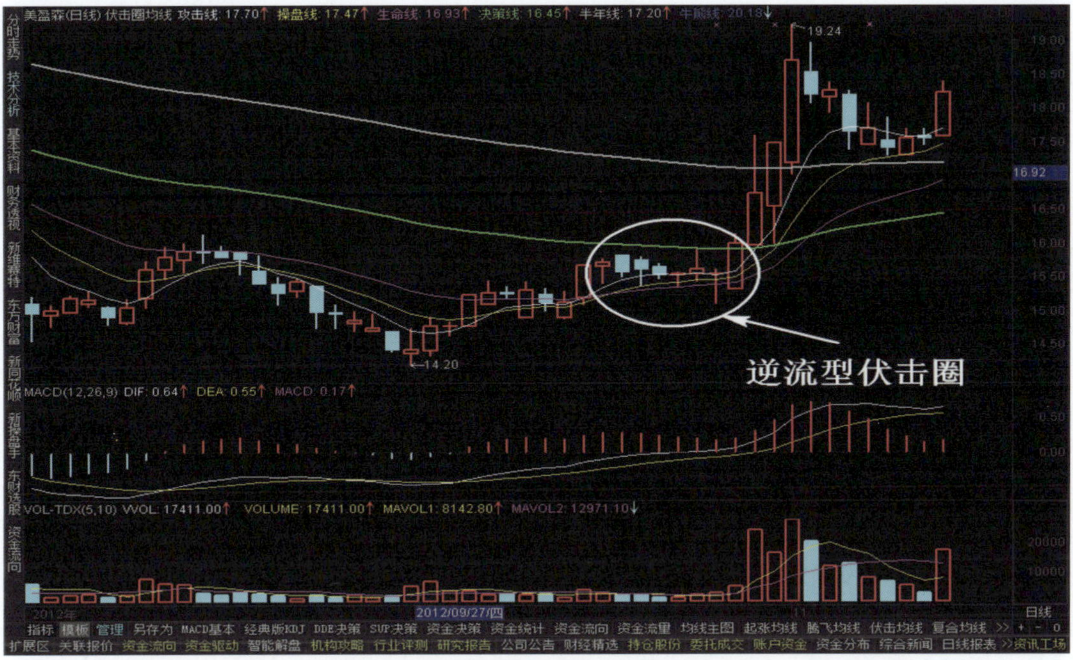
美盈森(日线) 伏击圈均线 攻击线: 17.70↑ 操盘线: 17.47↑ 生命线: 16.93↑ 决策线: 16.45↑ 半年线: 17.20↑ 牛熊线: 20.18↓
19.24
14.20
逆流型伏击圈
MACD(12,26,9) DIF: 0.64↑ DEA: 0.55↑ MACD: 0.17↑
VOL-TDX(5,10) VVOL: 17411.00↑ VOLUME: 17411.00↑ MAVOL1: 8142.80↑ MAVOL2: 12971.10↓
2012/09/27/四

图例 153

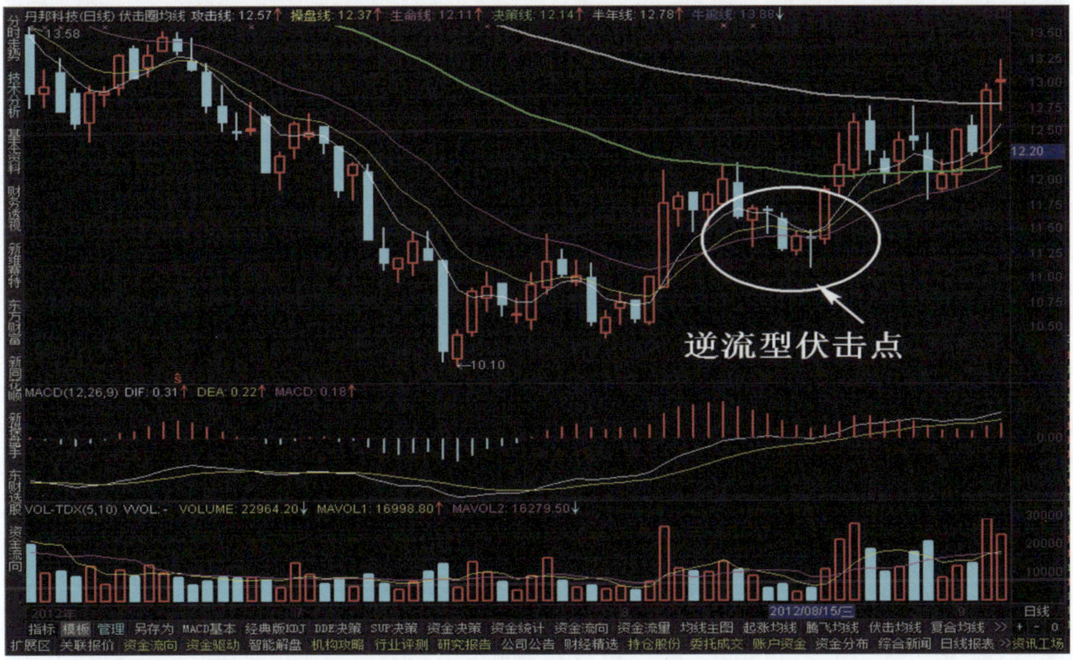
丹邦科技(日线) 伏击圈均线 攻击线: 12.57↑ 操盘线: 12.37↑ 生命线: 12.11↑ 决策线: 12.14↑ 半年线: 12.78↑ 牛熊线: 13.88↓
13.58
10.10
逆流型伏击点
MACD(12,26,9) DIF: 0.31↑ DEA: 0.22↑ MACD: 0.18↑
VOL-TDX(5,10) VVOL: - VOLUME: 22964.20↓ MAVOL1: 16998.80↑ MAVOL2: 16279.50↓
2012/08/15/三

图例 154

二、逆流型伏击圈的实战应用

逆流型伏击圈是比较特殊的伏击圈，原则上不建议各位参与。

逆流型伏击圈属于职业操盘手使用的实战技术。

同时也是属于大资金使用的交易模型。

如果是小资金，建议只操作超强势的品种。

逆流型伏击圈必须符合以下条件，才能进场。

一是操盘线必须是金叉向上的。

二是均线系统必须是健康的。

三是 K 线结构必须是标准的。

四是量能结构必须是符合标准的。

五是股价的空间位置必须是相对低位的。

注意这几个方面的条件，如果都符合，就比较可信。

相反，那就要特别小心，不可滥用伏击战法。

图例 155、156 就是常见的逆流型伏击圈。

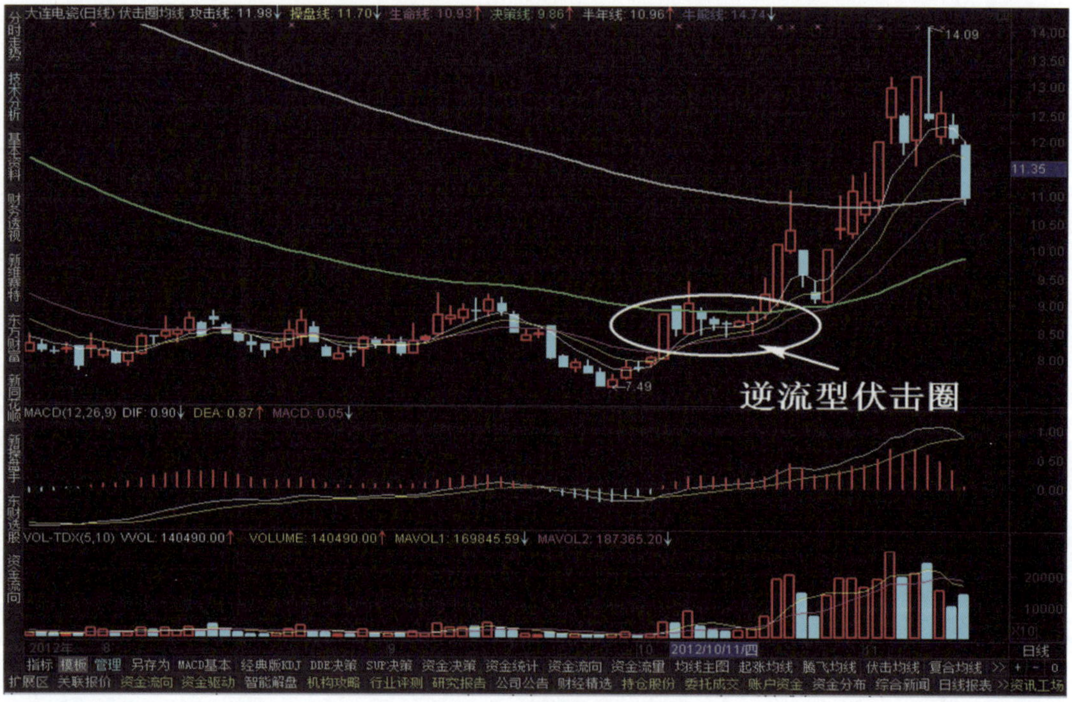

图例 155

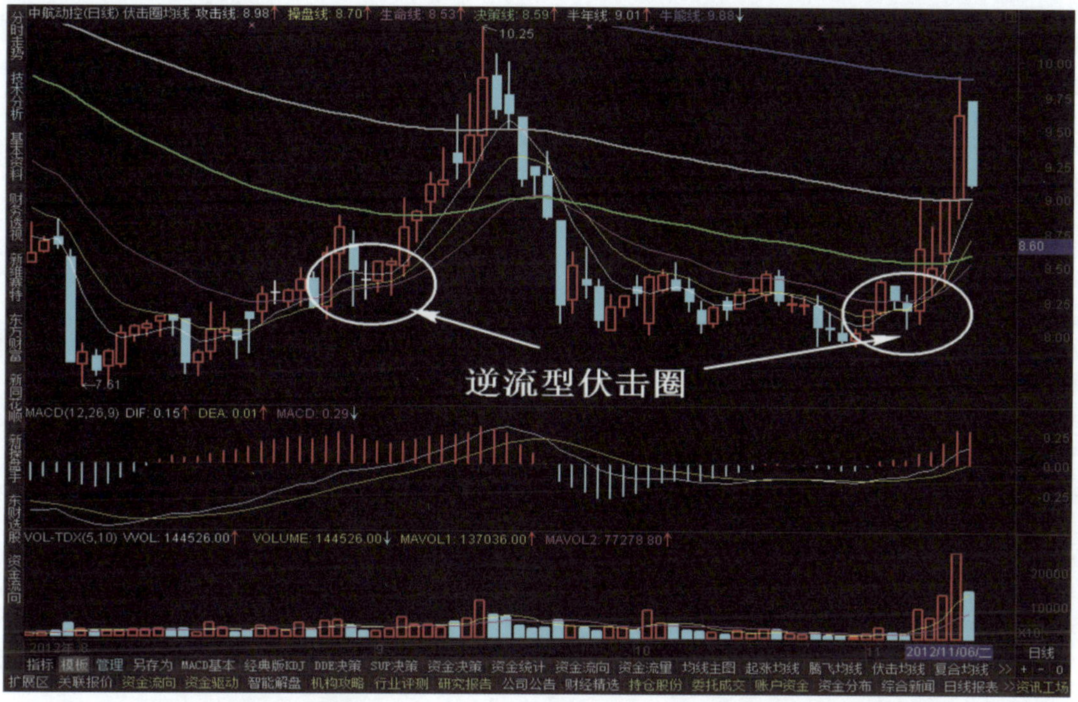
中航动控(日线) 伏击圈均线 攻击线: 8.98↑ 操盘线: 8.70↑ 生命线: 8.53↑ 决策线: 8.59↑ 半年线: 9.01↑ 牛熊线: 9.88↓
10.25
7.61
8.60
逆流型伏击圈
MACD(12,26,9) DIF: 0.15↑ DEA: 0.01↑ MACD: 0.29↓
VOL-TDX(5,10) VVOL: 144526.00↑ VOLUME: 144526.00↓ MAVOL1: 137036.00↑ MAVOL2: 77278.80↑
2012/11/06/二
日线

图例 156

第十章
腾飞点与伏击圈的连襟关系图解

本章学习要点

一、了解腾飞点与伏击圈的连襟关系。

二、学会将二者关联起来整体考量。

三、在实战中领会二者的相关性。

第一节　从学习腾飞点经典走势中领悟伏击圈技术

一、按年份整理经典大牛股腾飞点走势统计表

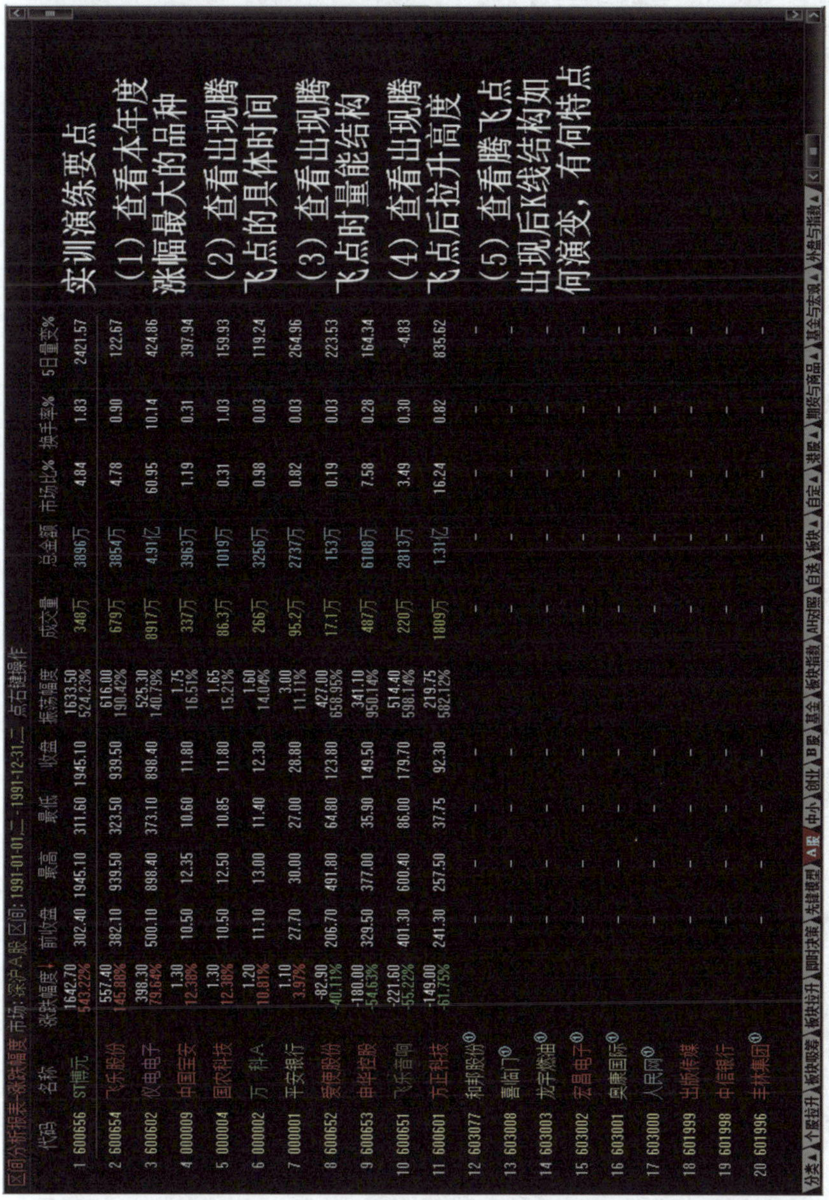

区间分析报表-涨跌幅度 市场:深沪A股 区间:1991-01-01,二-1991-12-31,二 点右键操作

	代码	名称	涨跌幅度	前收盘	最高	最低	收盘	振荡幅度	成交量	总金额	市场比%	换手率%	5日量变%
1	600656	ST博元	1642.70 543.22%	302.40	1945.10	311.60	1945.10	1633.50 524.23%	348万	3896万	4.84	1.83	2421.57
2	600654	飞乐股份	557.40 145.88%	382.10	939.50	323.50	939.50	616.00 190.42%	679万	3854万	4.78	0.90	122.67
3	600602	仪电电子	398.30 79.64%	500.10	898.40	373.10	898.40	525.30 140.79%	8917万	4.91亿	60.95	10.14	424.86
4	000009	中国宝安	1.30 12.38%	10.50	12.35	10.60	11.80	1.75 16.51%	337万	3963万	1.19	0.31	397.94
5	000004	国农科技	1.30 12.38%	10.50	12.50	10.85	11.80	1.65 15.21%	86.3万	1019万	0.31	1.03	159.93
6	000002	万　科A	1.20 10.81%	11.10	13.00	11.40	12.30	1.60 14.04%	266万	3256万	0.98	0.03	119.24
7	000001	平安银行	1.10 3.97%	27.70	30.00	27.00	28.80	3.00 11.11%	95.2万	2737万	0.82	0.03	264.96
8	600652	爱使股份	-82.90 -40.11%	206.70	491.80	64.80	123.80	427.00 658.95%	17.1万	153万	0.19	0.03	223.53
9	600653	申华控股	-180.00 -54.63%	329.50	377.00	35.90	149.50	341.10 950.14%	487万	6108万	7.58	0.28	164.34
10	600651	飞乐音响	-221.60 -55.22%	401.30	600.40	86.00	179.70	514.40 598.14%	220万	2813万	3.49	0.30	-4.83
11	600601	方正科技	-149.00 -61.75%	241.30	257.50	37.75	92.30	219.75 582.12%	1809万	1.31亿	16.24	0.82	835.62
12	603077	和邦股份①		-	-	-	-		-	-	-	-	-
13	603008	喜临门①		-	-	-	-		-	-	-	-	-
14	603003	龙宇燃油①		-	-	-	-		-	-	-	-	-
15	603002	宏昌电子①		-	-	-	-		-	-	-	-	-
16	603001	奥康国际①		-	-	-	-		-	-	-	-	-
17	603000	人民网①		-	-	-	-		-	-	-	-	-
18	601999	出版传媒		-	-	-	-		-	-	-	-	-
19	601998	中信银行		-	-	-	-		-	-	-	-	-
20	601996	丰林集团①		-	-	-	-		-	-	-	-	-

图例 157

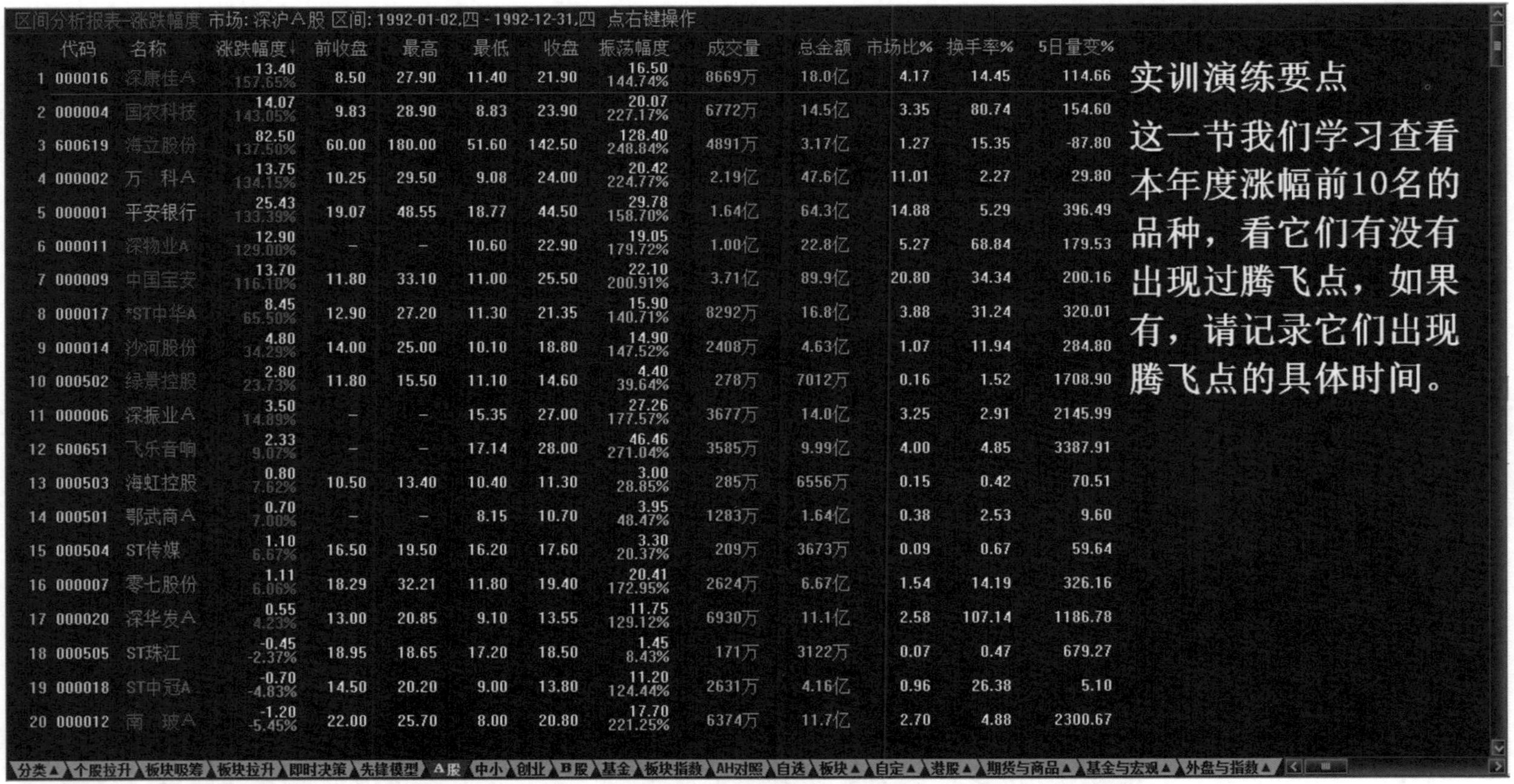

区间分析报表—涨跌幅度 市场：深沪A股 区间：1992-01-02,四 - 1992-12-31,四 点右键操作

	代码	名称	涨跌幅度↓	前收盘	最高	最低	收盘	振荡幅度	成交量	总金额	市场比%	换手率%	5日量变%
1	000016	深康佳A	13.40 157.65%	8.50	27.90	11.40	21.90	16.50 144.74%	8669万	18.0亿	4.17	14.45	114.66
2	000004	国农科技	14.07 143.05%	9.83	28.90	8.83	23.90	20.07 227.17%	6772万	14.5亿	3.35	80.74	154.60
3	600619	海立股份	82.50 137.50%	60.00	180.00	51.60	142.50	128.40 248.84%	4891万	3.17亿	1.27	15.35	-87.80
4	000002	万 科A	13.75 134.15%	10.25	29.50	9.08	24.00	20.42 224.77%	2.19亿	47.6亿	11.01	2.27	29.80
5	000001	平安银行	25.43 133.39%	19.07	48.55	18.77	44.50	29.78 158.70%	1.64亿	64.3亿	14.88	5.29	396.49
6	000011	深物业A	12.90 129.00%	-	-	10.60	22.90	19.05 179.72%	1.00亿	22.8亿	5.27	68.84	179.53
7	000009	中国宝安	13.70 116.10%	11.80	33.10	11.00	25.50	22.10 200.91%	3.71亿	89.9亿	20.80	34.34	200.16
8	000017	*ST中华A	8.45 65.50%	12.90	27.20	11.30	21.35	15.90 140.71%	8292万	16.8亿	3.88	31.24	320.01
9	000014	沙河股份	4.80 34.29%	14.00	25.00	10.10	18.80	14.90 147.52%	2408万	4.63亿	1.07	11.94	284.80
10	000502	绿景控股	2.80 23.73%	11.80	15.50	11.10	14.60	4.40 39.64%	278万	7012万	0.16	1.52	1708.90
11	000006	深振业A	3.50 14.89%	-	-	15.35	27.00	27.26 177.57%	3677万	14.0亿	3.25	2.91	2145.99
12	600651	飞乐音响	2.33 9.07%	-	-	17.14	28.00	46.46 271.04%	3585万	9.99亿	4.00	4.85	3387.91
13	000503	海虹控股	0.80 7.62%	10.50	13.40	10.40	11.30	3.00 28.85%	285万	6556万	0.15	0.42	70.51
14	000501	鄂武商A	0.70 7.00%	-	-	8.15	10.70	3.95 48.47%	1283万	1.64亿	0.38	2.53	9.60
15	000504	ST传媒	1.10 6.67%	16.50	19.50	16.20	17.60	3.30 20.37%	209万	3673万	0.09	0.67	59.64
16	000007	零七股份	1.11 6.06%	18.29	32.21	11.80	19.40	20.41 172.95%	2624万	6.67亿	1.54	14.19	326.16
17	000020	深华发A	0.55 4.23%	13.00	20.85	9.10	13.55	11.75 129.12%	6930万	11.1亿	2.58	107.14	1186.78
18	000505	ST珠江	-0.45 -2.37%	18.95	18.65	17.20	18.50	1.45 8.43%	171万	3122万	0.07	0.47	679.27
19	000018	ST中冠A	-0.70 -4.83%	14.50	20.20	9.00	13.80	11.20 124.44%	2631万	4.16亿	0.96	26.38	5.10
20	000012	南 玻A	-1.20 -5.45%	22.00	25.70	8.00	20.80	17.70 221.25%	6374万	11.7亿	2.70	4.88	2300.67

图例 158

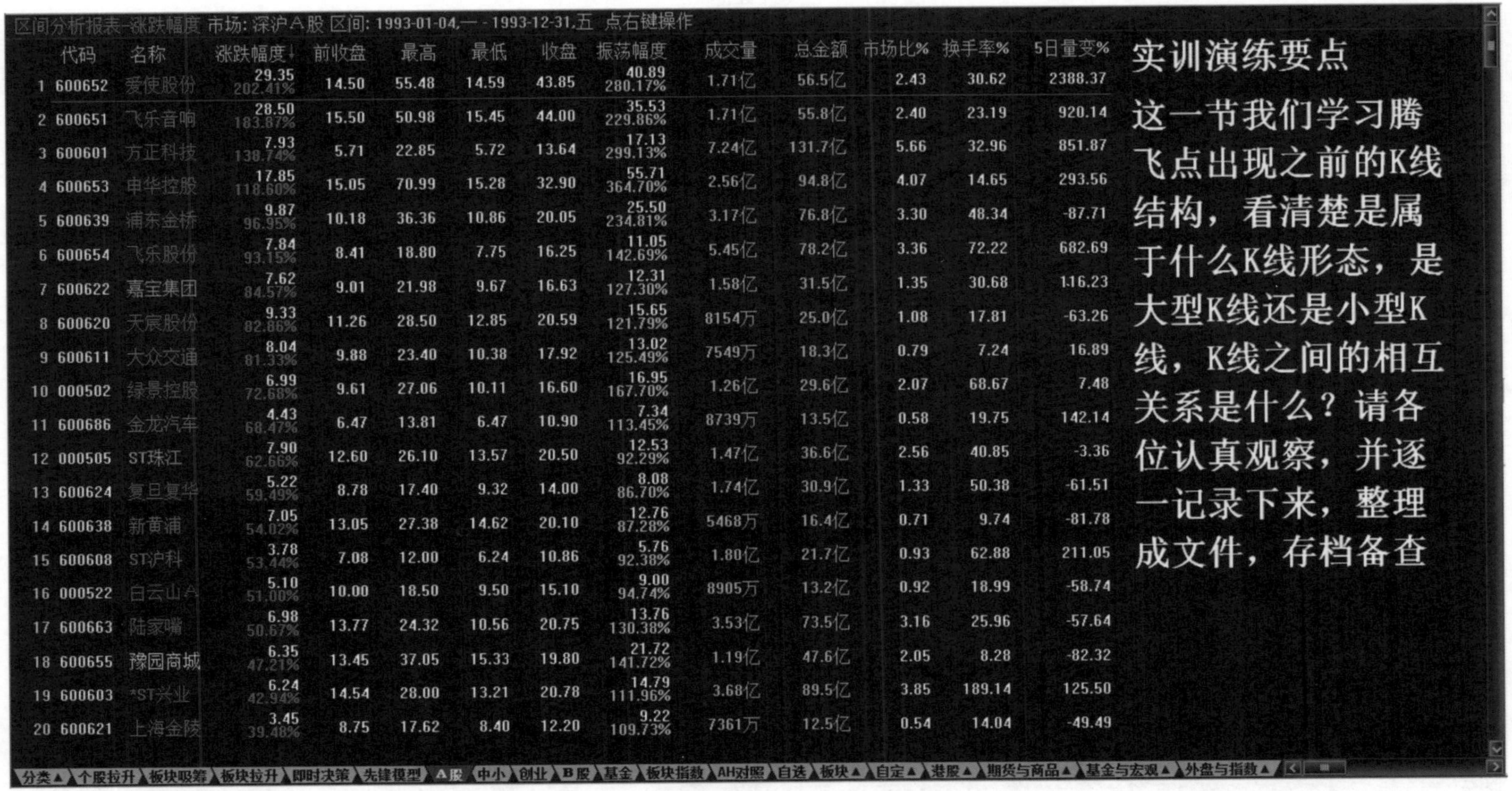

区间分析报表-涨跌幅度 市场: 深沪A股 区间: 1993-01-04,一 - 1993-12-31,五 点右键操作

	代码	名称	涨跌幅度↓	前收盘	最高	最低	收盘	振荡幅度	成交量	总金额	市场比%	换手率%	5日量变%
1	600652	爱使股份	29.35 202.41%	14.50	55.48	14.59	43.85	40.89 280.17%	1.71亿	56.5亿	2.43	30.62	2388.37
2	600651	飞乐音响	28.50 183.87%	15.50	50.98	15.45	44.00	35.53 229.86%	1.71亿	55.8亿	2.40	23.19	920.14
3	600601	方正科技	7.93 138.74%	5.71	22.85	5.72	13.64	17.13 299.13%	7.24亿	131.7亿	5.66	32.96	851.87
4	600653	申华控股	17.85 118.60%	15.05	70.99	15.28	32.90	55.71 364.70%	2.56亿	94.8亿	4.07	14.65	293.56
5	600639	浦东金桥	9.87 96.95%	10.18	36.36	10.86	20.05	25.50 234.81%	3.17亿	76.8亿	3.30	48.34	-87.71
6	600654	飞乐股份	7.84 93.15%	8.41	18.80	7.75	16.25	11.05 142.69%	5.45亿	78.2亿	3.36	72.22	682.69
7	600622	嘉宝集团	7.62 84.57%	9.01	21.98	9.67	16.63	12.31 127.30%	1.58亿	31.5亿	1.35	30.68	116.23
8	600620	天宸股份	9.33 82.86%	11.26	28.50	12.85	20.59	15.65 121.79%	8154万	25.0亿	1.08	17.81	-63.26
9	600611	大众交通	8.04 81.33%	9.88	23.40	10.38	17.92	13.02 125.49%	7549万	18.3亿	0.79	7.24	16.89
10	000502	绿景控股	6.99 72.68%	9.61	27.06	10.11	16.60	16.95 167.70%	1.26亿	29.6亿	2.07	68.67	7.48
11	600686	金龙汽车	4.43 68.47%	6.47	13.81	6.47	10.90	7.34 113.45%	8739万	13.5亿	0.58	19.75	142.14
12	000505	ST珠江	7.90 62.66%	12.60	26.10	13.57	20.50	12.53 92.29%	1.47亿	36.6亿	2.56	40.85	-3.36
13	600624	复旦复华	5.22 59.49%	8.78	17.40	9.32	14.00	8.08 86.70%	1.74亿	30.9亿	1.33	50.38	-61.51
14	600638	新黄浦	7.05 54.02%	13.05	27.38	14.62	20.10	12.76 87.28%	5468万	16.4亿	0.71	9.74	-81.78
15	600608	ST沪科	3.78 53.44%	7.08	12.00	6.24	10.86	5.76 92.38%	1.80亿	21.7亿	0.93	62.88	211.05
16	000522	白云山A	5.10 51.00%	10.00	18.50	9.50	15.10	9.00 94.74%	8905万	13.2亿	0.92	18.99	-58.74
17	600663	陆家嘴	6.98 50.67%	13.77	24.32	10.56	20.75	13.76 130.38%	3.53亿	73.5亿	3.16	25.96	-57.64
18	600655	豫园商城	6.35 47.21%	13.45	37.05	15.33	19.80	21.72 141.72%	1.19亿	47.6亿	2.05	8.28	-82.32
19	600603	*ST兴业	6.24 42.94%	14.54	28.00	13.21	20.78	14.79 111.96%	3.68亿	89.5亿	3.85	189.14	125.50
20	600621	上海金陵	3.45 39.48%	8.75	17.62	8.40	12.20	9.22 109.73%	7361万	12.5亿	0.54	14.04	-49.49

图例 159

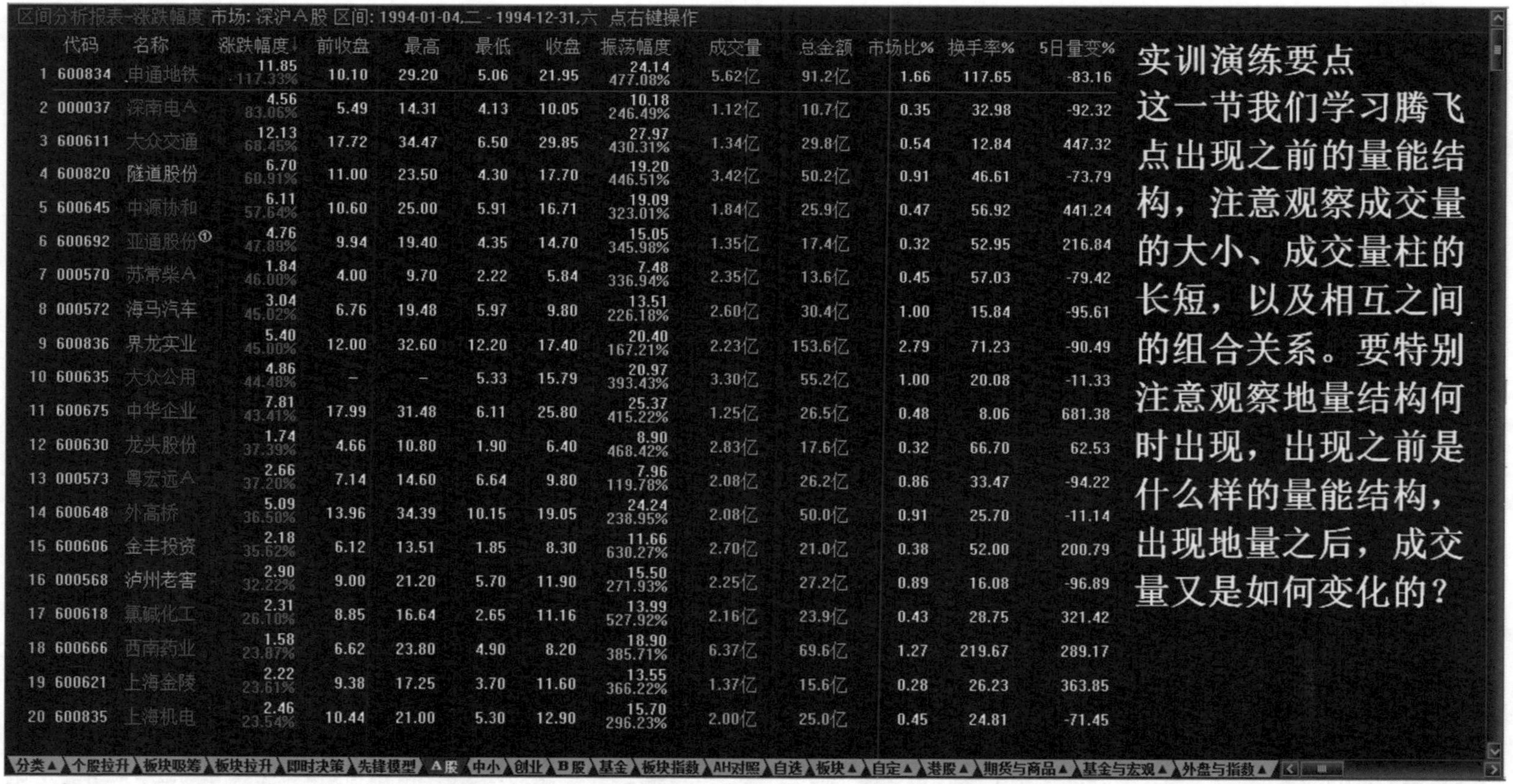

区间分析报表-涨跌幅度 市场: 深沪A股 区间: 1994-01-04,二 - 1994-12-31,六 点右键操作

	代码	名称	涨跌幅度	前收盘	最高	最低	收盘	振荡幅度	成交量	总金额	市场比%	换手率%	5日量变%
1	600834	申通地铁	11.85 117.33%	10.10	29.20	5.06	21.95	24.14 477.08%	5.62亿	91.2亿	1.66	117.65	-83.16
2	000037	深南电A	4.56 83.06%	5.49	14.31	4.13	10.05	10.18 246.49%	1.12亿	10.7亿	0.35	32.98	-92.32
3	600611	大众交通	12.13 68.45%	17.72	34.47	6.50	29.85	27.97 430.31%	1.34亿	29.8亿	0.54	12.84	447.32
4	600820	隧道股份	6.70 60.91%	11.00	23.50	4.30	17.70	19.20 446.51%	3.42亿	50.2亿	0.91	46.61	-73.79
5	600645	中源协和	6.11 57.64%	10.60	25.00	5.91	16.71	19.09 323.01%	1.84亿	25.9亿	0.47	56.92	441.24
6	600692	亚通股份①	4.76 47.89%	9.94	19.40	4.35	14.70	15.05 345.98%	1.35亿	17.4亿	0.32	52.95	216.84
7	000570	苏常柴A	1.84 46.00%	4.00	9.70	2.22	5.84	7.48 336.94%	2.35亿	13.6亿	0.45	57.03	-79.42
8	000572	海马汽车	3.04 45.02%	6.76	19.48	5.97	9.80	13.51 226.18%	2.60亿	30.4亿	1.00	15.84	-95.61
9	600836	界龙实业	5.40 45.00%	12.00	32.60	12.20	17.40	20.40 167.21%	2.23亿	153.6亿	2.79	71.23	-90.49
10	600635	大众公用	4.86 44.48%	-	-	5.33	15.79	20.97 393.43%	3.30亿	55.2亿	1.00	20.08	-11.33
11	600675	中华企业	7.81 43.41%	17.99	31.48	6.11	25.80	25.37 415.22%	1.25亿	26.5亿	0.48	8.06	681.38
12	600630	龙头股份	1.74 37.39%	4.66	10.80	1.90	6.40	8.90 468.42%	2.83亿	17.6亿	0.32	66.70	62.53
13	000573	粤宏远A	2.66 37.20%	7.14	14.60	6.64	9.80	7.96 119.78%	2.08亿	26.2亿	0.86	33.47	-94.22
14	600648	外高桥	5.09 36.50%	13.96	34.39	10.15	19.05	24.24 238.95%	2.08亿	50.0亿	0.91	25.70	-11.14
15	600606	金丰投资	2.18 35.62%	6.12	13.51	1.85	8.30	11.66 630.27%	2.70亿	21.0亿	0.38	52.00	200.79
16	000568	泸州老窖	2.90 32.22%	9.00	21.20	5.70	11.90	15.50 271.93%	2.25亿	27.2亿	0.89	16.08	-96.89
17	600618	氯碱化工	2.31 26.10%	8.85	16.64	2.65	11.16	13.99 527.92%	2.16亿	23.9亿	0.43	28.75	321.42
18	600666	西南药业	1.58 23.87%	6.62	23.80	4.90	8.20	18.90 385.71%	6.37亿	69.6亿	1.27	219.67	289.17
19	600621	上海金陵	2.22 23.61%	9.38	17.25	3.70	11.60	13.55 366.22%	1.37亿	15.6亿	0.28	26.23	363.85
20	600835	上海机电	2.46 23.54%	10.44	21.00	5.30	12.90	15.70 296.23%	2.00亿	25.0亿	0.45	24.81	-71.45

图例 160

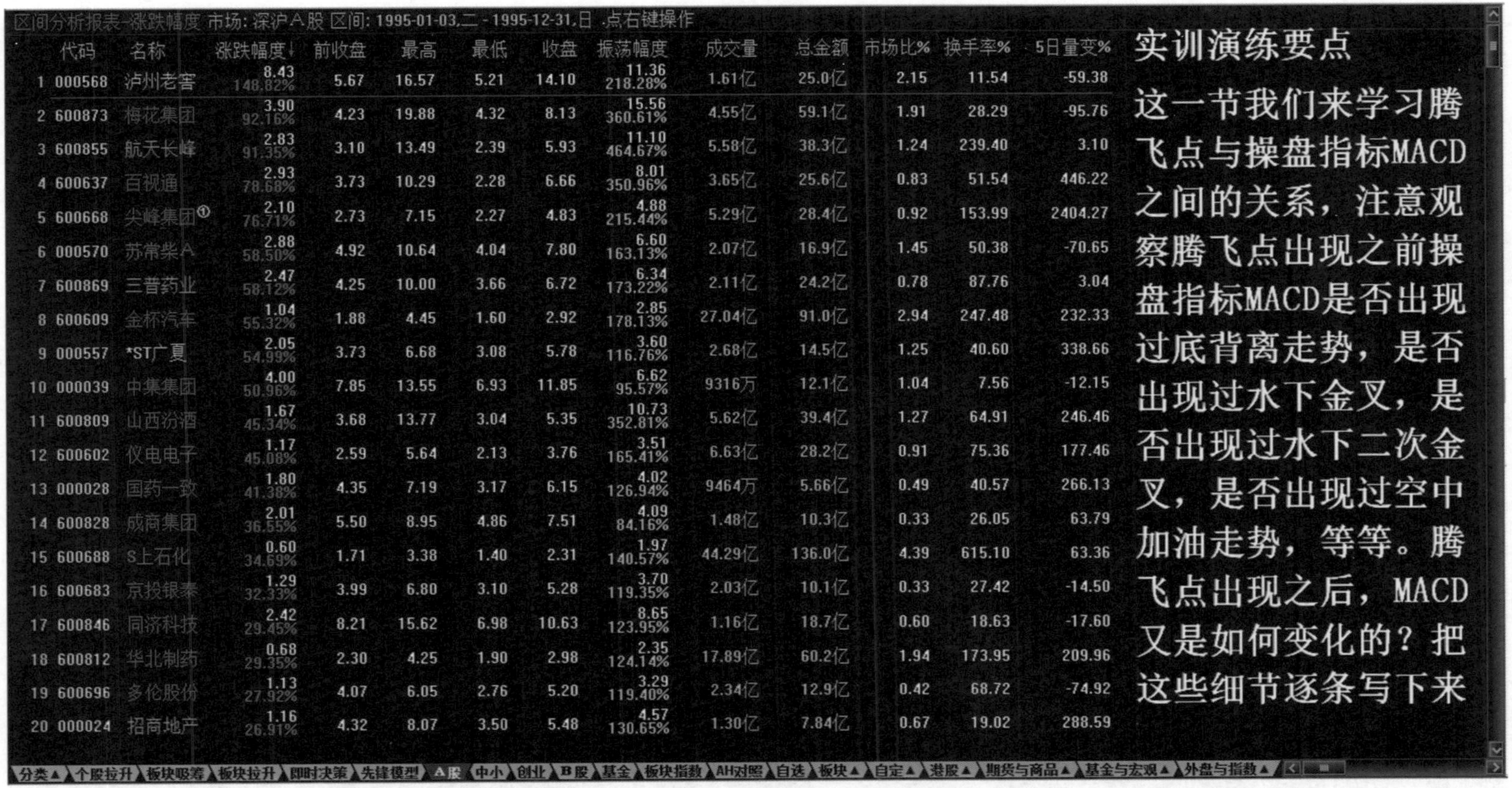

区间分析报表-涨跌幅度 市场：深沪A股 区间：1995-01-03,二 - 1995-12-31,日 .点右键操作

	代码	名称	涨跌幅度↓	前收盘	最高	最低	收盘	振荡幅度	成交量	总金额	市场比%	换手率%	5日量变%
1	000568	泸州老窖	8.43 148.82%	5.67	16.57	5.21	14.10	11.36 218.28%	1.61亿	25.0亿	2.15	11.54	-59.38
2	600873	梅花集团	3.90 92.16%	4.23	19.88	4.32	8.13	15.56 360.61%	4.55亿	59.1亿	1.91	28.29	-95.76
3	600855	航天长峰	2.83 91.35%	3.10	13.49	2.39	5.93	11.10 464.67%	5.58亿	38.3亿	1.24	239.40	3.10
4	600637	百视通	2.93 78.68%	3.73	10.29	2.28	6.66	8.01 350.96%	3.65亿	25.6亿	0.83	51.54	446.22
5	600668	尖峰集团①	2.10 76.71%	2.73	7.15	2.27	4.83	4.88 215.44%	5.29亿	28.4亿	0.92	153.99	2404.27
6	000570	苏常柴A	2.88 58.50%	4.92	10.64	4.04	7.80	6.60 163.13%	2.07亿	16.9亿	1.45	50.38	-70.65
7	600869	三普药业	2.47 58.12%	4.25	10.00	3.66	6.72	6.34 173.22%	2.11亿	24.2亿	0.78	87.76	3.04
8	600609	金杯汽车	1.04 55.32%	1.88	4.45	1.60	2.92	2.85 178.13%	27.04亿	91.0亿	2.94	247.48	232.33
9	000557	*ST广夏	2.05 54.99%	3.73	6.68	3.08	5.78	3.60 116.76%	2.68亿	14.5亿	1.25	40.60	338.66
10	000039	中集集团	4.00 50.96%	7.85	13.55	6.93	11.85	6.62 95.57%	9316万	12.1亿	1.04	7.56	-12.15
11	600809	山西汾酒	1.67 45.34%	3.68	13.77	3.04	5.35	10.73 352.81%	5.62亿	39.4亿	1.27	64.91	246.46
12	600602	仪电电子	1.17 45.08%	2.59	5.64	2.13	3.76	3.51 165.41%	6.63亿	28.2亿	0.91	75.36	177.46
13	000028	国药一致	1.80 41.38%	4.35	7.19	3.17	6.15	4.02 126.94%	9464万	5.66亿	0.49	40.57	266.13
14	600828	成商集团	2.01 36.55%	5.50	8.95	4.86	7.51	4.09 84.16%	1.48亿	10.3亿	0.33	26.05	63.79
15	600688	S上石化	0.60 34.69%	1.71	3.38	1.40	2.31	1.97 140.57%	44.29亿	136.0亿	4.39	615.10	63.36
16	600683	京投银泰	1.29 32.33%	3.99	6.80	3.10	5.28	3.70 119.35%	2.03亿	10.1亿	0.33	27.42	-14.50
17	600846	同济科技	2.42 29.45%	8.21	15.62	6.98	10.63	8.65 123.95%	1.16亿	18.7亿	0.60	18.63	-17.60
18	600812	华北制药	0.68 29.35%	2.30	4.25	1.90	2.98	2.35 124.14%	17.89亿	60.2亿	1.94	173.95	209.96
19	600696	多伦股份	1.13 27.92%	4.07	6.05	2.76	5.20	3.29 119.40%	2.34亿	12.9亿	0.42	68.72	-74.92
20	000024	招商地产	1.16 26.91%	4.32	8.07	3.50	5.48	4.57 130.65%	1.30亿	7.84亿	0.67	19.02	288.59

图例 161

区间分析报表-涨跌幅度 市场：深沪A股 区间：1996-01-02,二 - 1996-12-31,二 点右键操作

	代码	名称	涨跌幅度↓	前收盘	最高	最低	收盘	振荡幅度	成交量	总金额	市场比%	换手率%	5日量变%
1	000551	创元科技	17.97 716.48%	2.51	24.80	2.08	20.48	22.72 1090.40%	8.26亿	92.0亿	0.70	213.26	1577.42
2	000571	新大洲A	15.60 605.04%	2.58	27.00	2.22	18.18	24.78 1115.43%	11.25亿	150.5亿	1.14	152.93	3701.97
3	000031	中粮地产	12.79 531.23%	2.41	20.00	2.28	15.20	17.72 777.19%	10.48亿	105.4亿	0.80	57.76	5043.05
4	000046	泛海建设	15.58 502.58%	3.10	23.30	2.68	18.68	20.62 768.81%	4.67亿	44.5亿	0.34	10.28	1450.39
5	000021	长城开发	14.89 485.74%	3.06	26.00	2.66	17.95	23.34 878.84%	4.16亿	74.9亿	0.57	31.54	995.92
6	000001	平安银行	13.32 414.46%	3.21	20.50	2.95	16.54	17.55 594.92%	46.84亿	727.1亿	5.52	150.82	3414.36
7	000034	深信泰丰	7.95 404.83%	1.97	13.75	1.77	9.92	11.98 677.17%	9.99亿	92.3亿	0.70	293.80	1296.10
8	600839	四川长虹	18.11 381.69%	4.74	27.45	4.59	22.85	22.86 497.55%	21.84亿	424.7亿	4.50	47.38	295.60
9	000514	渝 开 发	10.13 379.40%	2.67	18.60	2.25	12.80	16.35 726.67%	3.87亿	36.4亿	0.28	50.51	2661.66
10	000530	大冷股份	10.98 366.00%	3.00	18.20	2.53	13.98	15.67 619.37%	5.87亿	66.1亿	0.50	272.18	2538.39
11	000651	格力电器	29.74 339.89%	8.75	40.00	23.25	38.49	16.75 72.01%	3632万	21.0亿	0.16	1.22	46.42
12	000510	金路集团	5.81 335.30%	1.73	11.53	1.51	7.54	10.02 665.63%	15.37亿	124.2亿	0.94	252.41	2182.87
13	000520	长航凤凰	8.48 326.15%	2.60	14.98	2.46	11.08	12.52 509.36%	15.76亿	147.6亿	1.12	235.57	2590.74
14	000501	鄂武商A	8.28 321.54%	–	–	2.39	10.85	17.61 736.36%	11.80亿	119.5亿	0.91	232.69	7262.58
15	000020	深华发A	8.12 314.73%	2.58	17.90	2.20	10.70	15.70 713.64%	4.36亿	30.6亿	0.23	674.61	3105.83
16	000027	深圳能源	7.77 295.65%	2.63	15.30	2.34	10.40	12.96 553.05%	12.64亿	115.7亿	0.88	47.81	2989.96
17	000019	深深宝A	11.84 292.35%	4.05	18.46	3.31	15.89	15.15 457.70%	3.71亿	32.4亿	0.25	182.95	113.67
18	000566	海南海药	9.10 284.38%	3.20	19.30	2.73	12.30	16.57 607.67%	9.20亿	83.4亿	0.63	195.07	1281.50
19	600690	青岛海尔	9.69 279.48%	3.47	16.49	3.31	13.16	13.18 398.53%	11.10亿	127.6亿	1.35	41.35	567.16
20	000539	粤电力A	9.72 279.31%	3.48	16.78	3.27	13.20	13.51 413.15%	8.42亿	90.1亿	0.68	42.33	3407.60

分类▲ 个股拉升 板块吸筹 板块拉升 即时决策 先锋模型 A股 中小 创业 B股 基金 板块指数 AH对照 自选 板块▲ 自定▲ 港股▲ 期货与商品▲ 基金与宏观▲ 外盘与指数▲

实训演练要点

这一节我们学习腾飞点与操盘指标KDJ之间的关系。注意观察腾飞点出现之前KDJ指标处于什么状态，其中J的数值是什么情况。出现腾飞点的时候，J的数值又是什么情况？详细记录下来，存档备查。

图例 162

区间分析报表-涨跌幅度 市场: 深沪A股 区间: 1997-01-02,四 - 1997-12-31,三 点右键操作

	代码	名称	涨跌幅度↓	前收盘	最高	最低	收盘	振荡幅度	成交量	总金额	市场比%	换手率%	5日量变%
1	000021	长城开发	25.90 291.77%	8.87	37.15	8.56	34.77	28.59 334.00%	6.71亿	236.9亿	1.35	50.93	57.49
2	000636	风华高科	21.71 237.27%	9.15	32.00	8.25	30.86	23.75 287.88%	1.28亿	33.9亿	0.19	19.09	5.81
3	000519	江南红箭	8.66 207.92%	4.17	16.25	3.99	12.83	12.26 307.10%	2.91亿	27.0亿	0.15	152.98	3.43
4	600718	东软集团	24.04 187.01%	12.86	40.59	12.76	36.90	27.83 218.05%	1.96亿	64.0亿	0.46	15.98	7.51
5	600839	四川长虹	25.18 185.48%	13.57	39.86	13.39	38.75	26.47 197.60%	18.05亿	702.0亿	5.02	39.15	43.57
6	600745	中茵股份	12.20 183.40%	6.65	23.70	6.50	18.86	17.19 264.34%	1.89亿	37.6亿	0.27	57.86	-56.67
7	000050	深天马A	13.99 172.53%	8.11	27.46	7.16	22.10	20.30 283.32%	1.87亿	31.2亿	0.18	32.48	-3.99
8	000421	南京中北	11.07 170.75%	6.49	17.67	5.61	17.56	12.06 215.00%	1.10亿	18.4亿	0.10	31.27	-45.10
9	000623	吉林敖东	16.30 166.53%	9.79	27.16	8.74	26.09	18.42 210.79%	1.32亿	31.9亿	0.18	17.49	33.67
10	600810	神马股份	10.98 164.19%	6.68	19.85	6.39	17.66	13.46 210.53%	8.14亿	111.9亿	0.80	184.08	-34.98
11	000027	深圳能源	7.13 158.53%	4.49	14.50	4.22	11.62	10.28 243.88%	13.26亿	231.9亿	1.32	50.16	-34.33
12	000582	北 海 港	6.09 154.18%	–	–	3.50	10.04	12.18 348.00%	3.82亿	49.8亿	0.28	269.47	-30.29
13	600739	辽宁成大	18.61 151.69%	12.27	31.00	11.69	30.88	19.31 165.13%	1.24亿	26.0亿	0.19	9.06	-47.14
14	600690	青岛海尔	17.05 150.05%	11.36	29.71	10.55	28.41	19.16 181.71%	9.36亿	232.2亿	1.66	34.85	4.69
15	600620	天宸股份	9.14 147.05%	6.22	16.00	5.75	15.36	10.25 178.37%	1.68亿	16.9亿	0.12	36.81	338.87
16	000682	东方电子	13.03 144.94%	8.99	23.22	7.40	22.02	15.81 213.57%	1.79亿	35.9亿	0.20	18.33	-41.62
17	600898	三联商社	8.83 143.14%	6.17	17.46	5.63	15.00	11.83 210.11%	8.85亿	116.6亿	0.83	436.41	5.25
18	600713	南京医药	14.61 140.75%	10.38	25.15	9.80	24.99	15.35 156.63%	1.61亿	24.4亿	0.17	29.36	-27.99
19	000568	泸州老窖	14.68 139.52%	10.52	38.80	9.79	25.20	29.01 296.26%	4.54亿	116.1亿	0.66	32.47	-52.13
20	600641	万业企业	8.34 138.14%	6.04	14.59	5.54	14.38	9.05 163.47%	2.03亿	26.5亿	0.19	25.19	50.20

分类▲ 个股拉升 板块吸筹 板块拉升 即时决策 先锋模型 A股 中小 创业 B股 基金 板块指数 AH对照 自选 板块▲ 自定▲ 港股▲ 期货与商品▲ 基金与宏观▲ 外盘与指数▲

实训演练要点

这一节我们学习腾飞点与平均线的位置关系。注意观察攻击线和操盘线之间是什么关系，操盘线和生命线之间是什么关系，生命线和决策线之间是什么关系。然后再看这四条均线组合在一起构成什么样的趋势，是多头趋势还是空头趋势。要特别注意它们之间的大小排列顺序是否标准。

图例 163

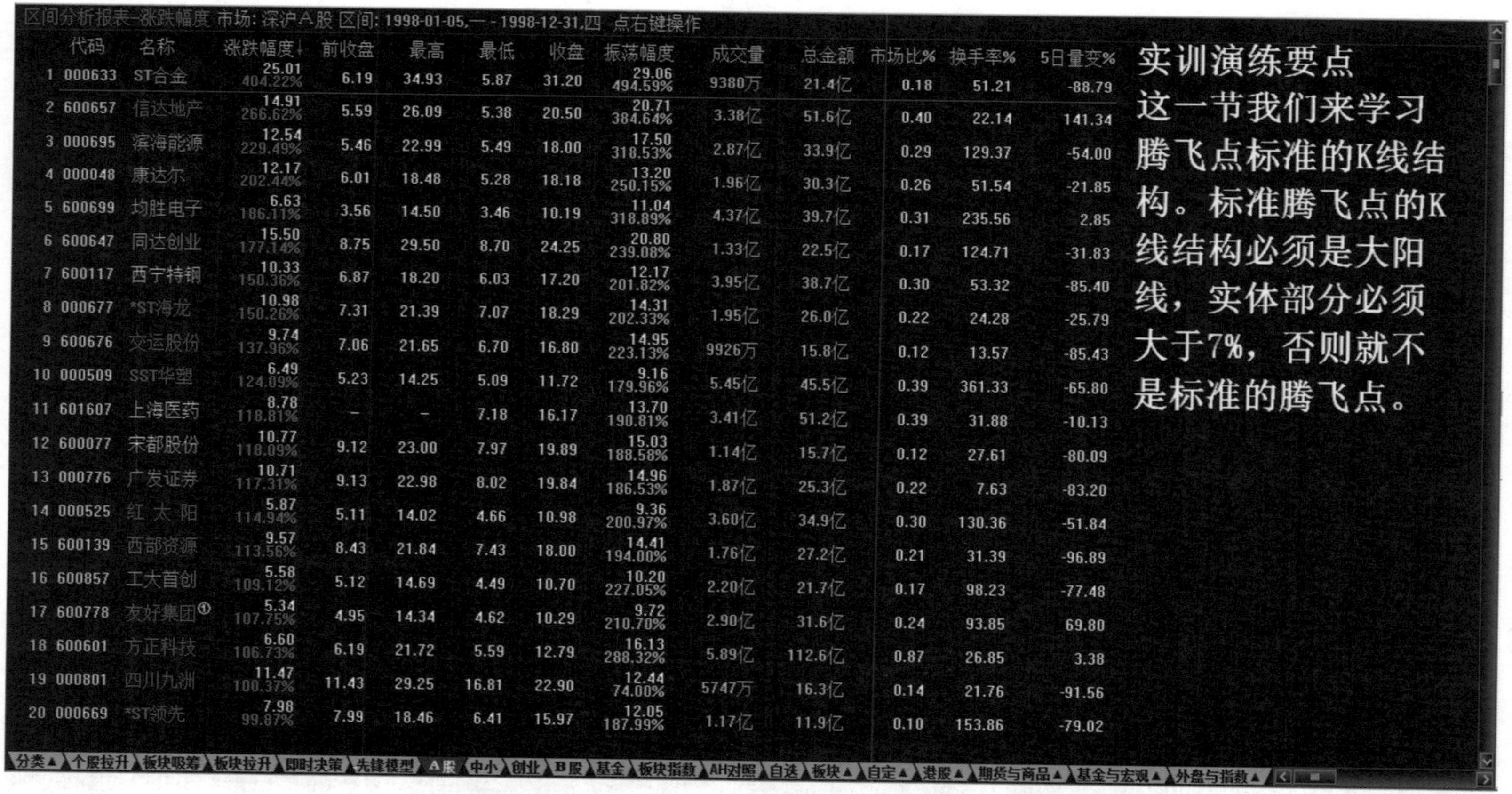

区间分析报表-涨跌幅度 市场：深沪A股 区间：1998-01-05,一 - 1998-12-31,四 点右键操作

	代码	名称	涨跌幅度↓	前收盘	最高	最低	收盘	振荡幅度	成交量	总金额	市场比%	换手率%	5日量变%
1	000633	ST合金	25.01 404.22%	6.19	34.93	5.87	31.20	29.06 494.59%	9380万	21.4亿	0.18	51.21	-88.79
2	600657	信达地产	14.91 266.62%	5.59	26.09	5.38	20.50	20.71 384.64%	3.38亿	51.6亿	0.40	22.14	141.34
3	000695	滨海能源	12.54 229.49%	5.46	22.99	5.49	18.00	17.50 318.53%	2.87亿	33.9亿	0.29	129.37	-54.00
4	000048	康达尔	12.17 202.44%	6.01	18.48	5.28	18.18	13.20 250.15%	1.96亿	30.3亿	0.26	51.54	-21.85
5	600699	均胜电子	6.63 186.11%	3.56	14.50	3.46	10.19	11.04 318.89%	4.37亿	39.7亿	0.31	235.56	2.85
6	600647	同达创业	15.50 177.14%	8.75	29.50	8.70	24.25	20.80 239.08%	1.33亿	22.5亿	0.17	124.71	-31.83
7	600117	西宁特钢	10.33 150.36%	6.87	18.20	6.03	17.20	12.17 201.82%	3.95亿	38.7亿	0.30	53.32	-85.40
8	000677	*ST海龙	10.98 150.26%	7.31	21.39	7.07	18.29	14.31 202.33%	1.95亿	26.0亿	0.22	24.28	-25.79
9	600676	交运股份	9.74 137.96%	7.06	21.65	6.70	16.80	14.95 223.13%	9926万	15.8亿	0.12	13.57	-85.43
10	000509	SST华塑	6.49 124.09%	5.23	14.25	5.09	11.72	9.16 179.96%	5.45亿	45.5亿	0.39	361.33	-65.80
11	601607	上海医药	8.78 118.81%	-	-	7.18	16.17	13.70 190.81%	3.41亿	51.2亿	0.39	31.88	-10.13
12	600077	宋都股份	10.77 118.09%	9.12	23.00	7.97	19.89	15.03 188.58%	1.14亿	15.7亿	0.12	27.61	-80.09
13	000776	广发证券	10.71 117.31%	9.13	22.98	8.02	19.84	14.96 186.53%	1.87亿	25.3亿	0.22	7.63	-83.20
14	000525	红 太 阳	5.87 114.94%	5.11	14.02	4.66	10.98	9.36 200.97%	3.60亿	34.9亿	0.30	130.36	-51.84
15	600139	西部资源	9.57 113.56%	8.43	21.84	7.43	18.00	14.41 194.00%	1.76亿	27.2亿	0.21	31.39	-96.89
16	600857	工大首创	5.58 109.12%	5.12	14.69	4.49	10.70	10.20 227.05%	2.20亿	21.7亿	0.17	98.23	-77.48
17	600778	友好集团①	5.34 107.75%	4.95	14.34	4.62	10.29	9.72 210.70%	2.90亿	31.6亿	0.24	93.85	69.80
18	600601	方正科技	6.60 106.73%	6.19	21.72	5.59	12.79	16.13 288.32%	5.89亿	112.6亿	0.87	26.85	3.38
19	000801	四川九洲	11.47 100.37%	11.43	29.25	16.81	22.90	12.44 74.00%	5747万	16.3亿	0.14	21.76	-91.56
20	000669	*ST领先	7.98 99.87%	7.99	18.46	6.41	15.97	12.05 187.99%	1.17亿	11.9亿	0.10	153.86	-79.02

分类▲ 个股拉升 板块吸筹 板块拉升 即时决策 先锋模型 A股 中小 创业 B股 基金 板块指数 AH对照 自选 板块▲ 自定▲ 港股▲ 期货与商品▲ 基金与宏观▲ 外盘与指数▲

实训演练要点

这一节我们来学习腾飞点标准的K线结构。标准腾飞点的K线结构必须是大阳线，实体部分必须大于7%，否则就不是标准的腾飞点。

图例164

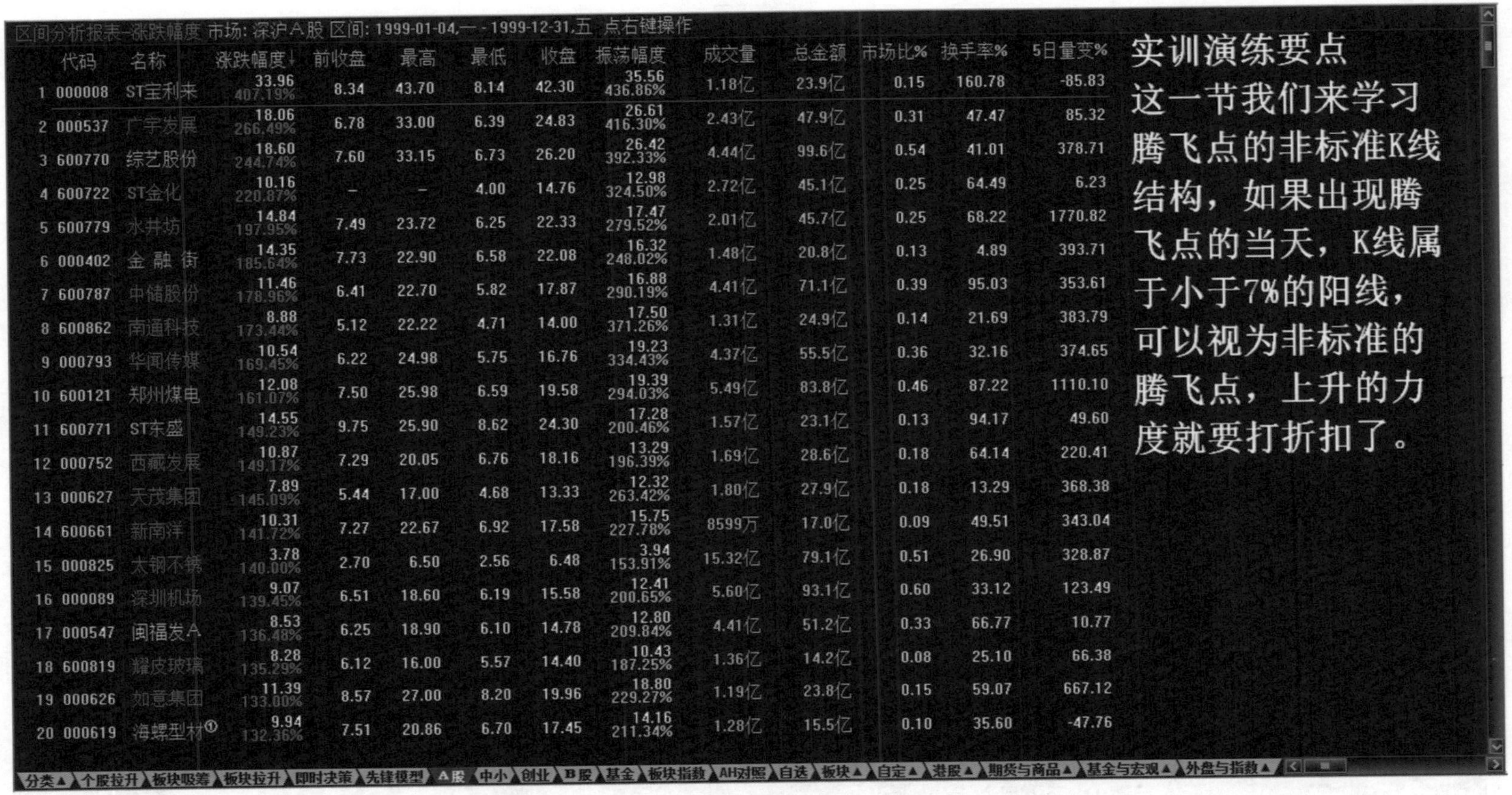

区间分析报表-涨跌幅度 市场：深沪A股 区间：1999-01-04,一 - 1999-12-31,五 点右键操作

	代码	名称	涨跌幅度↓	前收盘	最高	最低	收盘	振荡幅度	成交量	总金额	市场比%	换手率%	5日量变%
1	000008	ST宝利来	33.96 407.19%	8.34	43.70	8.14	42.30	35.56 436.86%	1.18亿	23.9亿	0.15	160.78	-85.83
2	000537	广宇发展	18.06 266.49%	6.78	33.00	6.39	24.83	26.61 416.30%	2.43亿	47.9亿	0.31	47.47	85.32
3	600770	综艺股份	18.60 244.74%	7.60	33.15	6.73	26.20	26.42 392.33%	4.44亿	99.6亿	0.54	41.01	378.71
4	600722	ST金化	10.16 220.87%	-	-	4.00	14.76	12.98 324.50%	2.72亿	45.1亿	0.25	64.49	6.23
5	600779	水井坊	14.84 197.95%	7.49	23.72	6.25	22.33	17.47 279.52%	2.01亿	45.7亿	0.25	68.22	1770.82
6	000402	金融街	14.35 185.64%	7.73	22.90	6.58	22.08	16.32 248.02%	1.48亿	20.8亿	0.13	4.89	393.71
7	600787	中储股份	11.46 178.96%	6.41	22.70	5.82	17.87	16.88 290.19%	4.41亿	71.1亿	0.39	95.03	353.61
8	600862	南通科技	8.88 173.44%	5.12	22.22	4.71	14.00	17.50 371.26%	1.31亿	24.9亿	0.14	21.69	383.79
9	000793	华闻传媒	10.54 169.45%	6.22	24.98	5.75	16.76	19.23 334.43%	4.37亿	55.5亿	0.36	32.16	374.65
10	600121	郑州煤电	12.08 161.07%	7.50	25.98	6.59	19.58	19.39 294.03%	5.49亿	83.8亿	0.46	87.22	1110.10
11	600771	ST东盛	14.55 149.23%	9.75	25.90	8.62	24.30	17.28 200.46%	1.57亿	23.1亿	0.13	94.17	49.60
12	000752	西藏发展	10.87 149.17%	7.29	20.05	6.76	18.16	13.29 196.39%	1.69亿	28.6亿	0.18	64.14	220.41
13	000627	天茂集团	7.89 145.09%	5.44	17.00	4.68	13.33	12.32 263.42%	1.80亿	27.9亿	0.18	13.29	368.38
14	600661	新南洋	10.31 141.72%	7.27	22.67	6.92	17.58	15.75 227.78%	8599万	17.0亿	0.09	49.51	343.04
15	000825	太钢不锈	3.78 140.00%	2.70	6.50	2.56	6.48	3.94 153.91%	15.32亿	79.1亿	0.51	26.90	328.87
16	000089	深圳机场	9.07 139.45%	6.51	18.60	6.19	15.58	12.41 200.65%	5.60亿	93.1亿	0.60	33.12	123.49
17	000547	闽福发A	8.53 136.48%	6.25	18.90	6.10	14.78	12.80 209.84%	4.41亿	51.2亿	0.33	66.77	10.77
18	600819	耀皮玻璃	8.28 135.29%	6.12	16.00	5.57	14.40	10.43 187.25%	1.36亿	14.2亿	0.08	25.10	66.38
19	000626	如意集团	11.39 133.00%	8.57	27.00	8.20	19.96	18.80 229.27%	1.19亿	23.8亿	0.15	59.07	667.12
20	000619	海螺型材①	9.94 132.36%	7.51	20.86	6.70	17.45	14.16 211.34%	1.28亿	15.5亿	0.10	35.60	-47.76

图例 165

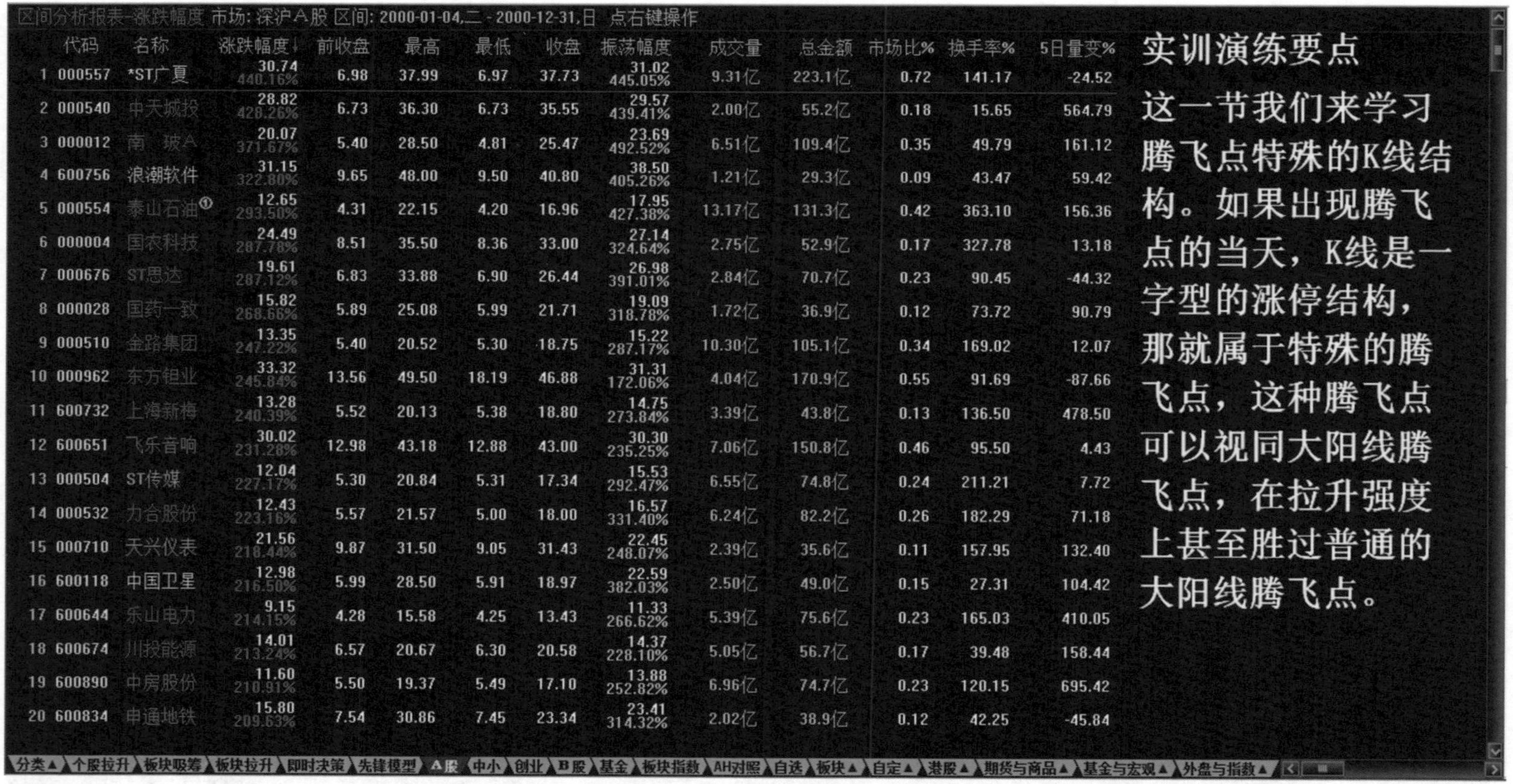

区间分析报表-涨跌幅度 市场：深沪A股 区间：2000-01-04,二 - 2000-12-31,日 点右键操作

	代码	名称	涨跌幅度↓	前收盘	最高	最低	收盘	振荡幅度	成交量	总金额	市场比%	换手率%	5日量变%
1	000557	*ST广夏	30.74 440.16%	6.98	37.99	6.97	37.73	31.02 445.05%	9.31亿	223.1亿	0.72	141.17	-24.52
2	000540	中天城投	28.82 428.26%	6.73	36.30	6.73	35.55	29.57 439.41%	2.00亿	55.2亿	0.18	15.65	564.79
3	000012	南 玻A	20.07 371.67%	5.40	28.50	4.81	25.47	23.69 492.52%	6.51亿	109.4亿	0.35	49.79	161.12
4	600756	浪潮软件	31.15 322.80%	9.65	48.00	9.50	40.80	38.50 405.26%	1.21亿	29.3亿	0.09	43.47	59.42
5	000554	泰山石油①	12.65 293.50%	4.31	22.15	4.20	16.96	17.95 427.38%	13.17亿	131.3亿	0.42	363.10	156.36
6	000004	国农科技	24.49 287.78%	8.51	35.50	8.36	33.00	27.14 324.64%	2.75亿	52.9亿	0.17	327.78	13.18
7	000676	ST思达	19.61 287.12%	6.83	33.88	6.90	26.44	26.98 391.01%	2.84亿	70.7亿	0.23	90.45	-44.32
8	000028	国药一致	15.82 268.66%	5.89	25.08	5.99	21.71	19.09 318.78%	1.72亿	36.9亿	0.12	73.72	90.79
9	000510	金路集团	13.35 247.22%	5.40	20.52	5.30	18.75	15.22 287.17%	10.30亿	105.1亿	0.34	169.02	12.07
10	000962	东方钽业	33.32 245.84%	13.56	49.50	18.19	46.88	31.31 172.06%	4.04亿	170.9亿	0.55	91.69	-87.66
11	600732	上海新梅	13.28 240.39%	5.52	20.13	5.38	18.80	14.75 273.84%	3.39亿	43.8亿	0.13	136.50	478.50
12	600651	飞乐音响	30.02 231.28%	12.98	43.18	12.88	43.00	30.30 235.25%	7.06亿	150.8亿	0.46	95.50	4.43
13	000504	ST传媒	12.04 227.17%	5.30	20.84	5.31	17.34	15.53 292.47%	6.55亿	74.8亿	0.24	211.21	7.72
14	000532	力合股份	12.43 223.16%	5.57	21.57	5.00	18.00	16.57 331.40%	6.24亿	82.2亿	0.26	182.29	71.18
15	000710	天兴仪表	21.56 218.44%	9.87	31.50	9.05	31.43	22.45 248.07%	2.39亿	35.6亿	0.11	157.95	132.40
16	600118	中国卫星	12.98 216.50%	5.99	28.50	5.91	18.97	22.59 382.03%	2.50亿	49.0亿	0.15	27.31	104.42
17	600644	乐山电力	9.15 214.15%	4.28	15.58	4.25	13.43	11.33 266.62%	5.39亿	75.6亿	0.23	165.03	410.05
18	600674	川投能源	14.01 213.24%	6.57	20.67	6.30	20.58	14.37 228.10%	5.05亿	56.7亿	0.17	39.48	158.44
19	600890	中房股份	11.60 210.91%	5.50	19.37	5.49	17.10	13.88 252.82%	6.96亿	74.7亿	0.23	120.15	695.42
20	600834	申通地铁	15.80 209.63%	7.54	30.86	7.45	23.34	23.41 314.32%	2.02亿	38.9亿	0.12	42.25	-45.84

分类▲ 个股拉升 板块吸筹 板块拉升 即时决策 先锋模型 A股 中小 创业 B股 基金 板块指数 AH对照 自选 板块▲ 自定▲ 港股▲ 期货与商品▲ 基金与宏观▲ 外盘与指数▲

实训演练要点

这一节我们来学习腾飞点特殊的K线结构。如果出现腾飞点的当天，K线是一字型的涨停结构，那就属于特殊的腾飞点，这种腾飞点可以视同大阳线腾飞点，在拉升强度上甚至胜过普通的大阳线腾飞点。

图例 166

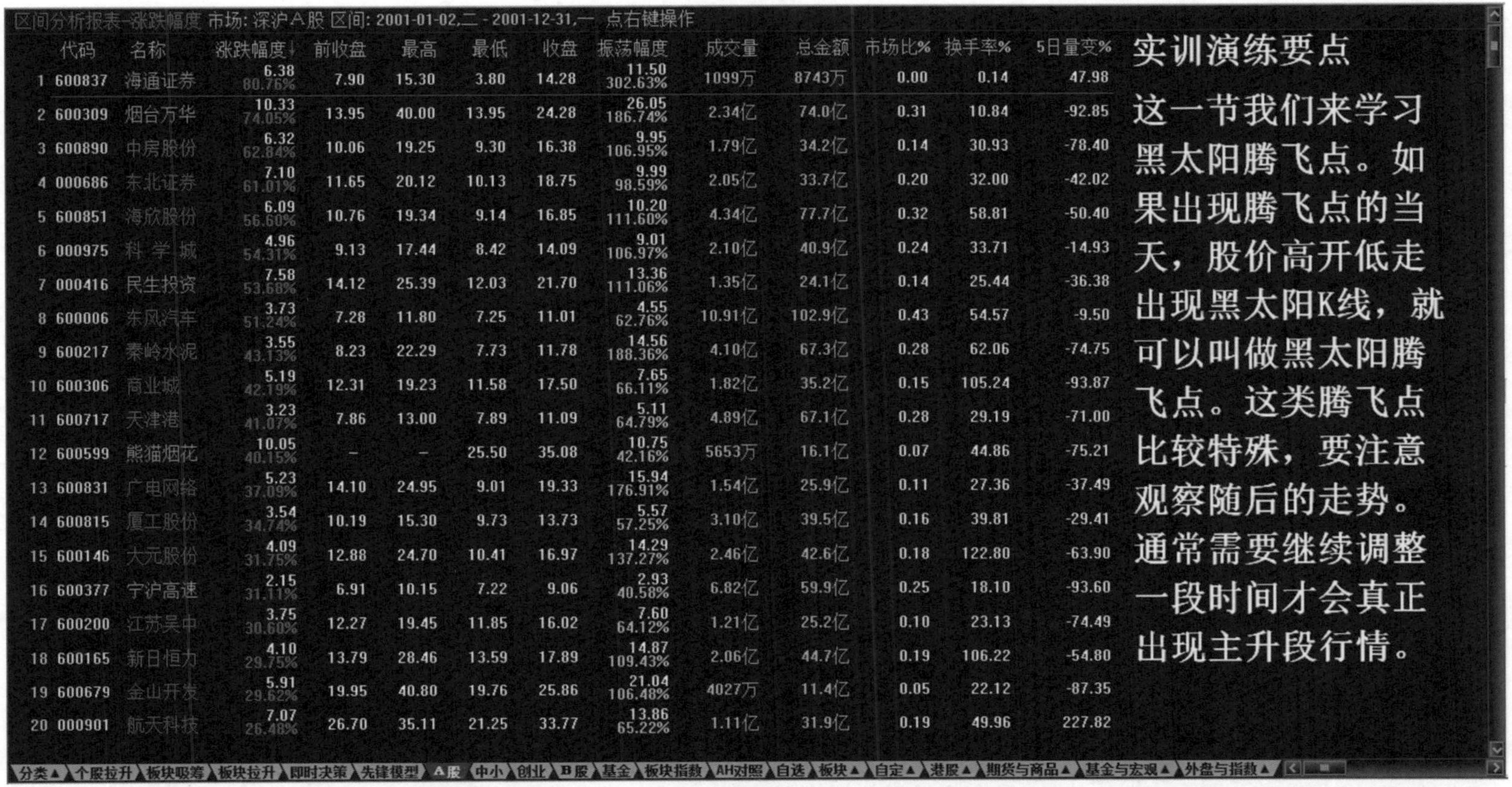

区间分析报表-涨跌幅度 市场：深沪A股 区间：2001-01-02，二 - 2001-12-31，一 点右键操作

	代码	名称	涨跌幅度↓	前收盘	最高	最低	收盘	振荡幅度	成交量	总金额	市场比%	换手率%	5日量变%
1	600837	海通证券	6.38 80.76%	7.90	15.30	3.80	14.28	11.50 302.63%	1099万	8743万	0.00	0.14	47.98
2	600309	烟台万华	10.33 74.05%	13.95	40.00	13.95	24.28	26.05 186.74%	2.34亿	74.0亿	0.31	10.84	-92.85
3	600890	中房股份	6.32 62.84%	10.06	19.25	9.30	16.38	9.95 106.95%	1.79亿	34.2亿	0.14	30.93	-78.40
4	000686	东北证券	7.10 61.01%	11.65	20.12	10.13	18.75	9.99 98.59%	2.05亿	33.7亿	0.20	32.00	-42.02
5	600851	海欣股份	6.09 56.60%	10.76	19.34	9.14	16.85	10.20 111.60%	4.34亿	77.7亿	0.32	58.81	-50.40
6	000975	科 学 城	4.96 54.31%	9.13	17.44	8.42	14.09	9.01 106.97%	2.10亿	40.9亿	0.24	33.71	-14.93
7	000416	民生投资	7.58 53.68%	14.12	25.39	12.03	21.70	13.36 111.06%	1.35亿	24.1亿	0.14	25.44	-36.38
8	600006	东风汽车	3.73 51.24%	7.28	11.80	7.25	11.01	4.55 62.76%	10.91亿	102.9亿	0.43	54.57	-9.50
9	600217	秦岭水泥	3.55 43.13%	8.23	22.29	7.73	11.78	14.56 188.36%	4.10亿	67.3亿	0.28	62.06	-74.75
10	600306	商业城	5.19 42.19%	12.31	19.23	11.58	17.50	7.65 66.11%	1.82亿	35.2亿	0.15	105.24	-93.87
11	600717	天津港	3.23 41.07%	7.86	13.00	7.89	11.09	5.11 64.79%	4.89亿	67.1亿	0.28	29.19	-71.00
12	600599	熊猫烟花	10.05 40.15%	–	–	25.50	35.08	10.75 42.16%	5653万	16.1亿	0.07	44.86	-75.21
13	600831	广电网络	5.23 37.09%	14.10	24.95	9.01	19.33	15.94 176.91%	1.54亿	25.9亿	0.11	27.36	-37.49
14	600815	厦工股份	3.54 34.74%	10.19	15.30	9.73	13.73	5.57 57.25%	3.10亿	39.5亿	0.16	39.81	-29.41
15	600146	大元股份	4.09 31.75%	12.88	24.70	10.41	16.97	14.29 137.27%	2.46亿	42.6亿	0.18	122.80	-63.90
16	600377	宁沪高速	2.15 31.11%	6.91	10.15	7.22	9.06	2.93 40.58%	6.82亿	59.9亿	0.25	18.10	-93.60
17	600200	江苏吴中	3.75 30.60%	12.27	19.45	11.85	16.02	7.60 64.12%	1.21亿	25.2亿	0.10	23.13	-74.49
18	600165	新日恒力	4.10 29.75%	13.79	28.46	13.59	17.89	14.87 109.43%	2.06亿	44.7亿	0.19	106.22	-54.80
19	600679	金山开发	5.91 29.62%	19.95	40.80	19.76	25.86	21.04 106.48%	4027万	11.4亿	0.05	22.12	-87.35
20	000901	航天科技	7.07 26.48%	26.70	35.11	21.25	33.77	13.86 65.22%	1.11亿	31.9亿	0.19	49.96	227.82

图例 167

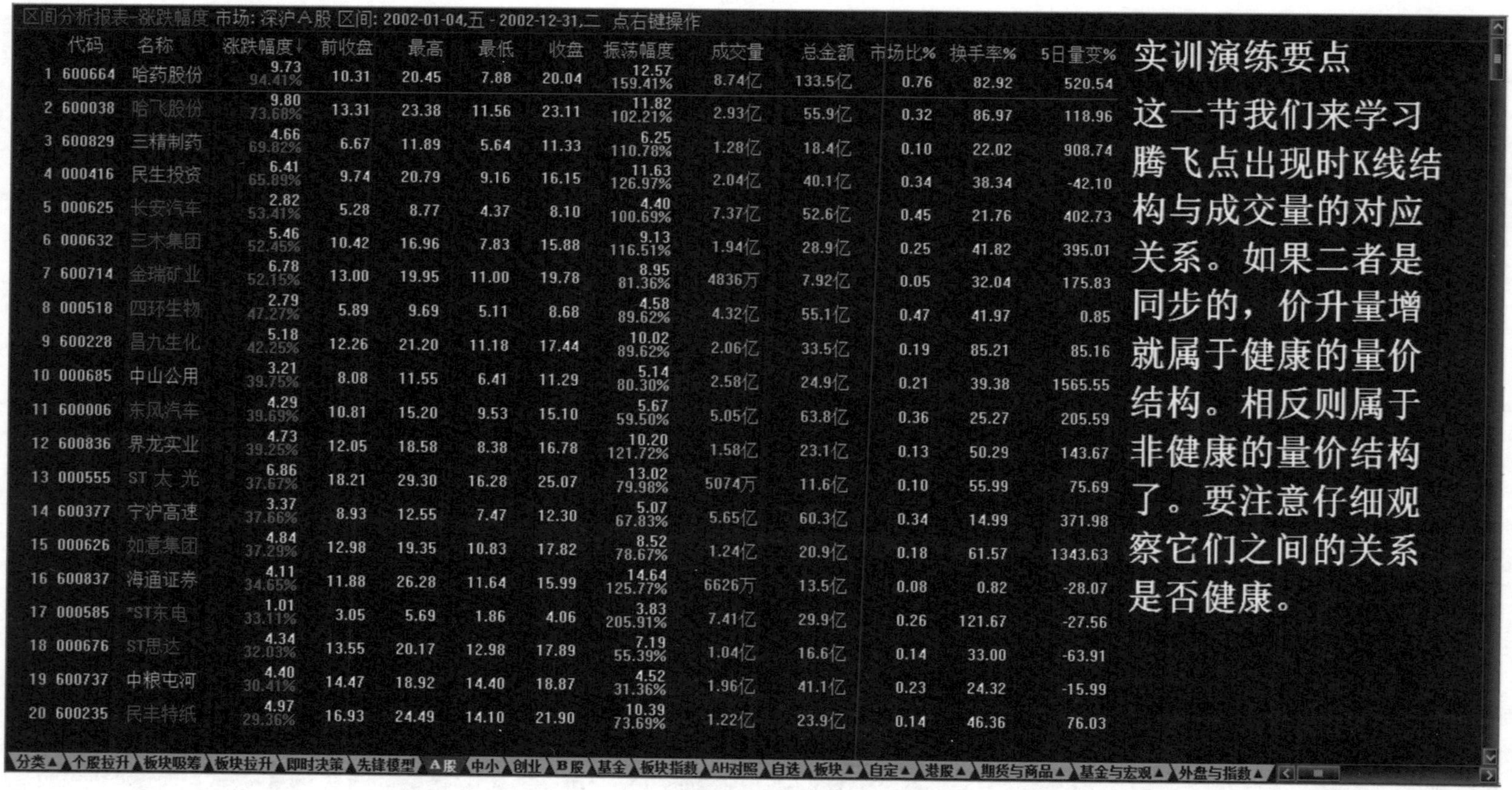

区间分析报表-涨跌幅度 市场：深沪A股 区间：2002-01-04,五 - 2002-12-31,二 点右键操作

	代码	名称	涨跌幅度	前收盘	最高	最低	收盘	振荡幅度	成交量	总金额	市场比%	换手率%	5日量变%
1	600664	哈药股份	9.73 94.41%	10.31	20.45	7.88	20.04	12.57 159.41%	8.74亿	133.5亿	0.76	82.92	520.54
2	600038	哈飞股份	9.80 73.68%	13.31	23.38	11.56	23.11	11.82 102.21%	2.93亿	55.9亿	0.32	86.97	118.96
3	600829	三精制药	4.66 69.82%	6.67	11.89	5.64	11.33	6.25 110.78%	1.28亿	18.4亿	0.10	22.02	908.74
4	000416	民生投资	6.41 65.89%	9.74	20.79	9.16	16.15	11.63 126.97%	2.04亿	40.1亿	0.34	38.34	-42.10
5	000625	长安汽车	2.82 53.41%	5.28	8.77	4.37	8.10	4.40 100.69%	7.37亿	52.6亿	0.45	21.76	402.73
6	000632	三木集团	5.46 52.45%	10.42	16.96	7.83	15.88	9.13 116.51%	1.94亿	28.9亿	0.25	41.82	395.01
7	600714	金瑞矿业	6.78 52.15%	13.00	19.95	11.00	19.78	8.95 81.36%	4836万	7.92亿	0.05	32.04	175.83
8	000518	四环生物	2.79 47.27%	5.89	9.69	5.11	8.68	4.58 89.62%	4.32亿	55.1亿	0.47	41.97	0.85
9	600228	昌九生化	5.18 42.25%	12.26	21.20	11.18	17.44	10.02 89.62%	2.06亿	33.5亿	0.19	85.21	85.16
10	000685	中山公用	3.21 39.75%	8.08	11.55	6.41	11.29	5.14 80.30%	2.58亿	24.9亿	0.21	39.38	1565.55
11	600006	东风汽车	4.29 39.69%	10.81	15.20	9.53	15.10	5.67 59.50%	5.05亿	63.8亿	0.36	25.27	205.59
12	600836	界龙实业	4.73 39.25%	12.05	18.58	8.38	16.78	10.20 121.72%	1.58亿	23.1亿	0.13	50.29	143.67
13	000555	ST太光	6.86 37.67%	18.21	29.30	16.28	25.07	13.02 79.98%	5074万	11.6亿	0.10	55.99	75.69
14	600377	宁沪高速	3.37 37.66%	8.93	12.55	7.47	12.30	5.07 67.83%	5.65亿	60.3亿	0.34	14.99	371.98
15	000626	如意集团	4.84 37.29%	12.98	19.35	10.83	17.82	8.52 78.67%	1.24亿	20.9亿	0.18	61.57	1343.63
16	600837	海通证券	4.11 34.65%	11.88	26.28	11.64	15.99	14.64 125.77%	6626万	13.5亿	0.08	0.82	-28.07
17	000585	*ST东电	1.01 33.11%	3.05	5.69	1.86	4.06	3.83 205.91%	7.41亿	29.9亿	0.26	121.67	-27.56
18	000676	ST思达	4.34 32.03%	13.55	20.17	12.98	17.89	7.19 55.39%	1.04亿	16.6亿	0.14	33.00	-63.91
19	600737	中粮屯河	4.40 30.41%	14.47	18.92	14.40	18.87	4.52 31.36%	1.96亿	41.1亿	0.23	24.32	-15.99
20	600235	民丰特纸	4.97 29.36%	16.93	24.49	14.10	21.90	10.39 73.69%	1.22亿	23.9亿	0.14	46.36	76.03

分类▲ 个股拉升 板块吸筹 板块拉升 即时决策 先锋模型 A股 中小 创业 B股 基金 板块指数 AH对照 自选 板块▲ 自定▲ 港股▲ 期货与商品▲ 基金与宏观▲ 外盘与指数▲

实训演练要点

这一节我们来学习腾飞点出现时K线结构与成交量的对应关系。如果二者是同步的，价升量增就属于健康的量价结构。相反则属于非健康的量价结构了。要注意仔细观察它们之间的关系是否健康。

图例 168

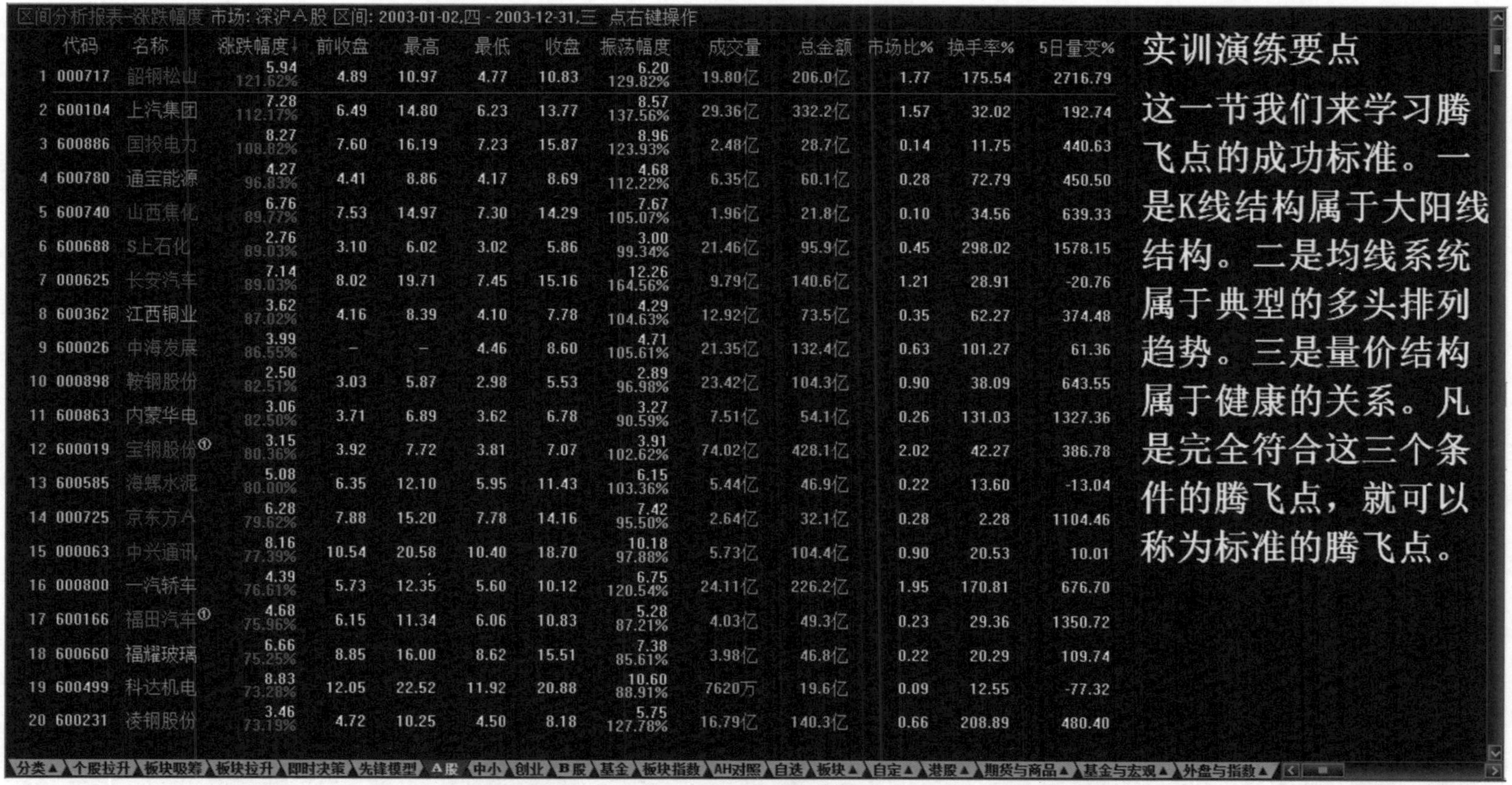

区间分析报表-涨跌幅度 市场:深沪A股 区间:2003-01-02,四 - 2003-12-31,三 点右键操作

	代码	名称	涨跌幅度	前收盘	最高	最低	收盘	振荡幅度	成交量	总金额	市场比%	换手率%	5日量变%
1	000717	韶钢松山	5.94 121.62%	4.89	10.97	4.77	10.83	6.20 129.82%	19.80亿	206.0亿	1.77	175.54	2716.79
2	600104	上汽集团	7.28 112.17%	6.49	14.80	6.23	13.77	8.57 137.56%	29.36亿	332.2亿	1.57	32.02	192.74
3	600886	国投电力	8.27 108.82%	7.60	16.19	7.23	15.87	8.96 123.93%	2.48亿	28.7亿	0.14	11.75	440.63
4	600780	通宝能源	4.27 96.83%	4.41	8.86	4.17	8.69	4.68 112.22%	6.35亿	60.1亿	0.28	72.79	450.50
5	600740	山西焦化	6.76 89.77%	7.53	14.97	7.30	14.29	7.67 105.07%	1.96亿	21.8亿	0.10	34.56	639.33
6	600688	S上石化	2.76 89.03%	3.10	6.02	3.02	5.86	3.00 99.34%	21.46亿	95.9亿	0.45	298.02	1578.15
7	000625	长安汽车	7.14 89.03%	8.02	19.71	7.45	15.16	12.26 164.56%	9.79亿	140.6亿	1.21	28.91	-20.76
8	600362	江西铜业	3.62 87.02%	4.16	8.39	4.10	7.78	4.29 104.63%	12.92亿	73.5亿	0.35	62.27	374.48
9	600026	中海发展	3.99 86.55%	-	-	4.46	8.60	4.71 105.61%	21.35亿	132.4亿	0.63	101.27	61.36
10	000898	鞍钢股份	2.50 82.51%	3.03	5.87	2.98	5.53	2.89 96.98%	23.42亿	104.3亿	0.90	38.09	643.55
11	600863	内蒙华电	3.06 82.50%	3.71	6.89	3.62	6.78	3.27 90.59%	7.51亿	54.1亿	0.26	131.03	1327.36
12	600019	宝钢股份①	3.15 80.36%	3.92	7.72	3.81	7.07	3.91 102.62%	74.02亿	428.1亿	2.02	42.27	386.78
13	600585	海螺水泥	5.08 80.00%	6.35	12.10	5.95	11.43	6.15 103.36%	5.44亿	46.9亿	0.22	13.60	-13.04
14	000725	京东方A	6.28 79.62%	7.88	15.20	7.78	14.16	7.42 95.50%	2.64亿	32.1亿	0.28	2.28	1104.46
15	000063	中兴通讯	8.16 77.39%	10.54	20.58	10.40	18.70	10.18 97.88%	5.73亿	104.4亿	0.90	20.53	10.01
16	000800	一汽轿车	4.39 76.61%	5.73	12.35	5.60	10.12	6.75 120.54%	24.11亿	226.2亿	1.95	170.81	676.70
17	600166	福田汽车①	4.68 75.96%	6.15	11.34	6.06	10.83	5.28 87.21%	4.03亿	49.3亿	0.23	29.36	1350.72
18	600660	福耀玻璃	6.66 75.25%	8.85	16.00	8.62	15.51	7.38 85.61%	3.98亿	46.8亿	0.22	20.29	109.74
19	600499	科达机电	8.83 73.28%	12.05	22.52	11.92	20.88	10.60 88.91%	7620万	19.6亿	0.09	12.55	-77.32
20	600231	凌钢股份	3.46 73.19%	4.72	10.25	4.50	8.18	5.75 127.78%	16.79亿	140.3亿	0.66	208.89	480.40

图例 169

区间分析报表-涨跌幅度 市场: 深沪A股 区间: 2004-01-02,五 - 2004-12-31,五 点右键操作

	代码	名称	涨跌幅度↓	前收盘	最高	最低	收盘	振荡幅度	成交量	总金额	市场比%	换手率%	5日量变%
1	000617	石油济柴	6.09 96.94%	6.28	15.15	6.22	12.37	8.93 143.62%	1.34亿	19.1亿	0.12	46.52	196.13
2	600561	江西长运	4.24 95.07%	4.46	9.98	4.41	8.70	5.57 126.56%	1.76亿	21.9亿	0.08	94.82	69.80
3	600519	贵州茅台	17.33 89.77%	19.31	40.60	19.00	36.64	21.60 113.68%	1.93亿	65.0亿	0.24	18.63	-32.64
4	000608	阳光股份	3.06 83.40%	3.67	8.15	3.35	6.74	4.81 143.65%	3.08亿	25.5亿	0.16	41.12	1369.21
5	000039	中集集团	10.02 81.57%	12.29	25.56	11.94	22.31	13.62 114.12%	9.00亿	185.5亿	1.15	73.08	-65.70
6	600415	小商品城	13.09 77.41%	16.91	32.20	16.91	30.00	15.29 90.42%	7997万	18.7亿	0.07	2.94	50.56
7	600169	太原重工	2.95 76.62%	3.85	8.50	3.53	6.80	4.97 140.79%	5.00亿	27.7亿	0.10	20.62	97.33
8	000063	中兴通讯	11.36 74.07%	15.33	28.74	14.96	26.69	13.78 92.13%	6.06亿	152.3亿	0.95	21.68	-61.51
9	600596	新安股份	3.11 72.57%	4.28	8.03	4.11	7.39	3.92 95.57%	3.07亿	24.8亿	0.09	45.25	138.25
10	000022	深赤湾A	9.95 72.54%	13.72	24.90	13.39	23.67	11.51 85.99%	9292万	20.6亿	0.13	19.99	52.99
11	600500	中化国际	3.63 64.69%	5.62	11.77	5.57	9.25	6.20 111.31%	11.65亿	111.6亿	0.42	81.03	-18.12
12	600521	华海药业	7.45 64.49%	11.54	20.10	11.42	18.99	8.68 75.97%	9924万	19.8亿	0.07	18.29	-49.83
13	000503	海虹控股	4.84 64.21%	7.54	15.99	7.30	12.39	8.69 119.04%	26.66亿	404.0亿	2.51	390.38	159.28
14	600428	中远航运	4.39 63.37%	6.92	13.47	6.85	11.31	6.62 96.53%	6.21亿	74.6亿	0.28	36.75	-24.87
15	600583	海油工程	7.48 61.90%	12.07	22.02	11.76	19.55	10.26 87.27%	3.28亿	56.9亿	0.21	8.43	63.25
16	600309	烟台万华	4.89 61.90%	7.90	14.26	7.71	12.79	6.55 85.05%	3.63亿	47.7亿	0.18	16.81	-44.22
17	600406	国电南瑞	4.95 58.73%	8.44	15.31	8.41	13.39	6.90 82.01%	1.77亿	30.8亿	0.12	11.24	-83.69
18	600779	水井坊	2.58 58.37%	4.42	8.22	4.36	7.00	3.86 88.53%	5.20亿	34.4亿	0.13	176.20	-40.61
19	000983	西山煤电	5.40 57.02%	9.47	16.80	9.40	14.87	7.40 78.72%	9.07亿	111.2亿	0.69	28.78	-77.81
20	600426	华鲁恒升	4.67 56.13%	8.32	13.90	8.21	12.99	5.69 69.31%	2.67亿	29.9亿	0.11	28.03	-45.01

分类▲ 个股拉升 板块吸筹 板块拉升 即时决策 先锋模型 A股 中小 创业 B股 基金 板块指数 AH对照 自选 板块▲ 自定▲ 港股▲ 期货与商品▲ 基金与宏观▲ 外盘与指数▲

实训演练要点

这一节我们来学习失败的腾飞点结构特征。凡是出现腾飞点的当天，成交量出现明显的不足情形，也就是量价背离的走势，这种类型的腾飞点就属于虚假的腾飞点，属于假突破，真套人的走势。本质上不属于腾飞点。

图例 170

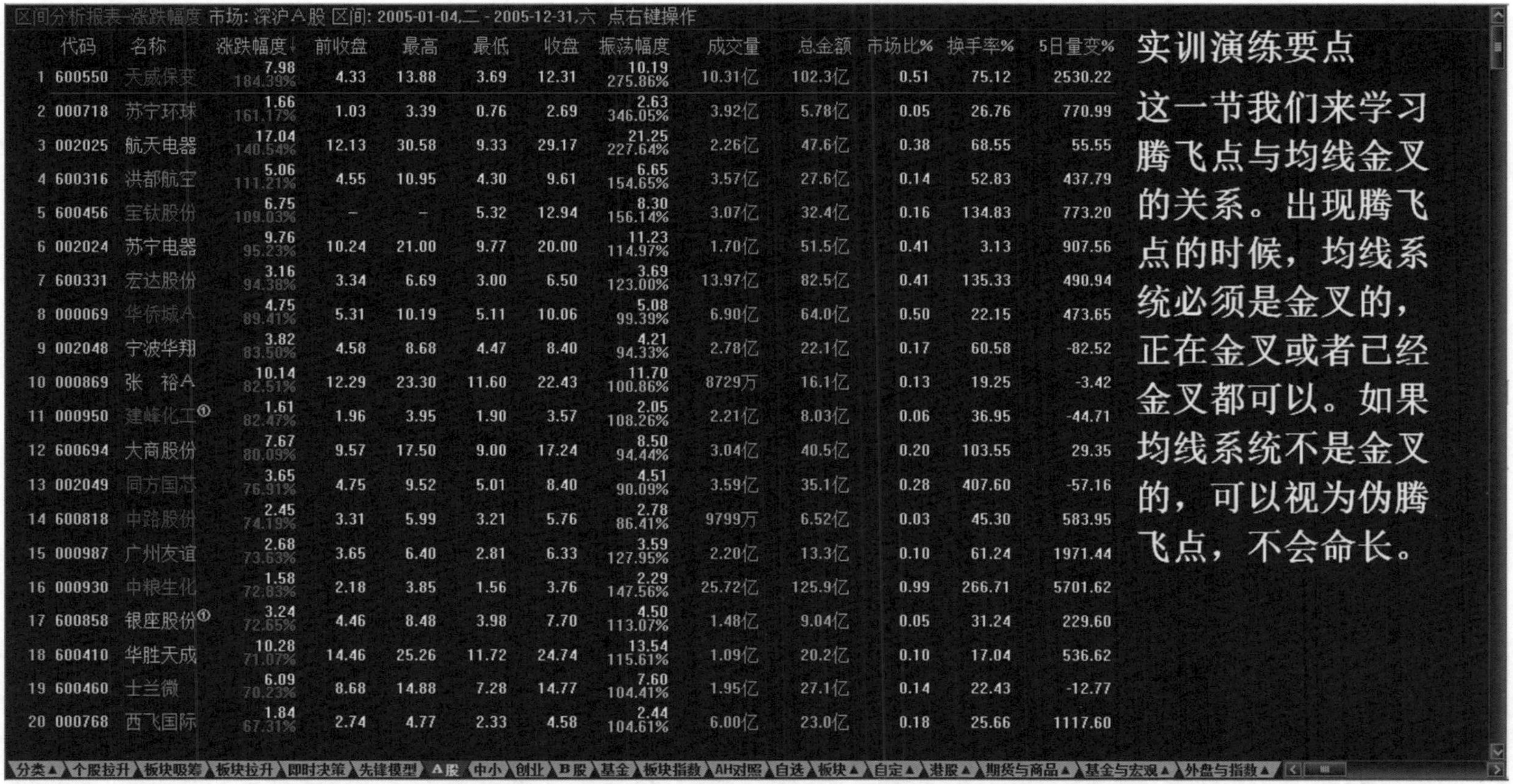

区间分析报表-涨跌幅度 市场: 深沪A股 区间: 2005-01-04,二 - 2005-12-31,六 点右键操作

	代码	名称	涨跌幅度↓	前收盘	最高	最低	收盘	振荡幅度	成交量	总金额	市场比%	换手率%	5日量变%
1	600550	天威保变	7.98 184.39%	4.33	13.88	3.69	12.31	10.19 275.86%	10.31亿	102.3亿	0.51	75.12	2530.22
2	000718	苏宁环球	1.66 161.17%	1.03	3.39	0.76	2.69	2.63 346.05%	3.92亿	5.78亿	0.05	26.76	770.99
3	002025	航天电器	17.04 140.54%	12.13	30.58	9.33	29.17	21.25 227.64%	2.26亿	47.6亿	0.38	68.55	55.55
4	600316	洪都航空	5.06 111.21%	4.55	10.95	4.30	9.61	6.65 154.65%	3.57亿	27.6亿	0.14	52.83	437.79
5	600456	宝钛股份	6.75 109.03%	–	–	5.32	12.94	8.30 156.14%	3.07亿	32.4亿	0.16	134.83	773.20
6	002024	苏宁电器	9.76 95.23%	10.24	21.00	9.77	20.00	11.23 114.97%	1.70亿	51.5亿	0.41	3.13	907.56
7	600331	宏达股份	3.16 94.38%	3.34	6.69	3.00	6.50	3.69 123.00%	13.97亿	82.5亿	0.41	135.33	490.94
8	000069	华侨城A	4.75 89.41%	5.31	10.19	5.11	10.06	5.08 99.39%	6.90亿	64.0亿	0.50	22.15	473.65
9	002048	宁波华翔	3.82 83.50%	4.58	8.68	4.47	8.40	4.21 94.33%	2.78亿	22.1亿	0.17	60.58	-82.52
10	000869	张 裕A	10.14 82.51%	12.29	23.30	11.60	22.43	11.70 100.86%	8729万	16.1亿	0.13	19.25	-3.42
11	000950	建峰化工①	1.61 82.47%	1.96	3.95	1.90	3.57	2.05 108.26%	2.21亿	8.03亿	0.06	36.95	-44.71
12	600694	大商股份	7.67 80.09%	9.57	17.50	9.00	17.24	8.50 94.44%	3.04亿	40.5亿	0.20	103.55	29.35
13	002049	同方国芯	3.65 76.91%	4.75	9.52	5.01	8.40	4.51 90.09%	3.59亿	35.1亿	0.28	407.60	-57.16
14	600818	中路股份	2.45 74.19%	3.31	5.99	3.21	5.76	2.78 86.41%	9799万	6.52亿	0.03	45.30	583.95
15	000987	广州友谊	2.68 73.63%	3.65	6.40	2.81	6.33	3.59 127.95%	2.20亿	13.3亿	0.10	61.24	1971.44
16	000930	中粮生化	1.58 72.83%	2.18	3.85	1.56	3.76	2.29 147.56%	25.72亿	125.9亿	0.99	266.71	5701.62
17	600858	银座股份①	3.24 72.65%	4.46	8.48	3.98	7.70	4.50 113.07%	1.48亿	9.04亿	0.05	31.24	229.60
18	600410	华胜天成	10.28 71.07%	14.46	25.26	11.72	24.74	13.54 115.61%	1.09亿	20.2亿	0.10	17.04	536.62
19	600460	士兰微	6.09 70.23%	8.68	14.88	7.28	14.77	7.60 104.41%	1.95亿	27.1亿	0.14	22.43	-12.77
20	000768	西飞国际	1.84 67.31%	2.74	4.77	2.33	4.58	2.44 104.61%	6.00亿	23.0亿	0.18	25.66	1117.60

实训演练要点

这一节我们来学习腾飞点与均线金叉的关系。出现腾飞点的时候，均线系统必须是金叉的，正在金叉或者已经金叉都可以。如果均线系统不是金叉的，可以视为伪腾飞点，不会命长。

分类▲ 个股拉升 板块吸筹 板块拉升 即时决策 先锋模型 A股 中小 创业 B股 基金 板块指数 AH对照 自选 板块▲ 自定▲ 港股▲ 期货与商品▲ 基金与宏观▲ 外盘与指数▲

图例 171

区间分析报表-涨跌幅度 市场: 深沪A股 区间: 2006-01-04,三 - 2006-12-31,日 点右键操作

	代码	名称	涨跌幅度↓	前收盘	最高	最低	收盘	振荡幅度	成交量	总金额	市场比%	换手率%	5日量变%
1	600859	王府井	21.64 813.53%	2.66	25.30	2.53	24.30	22.77 900.00%	6.12亿	74.0亿	0.12	146.65	203.14
2	000046	泛海建设	16.26 665.57%	2.44	19.40	2.45	18.70	16.95 691.57%	12.90亿	102.2亿	0.30	28.38	302.69
3	600739	辽宁成大	15.24 587.80%	2.59	18.68	2.90	17.83	15.78 544.14%	16.08亿	149.7亿	0.25	117.84	1.98
4	600497	驰宏锌锗	47.71 539.35%	8.85	64.45	8.79	56.56	55.66 633.11%	7.41亿	273.7亿	0.46	56.58	-19.94
5	600844	丹化科技	6.56 533.33%	1.23	8.75	2.54	7.79	6.21 244.49%	1.16亿	5.90亿	0.01	19.76	-63.88
6	000829	天音控股	17.62 521.13%	3.38	22.50	3.33	21.00	19.17 575.00%	4.40亿	39.7亿	0.12	46.46	111.54
7	000623	吉林敖东	27.56 497.47%	5.54	33.88	5.53	33.10	28.35 512.66%	7.37亿	111.1亿	0.33	97.64	171.13
8	600685	广船国际	14.73 496.26%	2.97	18.25	2.88	17.70	15.37 533.27%	10.65亿	103.7亿	0.17	242.96	343.40
9	000568	泸州老窖	21.04 489.30%	4.30	26.04	4.00	25.34	22.04 551.00%	15.88亿	174.3亿	0.51	113.65	38.73
10	600804	鹏博士	9.69 484.50%	2.00	13.38	1.99	11.69	11.39 571.49%	4.67亿	31.7亿	0.05	34.92	93.60
11	600030	中信证券	22.34 443.25%	5.04	27.93	5.00	27.38	22.93 458.60%	45.47亿	636.5亿	1.07	46.33	288.59
12	600809	山西汾酒	25.15 430.87%	5.84	32.50	5.68	30.99	26.82 472.21%	4.82亿	77.9亿	0.13	55.65	232.63
13	600143	金发科技	32.35 419.30%	7.71	42.00	7.55	40.06	34.45 456.29%	3.68亿	65.7亿	0.11	13.98	119.79
14	600161	天坛生物	16.62 407.54%	4.08	21.98	4.06	20.70	17.92 442.00%	6.00亿	75.8亿	0.13	122.96	-14.59
15	600517	置信电气	12.04 400.33%	3.01	15.75	2.96	15.05	12.79 431.52%	6.59亿	60.4亿	0.10	106.57	265.57
16	600086	东方金钰①	6.39 399.38%	1.60	8.45	1.55	7.99	6.90 444.33%	7.57亿	36.0亿	0.06	214.97	-65.76
17	600881	亚泰集团	5.42 395.10%	1.37	6.80	1.37	6.79	5.43 397.91%	45.95亿	169.8亿	0.28	242.51	986.55
18	600031	三一重工	25.59 385.39%	6.64	32.99	5.72	32.23	27.27 476.75%	9.71亿	107.6亿	0.18	13.80	4.70
19	600246	万通地产	22.32 381.12%	5.86	30.50	5.86	28.18	24.64 420.06%	9043万	16.4亿	0.03	7.43	87.08
20	000528	柳　工	13.54 380.13%	3.56	17.30	3.55	17.10	13.75 387.85%	20.50亿	163.4亿	0.48	184.63	37.21

分类▲ 个股拉升 板块吸筹 板块拉升 即时决策 先锋模型 A股 中小 创业 B股 基金 板块指数 AH对照 自选 板块▲ 自定▲ 港股▲ 期货与商品▲ 基金与宏观▲ 外盘与指数▲

实训演练要点

这一节我们来学习腾飞点与前期高点的位置关系。凡是腾飞点必然是成功突破前期高点的走势，所谓成功也就是指必须站稳在前期高点之上，否则就不是成功突破，不能算作腾飞点的。

图例 172

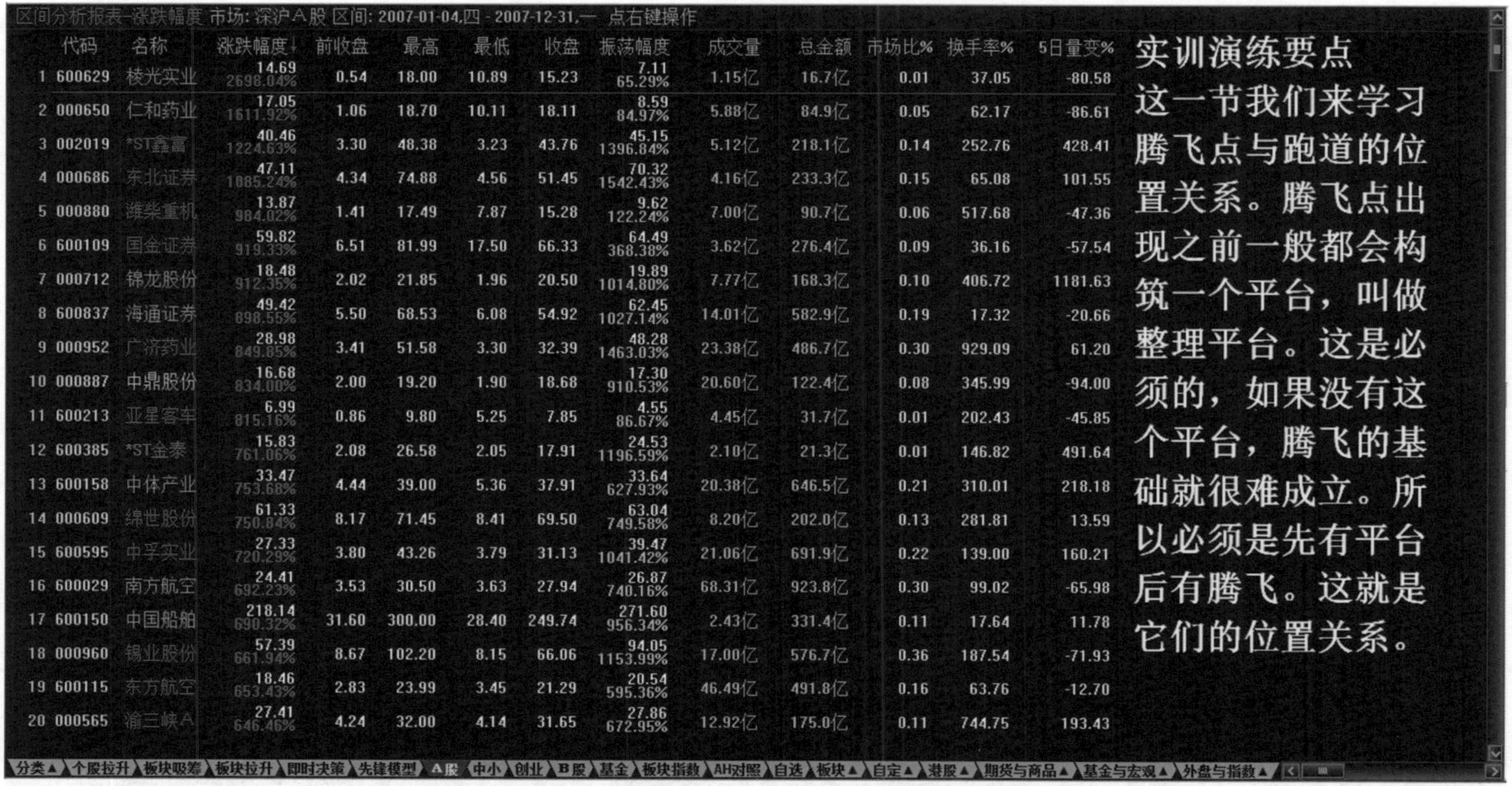

区间分析报表-涨跌幅度 市场: 深沪A股 区间: 2007-01-04,四 - 2007-12-31,一 点右键操作

	代码	名称	涨跌幅度↓	前收盘	最高	最低	收盘	振荡幅度	成交量	总金额	市场比%	换手率%	5日量变%
1	600629	棱光实业	14.69 2698.04%	0.54	18.00	10.89	15.23	7.11 65.29%	1.15亿	16.7亿	0.01	37.05	-80.58
2	000650	仁和药业	17.05 1611.92%	1.06	18.70	10.11	18.11	8.59 84.97%	5.88亿	84.9亿	0.05	62.17	-86.61
3	002019	*ST鑫富	40.46 1224.63%	3.30	48.38	3.23	43.76	45.15 1396.84%	5.12亿	218.1亿	0.14	252.76	428.41
4	000686	东北证券	47.11 1085.24%	4.34	74.88	4.56	51.45	70.32 1542.43%	4.16亿	233.3亿	0.15	65.08	101.55
5	000880	潍柴重机	13.87 984.02%	1.41	17.49	7.87	15.28	9.62 122.24%	7.00亿	90.7亿	0.06	517.68	-47.36
6	600109	国金证券	59.82 919.33%	6.51	81.99	17.50	66.33	64.49 368.38%	3.62亿	276.4亿	0.09	36.16	-57.54
7	000712	锦龙股份	18.48 912.35%	2.02	21.85	1.96	20.50	19.89 1014.80%	7.77亿	168.3亿	0.10	406.72	1181.63
8	600837	海通证券	49.42 898.55%	5.50	68.53	6.08	54.92	62.45 1027.14%	14.01亿	582.9亿	0.19	17.32	-20.66
9	000952	广济药业	28.98 849.85%	3.41	51.58	3.30	32.39	48.28 1463.03%	23.38亿	486.7亿	0.30	929.09	61.20
10	000887	中鼎股份	16.68 834.00%	2.00	19.20	1.90	18.68	17.30 910.53%	20.60亿	122.4亿	0.08	345.99	-94.00
11	600213	亚星客车	6.99 815.16%	0.86	9.80	5.25	7.85	4.55 86.67%	4.45亿	31.7亿	0.01	202.43	-45.85
12	600385	*ST金泰	15.83 761.06%	2.08	26.58	2.05	17.91	24.53 1196.59%	2.10亿	21.3亿	0.01	146.82	491.64
13	600158	中体产业	33.47 753.68%	4.44	39.00	5.36	37.91	33.64 627.93%	20.38亿	646.5亿	0.21	310.01	218.18
14	000609	绵世股份	61.33 750.84%	8.17	71.45	8.41	69.50	63.04 749.58%	8.20亿	202.0亿	0.13	281.81	13.59
15	600595	中孚实业	27.33 720.29%	3.80	43.26	3.79	31.13	39.47 1041.42%	21.06亿	691.9亿	0.22	139.00	160.21
16	600029	南方航空	24.41 692.23%	3.53	30.50	3.63	27.94	26.87 740.16%	68.31亿	923.8亿	0.30	99.02	-65.98
17	600150	中国船舶	218.14 690.32%	31.60	300.00	28.40	249.74	271.60 956.34%	2.43亿	331.4亿	0.11	17.64	11.78
18	000960	锡业股份	57.39 661.94%	8.67	102.20	8.15	66.06	94.05 1153.99%	17.00亿	576.7亿	0.36	187.54	-71.93
19	600115	东方航空	18.46 653.43%	2.83	23.99	3.45	21.29	20.54 595.36%	46.49亿	491.8亿	0.16	63.76	-12.70
20	000565	渝三峡A	27.41 646.46%	4.24	32.00	4.14	31.65	27.86 672.95%	12.92亿	175.0亿	0.11	744.75	193.43

图例 173

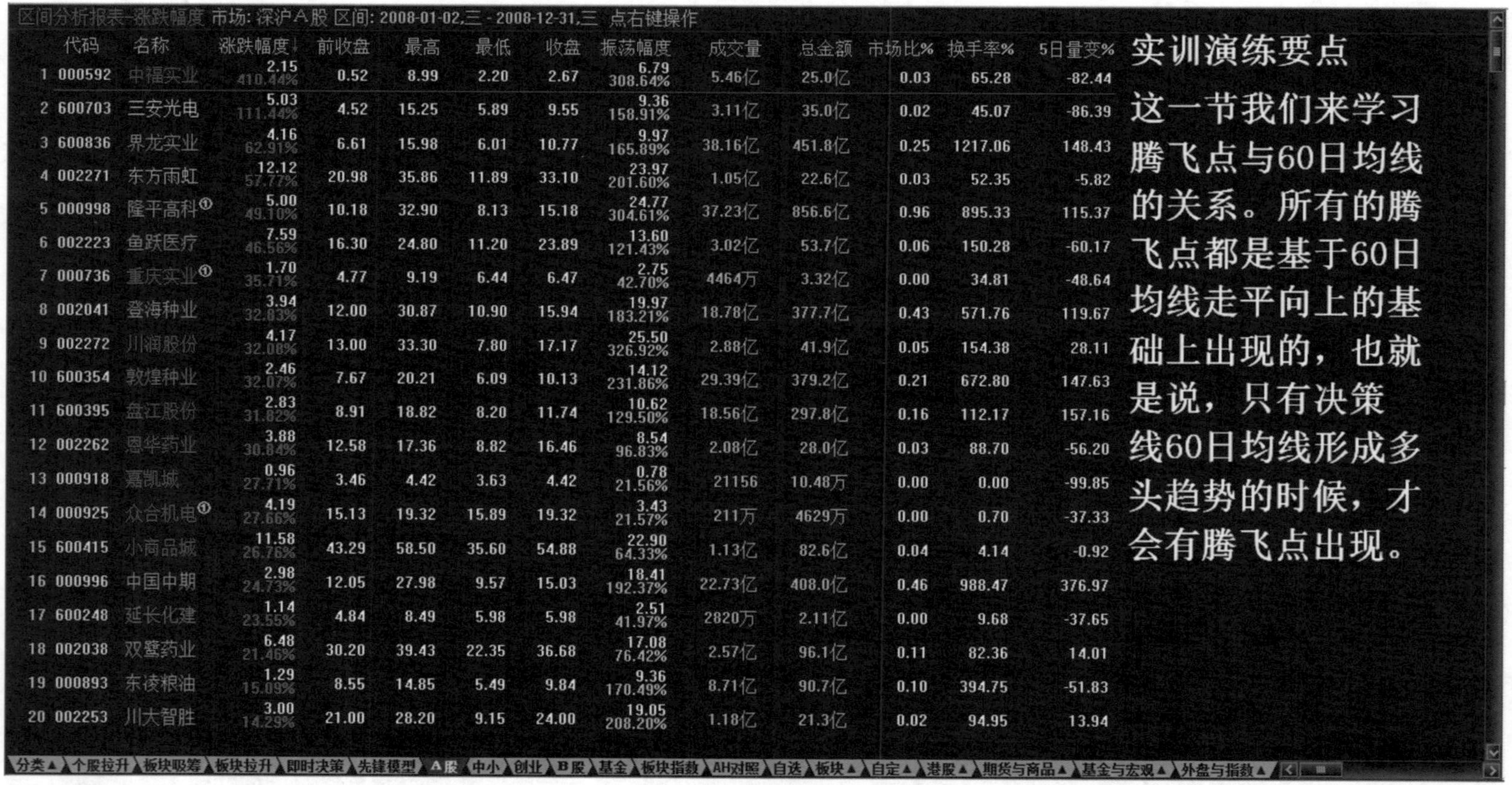

区间分析报表-涨跌幅度 市场: 深沪A股 区间: 2008-01-02,三 - 2008-12-31,三 点右键操作

	代码	名称	涨跌幅度	前收盘	最高	最低	收盘	振荡幅度	成交量	总金额	市场比%	换手率%	5日量变%
1	000592	中福实业	2.15 410.44%	0.52	8.99	2.20	2.67	6.79 308.64%	5.46亿	25.0亿	0.03	65.28	-82.44
2	600703	三安光电	5.03 111.44%	4.52	15.25	5.89	9.55	9.36 158.91%	3.11亿	35.0亿	0.02	45.07	-86.39
3	600836	界龙实业	4.16 62.91%	6.61	15.98	6.01	10.77	9.97 165.89%	38.16亿	451.8亿	0.25	1217.06	148.43
4	002271	东方雨虹	12.12 57.77%	20.98	35.86	11.89	33.10	23.97 201.60%	1.05亿	22.6亿	0.03	52.35	-5.82
5	000998	隆平高科①	5.00 49.10%	10.18	32.90	8.13	15.18	24.77 304.61%	37.23亿	856.6亿	0.96	895.33	115.37
6	002223	鱼跃医疗	7.59 46.56%	16.30	24.80	11.20	23.89	13.60 121.43%	3.02亿	53.7亿	0.06	150.28	-60.17
7	000736	重庆实业①	1.70 35.71%	4.77	9.19	6.44	6.47	2.75 42.70%	4464万	3.32亿	0.00	34.81	-48.64
8	002041	登海种业	3.94 32.83%	12.00	30.87	10.90	15.94	19.97 183.21%	18.78亿	377.7亿	0.43	571.76	119.67
9	002272	川润股份	4.17 32.08%	13.00	33.30	7.80	17.17	25.50 326.92%	2.88亿	41.9亿	0.05	154.38	28.11
10	600354	敦煌种业	2.46 32.07%	7.67	20.21	6.09	10.13	14.12 231.86%	29.39亿	379.2亿	0.21	672.80	147.63
11	600395	盘江股份	2.83 31.82%	8.91	18.82	8.20	11.74	10.62 129.50%	18.56亿	297.8亿	0.16	112.17	157.16
12	002262	恩华药业	3.88 30.84%	12.58	17.36	8.82	16.46	8.54 96.83%	2.08亿	28.0亿	0.03	88.70	-56.20
13	000918	嘉凯城	0.96 27.71%	3.46	4.42	3.63	4.42	0.78 21.56%	21156	10.48万	0.00	0.00	-99.85
14	000925	众合机电①	4.19 27.66%	15.13	19.32	15.89	19.32	3.43 21.57%	211万	4629万	0.00	0.70	-37.33
15	600415	小商品城	11.58 26.76%	43.29	58.50	35.60	54.88	22.90 64.33%	1.13亿	82.6亿	0.04	4.14	-0.92
16	000996	中国中期	2.98 24.73%	12.05	27.98	9.57	15.03	18.41 192.37%	22.73亿	408.0亿	0.46	988.47	376.97
17	600248	延长化建	1.14 23.55%	4.84	8.49	5.98	5.98	2.51 41.97%	2820万	2.11亿	0.00	9.68	-37.65
18	002038	双鹭药业	6.48 21.46%	30.20	39.43	22.35	36.68	17.08 76.42%	2.57亿	96.1亿	0.11	82.36	14.01
19	000893	东凌粮油	1.29 15.09%	8.55	14.85	5.49	9.84	9.36 170.49%	8.71亿	90.7亿	0.10	394.75	-51.83
20	002253	川大智胜	3.00 14.29%	21.00	28.20	9.15	24.00	19.05 208.20%	1.18亿	21.3亿	0.02	94.95	13.94

分类▲ 个股拉升 板块吸筹 板块拉升 即时决策 先锋模型 A股 中小 创业 B股 基金 板块指数 AH对照 自选 板块▲ 自定▲ 港股▲ 期货与商品▲ 基金与宏观▲ 外盘与指数▲

实训演练要点

这一节我们来学习腾飞点与60日均线的关系。所有的腾飞点都是基于60日均线走平向上的基础上出现的，也就是说，只有决策线60日均线形成多头趋势的时候，才会有腾飞点出现。

图例 174

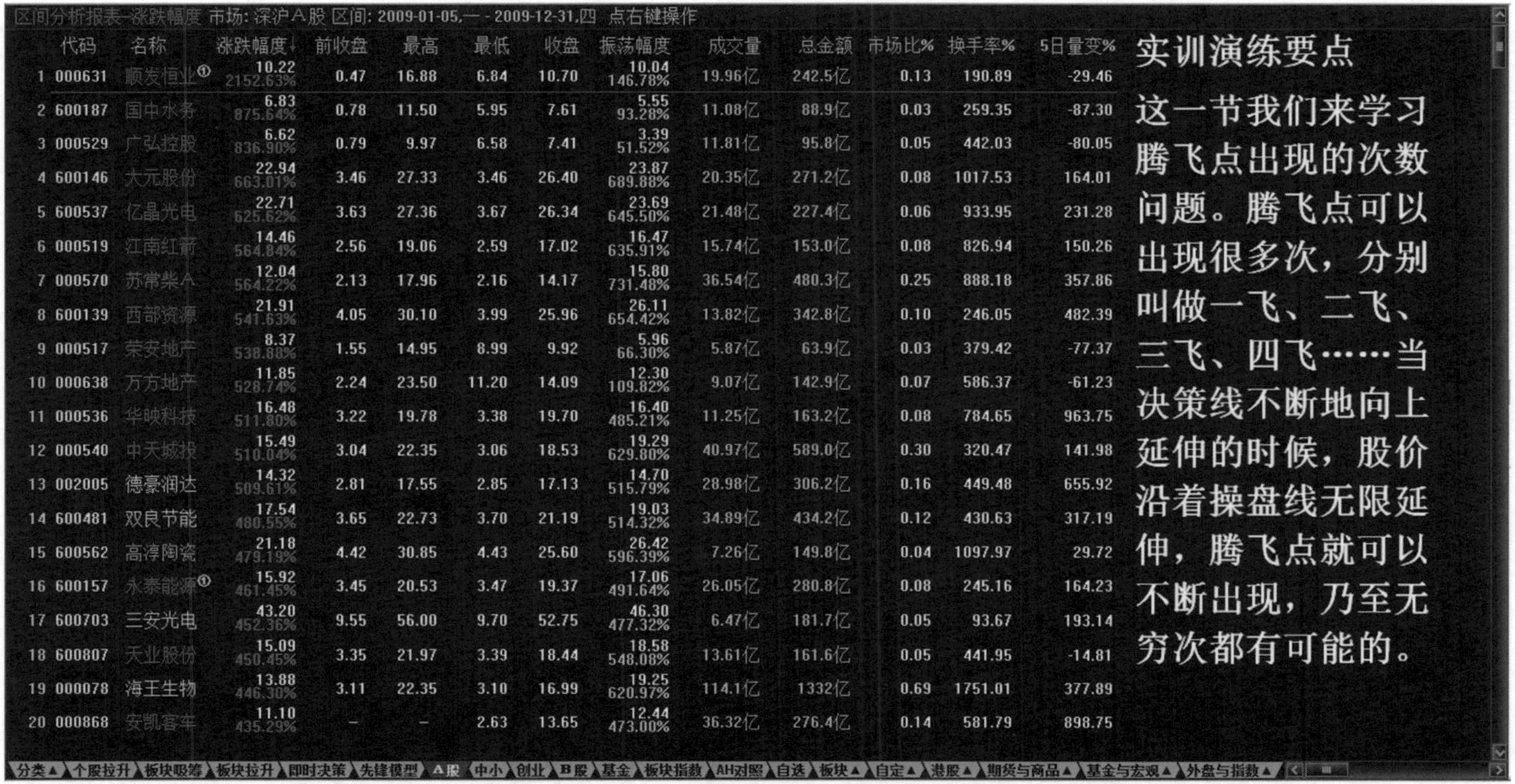

区间分析报表-涨跌幅度 市场: 深沪A股 区间: 2009-01-05,一 - 2009-12-31,四 点右键操作

	代码	名称	涨跌幅度↓	前收盘	最高	最低	收盘	振荡幅度	成交量	总金额	市场比%	换手率%	5日量变%
1	000631	顺发恒业①	10.22 2152.63%	0.47	16.88	6.84	10.70	10.04 146.78%	19.96亿	242.5亿	0.13	190.89	-29.46
2	600187	国中水务	6.83 875.64%	0.78	11.50	5.95	7.61	5.55 93.28%	11.08亿	88.9亿	0.03	259.35	-87.30
3	000529	广弘控股	6.62 836.90%	0.79	9.97	6.58	7.41	3.39 51.52%	11.81亿	95.8亿	0.05	442.03	-80.05
4	600146	大元股份	22.94 663.01%	3.46	27.33	3.46	26.40	23.87 689.88%	20.35亿	271.2亿	0.08	1017.53	164.01
5	600537	亿晶光电	22.71 625.62%	3.63	27.36	3.67	26.34	23.69 645.50%	21.48亿	227.4亿	0.06	933.95	231.28
6	000519	江南红箭	14.46 564.84%	2.56	19.06	2.59	17.02	16.47 635.91%	15.74亿	153.0亿	0.08	826.94	150.26
7	000570	苏常柴A	12.04 564.22%	2.13	17.96	2.16	14.17	15.80 731.48%	36.54亿	480.3亿	0.25	888.18	357.86
8	600139	西部资源	21.91 541.63%	4.05	30.10	3.99	25.96	26.11 654.42%	13.82亿	342.8亿	0.10	246.05	482.39
9	000517	荣安地产	8.37 538.88%	1.55	14.95	8.99	9.92	5.96 66.30%	5.87亿	63.9亿	0.03	379.42	-77.37
10	000638	万方地产	11.85 528.74%	2.24	23.50	11.20	14.09	12.30 109.82%	9.07亿	142.9亿	0.07	586.37	-61.23
11	000536	华映科技	16.48 511.80%	3.22	19.78	3.38	19.70	16.40 485.21%	11.25亿	163.2亿	0.08	784.65	963.75
12	000540	中天城投	15.49 510.04%	3.04	22.35	3.06	18.53	19.29 629.80%	40.97亿	589.0亿	0.30	320.47	141.98
13	002005	德豪润达	14.32 509.61%	2.81	17.55	2.85	17.13	14.70 515.79%	28.98亿	306.2亿	0.16	449.48	655.92
14	600481	双良节能	17.54 480.55%	3.65	22.73	3.70	21.19	19.03 514.32%	34.89亿	434.2亿	0.12	430.63	317.19
15	600562	高淳陶瓷	21.18 479.19%	4.42	30.85	4.43	25.60	26.42 596.39%	7.26亿	149.8亿	0.04	1097.97	29.72
16	600157	永泰能源①	15.92 461.45%	3.45	20.53	3.47	19.37	17.06 491.64%	26.05亿	280.8亿	0.08	245.16	164.23
17	600703	三安光电	43.20 452.36%	9.55	56.00	9.70	52.75	46.30 477.32%	6.47亿	181.7亿	0.05	93.67	193.14
18	600807	天业股份	15.09 450.45%	3.35	21.97	3.39	18.44	18.58 548.08%	13.61亿	161.6亿	0.05	441.95	-14.81
19	000078	海王生物	13.88 446.30%	3.11	22.35	3.10	16.99	19.25 620.97%	114.1亿	1332亿	0.69	1751.01	377.89
20	000868	安凯客车	11.10 435.29%	–	–	2.63	13.65	12.44 473.00%	36.32亿	276.4亿	0.14	581.79	898.75

实训演练要点

这一节我们来学习腾飞点出现的次数问题。腾飞点可以出现很多次，分别叫做一飞、二飞、三飞、四飞……当决策线不断地向上延伸的时候，股价沿着操盘线无限延伸，腾飞点就可以不断出现，乃至无穷次都有可能的。

图例 175

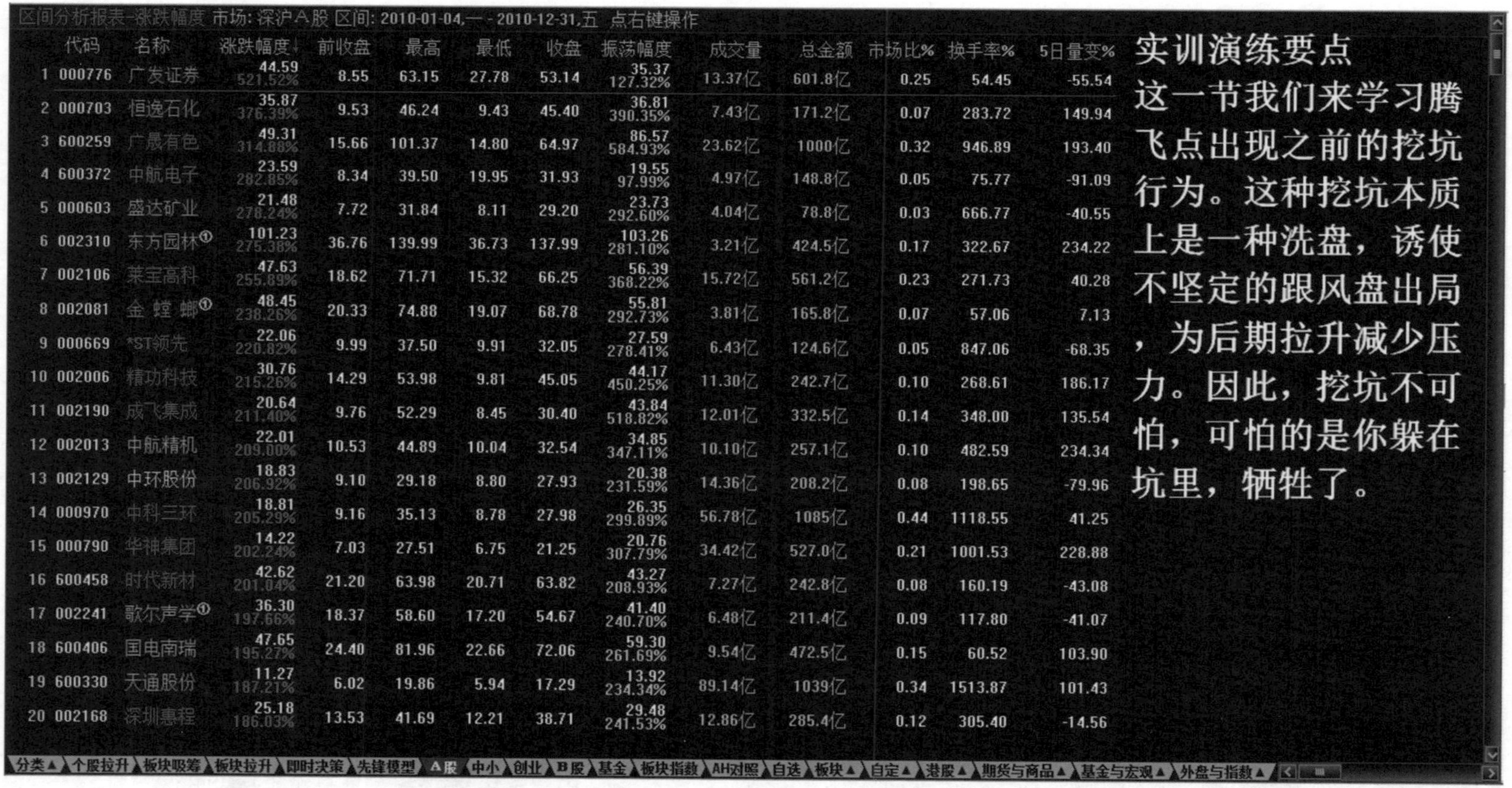

区间分析报表-涨跌幅度 市场: 深沪A股 区间: 2010-01-04,一 - 2010-12-31,五 点右键操作

	代码	名称	涨跌幅度	前收盘	最高	最低	收盘	振荡幅度	成交量	总金额	市场比%	换手率%	5日量变%
1	000776	广发证券	44.59 521.52%	8.55	63.15	27.78	53.14	35.37 127.32%	13.37亿	601.8亿	0.25	54.45	-55.54
2	000703	恒逸石化	35.87 376.39%	9.53	46.24	9.43	45.40	36.81 390.35%	7.43亿	171.2亿	0.07	283.72	149.94
3	600259	广晟有色	49.31 314.88%	15.66	101.37	14.80	64.97	86.57 584.93%	23.62亿	1000亿	0.32	946.89	193.40
4	600372	中航电子	23.59 282.85%	8.34	39.50	19.95	31.93	19.55 97.99%	4.97亿	148.8亿	0.05	75.77	-91.09
5	000603	盛达矿业	21.48 278.24%	7.72	31.84	8.11	29.20	23.73 292.60%	4.04亿	78.8亿	0.03	666.77	-40.55
6	002310	东方园林①	101.23 275.38%	36.76	139.99	36.73	137.99	103.26 281.10%	3.21亿	424.5亿	0.17	322.67	234.22
7	002106	莱宝高科	47.63 255.89%	18.62	71.71	15.32	66.25	56.39 368.22%	15.72亿	561.2亿	0.23	271.73	40.28
8	002081	金螳螂①	48.45 238.26%	20.33	74.88	19.07	68.78	55.81 292.73%	3.81亿	165.8亿	0.07	57.06	7.13
9	000669	*ST领先	22.06 220.82%	9.99	37.50	9.91	32.05	27.59 278.41%	6.43亿	124.6亿	0.05	847.06	-68.35
10	002006	精功科技	30.76 215.26%	14.29	53.98	9.81	45.05	44.17 450.25%	11.30亿	242.7亿	0.10	268.61	186.17
11	002190	成飞集成	20.64 211.40%	9.76	52.29	8.45	30.40	43.84 518.82%	12.01亿	332.5亿	0.14	348.00	135.54
12	002013	中航精机	22.01 209.00%	10.53	44.89	10.04	32.54	34.85 347.11%	10.10亿	257.1亿	0.10	482.59	234.34
13	002129	中环股份	18.83 206.92%	9.10	29.18	8.80	27.93	20.38 231.59%	14.36亿	208.2亿	0.08	198.65	-79.96
14	000970	中科三环	18.81 205.29%	9.16	35.13	8.78	27.98	26.35 299.89%	56.78亿	1085亿	0.44	1118.55	41.25
15	000790	华神集团	14.22 202.24%	7.03	27.51	6.75	21.25	20.76 307.79%	34.42亿	527.0亿	0.21	1001.53	228.88
16	600458	时代新材	42.62 201.04%	21.20	63.98	20.71	63.82	43.27 208.93%	7.27亿	242.8亿	0.08	160.19	-43.08
17	002241	歌尔声学①	36.30 197.66%	18.37	58.60	17.20	54.67	41.40 240.70%	6.48亿	211.4亿	0.09	117.80	-41.07
18	600406	国电南瑞	47.65 195.27%	24.40	81.96	22.66	72.06	59.30 261.69%	9.54亿	472.5亿	0.15	60.52	103.90
19	600330	天通股份	11.27 187.21%	6.02	19.86	5.94	17.29	13.92 234.34%	89.14亿	1039亿	0.34	1513.87	101.43
20	002168	深圳惠程	25.18 186.03%	13.53	41.69	12.21	38.71	29.48 241.53%	12.86亿	285.4亿	0.12	305.40	-14.56

分类▲ 个股拉升 板块吸筹 板块拉升 即时决策 先锋模型 A股 中小 创业 B股 基金 板块指数 AH对照 自选 板块▲ 自定▲ 港股▲ 期货与商品▲ 基金与宏观▲ 外盘与指数▲

实训演练要点

这一节我们来学习腾飞点出现之前的挖坑行为。这种挖坑本质上是一种洗盘，诱使不坚定的跟风盘出局，为后期拉升减少压力。因此，挖坑不可怕，可怕的是你躲在坑里，牺牲了。

图例 176

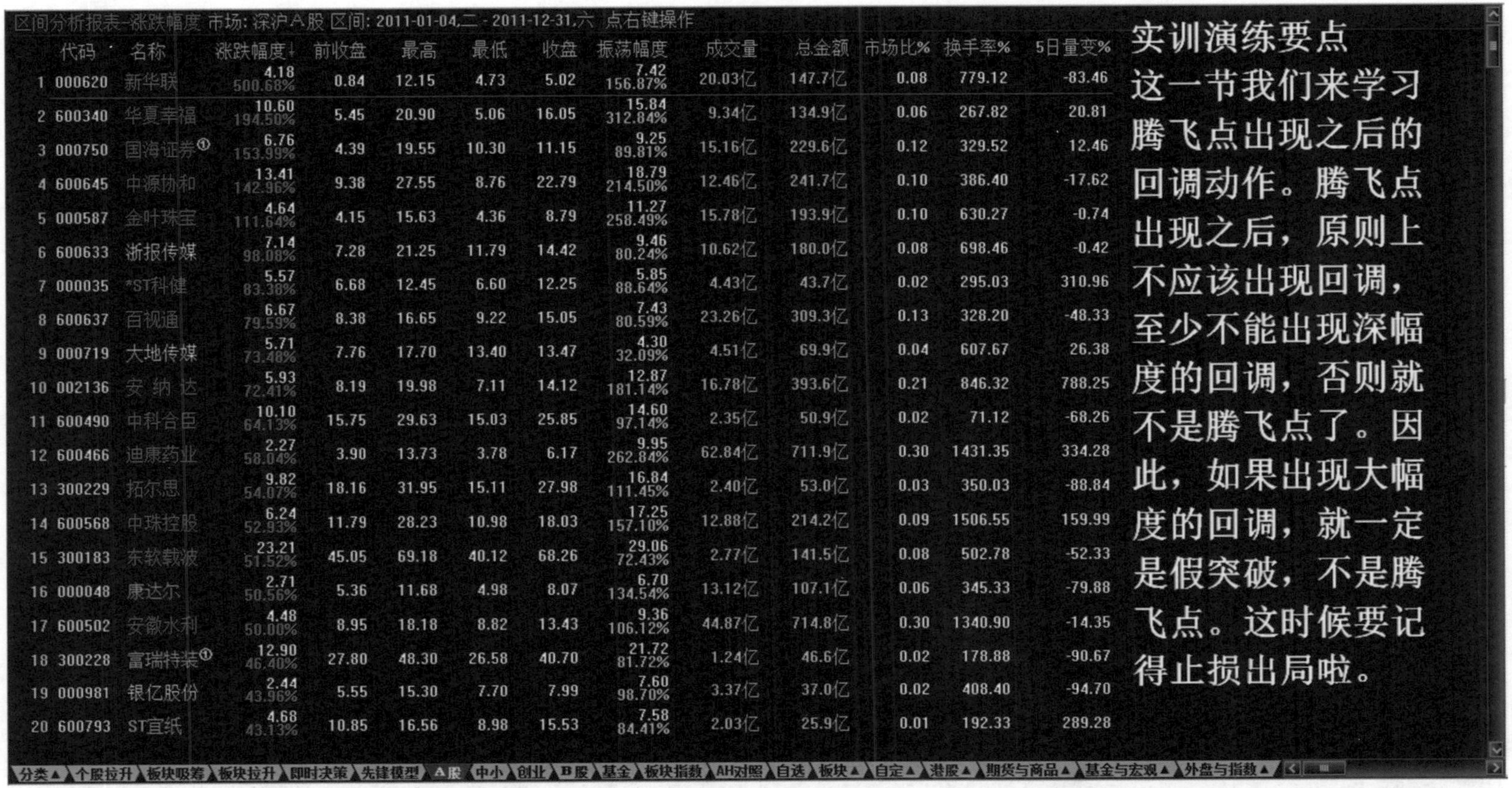

区间分析报表-涨跌幅度 市场: 深沪A股 区间: 2011-01-04,二 - 2011-12-31,六 点右键操作

	代码	名称	涨跌幅度↓	前收盘	最高	最低	收盘	振荡幅度	成交量	总金额	市场比%	换手率%	5日量变%
1	000620	新华联	4.18 500.68%	0.84	12.15	4.73	5.02	7.42 156.87%	20.03亿	147.7亿	0.08	779.12	-83.46
2	600340	华夏幸福	10.60 194.50%	5.45	20.90	5.06	16.05	15.84 312.84%	9.34亿	134.9亿	0.06	267.82	20.81
3	000750	国海证券①	6.76 153.99%	4.39	19.55	10.30	11.15	9.25 89.81%	15.16亿	229.6亿	0.12	329.52	12.46
4	600645	中源协和	13.41 142.96%	9.38	27.55	8.76	22.79	18.79 214.50%	12.46亿	241.7亿	0.10	386.40	-17.62
5	000587	金叶珠宝	4.64 111.64%	4.15	15.63	4.36	8.79	11.27 258.49%	15.78亿	193.9亿	0.10	630.27	-0.74
6	600633	浙报传媒	7.14 98.08%	7.28	21.25	11.79	14.42	9.46 80.24%	10.62亿	180.0亿	0.08	698.46	-0.42
7	000035	*ST科健	5.57 83.38%	6.68	12.45	6.60	12.25	5.85 88.64%	4.43亿	43.7亿	0.02	295.03	310.96
8	600637	百视通	6.67 79.59%	8.38	16.65	9.22	15.05	7.43 80.59%	23.26亿	309.3亿	0.13	328.20	-48.33
9	000719	大地传媒	5.71 73.48%	7.76	17.70	13.40	13.47	4.30 32.09%	4.51亿	69.9亿	0.04	607.67	26.38
10	002136	安 纳 达	5.93 72.41%	8.19	19.98	7.11	14.12	12.87 181.14%	16.78亿	393.6亿	0.21	846.32	788.25
11	600490	中科合臣	10.10 64.13%	15.75	29.63	15.03	25.85	14.60 97.14%	2.35亿	50.9亿	0.02	71.12	-68.26
12	600466	迪康药业	2.27 58.04%	3.90	13.73	3.78	6.17	9.95 262.84%	62.84亿	711.9亿	0.30	1431.35	334.28
13	300229	拓尔思	9.82 54.07%	18.16	31.95	15.11	27.98	16.84 111.45%	2.40亿	53.0亿	0.03	350.03	-88.84
14	600568	中珠控股	6.24 52.93%	11.79	28.23	10.98	18.03	17.25 157.10%	12.88亿	214.2亿	0.09	1506.55	159.99
15	300183	东软载波	23.21 51.52%	45.05	69.18	40.12	68.26	29.06 72.43%	2.77亿	141.5亿	0.08	502.78	-52.33
16	000048	康达尔	2.71 50.56%	5.36	11.68	4.98	8.07	6.70 134.54%	13.12亿	107.1亿	0.06	345.33	-79.88
17	600502	安徽水利	4.48 50.00%	8.95	18.18	8.82	13.43	9.36 106.12%	44.87亿	714.8亿	0.30	1340.90	-14.35
18	300228	富瑞特装①	12.90 46.40%	27.80	48.30	26.58	40.70	21.72 81.72%	1.24亿	46.6亿	0.02	178.88	-90.67
19	000981	银亿股份	2.44 43.96%	5.55	15.30	7.70	7.99	7.60 98.70%	3.37亿	37.0亿	0.02	408.40	-94.70
20	600793	ST宜纸	4.68 43.13%	10.85	16.56	8.98	15.53	7.58 84.41%	2.03亿	25.9亿	0.01	192.33	289.28

实训演练要点

这一节我们来学习腾飞点出现之后的回调动作。腾飞点出现之后，原则上不应该出现回调，至少不能出现深幅度的回调，否则就不是腾飞点了。因此，如果出现大幅度的回调，就一定是假突破，不是腾飞点。这时候要记得止损出局啦。

图例 177

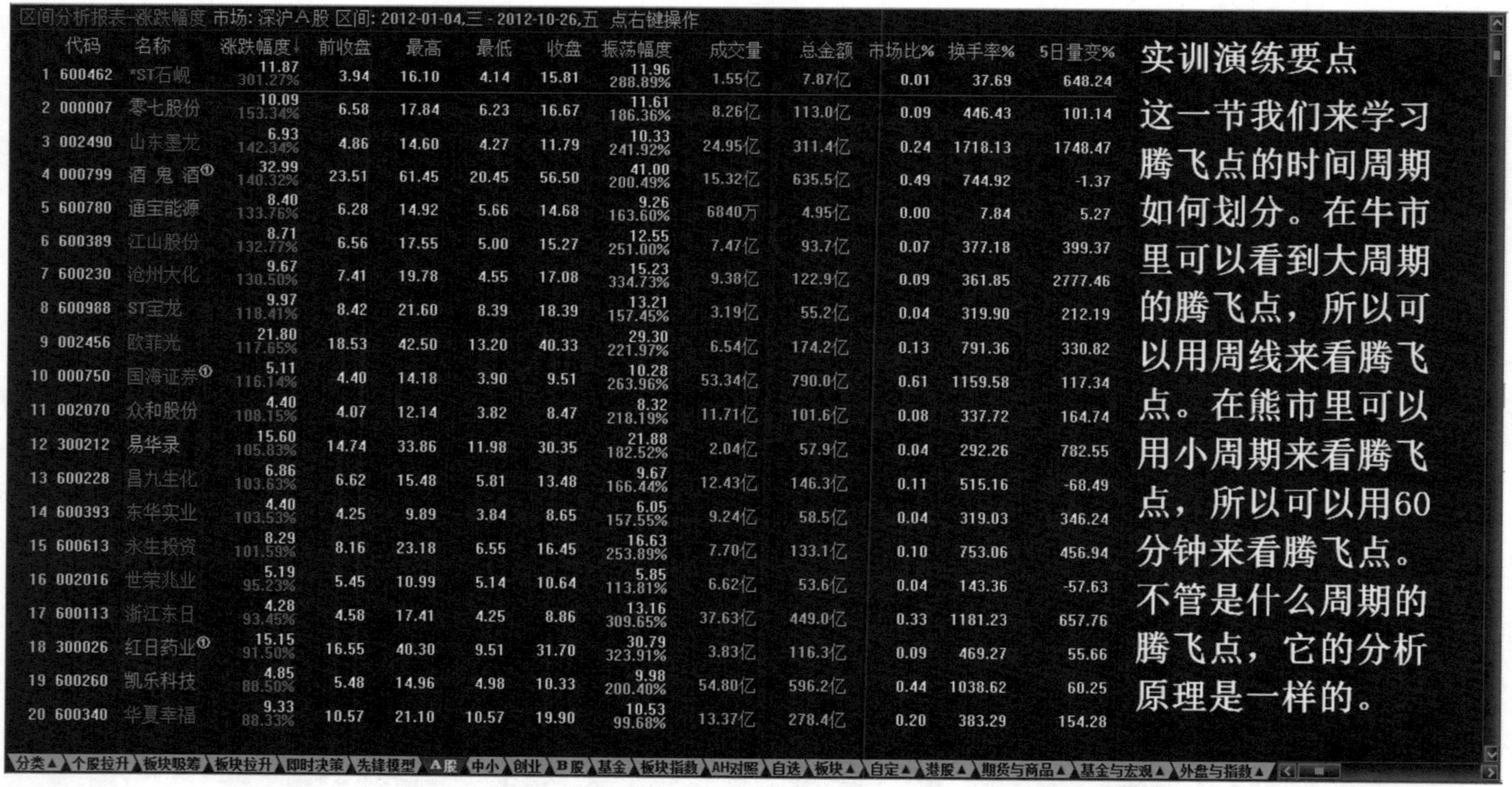

区间分析报表-涨跌幅度 市场: 深沪A股 区间: 2012-01-04,三 - 2012-10-26,五 点右键操作

	代码	名称	涨跌幅度↓	前收盘	最高	最低	收盘	振荡幅度	成交量	总金额	市场比%	换手率%	5日量变%
1	600462	*ST石岘	11.87 301.27%	3.94	16.10	4.14	15.81	11.96 288.89%	1.55亿	7.87亿	0.01	37.69	648.24
2	000007	零七股份	10.09 153.34%	6.58	17.84	6.23	16.67	11.61 186.36%	8.26亿	113.0亿	0.09	446.43	101.14
3	002490	山东墨龙	6.93 142.34%	4.86	14.60	4.27	11.79	10.33 241.92%	24.95亿	311.4亿	0.24	1718.13	1748.47
4	000799	酒鬼酒①	32.99 140.32%	23.51	61.45	20.45	56.50	41.00 200.49%	15.32亿	635.5亿	0.49	744.92	-1.37
5	600780	通宝能源	8.40 133.76%	6.28	14.92	5.66	14.68	9.26 163.60%	6840万	4.95亿	0.00	7.84	5.27
6	600389	江山股份	8.71 132.77%	6.56	17.55	5.00	15.27	12.55 251.00%	7.47亿	93.7亿	0.07	377.18	399.37
7	600230	沧州大化	9.67 130.50%	7.41	19.78	4.55	17.08	15.23 334.73%	9.38亿	122.9亿	0.09	361.85	2777.46
8	600988	ST宝龙	9.97 118.41%	8.42	21.60	8.39	18.39	13.21 157.45%	3.19亿	55.2亿	0.04	319.90	212.19
9	002456	欧菲光	21.80 117.65%	18.53	42.50	13.20	40.33	29.30 221.97%	6.54亿	174.2亿	0.13	791.36	330.82
10	000750	国海证券①	5.11 116.14%	4.40	14.18	3.90	9.51	10.28 263.96%	53.34亿	790.0亿	0.61	1159.58	117.34
11	002070	众和股份	4.40 108.15%	4.07	12.14	3.82	8.47	8.32 218.19%	11.71亿	101.6亿	0.08	337.72	164.74
12	300212	易华录	15.60 105.83%	14.74	33.86	11.98	30.35	21.88 182.52%	2.04亿	57.9亿	0.04	292.26	782.55
13	600228	昌九生化	6.86 103.63%	6.62	15.48	5.81	13.48	9.67 166.44%	12.43亿	146.3亿	0.11	515.16	-68.49
14	600393	东华实业	4.40 103.53%	4.25	9.89	3.84	8.65	6.05 157.55%	9.24亿	58.5亿	0.04	319.03	346.24
15	600613	永生投资	8.29 101.59%	8.16	23.18	6.55	16.45	16.63 253.89%	7.70亿	133.1亿	0.10	753.06	456.94
16	002016	世荣兆业	5.19 95.23%	5.45	10.99	5.14	10.64	5.85 113.81%	6.62亿	53.6亿	0.04	143.36	-57.63
17	600113	浙江东日	4.28 93.45%	4.58	17.41	4.25	8.86	13.16 309.65%	37.63亿	449.0亿	0.33	1181.23	657.76
18	300026	红日药业①	15.15 91.50%	16.55	40.30	9.51	31.70	30.79 323.91%	3.83亿	116.3亿	0.09	469.27	55.66
19	600260	凯乐科技	4.85 88.50%	5.48	14.96	4.98	10.33	9.98 200.40%	54.80亿	596.2亿	0.44	1038.62	60.25
20	600340	华夏幸福	9.33 88.33%	10.57	21.10	10.57	19.90	10.53 99.68%	13.37亿	278.4亿	0.20	383.29	154.28

实训演练要点

这一节我们来学习腾飞点的时间周期如何划分。在牛市里可以看到大周期的腾飞点，所以可以用周线来看腾飞点。在熊市里可以用小周期来看腾飞点，所以可以用60分钟来看腾飞点。不管是什么周期的腾飞点，它的分析原理是一样的。

图例 178

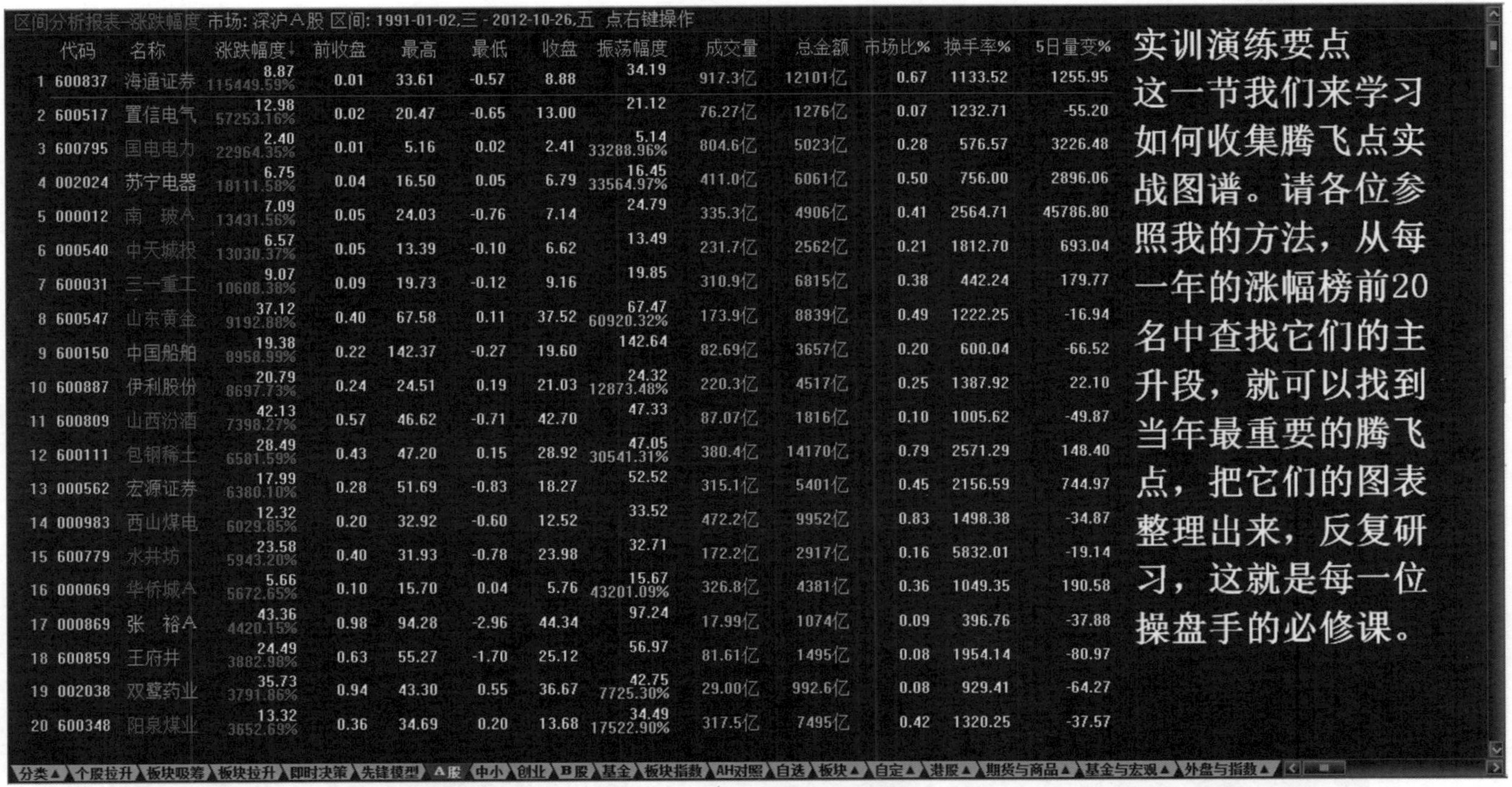

	代码	名称	涨跌幅度↓	前收盘	最高	最低	收盘	振荡幅度	成交量	总金额	市场比%	换手率%	5日量变%
1	600837	海通证券	8.87 115449.59%	0.01	33.61	-0.57	8.88	34.19	917.3亿	12101亿	0.67	1133.52	1255.95
2	600517	置信电气	12.98 57253.16%	0.02	20.47	-0.65	13.00	21.12	76.27亿	1276亿	0.07	1232.71	-55.20
3	600795	国电电力	2.40 22964.35%	0.01	5.16	0.02	2.41	5.14 33288.96%	804.6亿	5023亿	0.28	576.57	3226.48
4	002024	苏宁电器	6.75 18111.58%	0.04	16.50	0.05	6.79	16.45 33564.97%	411.0亿	6061亿	0.50	756.00	2896.06
5	000012	南 玻A	7.09 13431.56%	0.05	24.03	-0.76	7.14	24.79	335.3亿	4906亿	0.41	2564.71	45786.80
6	000540	中天城投	6.57 13030.37%	0.05	13.39	-0.10	6.62	13.49	231.7亿	2562亿	0.21	1812.70	693.04
7	600031	三一重工	9.07 10608.38%	0.09	19.73	-0.12	9.16	19.85	310.9亿	6815亿	0.38	442.24	179.77
8	600547	山东黄金	37.12 9192.88%	0.40	67.58	0.11	37.52	67.47 60920.32%	173.9亿	8839亿	0.49	1222.25	-16.94
9	600150	中国船舶	19.38 8958.99%	0.22	142.37	-0.27	19.60	142.64	82.69亿	3657亿	0.20	600.04	-66.52
10	600887	伊利股份	20.79 8697.73%	0.24	24.51	0.19	21.03	24.32 12873.48%	220.3亿	4517亿	0.25	1387.92	22.10
11	600809	山西汾酒	42.13 7398.27%	0.57	46.62	-0.71	42.70	47.33	87.07亿	1816亿	0.10	1005.62	-49.87
12	600111	包钢稀土	28.49 6581.59%	0.43	47.20	0.15	28.92	47.05 30541.31%	380.4亿	14170亿	0.79	2571.29	148.40
13	000562	宏源证券	17.99 6380.10%	0.28	51.69	-0.83	18.27	52.52	315.1亿	5401亿	0.45	2156.59	744.97
14	000983	西山煤电	12.32 6029.85%	0.20	32.92	-0.60	12.52	33.52	472.2亿	9952亿	0.83	1498.38	-34.87
15	600779	水井坊	23.58 5943.20%	0.40	31.93	-0.78	23.98	32.71	172.2亿	2917亿	0.16	5832.01	-19.14
16	000069	华侨城A	5.66 5672.65%	0.10	15.70	0.04	5.76	15.67 43201.09%	326.8亿	4381亿	0.36	1049.35	190.58
17	000869	张 裕A	43.36 4420.15%	0.98	94.28	-2.96	44.34	97.24	17.99亿	1074亿	0.09	396.76	-37.88
18	600859	王府井	24.49 3882.98%	0.63	55.27	-1.70	25.12	56.97	81.61亿	1495亿	0.08	1954.14	-80.97
19	002038	双鹭药业	35.73 3791.86%	0.94	43.30	0.55	36.67	42.75 7725.30%	29.00亿	992.6亿	0.08	929.41	-64.27
20	600348	阳泉煤业	13.32 3652.69%	0.36	34.69	0.20	13.68	34.49 17522.90%	317.5亿	7495亿	0.42	1320.25	-37.57

实训演练要点

这一节我们来学习如何收集腾飞点实战图谱。请各位参照我的方法，从每一年的涨幅榜前20名中查找它们的主升段，就可以找到当年最重要的腾飞点，把它们的图表整理出来，反复研习，这就是每一位操盘手的必修课。

图例 179

二、按月份整理经典大牛股腾飞点走势月线图

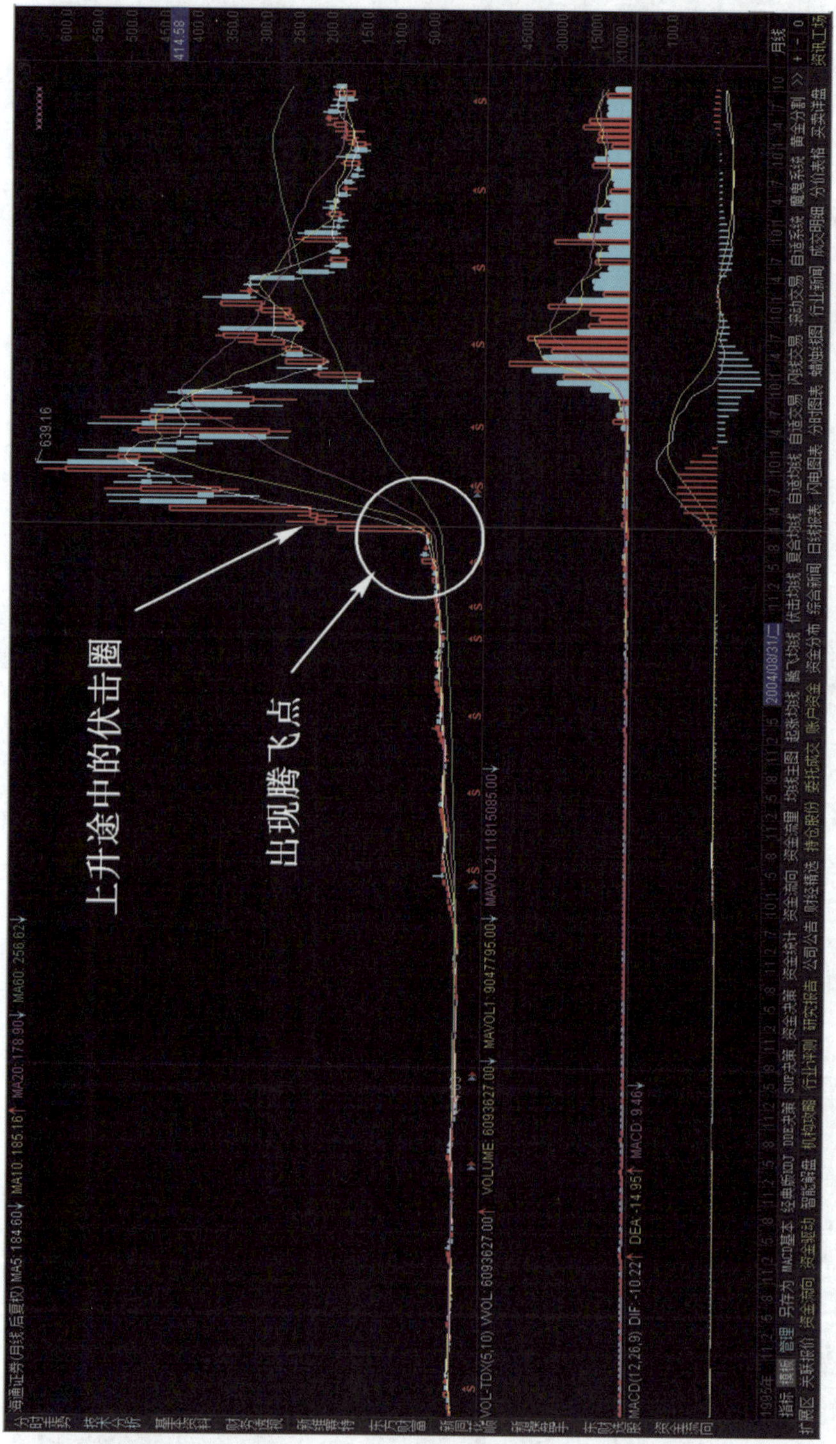

图例 180

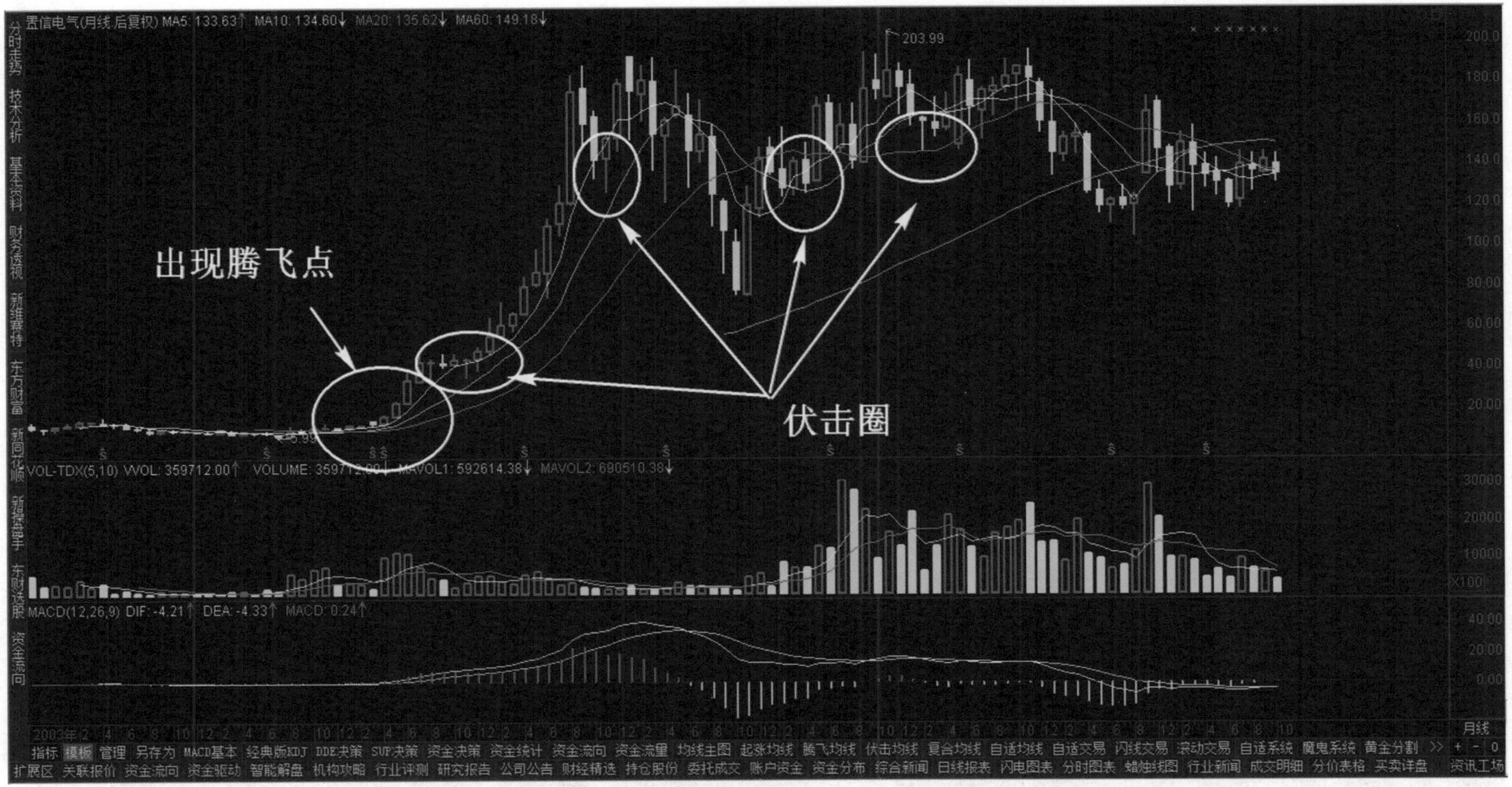
置信电气(月线 后复权) MA5: 133.63↑ MA10: 134.60↓ MA20: 135.62↓ MA60: 149.18↓
203.99
出现腾飞点
伏击圈
VOL-TDX(5,10) VVOL: 359712.00↑ VOLUME: 359712.00↓ MAVOL1: 592614.38↓ MAVOL2: 690510.38↓
MACD(12,26,9) DIF: -4.21↑ DEA: -4.33↑ MACD: 0.24↑
月线

图例 181

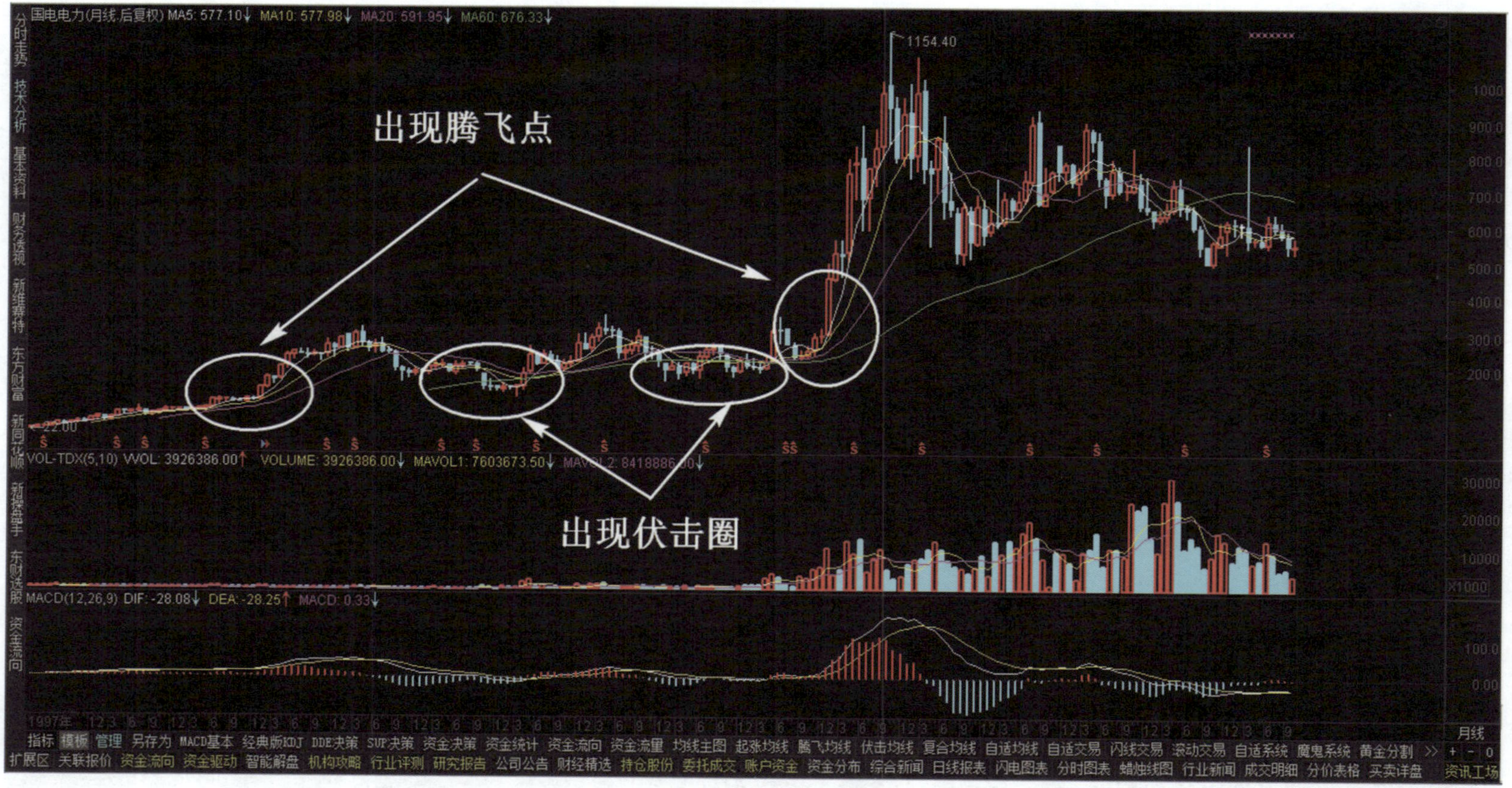
国电电力(月线,后复权) MA5: 577.10↓ MA10: 577.98↓ MA20: 591.95↓ MA60: 676.33↓
1154.40
出现腾飞点
出现伏击圈
VOL-TDX(5,10) VVOL: 3926386.00↑ VOLUME: 3926386.00↓ MAVOL1: 7603673.50↓
MACD(12,26,9) DIF: -28.08↓ DEA: -28.25↑ MACD: 0.33↓
月线

图例 182

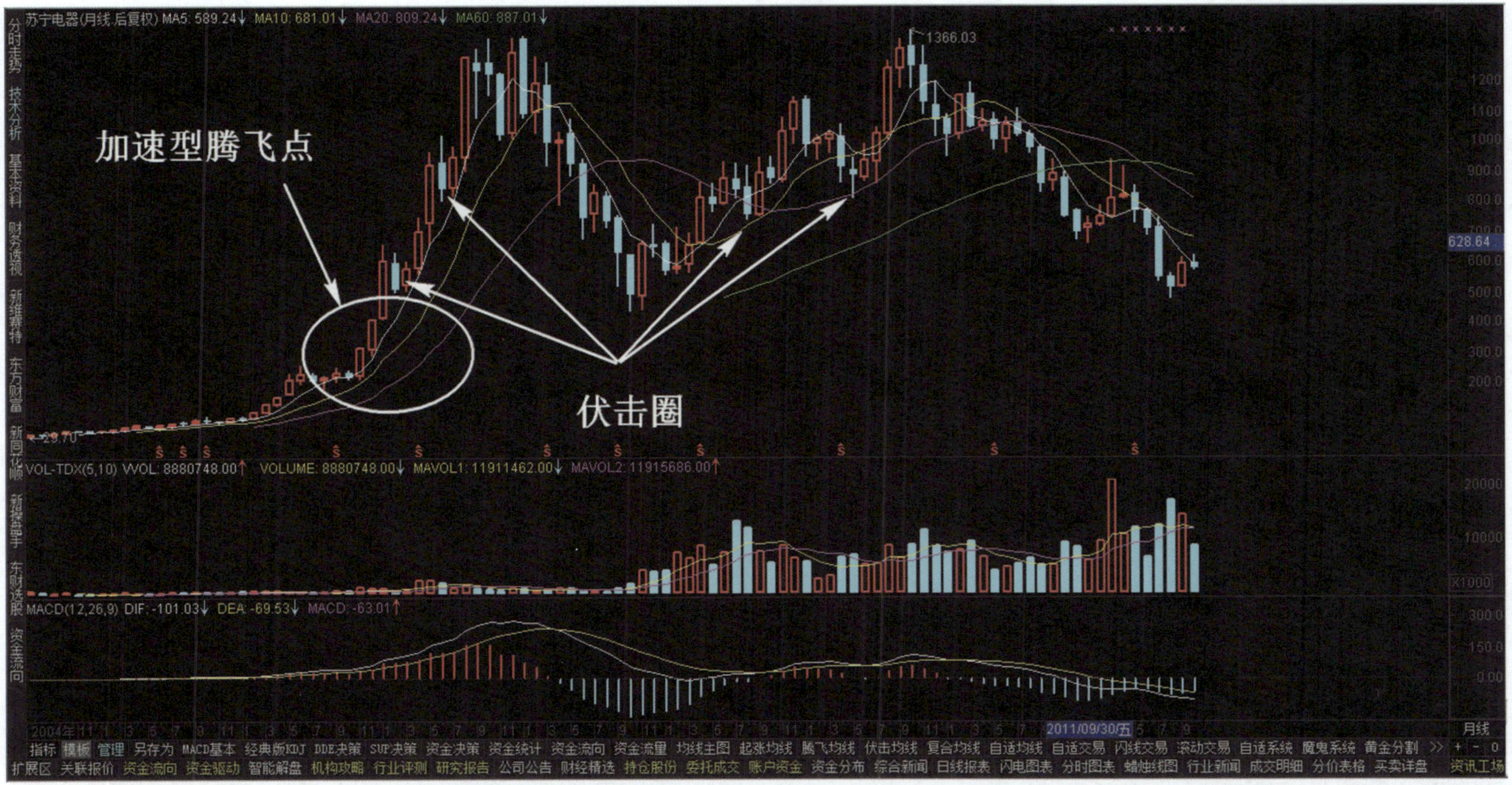
苏宁电器(月线 后复权) MA5: 589.24↓ MA10: 681.01↓ MA20: 809.24↓ MA60: 887.01↓
1366.03
628.64
加速型腾飞点
伏击圈
VOL-TDX(5,10) VVOL: 8880748.00↑ VOLUME: 8880748.00↓ MAVOL1: 11911462.00↓ MAVOL2: 11915686.00↑
MACD(12,26,9) DIF: -101.03↓ DEA: -69.53↓ MACD: -63.01↑
2011/09/30/五
月线

图例 183

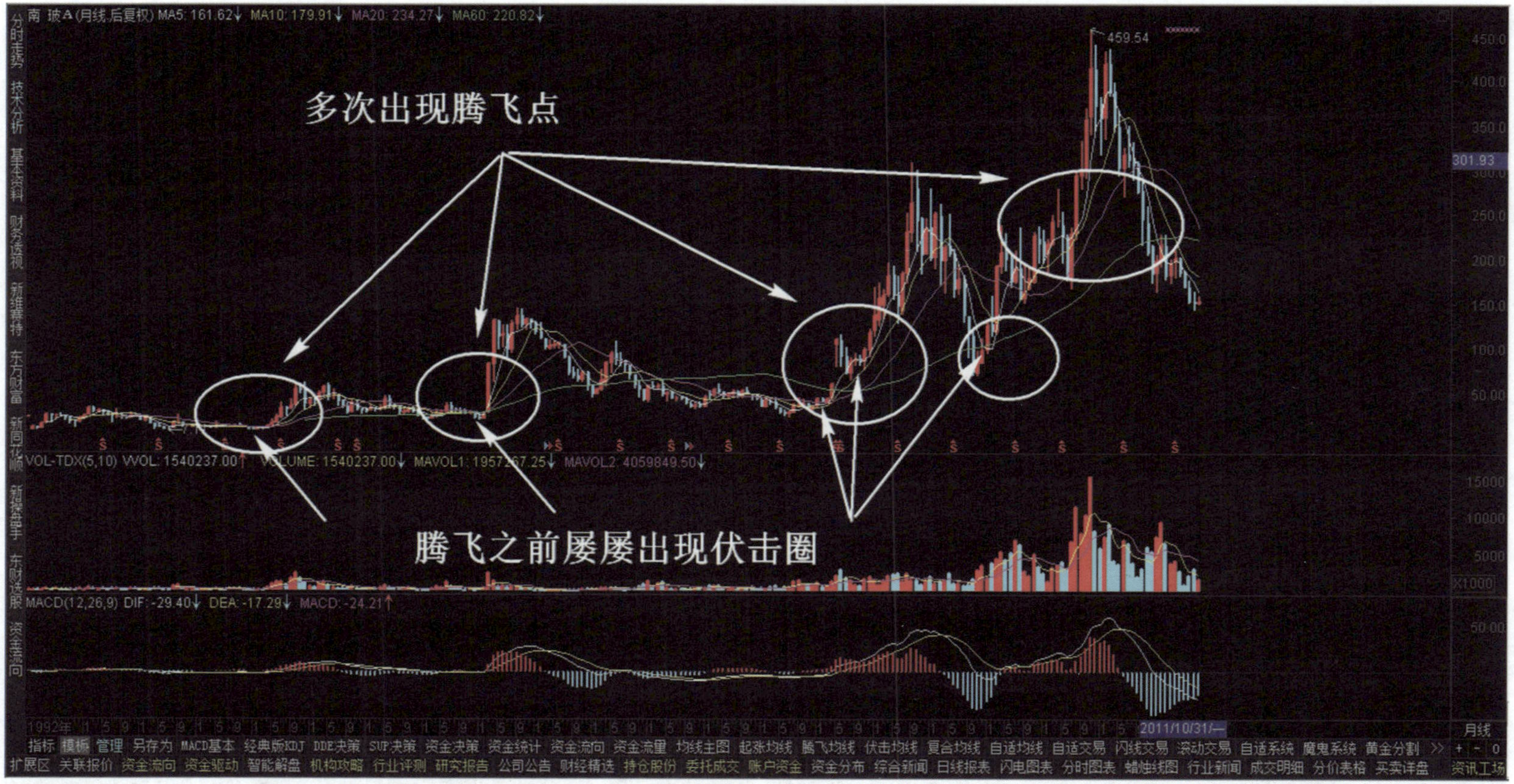
南 玻A(月线,后复权) MA5: 161.62↓ MA10: 179.91↓ MA20: 234.27↓ MA60: 220.82↓
多次出现腾飞点
腾飞之前屡屡出现伏击圈
459.54
VOL-TDX(5,10) VVOL: 1540237.00↑
MACD(12,26,9) DIF: -29.40↓ DEA: -17.29↓ MACD: -24.21↑
2011/10/31/—
月线

图例 184

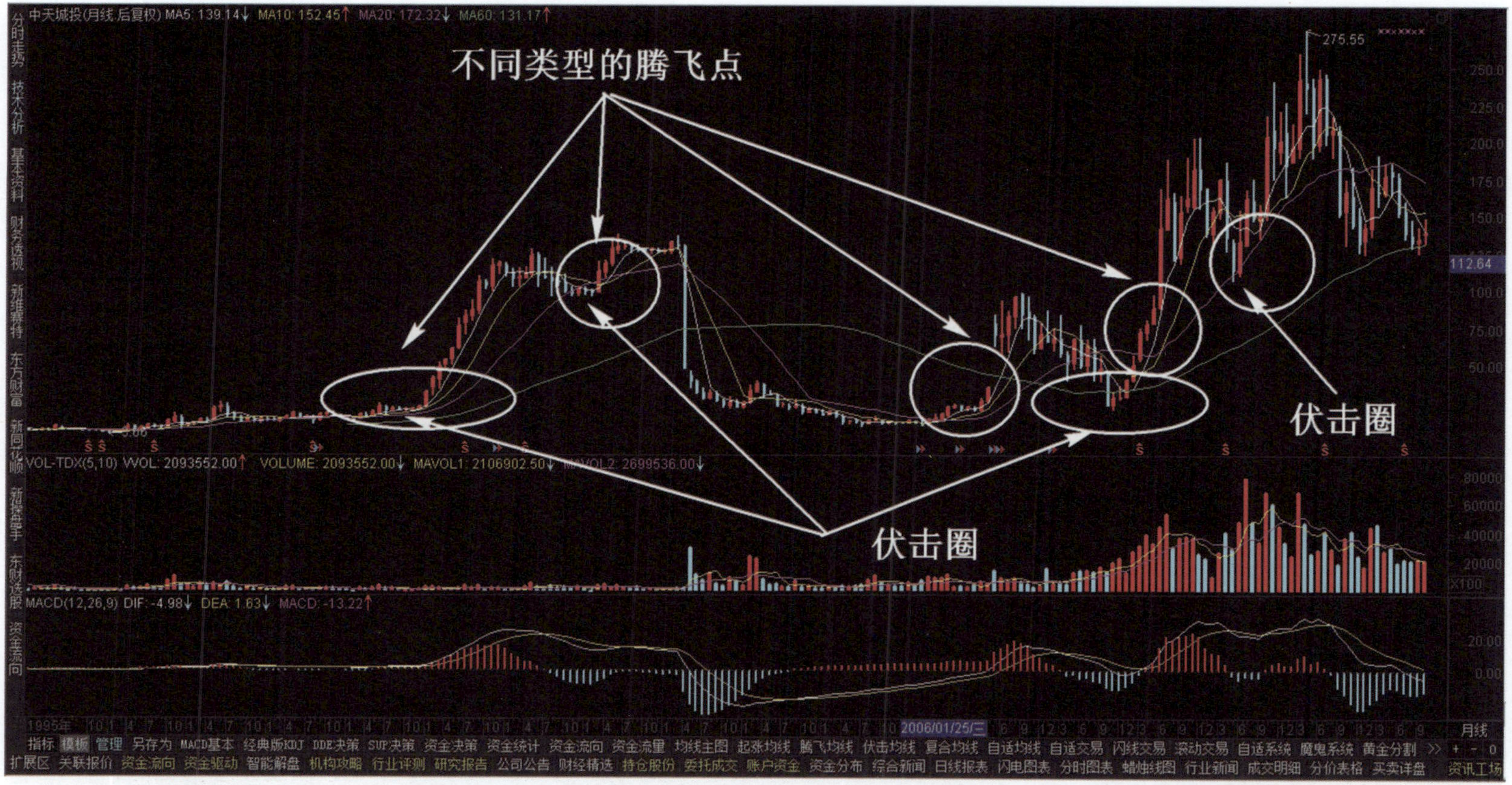

中天城投(月线,后复权) MA5: 139.14↓ MA10: 152.45↑ MA20: 172.32↓ MA60: 131.17↑
不同类型的腾飞点
伏击圈
伏击圈
275.55
112.64
VOL-TDX(5,10) VVOL: 2093552.00↑ VOLUME: 2093552.00↓ MAVOL1: 2106902.50↓ MAVOL2: 2699536.00↓
MACD(12,26,9) DIF: -4.98↓ DEA: 1.63↓ MACD: -13.22↑
2006/01/25/三
月线

图例 185

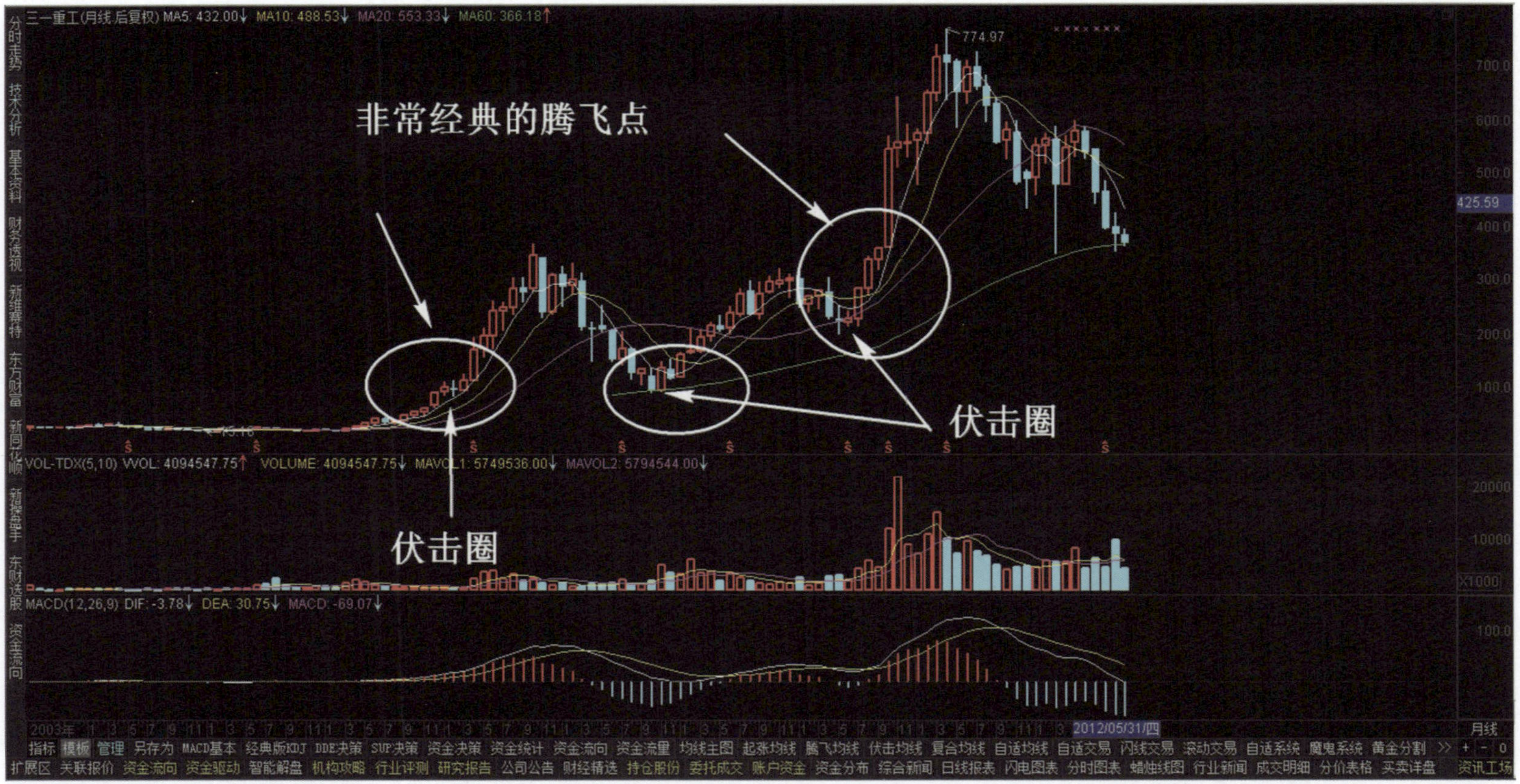
三一重工(月线,后复权) MA5: 432.00↓ MA10: 488.53↓ MA20: 553.33↓ MA60: 366.18↑
774.97
非常经典的腾飞点
伏击圈
伏击圈
VOL-TDX(5,10) VVOL: 4094547.75↑ VOLUME: 4094547.75↓ MAVOL1: 5749536.00↓ MAVOL2: 5794544.00↓
MACD(12,26,9) DIF: -3.78↓ DEA: 30.75↓ MACD: -69.07↓
2012/05/31/四
月线

图例 186

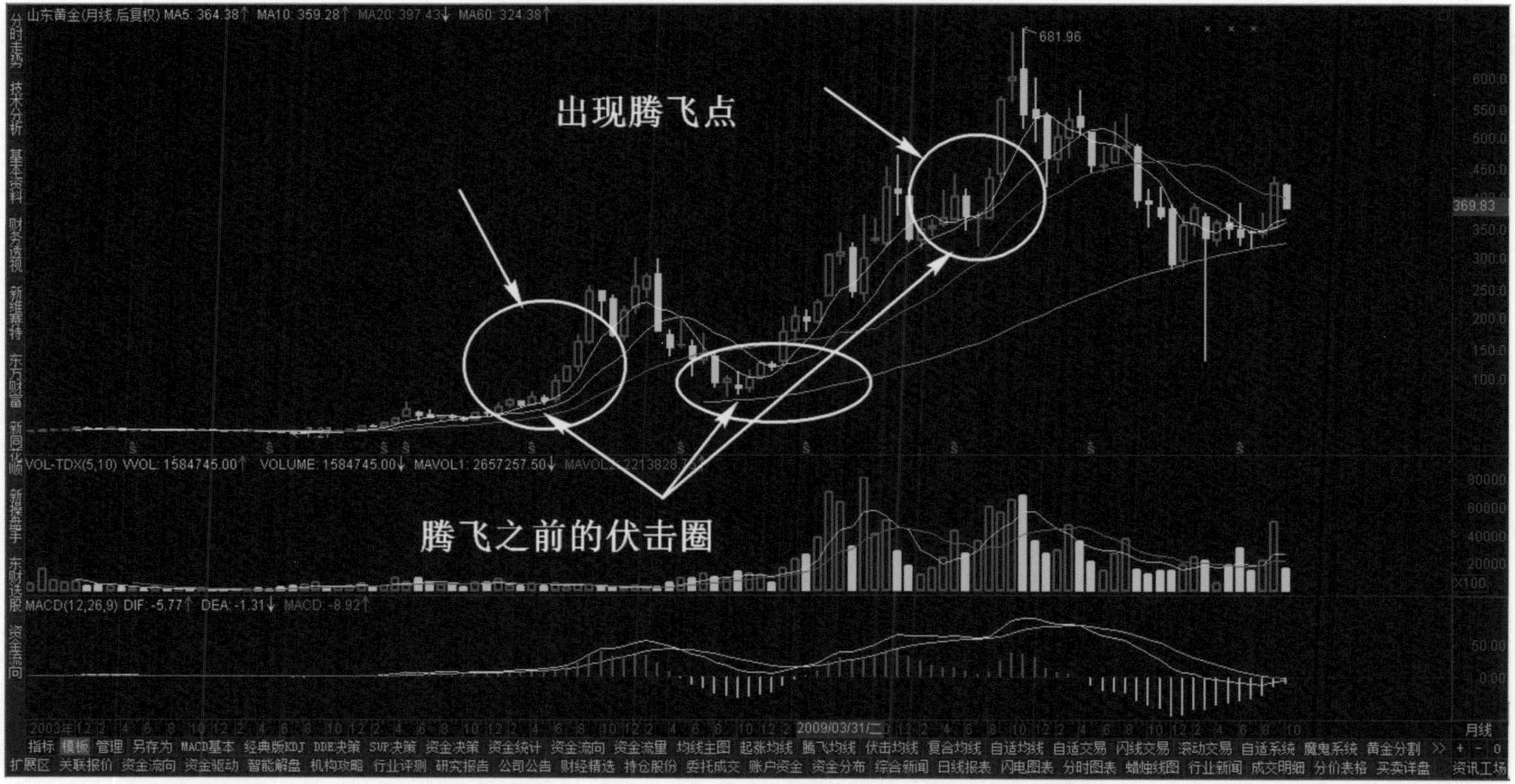
山东黄金(月线 后复权) MA5: 364.38↑ MA10: 359.28↑ MA20: 397.43↓ MA60: 324.38↑
681.96
出现腾飞点
腾飞之前的伏击圈
VOL-TDX(5,10) VVOL: 1584745.00↑ VOLUME: 1584745.00↓ MAVOL1: 2657257.50↓
MACD(12,26,9) DIF: -5.77↑ DEA: -1.31↓
2009/03/31/二
月线

图例 187

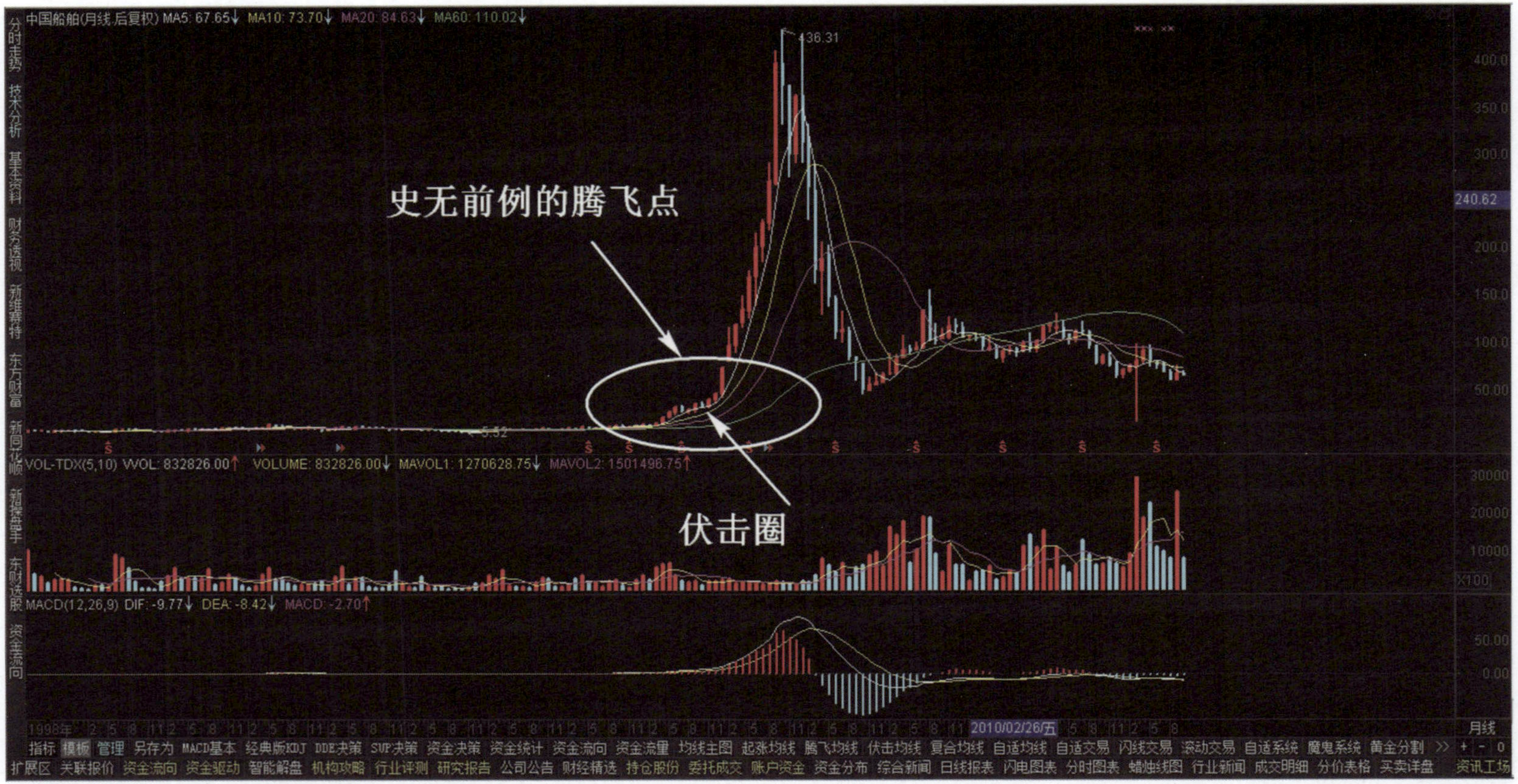
中国船舶(月线,后复权) MA5: 67.65↓ MA10: 73.70↓ MA20: 84.63↓ MA60: 110.02↓
436.31
240.62
史无前例的腾飞点
伏击圈
VOL-TDX(5,10) VVOL: 832826.00↑ VOLUME: 832826.00↓ MAVOL1: 1270628.75↓ MAVOL2: 1501496.75↑
MACD(12,26,9) DIF: -9.77↓ DEA: -8.42↓ MACD: -2.70↑
2010/02/26/五
月线

图例 188

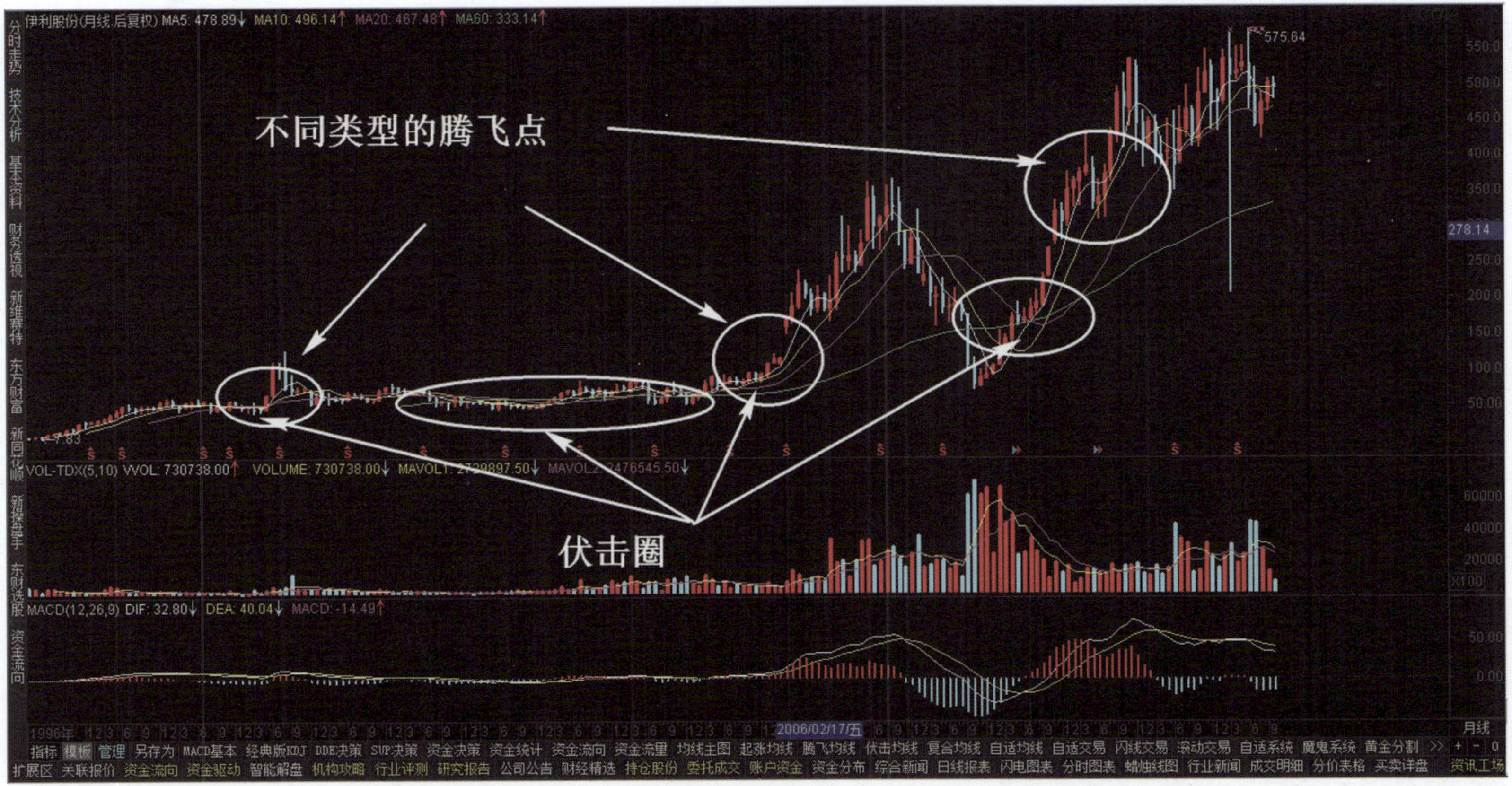
伊利股份(月线,后复权) MA5: 478.89 MA10: 496.14 MA20: 467.48 MA60: 333.14
575.64
不同类型的腾飞点
伏击圈
VOL-TDX(5,10) VVOL: 730738.00 VOLUME: 730738.00
MACD(12,26,9) DIF: 32.80 DEA: 40.04 MACD: -14.49
2006/02/17/五
月线

图例 189

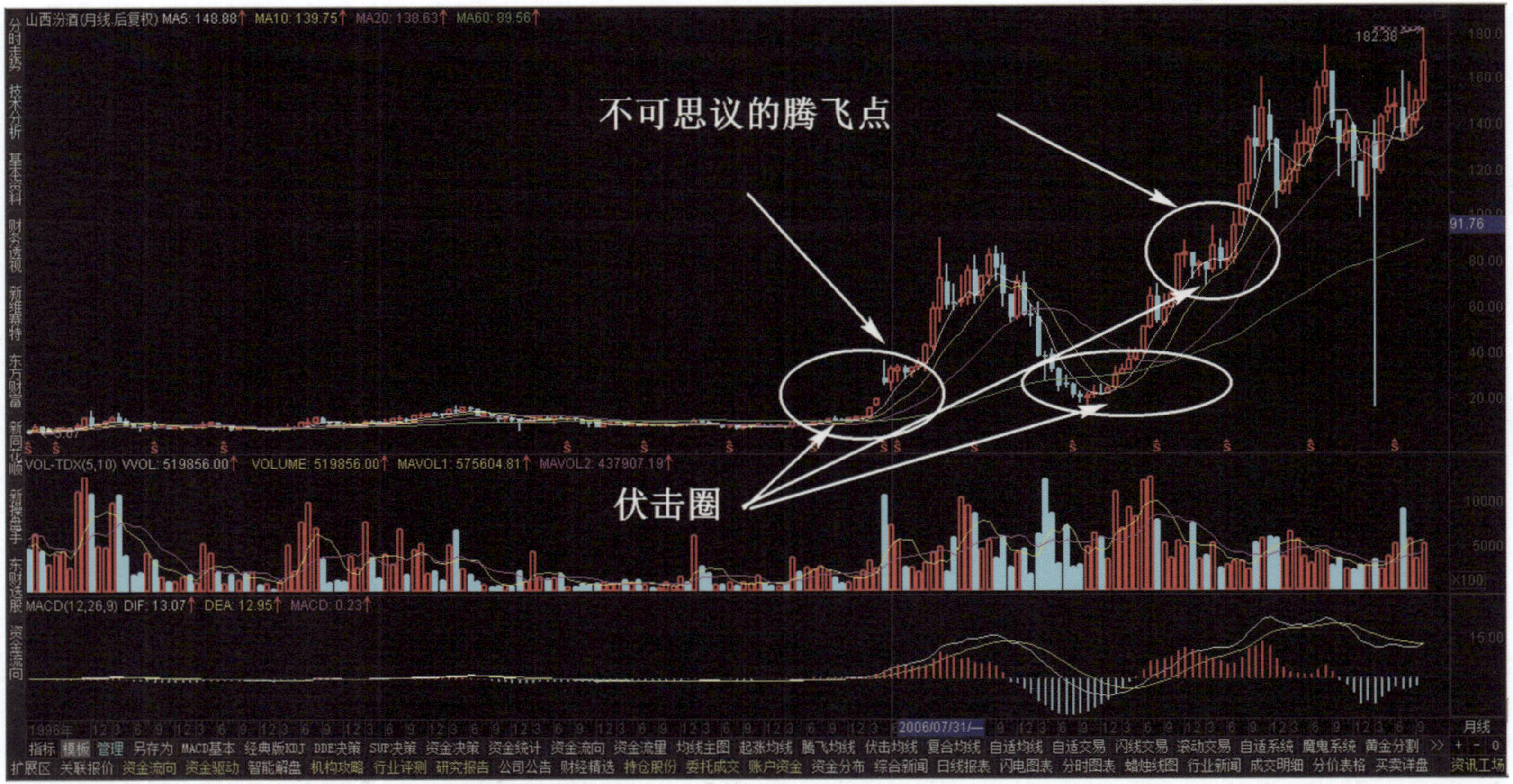
山西汾酒(月线,后复权) MA5: 148.88 MA10: 139.75 MA20: 138.63 MA60: 89.56
不可思议的腾飞点
伏击圈
182.38
91.76
VOL-TDX(5,10) VVOL: 519856.00 VOLUME: 519856.00 MAVOL1: 575604.81 MAVOL2: 437907.19
MACD(12,26,9) DIF: 13.07 DEA: 12.95 MACD: 0.23
2006/07/31/—
月线

图例 190

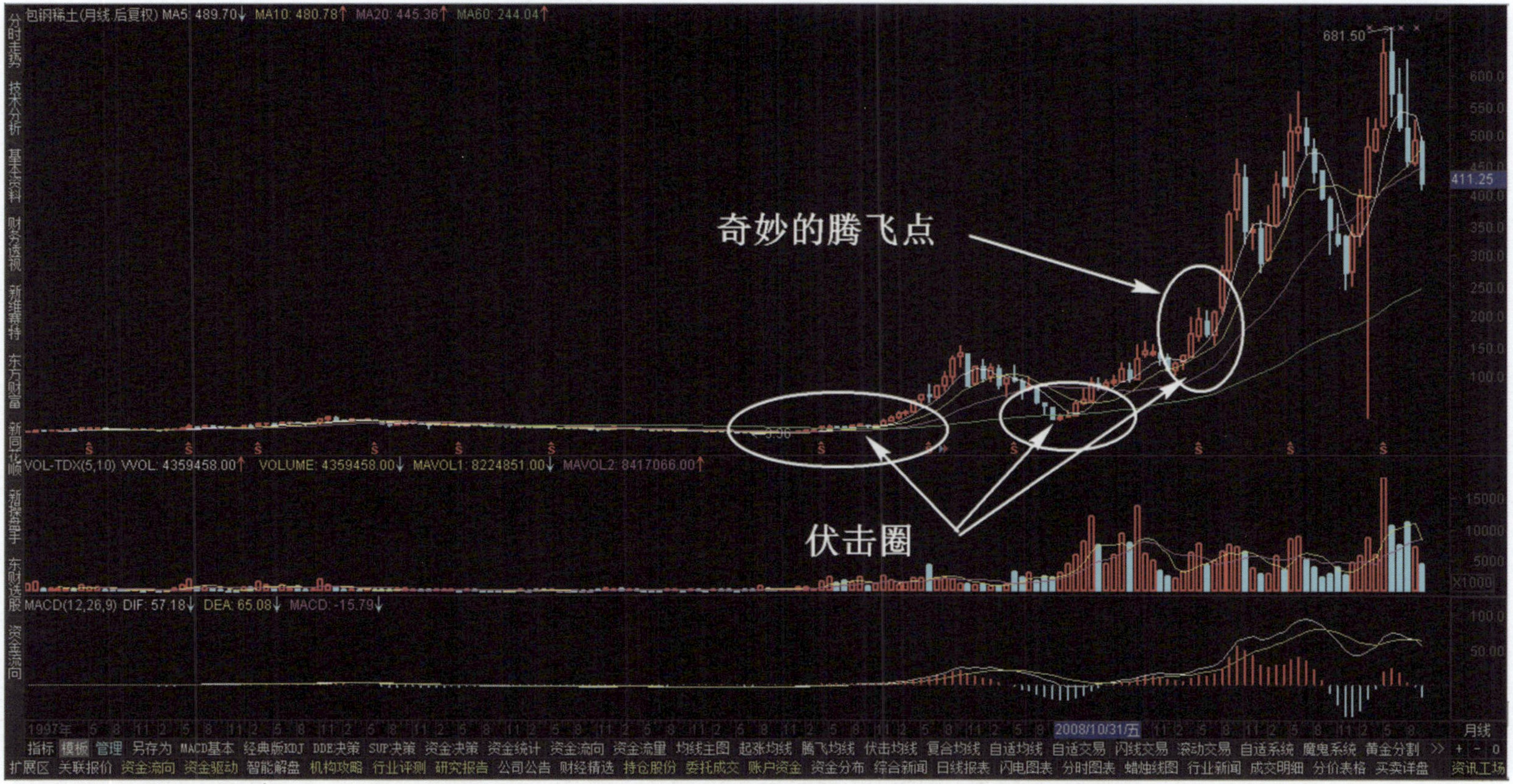
包钢稀土(月线 后复权) MA5: 489.70↓ MA10: 480.78↑ MA20: 445.36↑ MA60: 244.04↑
681.50
411.25
奇妙的腾飞点
伏击圈
VOL-TDX(5,10) VVOL: 4359458.00↑ VOLUME: 4359458.00↓ MAVOL1: 8224851.00↓ MAVOL2: 8417066.00↑
MACD(12,26,9) DIF: 57.18↓ DEA: 65.08↓ MACD: -15.79↓
1997年
2008/10/31/五
月线

图例 191

第二节　从学习腾飞点实战经典走势中领悟伏击圈技术

一、从每周的操作中学习腾飞点技术

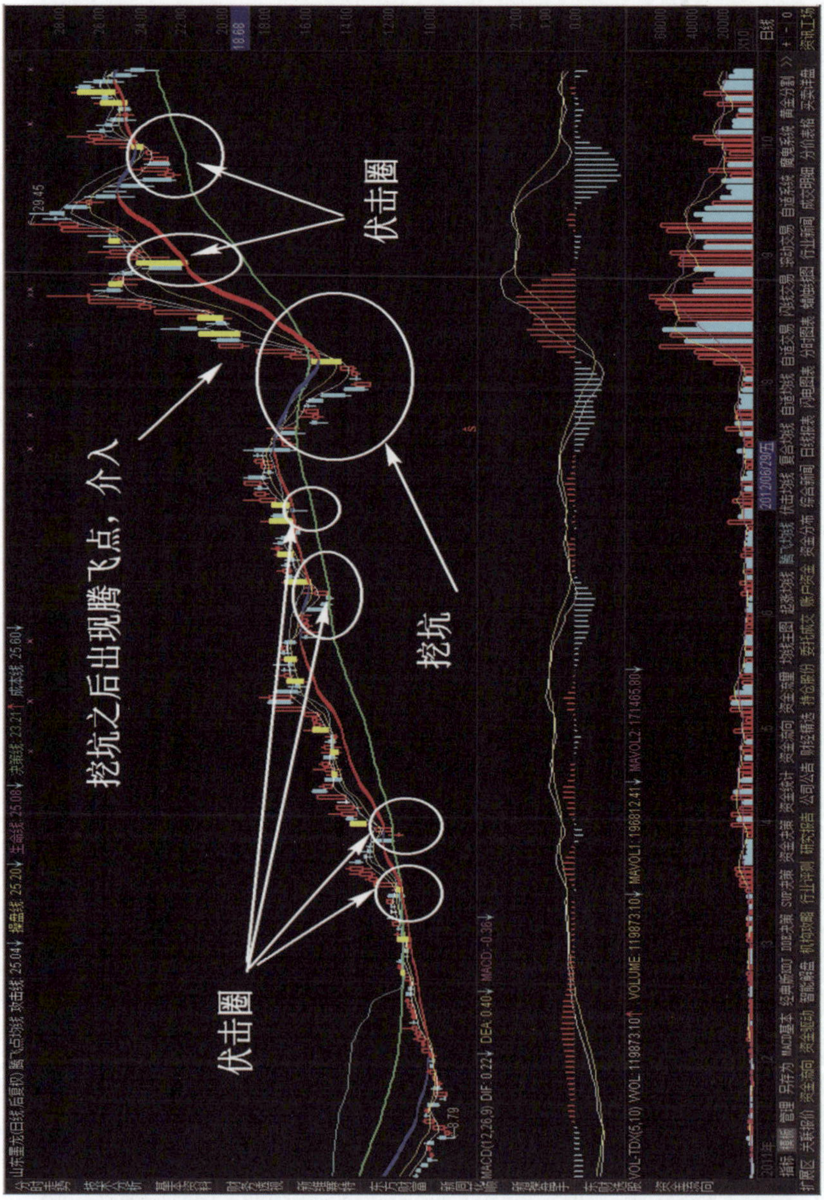

图例 192

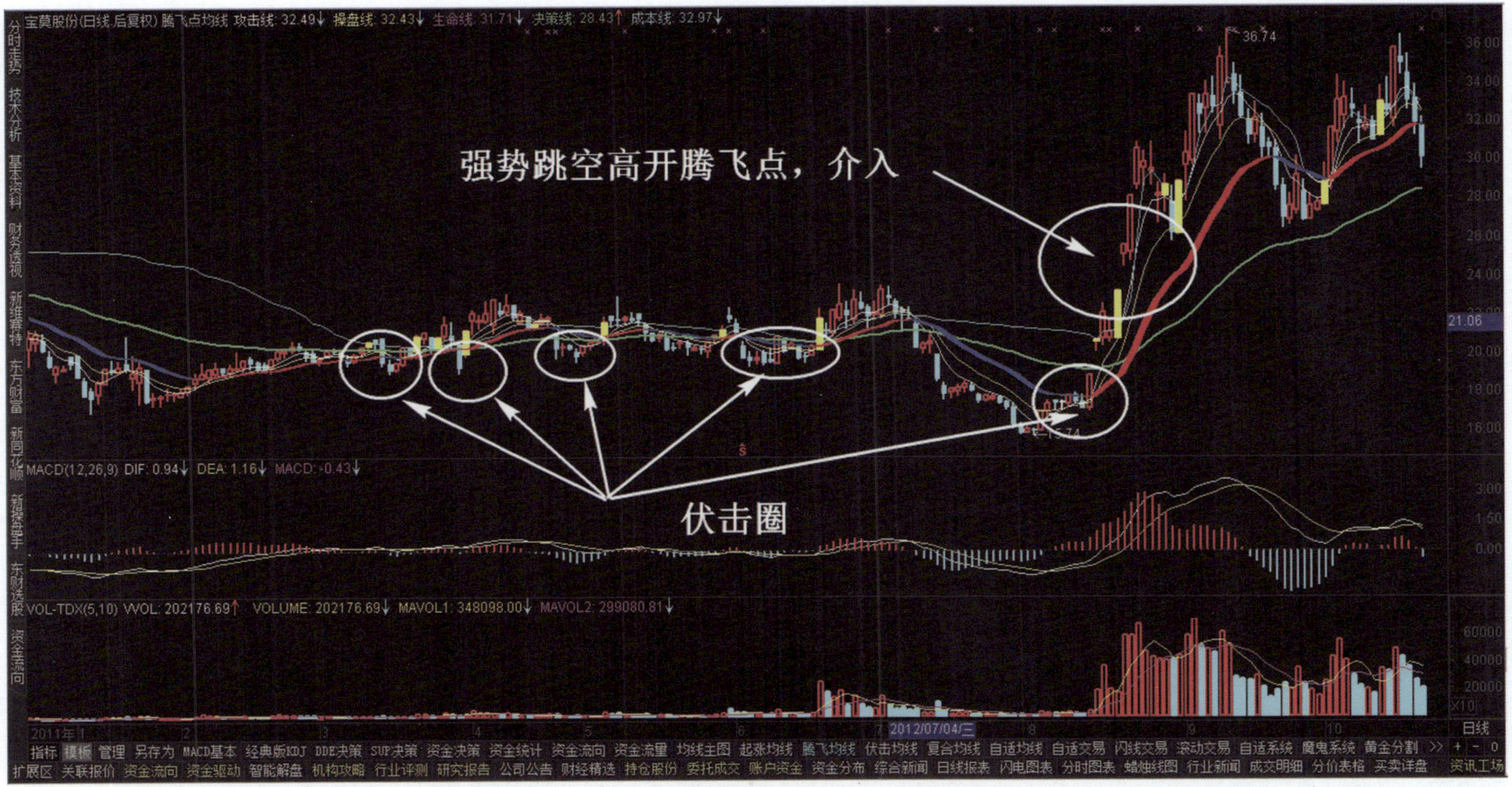
宝莫股份(日线 后复权) 腾飞点均线 攻击线: 32.49↓ 操盘线: 32.43↓ 生命线: 31.71↓ 决策线: 28.43↑ 成本线: 32.97↓
强势跳空高开腾飞点，介入
伏击圈
36.74
MACD(12,26,9) DIF: 0.94↓ DEA: 1.16↓ MACD: -0.43↓
VOL-TDX(5,10) VVOL: 202176.69↑ VOLUME: 202176.69↓ MAVOL1: 348098.00↓ MAVOL2: 299080.81↓
2012/07/04/三

图例 193

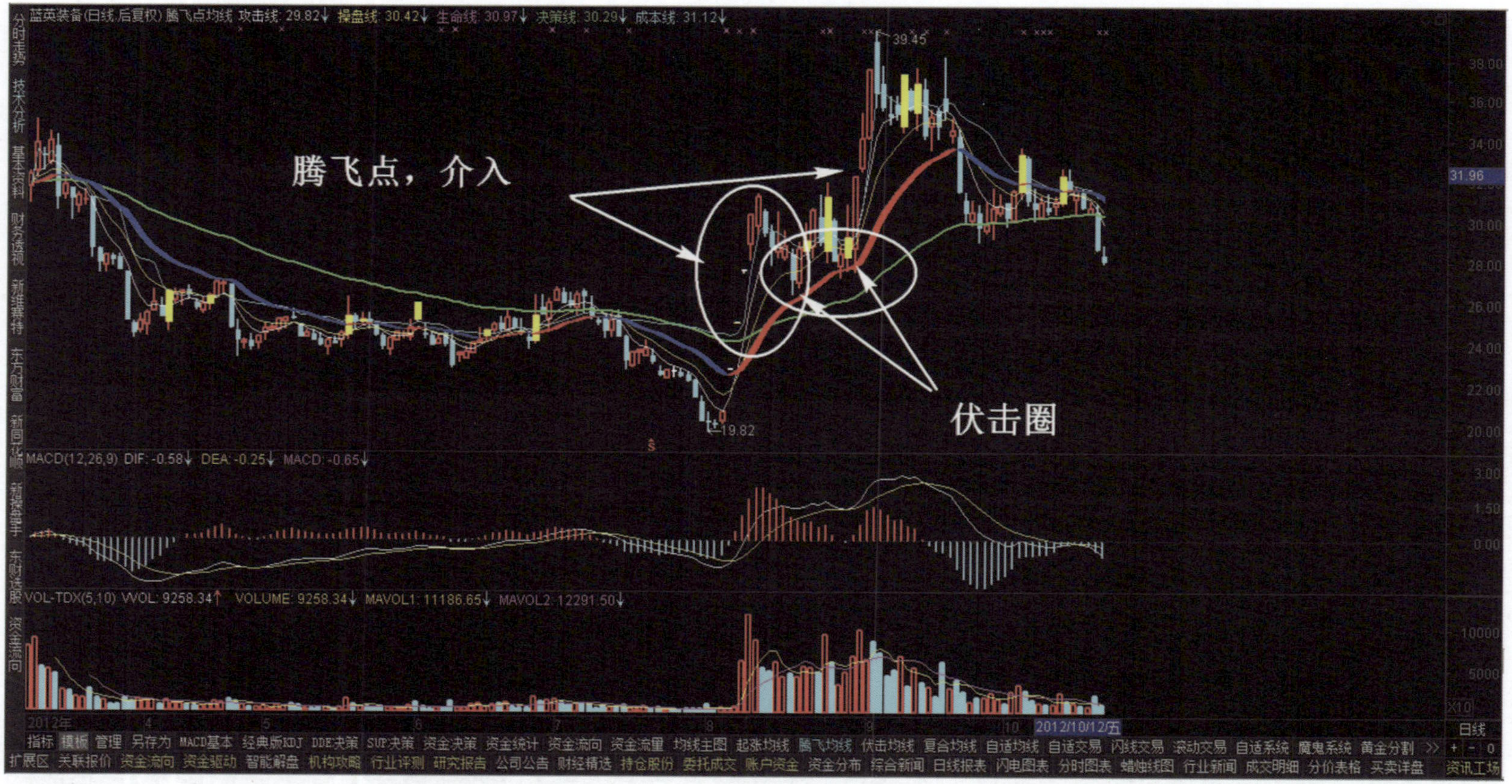
蓝英装备(日线,后复权) 腾飞点均线 攻击线: 29.82↓ 操盘线: 30.42↓ 生命线: 30.97↓ 决策线: 30.29↓ 成本线: 31.12↓
腾飞点，介入
伏击圈
39.45
19.82
MACD(12,26,9) DIF: -0.58↓ DEA: -0.25↓ MACD: -0.65↓
VOL-TDX(5,10) VVOL: 9258.34↑ VOLUME: 9258.34↓ MAVOL1: 11186.65↓ MAVOL2: 12291.50↓
2012/10/12/五

图例 194

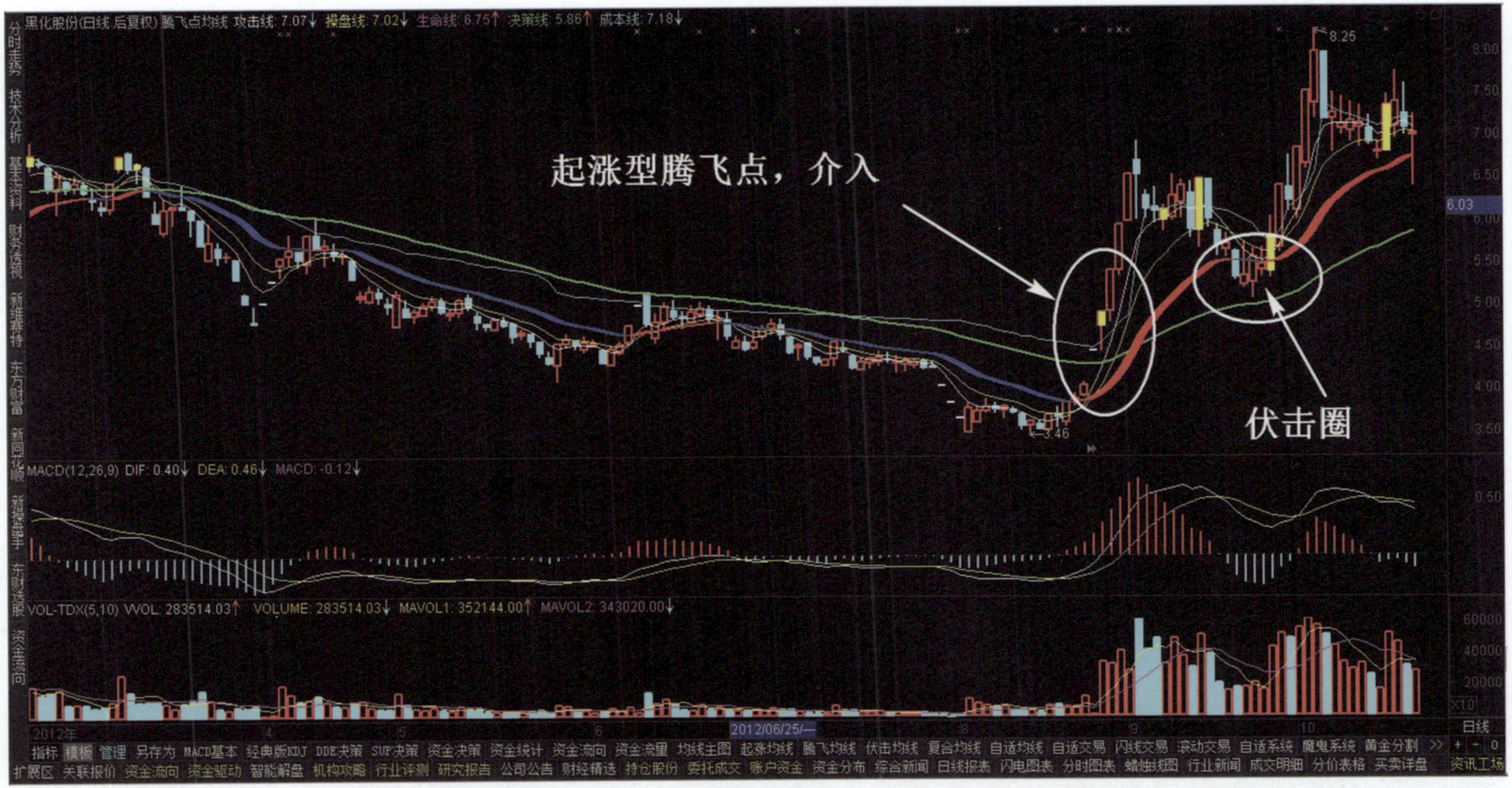
黑化股份(日线,后复权) 腾飞点均线 攻击线: 7.07↓ 操盘线: 7.02↓ 生命线: 6.75↑ 决策线: 5.86↑ 成本线: 7.18↓
起涨型腾飞点，介入
伏击圈
8.25
3.46
MACD(12,26,9) DIF: 0.40↓ DEA: 0.46↓ MACD: -0.12↓
VOL-TDX(5,10) VVOL: 283514.03↑ VOLUME: 283514.03↓ MAVOL1: 352144.00↑ MAVOL2: 343020.00↓
2012/06/25/—

图例 195

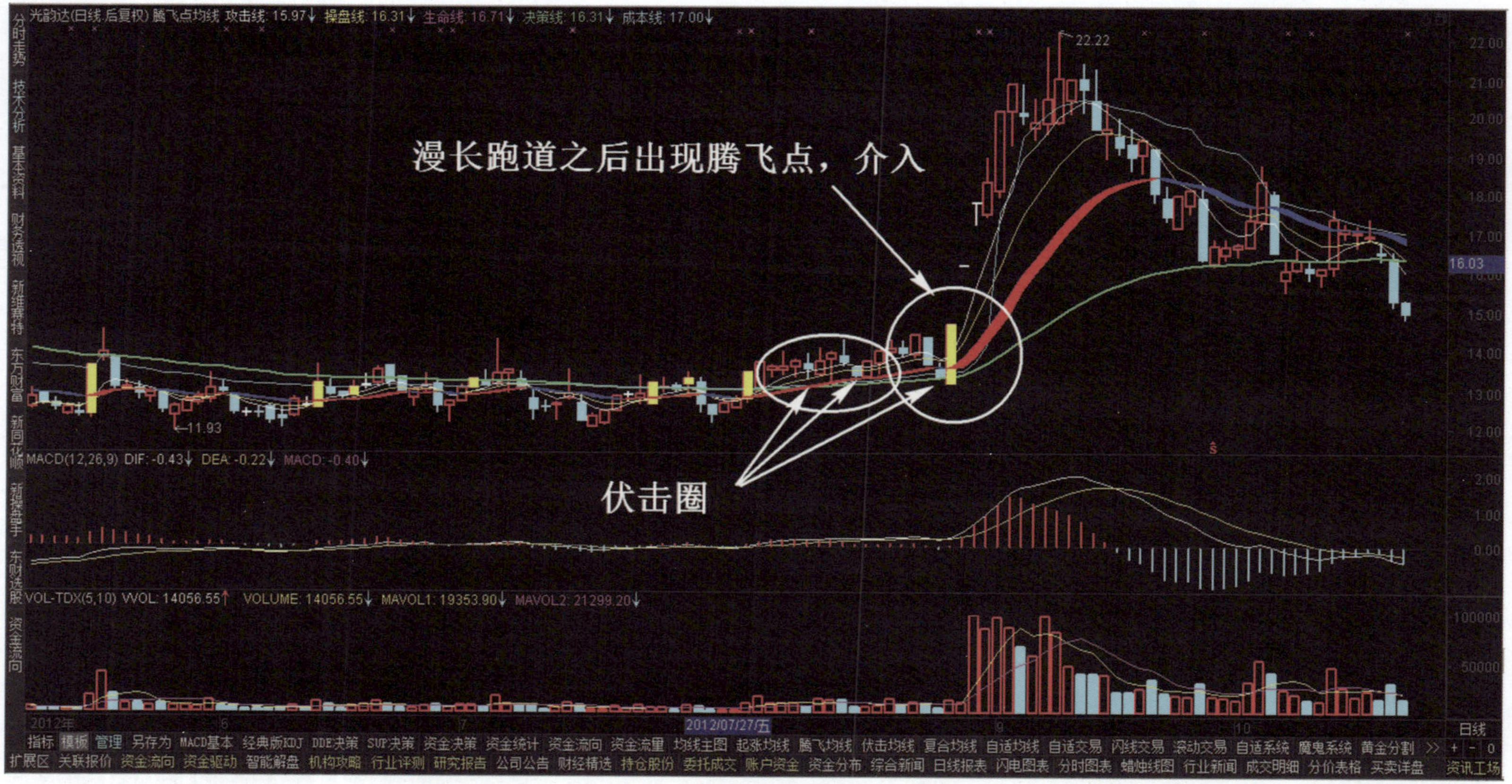
光韵达(日线,后复权) 腾飞点均线 攻击线: 15.97↓ 操盘线: 16.31↓ 生命线: 16.71↓ 决策线: 16.31↓ 成本线: 17.00↓
漫长跑道之后出现腾飞点，介入
伏击圈
22.22
11.93
16.03
MACD(12,26,9) DIF: -0.43↓ DEA: -0.22↓ MACD: -0.40↓
VOL-TDX(5,10) VVOL: 14056.55↑ VOLUME: 14056.55↓ MAVOL1: 19353.90↓ MAVOL2: 21299.20↓
2012/07/27/五
日线

图例 196

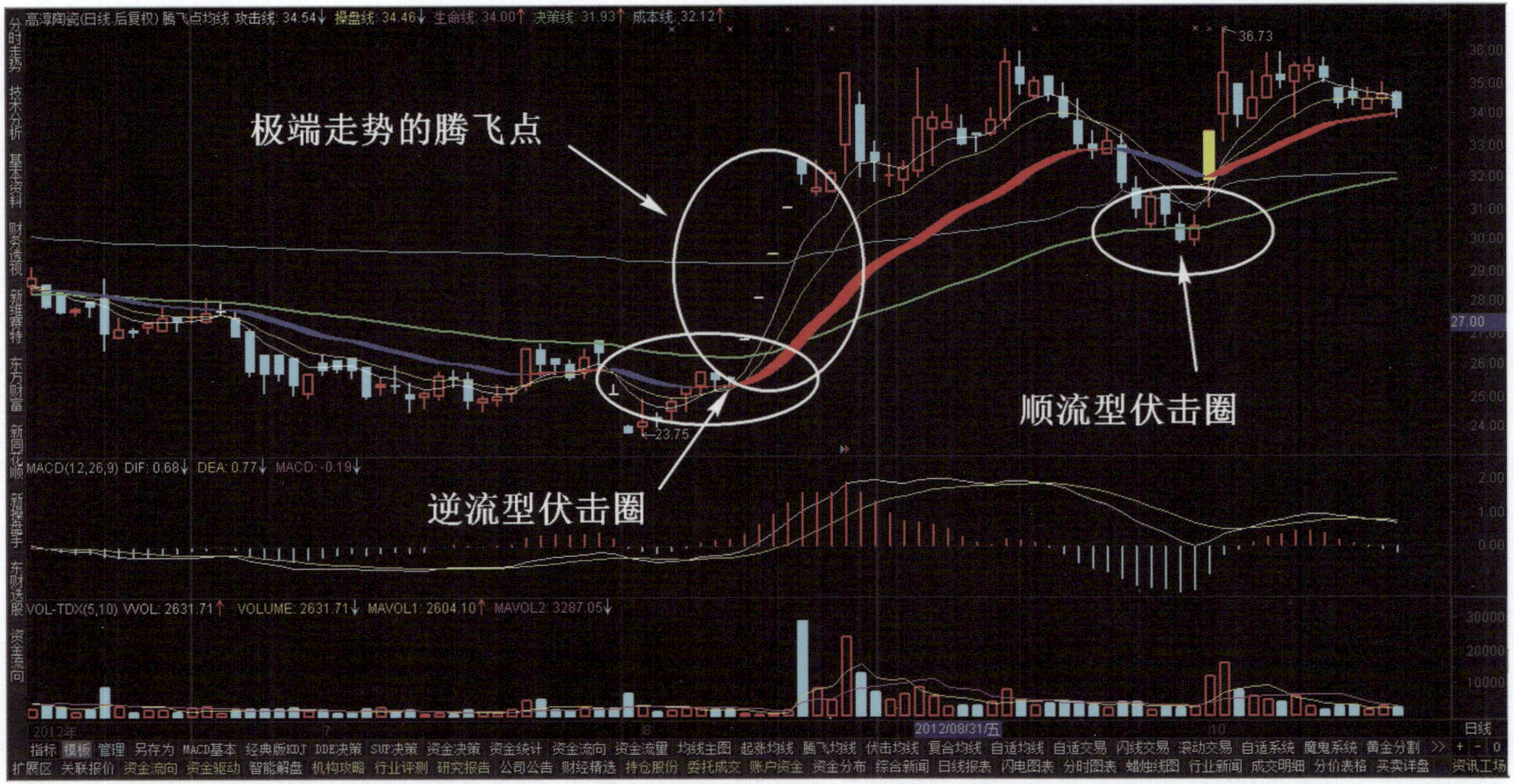
高淳陶瓷(日线,后复权) 腾飞点均线 攻击线: 34.54↓ 操盘线: 34.46↓ 生命线: 34.00↑ 决策线: 31.93↑ 成本线: 32.12↑
极端走势的腾飞点
逆流型伏击圈
顺流型伏击圈
36.73
23.75
MACD(12,26,9) DIF: 0.68↓ DEA: 0.77↓ MACD: -0.19↓
VOL-TDX(5,10) VVOL: 2631.71↑ VOLUME: 2631.71↓ MAVOL1: 2604.10↑ MAVOL2: 3287.05↓
2012/08/31/五
日线

图例 197

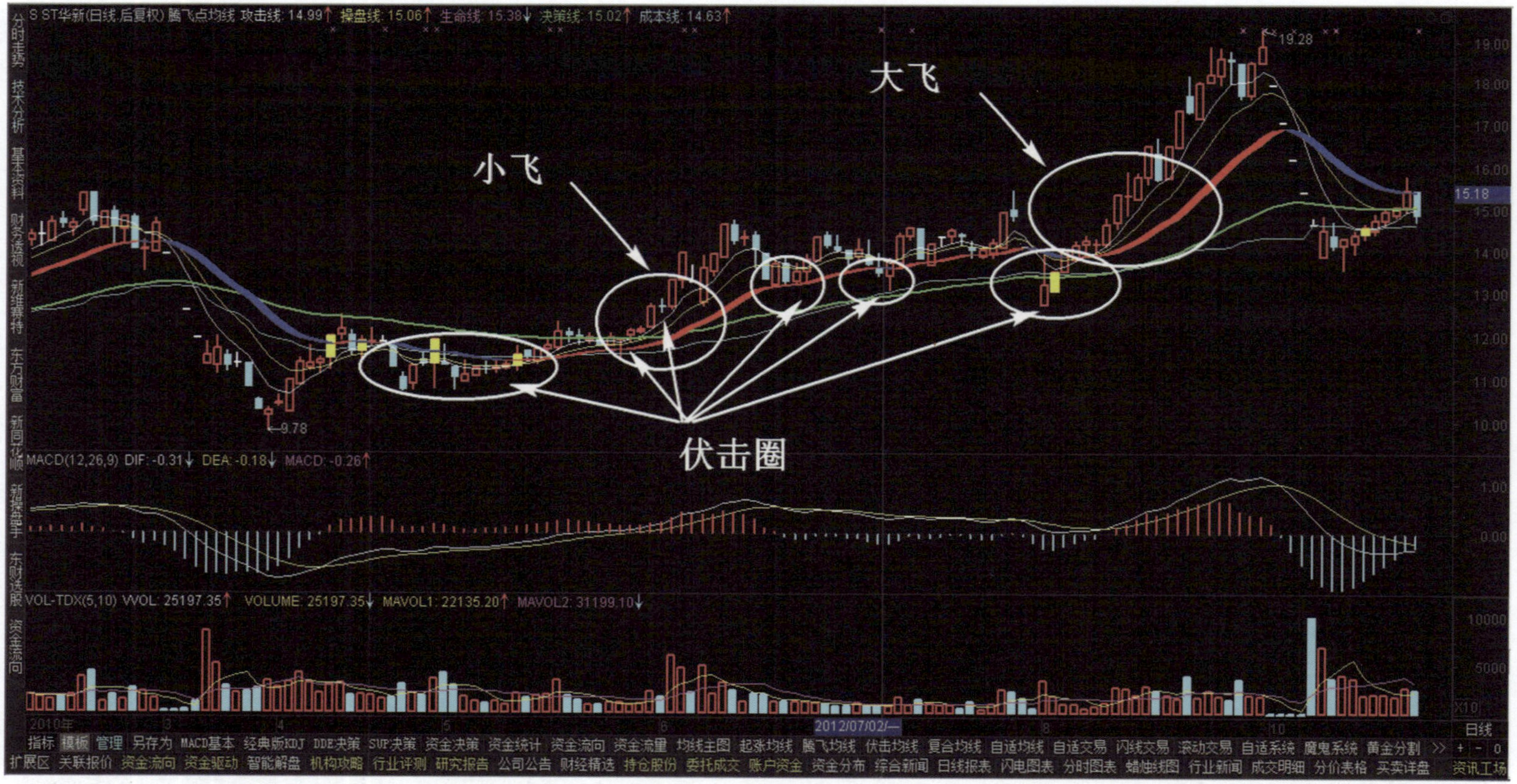
S ST华新(日线,后复权) 腾飞点均线 攻击线: 14.99↑ 操盘线: 15.06↑ 生命线: 15.38↓ 决策线: 15.02↑ 成本线: 14.63↑
19.28
9.78
15.18
小飞
大飞
伏击圈
MACD(12,26,9) DIF: -0.31↓ DEA: -0.18↓ MACD: -0.26↑
VOL-TDX(5,10) VVOL: 25197.35↑ VOLUME: 25197.35↓ MAVOL1: 22135.20↑ MAVOL2: 31199.10↓
2012/07/02/—
日线

图例 198

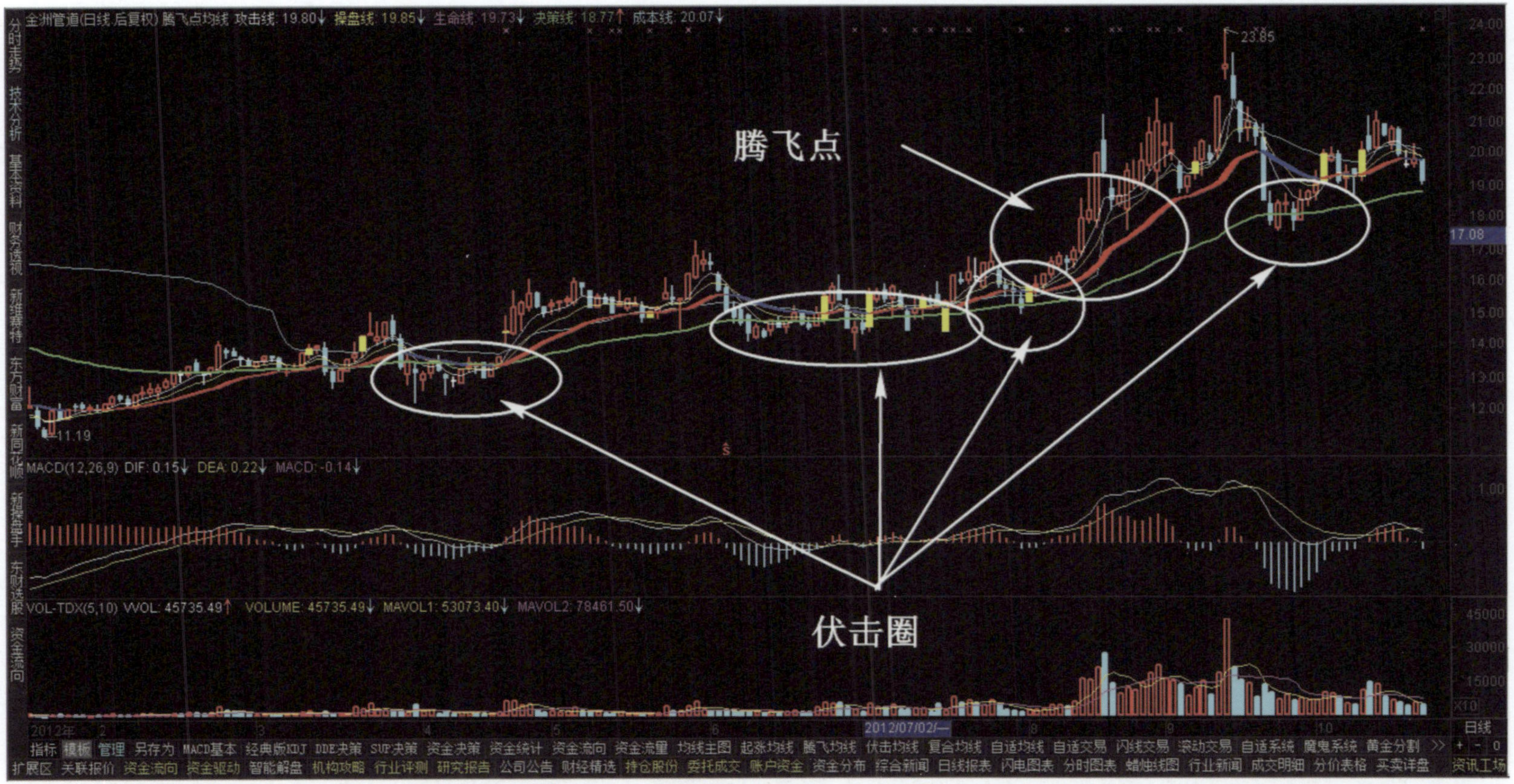
全洲管道(日线,后复权) 腾飞点均线 攻击线: 19.80↓ 操盘线: 19.85↓ 生命线: 19.73↓ 决策线: 18.77↑ 成本线: 20.07↓
腾飞点
伏击圈
MACD(12,26,9) DIF: 0.15↓ DEA: 0.22↓ MACD: -0.14↓
VOL-TDX(5,10) VVOL: 45735.49↑ VOLUME: 45735.49↓ MAVOL1: 53073.40↓ MAVOL2: 78461.50↓

图例 199

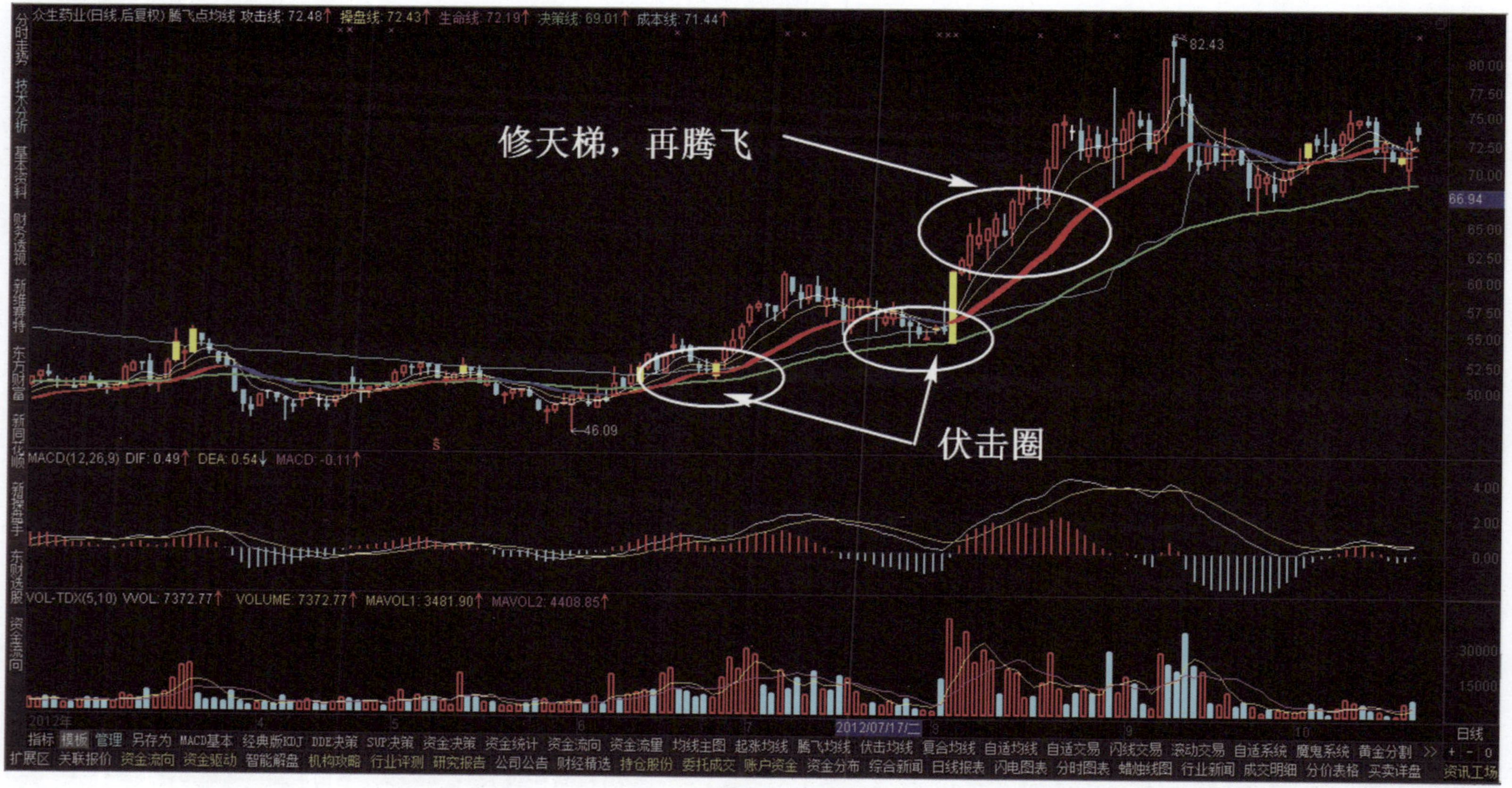
众生药业(日线 后复权) 腾飞点均线 攻击线: 72.48↑ 操盘线: 72.43↑ 生命线: 72.19↑ 决策线: 69.01↑ 成本线: 71.44↑
修天梯，再腾飞
伏击圈
82.43
46.09
66.94
MACD(12,26,9) DIF: 0.49↑ DEA: 0.54↓ MACD: -0.11↑
VOL-TDX(5,10) VVOL: 7372.77↑ VOLUME: 7372.77↑ MAVOL1: 3481.90↑ MAVOL2: 4408.85↑
2012/07/17/二
日线

图例 200

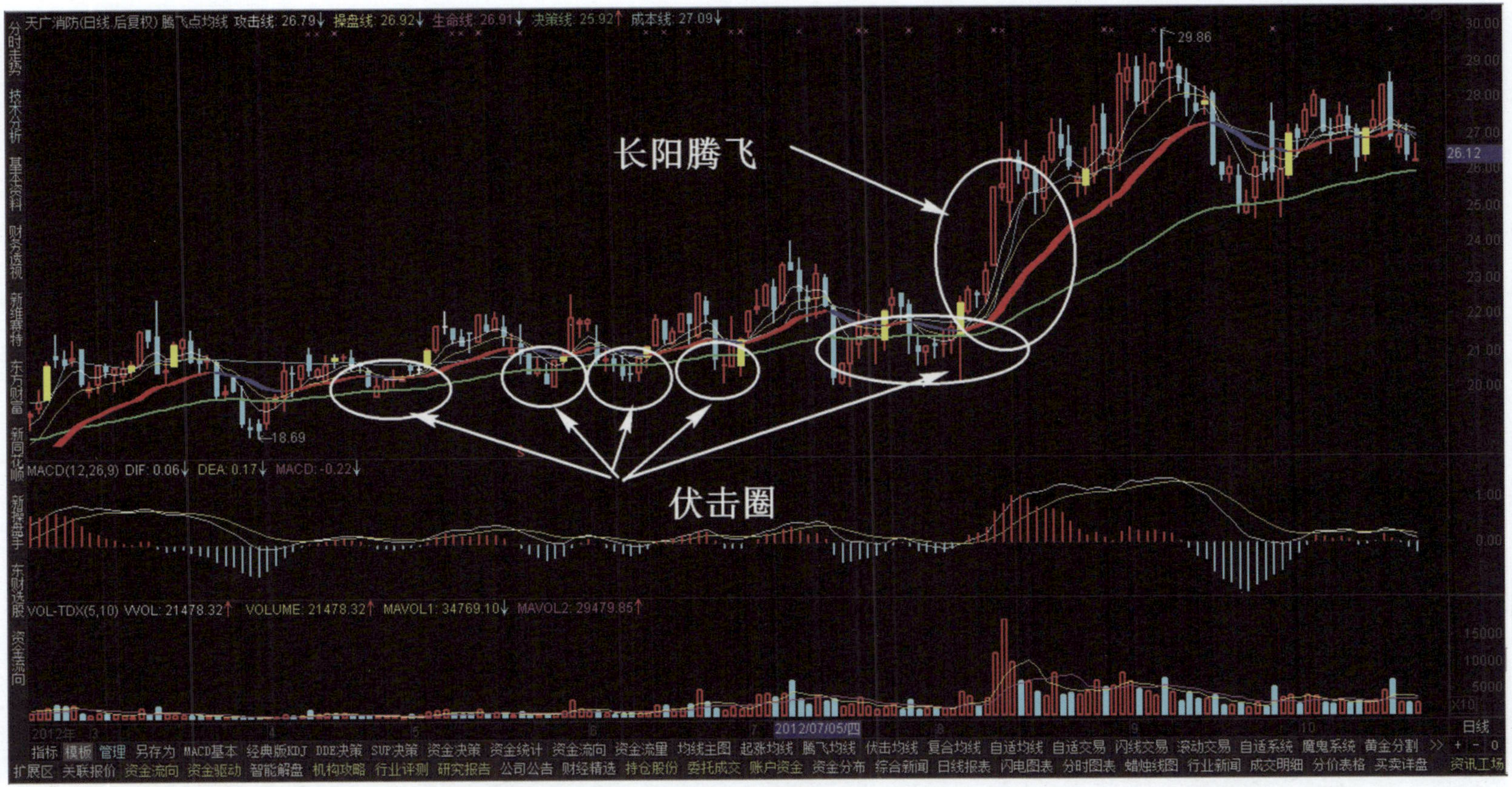
天广消防(日线,后复权) 腾飞点均线 攻击线: 26.79↓ 操盘线: 26.92↓ 生命线: 26.91↓ 决策线: 25.92↑ 成本线: 27.09↓
29.86
长阳腾飞
18.69
伏击圈
MACD(12,26,9) DIF: 0.06↓ DEA: 0.17↓ MACD: -0.22↓
VOL-TDX(5,10) VVOL: 21478.32↑ VOLUME: 21478.32↑ MAVOL1: 34769.10↓ MAVOL2: 29479.85↑
2012/07/05/四

图例 201

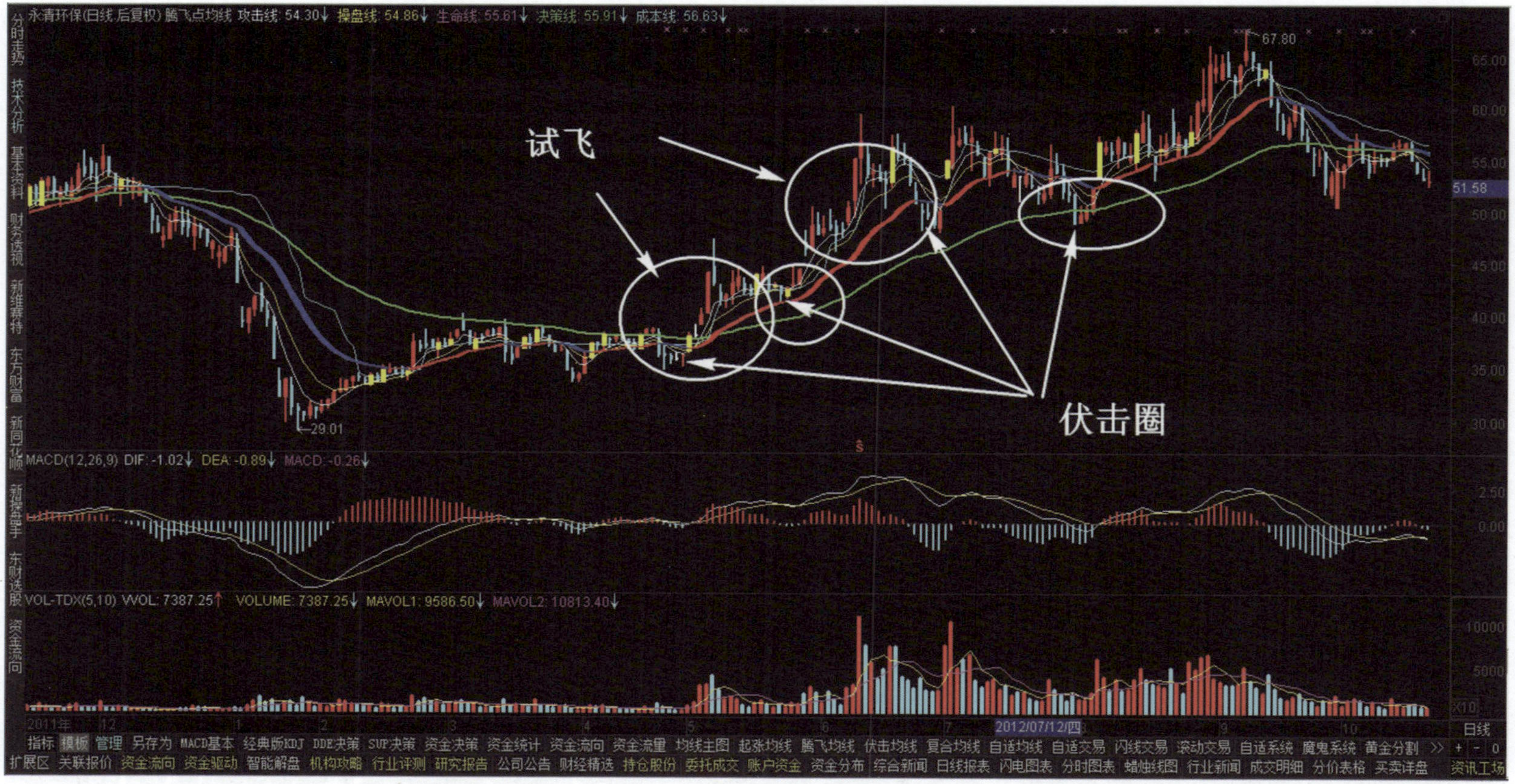
永清环保(日线,后复权) 腾飞点均线 攻击线: 54.30↓ 操盘线: 54.86↓ 生命线: 55.61↓ 决策线: 55.91↓ 成本线: 56.63↓
67.80
29.01
试飞
伏击圈
MACD(12,26,9) DIF: -1.02↓ DEA: -0.89↓ MACD: -0.26↓
VOL-TDX(5,10) VVOL: 7387.25↑ VOLUME: 7387.25↓ MAVOL1: 9586.50↓ MAVOL2: 10813.40↓
2012/07/12/四

图例 202

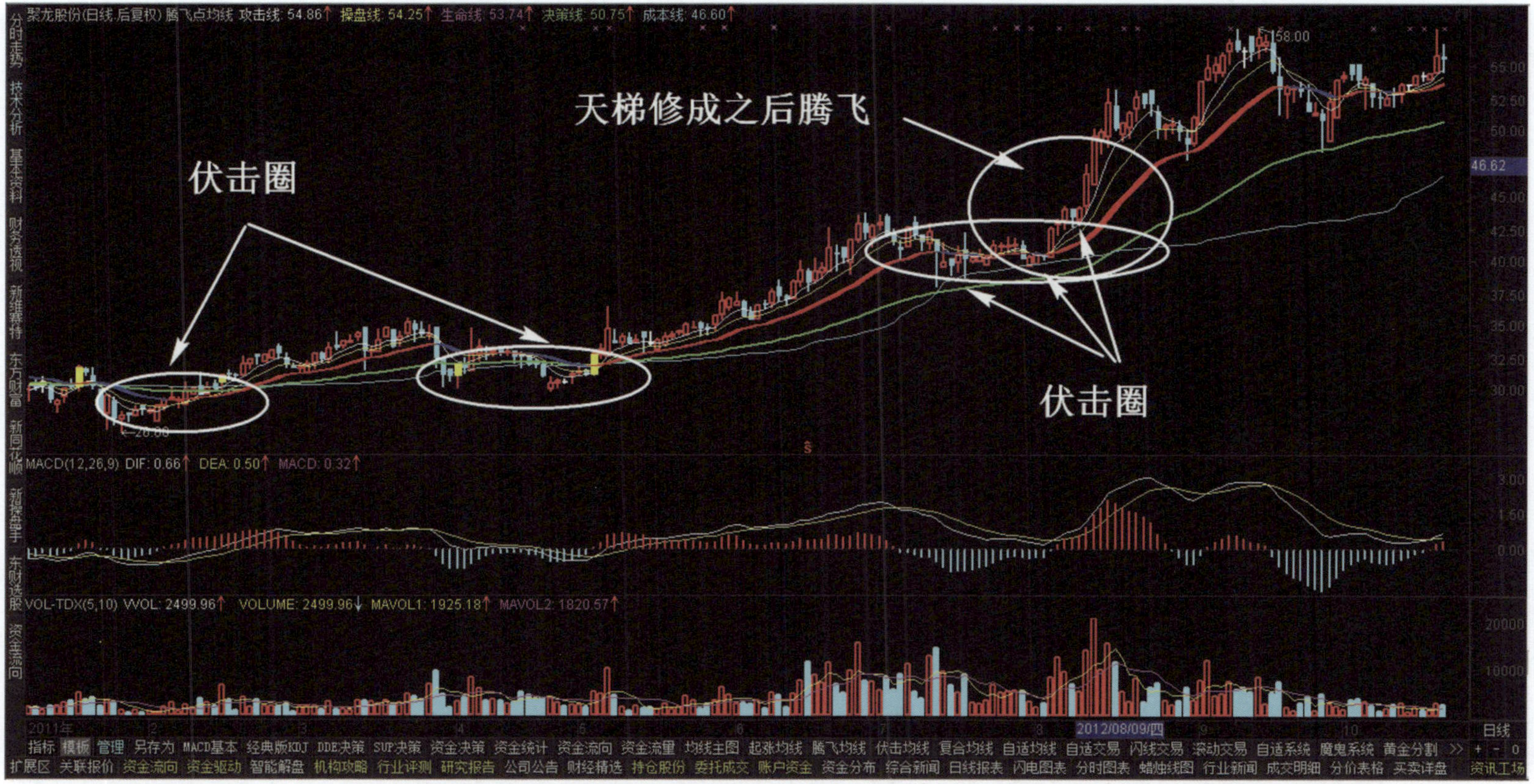
聚龙股份(日线,后复权) 腾飞点均线 攻击线: 54.86↑ 操盘线: 54.25↑ 生命线: 53.74↑ 决策线: 50.75↑ 成本线: 46.60↑
天梯修成之后腾飞
伏击圈
伏击圈
58.00
46.62
MACD(12,26,9) DIF: 0.66↑ DEA: 0.50↑ MACD: 0.32↑
VOL-TDX(5,10) VVOL: 2499.96↑ VOLUME: 2499.96↓ MAVOL1: 1925.18↑ MAVOL2: 1820.57↑
2012/08/09/四
日线

图例 203

二、从每日的操作中学习腾飞点技术

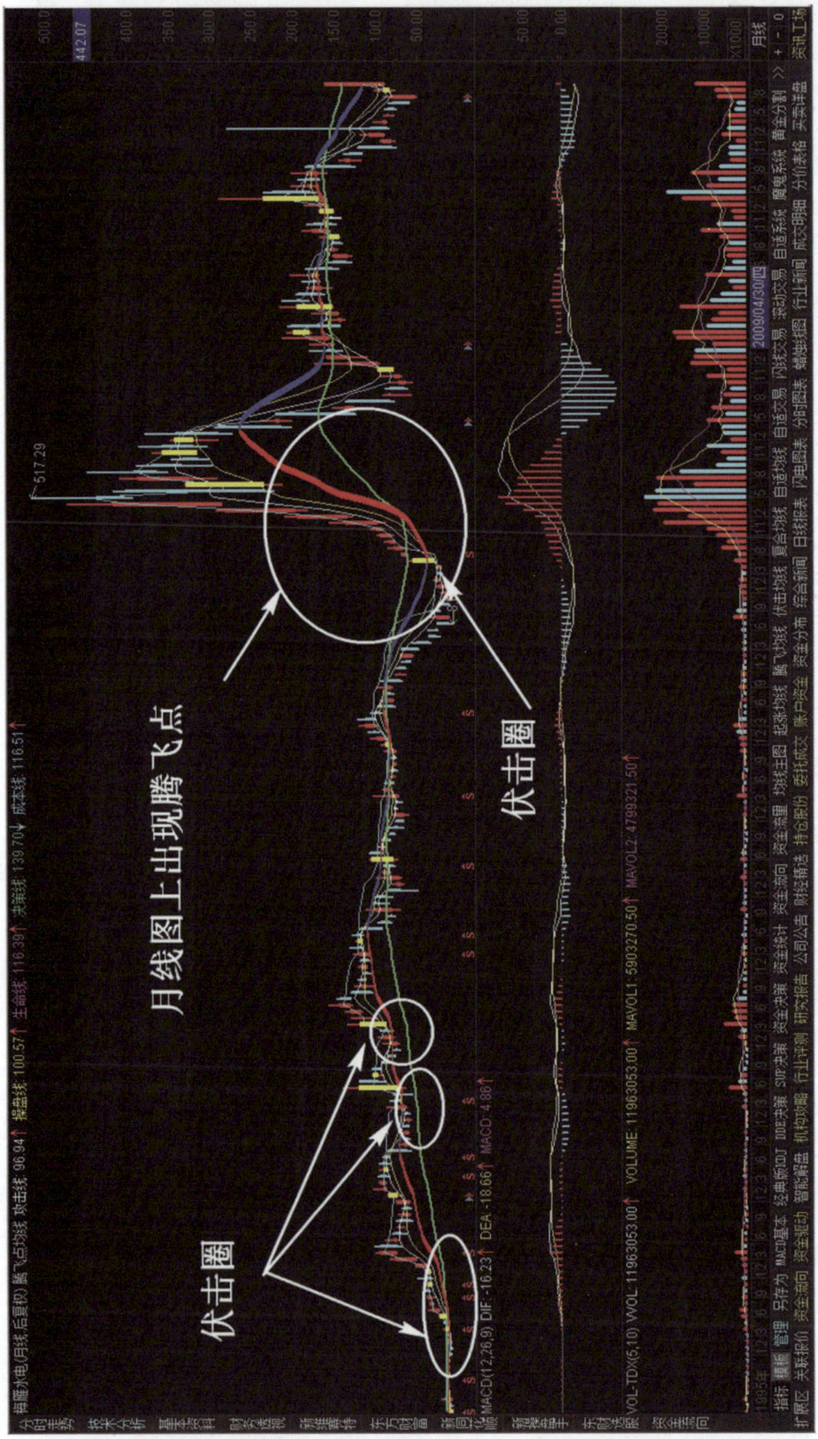

图例 204

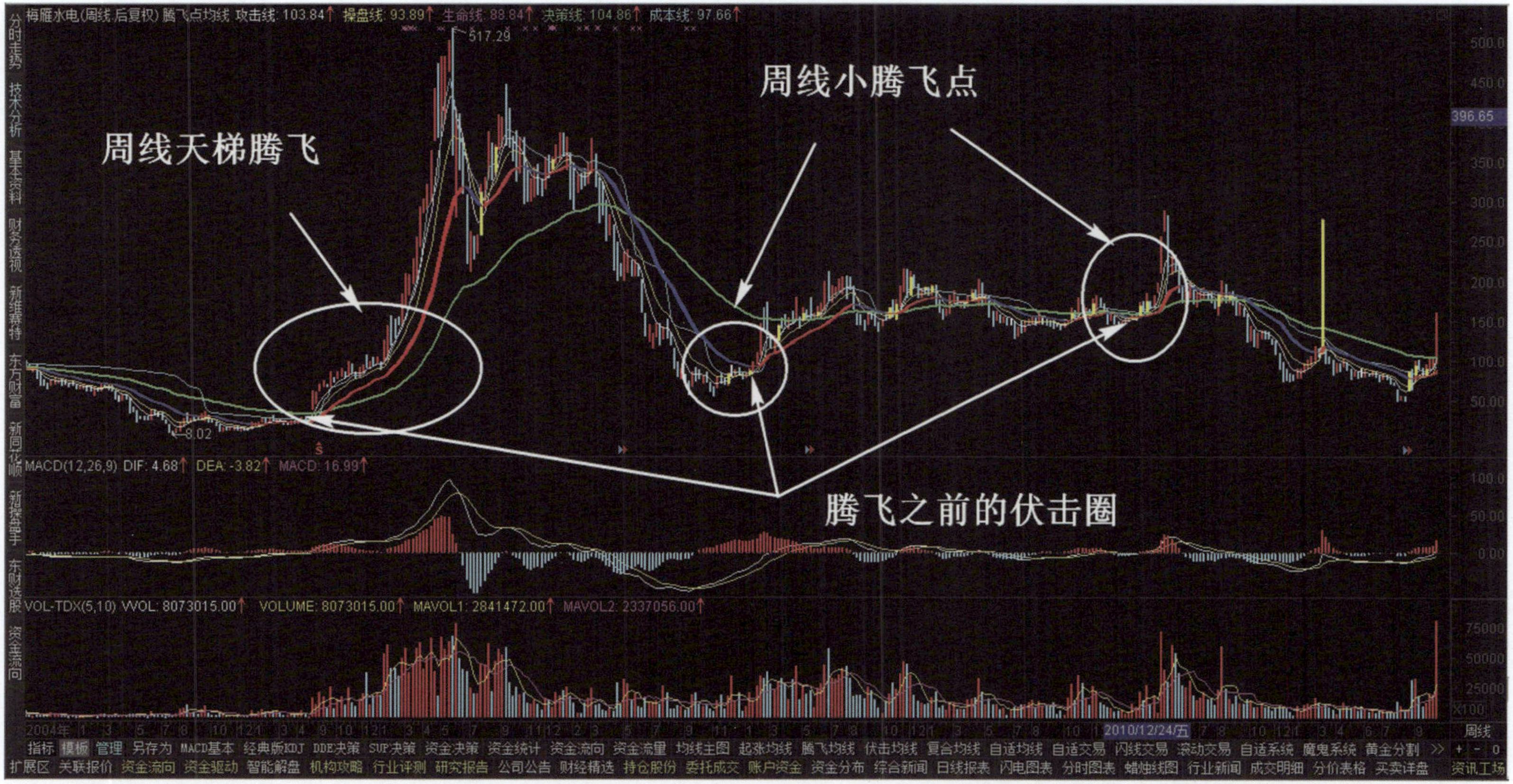
梅雁水电(周线,后复权) 腾飞点均线 攻击线: 103.84 操盘线: 93.89 生命线: 88.84 决策线: 104.86 成本线: 97.66
517.29
8.02
周线天梯腾飞
周线小腾飞点
腾飞之前的伏击圈
MACD(12,26,9) DIF: 4.68 DEA: -3.82 MACD: 16.99
VOL-TDX(5,10) VVOL: 8073015.00 VOLUME: 8073015.00 MAVOL1: 2841472.00 MAVOL2: 2337056.00
2010/12/24/五

图例 205

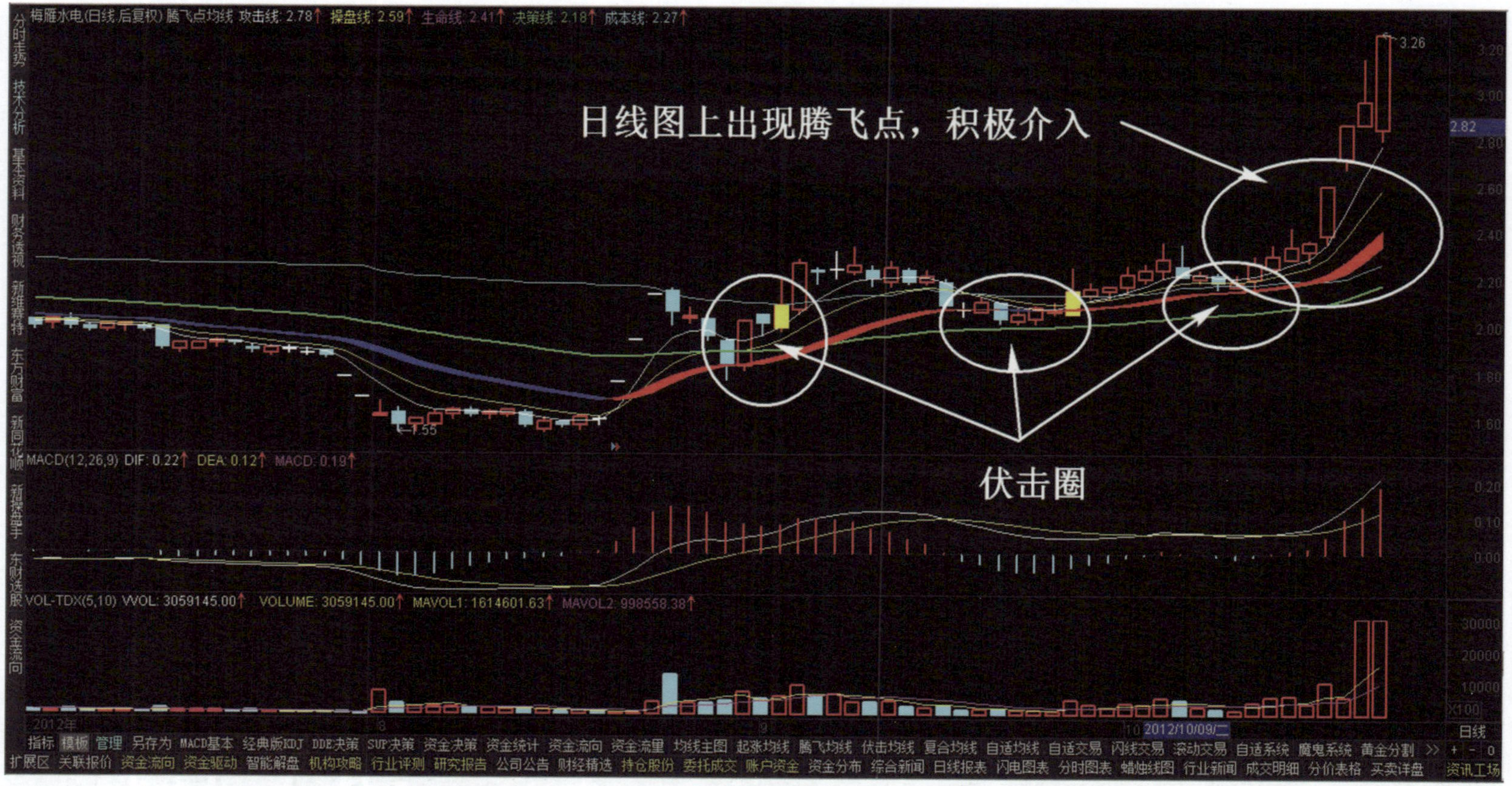
梅雁水电(日线,后复权) 腾飞点均线 攻击线: 2.78↑ 操盘线: 2.59↑ 生命线: 2.41↑ 决策线: 2.18↑ 成本线: 2.27↑
日线图上出现腾飞点，积极介入
伏击圈
MACD(12,26,9) DIF: 0.22↑ DEA: 0.12↑ MACD: 0.19↑
VOL-TDX(5,10) VVOL: 3059145.00↑ VOLUME: 3059145.00↑ MAVOL1: 1614601.63↑ MAVOL2: 998558.38↑
2012/10/09/二

图例 206

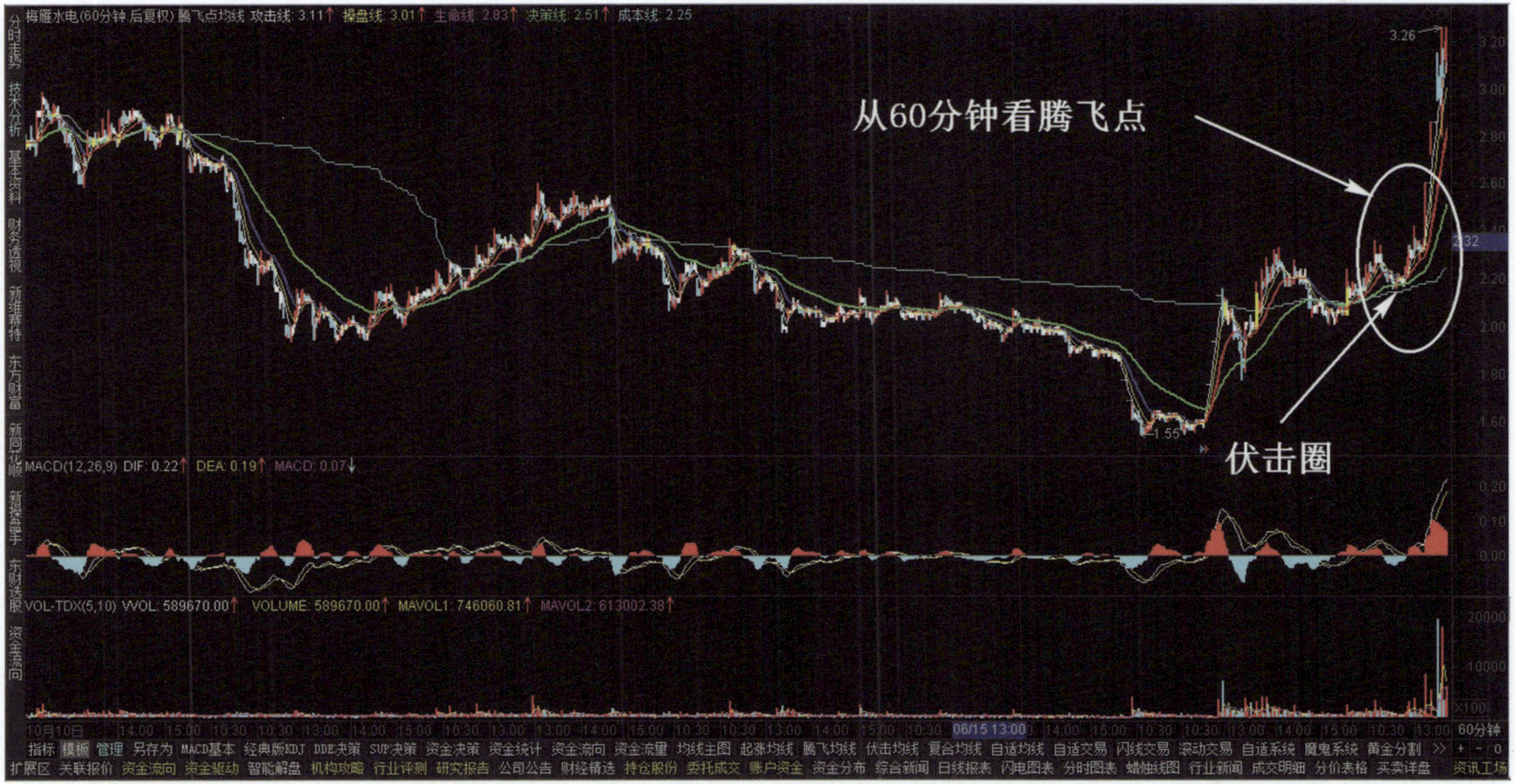
梅雁水电(60分钟 后复权) 腾飞点均线 攻击线: 3.11↑ 操盘线: 3.01↑ 生命线: 2.83↑ 决策线: 2.51↑ 成本线: 2.25
从60分钟看腾飞点
伏击圈
3.26
1.55
MACD(12,26,9) DIF: 0.22↑ DEA: 0.19↑ MACD: 0.07↓
VOL-TDX(5,10) VVOL: 589670.00↑ VOLUME: 589670.00↑ MAVOL1: 746060.81↑ MAVOL2: 613002.38↑
60分钟

图例 207

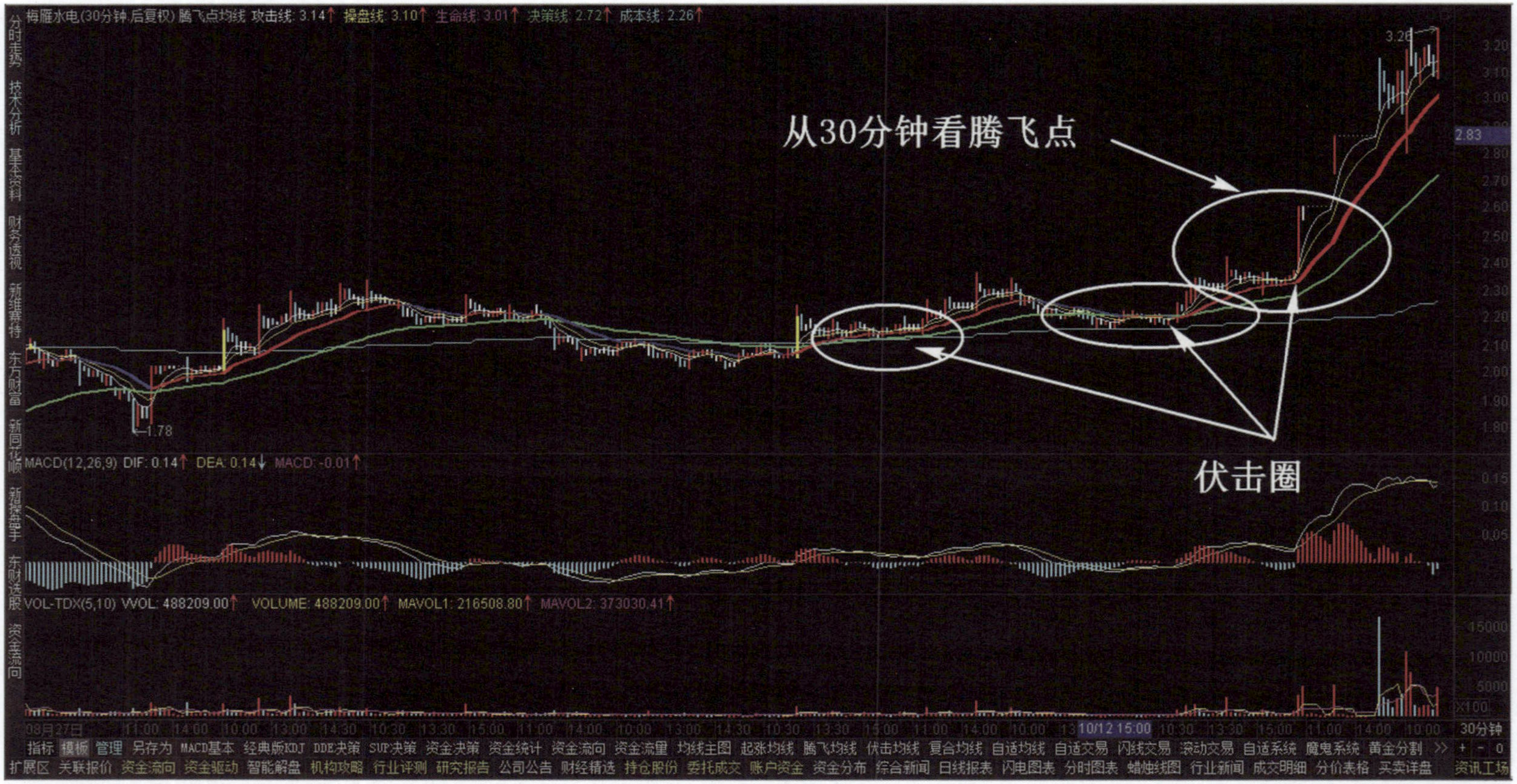
梅雁水电(30分钟,后复权) 腾飞点均线 攻击线: 3.14↑ 操盘线: 3.10↑ 生命线: 3.01↑ 决策线: 2.72↑ 成本线: 2.26↑
从30分钟看腾飞点
伏击圈
MACD(12,26,9) DIF: 0.14↑ DEA: 0.14↓ MACD: -0.01↑
VOL-TDX(5,10) VVOL: 488209.00↑ VOLUME: 488209.00↑ MAVOL1: 216508.80↑ MAVOL2: 373030.41↑
30分钟

图例 208

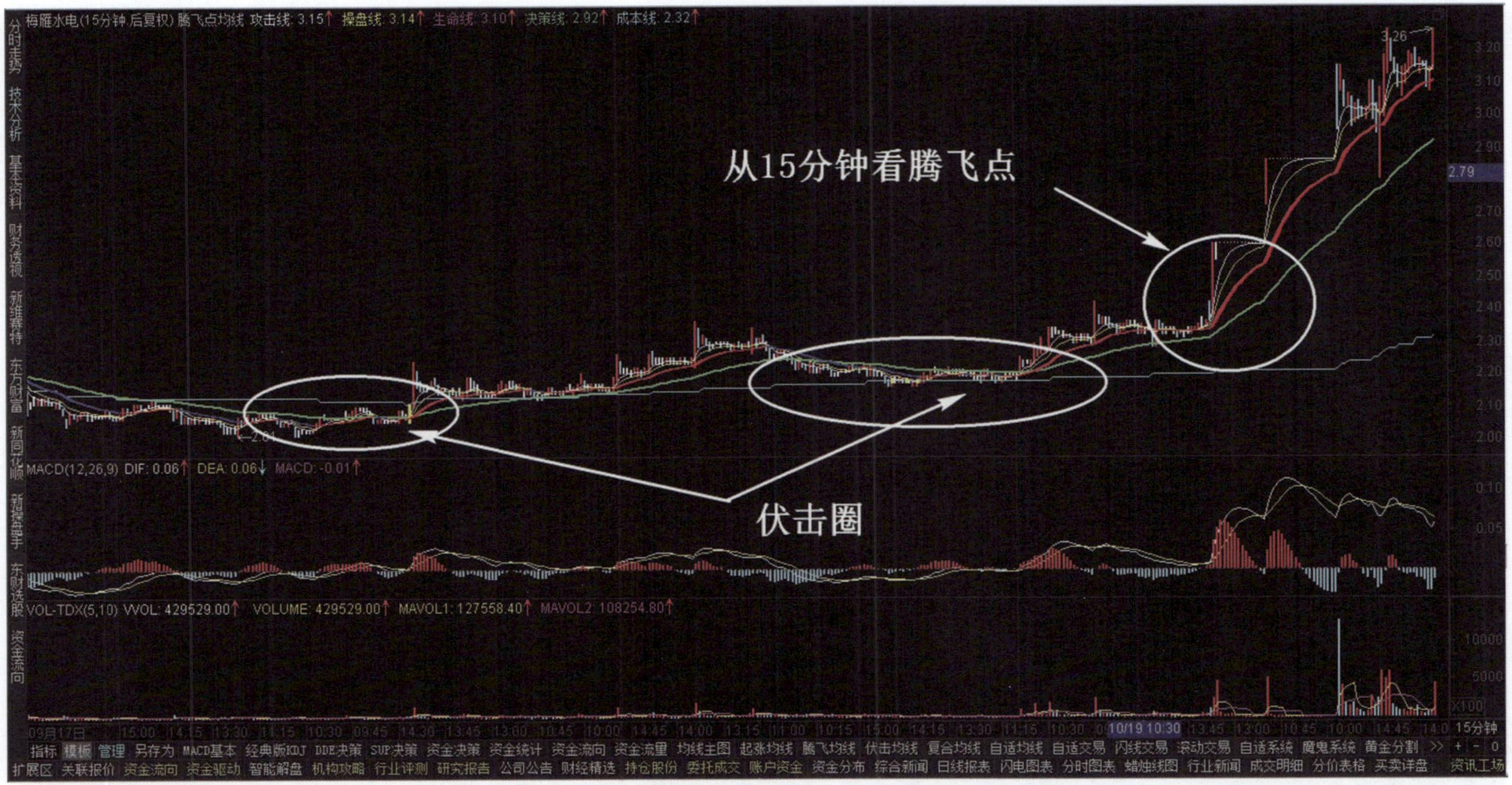
梅雁水电(15分钟,后复权) 腾飞点均线 攻击线: 3.15↑ 操盘线: 3.14↑ 生命线: 3.10↑ 决策线: 2.92↑ 成本线: 2.32↑
从15分钟看腾飞点
伏击圈
MACD(12,26,9) DIF: 0.06↑ DEA: 0.06↓ MACD: -0.01↑
VOL-TDX(5,10) VVOL: 429529.00↑ VOLUME: 429529.00↑ MAVOL1: 127558.40↑ MAVOL2: 108254.80↑

图例 209

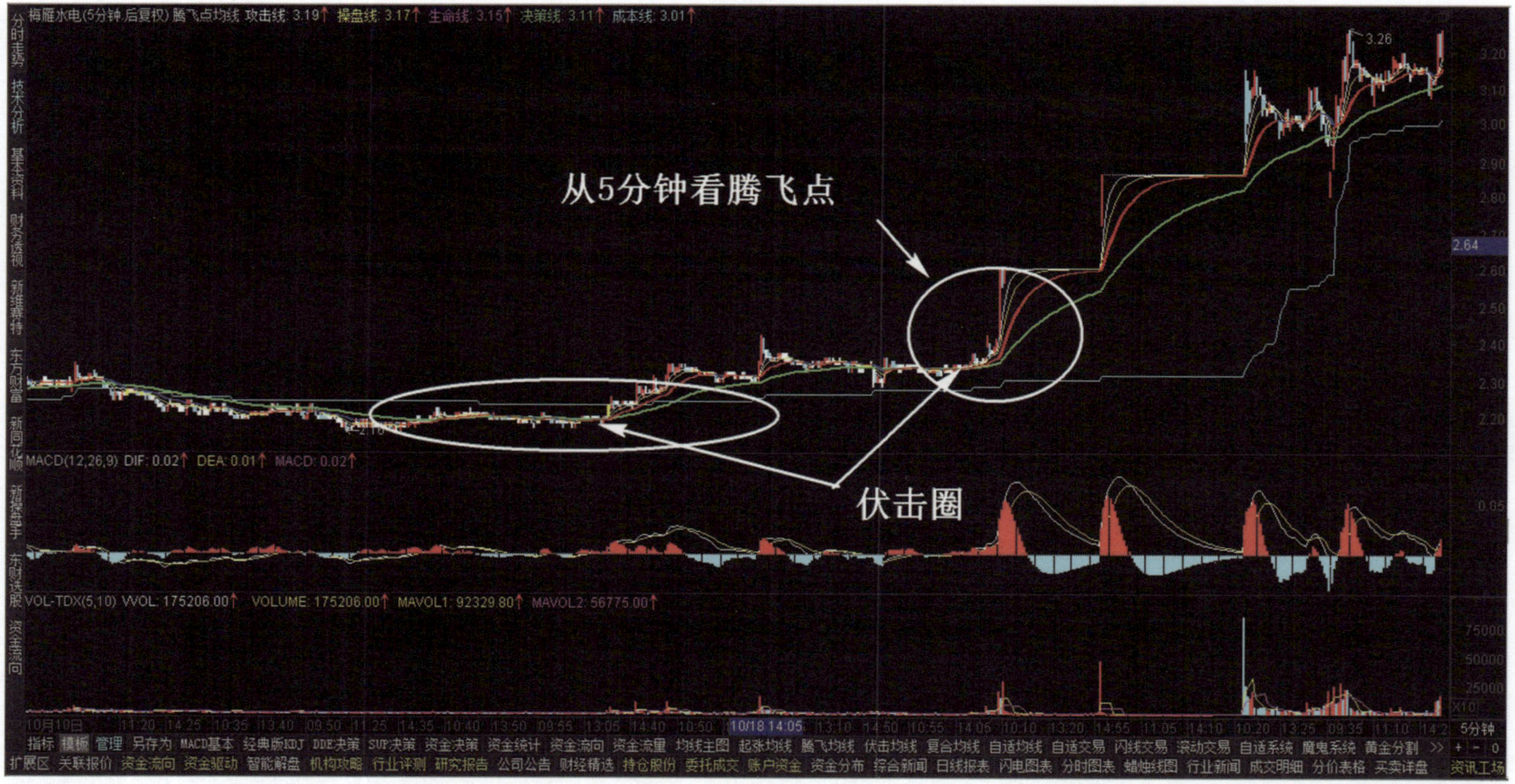
梅雁水电(5分钟,后复权) 腾飞点均线 攻击线: 3.19↑ 操盘线: 3.17↑ 生命线: 3.15↑ 决策线: 3.11↑ 成本线: 3.01↑
从5分钟看腾飞点
伏击圈
MACD(12,26,9) DIF: 0.02↑ DEA: 0.01↑ MACD: 0.02↑
VOL-TDX(5,10) VVOL: 175206.00↑ VOLUME: 175206.00↑ MAVOL1: 92329.80↑ MAVOL2: 56775.00↑

图例 210

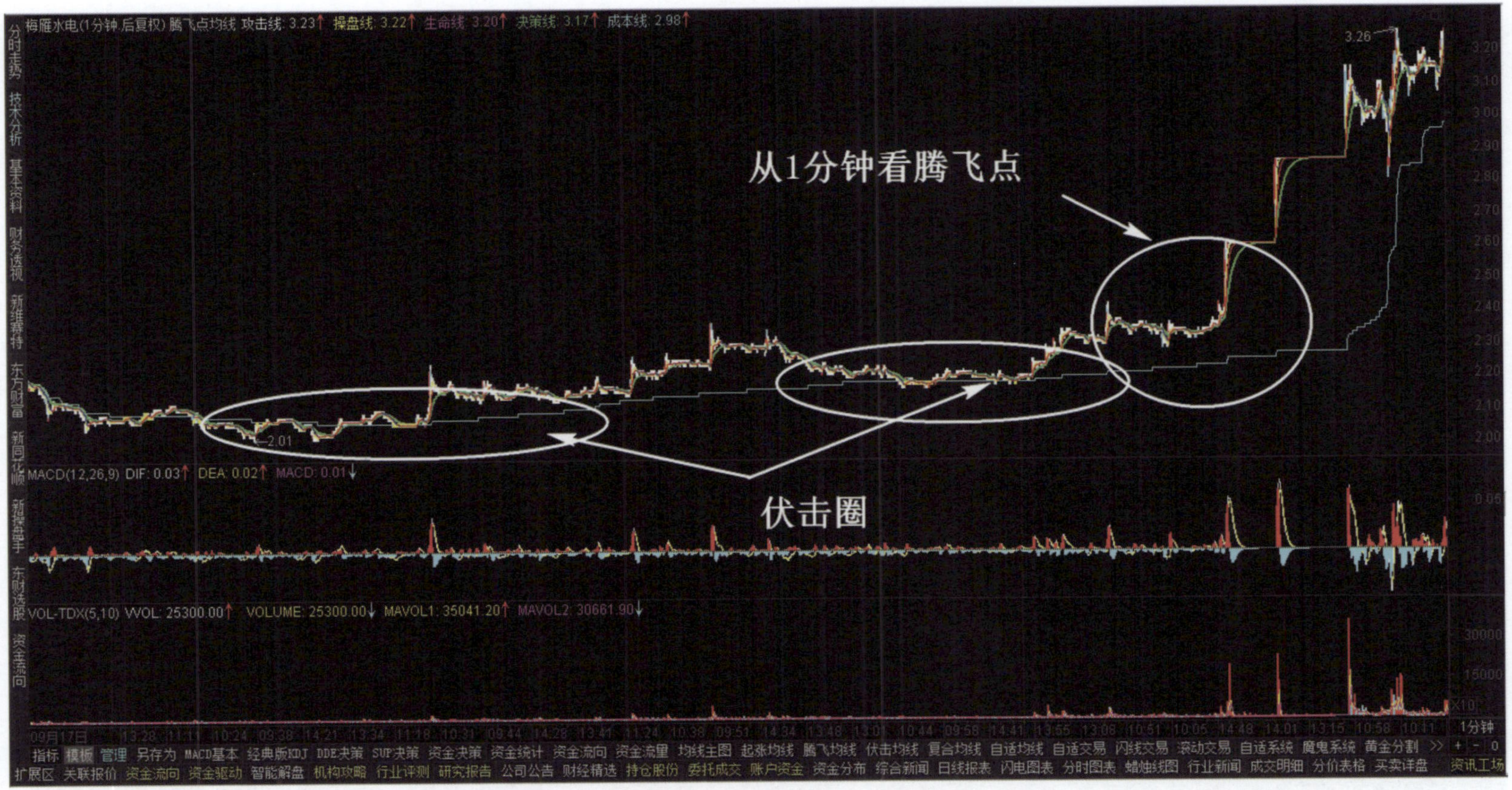
梅雁水电(1分钟,后复权) 腾飞点均线 攻击线: 3.23↑ 操盘线: 3.22↑ 生命线: 3.20↑ 决策线: 3.17↑ 成本线: 2.98↑
从1分钟看腾飞点
伏击圈
MACD(12,26,9) DIF: 0.03↑ DEA: 0.02↑ MACD: 0.01↓
VOL-TDX(5,10) VVOL: 25300.00↑ VOLUME: 25300.00↓ MAVOL1: 35041.20↑ MAVOL2: 30661.90↓

图例 211

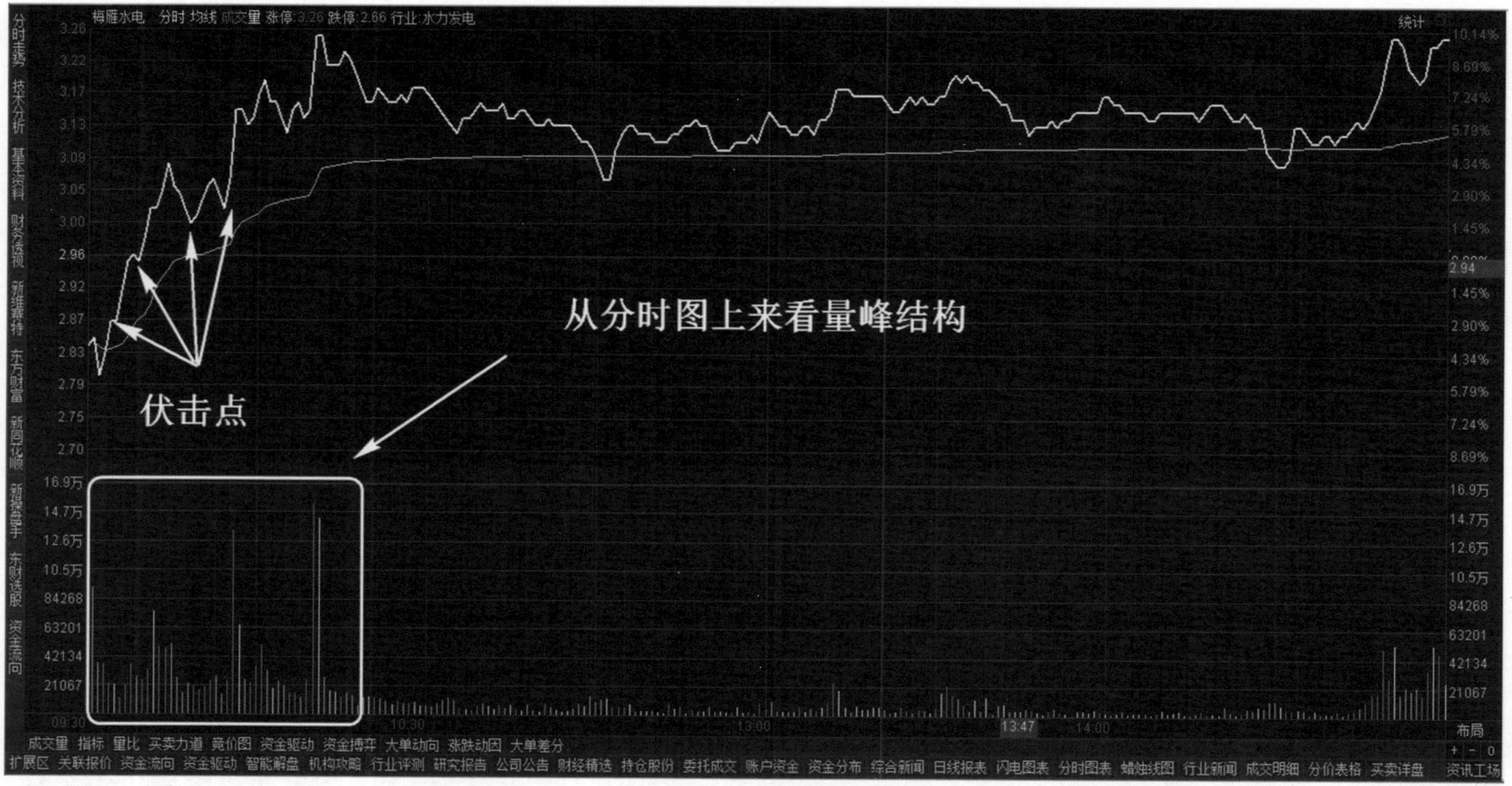
梅雁水电 分时 均线 成交量 涨停:3.26 跌停:2.66 行业:水力发电
从分时图上来看量峰结构
伏击点
统计
布局
成交量 指标 量比 买卖力道 竞价图 资金驱动 资金博弈 大单动向 涨跌动因 大单差分
扩展区 关联报价 资金流向 资金驱动 智能解盘 机构攻略 行业评测 研究报告 公司公告 财经精选 持仓股份 委托成交 账户资金 资金分布 综合新闻 日线报表 闪电图表 分时图表 蜡烛线图 行业新闻 成交明细 分价表格 买卖详盘 资讯工场

图例 212

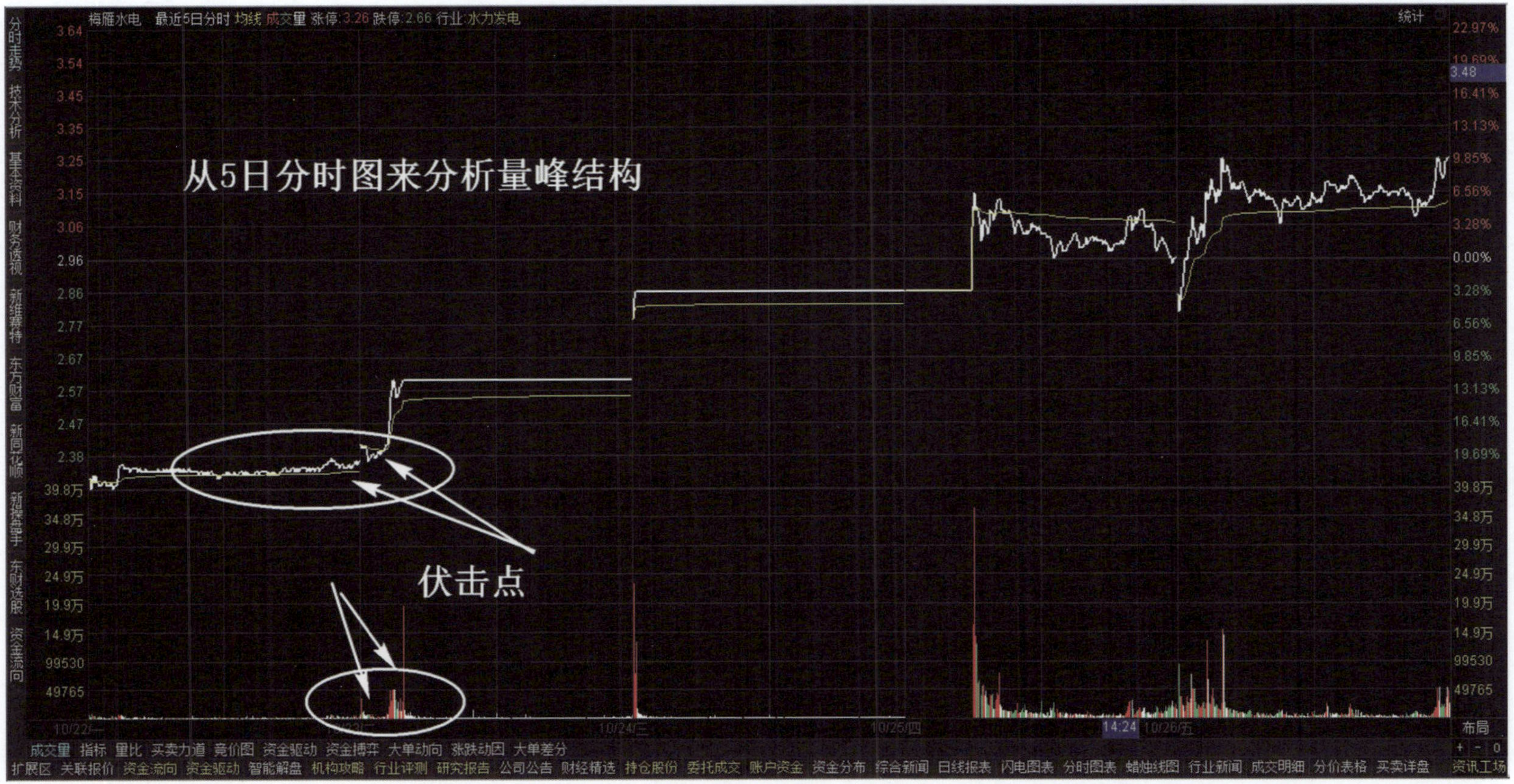
梅雁水电 最近5日分时 均线 成交量 张停:3.26 跌停:2.66 行业:水力发电
从5日分时图来分析量峰结构
伏击点
10/22/一
10/24/三
10/25/四
10/26/五

图例 213

后记 执着

执着，是一种美德！为什么呢？因为执着，可以看出这个人内心的恒定。恒定是一种内在心性修行的组合词。它分为两个方式：其一是恒，我们看作是平衡，稳定的意思。恒是一种思维常态，是物质在某个时间与空间处于固化的稳定运行状态。思想的“守恒”，可以让人进入到一个心性平衡的修行境界。这种恒，是不会有任何外力可以干扰阻碍得了的。其二是定，我们也可以看作是定位，坚定的意思。定是一种行为姿态，是物质运行在这个时间与空间过程中以一种有别于他人的角色来展示属于自己个性的行为姿态。这种属于自己个性的行为姿态就是定位，因为这个定位，可以让自己获得超乎常人的更坚强的力量。恒与定，是以执着作为一种美德的深度内涵。有大修为者，无不具备恒定的内在气质。

执着，是绝对能够让人在某些领域获得巨大的成功！这份执着，就是遵从了自然界的天道法则。因而，成功，只是一种必然的结果。在股市的交易过程中，如果没有通过学习，就想一跃而成功者，这是违背天道法则的。这种梦想，纯粹就是“意淫”式的幻想！然而，学习，是一个痛苦的过程。它需要巨大的投入与付出。如果学习方法不当，且有可能最终还会一无所获。这就象我们读书考学校一样的，十年寒窗，你能让老师保证你将来就能进入北大或者清华吗？如果没有，这是不是算作是一种失败？可是，在当今社会，你能保证自己从清华毕业之后就能获得事业的成功吗？如果还流落街头找工作，这是不是算作是一种失败？

但，作为学习者，不可能因噎废食。人人都有追求美好未来的梦想，因此，每个人就必须为了这个梦想而努力学习。为了这个梦想，因而必须执着。

执着，还有另一个层面的解释。你必须不能随意怀疑你的学习成果。你只能经常检讨学习的得失，并从中找到最佳的方法。在股市技术操盘领域，你必须要对自己所学习的技术通过数百次的实战操作加以验证，发现问题，均要及时检讨与修补。一门技术，总有它的优点与不足。没有一个技术是绝对完美的！从古至今，均是如此。关键在于应用者本身的功力。这就是一把钝刀为何到了一个优秀的刀客手中能够伤人于无形的道理。

大盘经过一段时间的下跌，如今已经再次筑底，反弹就是必然的过程。在这个过程中，对于一个优秀的操盘高手来讲，已经没有意义。为何？因为在他的世界里，大盘根本就不重要。他专注的是捕猎的对象，只要战机出现，就会迅速扑上去。然而，这个优秀的高手，他最大的美德就是“执着”！他会执着于在他的世界里以独立的个性与交易方式去获取应得的利润，他的世界没有牛市，更没有熊市，因为，他永远处于赢利的常态。所以我说，执着，就是一种修行！如果你想学好、学精、学透操盘技术，除了执着，别无他途。

伍朝辉
2012 年 11 月 28 日